沥青混合料多尺度力学行为及损伤特性

董泽蛟　马宪永　周　涛　著

人民交通出版社股份有限公司
北　京

内 容 提 要

本书系统阐述沥青混合料的多尺度特性、纳观组分交互特性、微观界面结构表征、细观组成分布及宏观力学统一模型,同时深入探讨沥青材料多尺度跨越机制及损伤行为。本书适合于从事高速公路、城市道路、机场/港口/桥面铺装等方面研究的科技工作者使用,也可作为交通基础设施领域设计、施工、养护、管理、科研、教育等有关人员、高等院校相关专业研究生的参考书籍。

图书在版编目(CIP)数据

沥青混合料多尺度力学行为及损伤特性 / 董泽蛟,马宪永,周涛著.—北京:人民交通出版社股份有限公司,2023.2

ISBN 978-7-114-18224-2

Ⅰ. ①沥… Ⅱ. ①董… ②马… ③周… Ⅲ. ①沥青拌和料—材料力学 Ⅳ. ①U414.7

中国版本图书馆 CIP 数据核字(2022)第 174443 号

Liqing Hunheliao Duochidu Lixue Xingwei ji Sunshang Texing

书　　名:沥青混合料多尺度力学行为及损伤特性

著 作 者:董泽蛟　马宪永　周　涛

责任编辑:朱明周

责任校对:孙国靖　宋佳时

责任印制:张　凯

出版发行:人民交通出版社股份有限公司

地　　址:(100011)北京市朝阳区安定门外外馆斜街 3 号

网　　址:http://www.ccpcl.com.cn

销售电话:(010)59757973

总 经 销:人民交通出版社股份有限公司发行部

经　　销:各地新华书店

印　　刷:北京建宏印刷有限公司

开　　本:787×1092　1/16

印　　张:19.5

字　　数:433 千

版　　次:2023 年 2 月　第 1 版

印　　次:2023 年 2 月　第 1 次印刷

书　　号:ISBN 978-7-114-18224-2

定　　价:90.00 元

前　　言

道路基础设施是“一带一路”倡议的先导，而保持及提升其耐久性已成为领域难题、行业痛点乃至国家需求。沥青混合料是道路基础设施的重要组成，是由具有复杂形状及表面特性的集料、具有复杂流变行为的胶浆、随机分布的空隙组成的混合物，其在恶劣服役环境下表现出典型的多尺度行为特征。研究沥青混合料多尺度力学行为及损伤特性对于提升其耐久性具有重要的意义。为此，在多项国家自然科学基金项目的支持下，笔者开展了沥青混合料多尺度力学行为系列研究，力图理清沥青混合料在不同尺度下的力学行为及其关联关系，从而为沥青路面结构分析及优化提供理论支撑。

本书系统阐述了沥青混合料的多尺度特性、纳观组分交互特性、微观界面结构表征、细观结构组成分布及宏观力学统一模型，深入探讨了沥青混合料多尺度跨越及损伤行为。

本书涵盖了多年来课题组已毕业研究生的学位论文工作，包括龚湘兵博士论文《沥青路面材料多尺度域力学行为及统一模型》(2017)、王鹏博士论文《碳纳米管/聚合物复合改性沥青界面增强机制及流变特性研究》(2017)、刘志杨博士论文《沥青混合料水分扩散行为及多尺度损伤特性》(2020)以及龚湘兵硕士论文《基于局部等效材料参数的沥青混合料细微观力学行为研究》(2012)、陈洪春硕士论文《基于蠕变试验的沥青路面车辙模拟数值分析》(2012)、王元硕士论文《集料-沥青胶浆界面粘结特性研究》(2015)、李红飞硕士论文《基于UMAT子程序开发的沥青混合料细-宏观统一模型研究》(2017)、缪逸臣硕士论文《水-荷载耦合作用下沥青混合料细观尺度域损伤特性研究》(2017)等。全书由董泽蛟教授总体设计、规划及校核，刘志杨、龚湘兵、马宪永、周涛四位博士执笔完成，博士生全蔚闻、郭梓烁、王彤旭、张冀雯、赵楷文、宋洪阳及万珊宏负责部分图文编辑工作。同时，感谢所有参与本书相关研究工作，但并未在此列出的人员的辛劳付出！

本书依托于国家重点研发计划（2018YFB1600100）“道路基础设施服役性能智能仿真理论和方法”的研究成果，感谢科技部重点研发计划课题的支持。

同时，本书也是国家自然科学基金区域创新发展联合基金（U20A20315）“寒区耐久性沥青路面结构设计新体系及基础理论”、面上项目（51478154）“多尺度域下沥青材料水分-荷载耦合作用损伤机制及统一模型”、面上项目（51278159）“沥青路面多尺度域力学行为及跨越机制”的重要研究内容及成果，感谢国家自然科学基金委员会的大力支持！

特别感谢龚湘兵、刘志杨两位已毕业博士在本书撰写过程中的辛苦付出及无私奉献。

沥青混合料多尺度力学行为是道路领域研究的热点和难点，目前仍有众多基础问题尚未得到妥善解决。本书在介绍著者研究成果之外，力求反映国内外最新的相关研究进展。由于作者水平有限以及时间仓促，书中错误之处在所难免，欢迎广大读者批评指正。来信请寄哈尔滨市南岗区黄河路73号哈工大二校区交通科学与工程学院，邮政编码150090，或发送电子邮件至hitdzj@hit.edu.cn。

董泽蛟

2022年4月

目　　录

第 1 章　沥青混合料多尺度特性

道路基础设施是“一带一路”倡议的先导。保持、提升道路基础设施的耐久性已成为领域难题、行业痛点乃至国家需求。沥青混合料是道路基础设施的重要组成，是由具有复杂形状及表面特性的集料、具有复杂流变行为的胶浆以及随机分布的空隙组成的混合物，其在恶劣服役环境下表现出典型的多尺度行为特征。研究沥青混合料多尺度力学行为及损伤特性对于提升其耐久性具有重要的意义。

1.1　连续介质模型的局限性

应用连续介质模型进行路面材料力学分析的优势在于概念清晰，当本构模型参数确定后，理论求解或数值模拟分析相对易于实现。目前，路面力学分析的理论基础是层状弹性静力学体系，这是由于层状弹性静力学模型合理模拟了路面材料物理特性沿深度方向的不均匀性，其模型参数易于获得。在线弹性模型中，材料在变形过程中弹性常数保持不变，应力同应变一一对应且与加载历史无关。近年来，随着对沥青材料研究的不断深入，新的符合沥青混合料变形特征的本构模型以及模型参数的试验测定方法成为研究热点。

通常认为沥青混合料是典型的黏弹塑性体，在低温、小变形条件下接近线弹性体，在高温、大变形条件下表现为黏塑性体，在室内温度范围内为一般黏弹性体。在车辆重复荷载作用下，沥青混合料的永久变形由黏塑性部分和黏弹性部分组成。用来表征沥青混合料黏弹性特征的黏弹性力学模型有许多，如 Maxwell 模型、Kelvin 模型、Jeffreys 模型（Maxwell 模型与黏壶并联）、Lethersich 模型（Kelvin 模型与黏壶串联）、Burgers 模型、修正 Burgers 模型（四单元五参数模型）、五单元六参数模型（Burgers 模型与非线性黏壶串联）、广义 Maxwell 模型以及广义 Kelvin 模型等。这些黏弹性力学模型将弹性响应和黏性响应分别视作“弹簧元件”和“黏壶元件”，按不同方式组合的黏弹性力学模型可以反映不同材料的黏弹性特性[1]。

分析沥青路面变形问题时，研究者常采用黏弹塑性力学模型来描述沥青材料。产生车辙的永久变形由导致能耗的黏性效应和塑性流动组成。为了能够较好地解决这个问题，需要考虑与时间、荷载历程同时相关，具有弹、黏、塑性特征的黏弹塑性模型。法国国立公共工程学院的研究认为沥青混合料具有瞬态弹性、瞬态塑性、黏弹性和黏塑性共存的特点，所以沥青混合料总应变应为以上四部分应变之和。考虑塑性的沥青混合料模型包括非线性黏弹-弹塑模型、修正 Delft-xahu 模型、Johnson-Cook 模型、Drucker-Prager/Creep 蠕变模型以及 Perzyna 黏弹塑性模型等[2]。而部分研究者尝试将损伤引入至模型中，如 Scarpas 等[3]将总应变分解为弹性和黏塑性单元，采用 Desai 屈服面和 Perzyna 黏弹塑性模型模拟和研究不同荷载条件下路面破坏的发生与发展；Kim 等[4]采用连续破坏黏弹性模型进行了沥青混合料本构研究,并且采用不同应变率下的常应变率拉伸试验验证了 Schapery 黏弹对应原理;Chehab 等[5]将模型分为黏弹性和黏塑性两部分,其中黏弹性部分基于 Shapery 连续破坏模型,黏塑性部分基于经验的应变硬化模型;Collop 等[6]开发了黏-弹-塑性本构模型,包括弹性、延迟弹性和黏塑性部分,用连续破坏力学描述黏性流动过程中的破坏机理;Gibson 等基于 Schapery 连续破坏力学公式的扩展形式建立了由黏弹性(包括瞬态弹性)、黏塑性(包括瞬态塑性)和非线性黏弹性破坏(单轴无约束压缩试验)三部分构成的本构模型[7]。

沥青混合料具有复杂的多相、多孔、多组分组成,而基于经典连续介质理论的传统沥青路面力学分析方法未考虑混合料的微观和细观结构特性,忽视了混合料各向异性特性、损伤(裂纹和空隙)以及集料-沥青界面的存在对其宏观力学行为的影响,具有一定的局限性[8]。为此,部分研究者尝试在材料本构模型中考虑混合料的微观和细观结构特性,特别是考虑材料细观尺度域上各向异性特性的本构模型,如 Tashman 等[9]建立了一个非相关流动微观结构黏塑性模型以描述混合料的力学行为,这个模型考虑了细观结构特性,如粒料的取向、空隙裂纹等损伤的演化等,采用细观结构向量描述材料各向异性,其损伤和硬化为有效黏塑性应变的函数,采用非相关流动法则描述材料的膨胀性。Dessouky[10]在 Tashman 的基础上加入了弹性性质部分,采用三轴压缩、三轴拉伸强度试验和数字图像处理技术确定材料参数。综上所述,传统连续介质力学模型具有一定的局限性,在其基础上考虑材料纳观、微观及细观等特性已经成为大势所趋。

1.2　多尺度解读及划分

1.2.1　多尺度的体现

传统的路面力学理论及材料评价方法往往将沥青混合料视为单相均质材料,无法充分考虑沥青混合料的异相复合材料特性、施工过程不可避免引入的空隙及服役过程中日积月累渗入的水分。随着路面材料研究的深入,发现路面结构局部力学行为及材料长期性能衰减同材料的细观乃至微/纳观的结构组成及损伤密切相关。因此,严格意义上讲,沥青混合料是一个具有明显组成/结构多尺度特征的非均匀多相复合材料。

1.2.1.1　材料组成的多尺度特性

沥青混合料是一种由沥青胶结料、矿物集料、矿粉及其他填料组成的多相复合材料。一般情况下,热拌沥青混合料的各组分材料需要在高温条件下拌和,不同粒径组成的集料、矿粉与填料分散在液态沥青中;冷却后,各组分材料通过沥青黏结成整体。由于集料的粒径级配组成和有限的沥青含量,拌和过程中不可避免地引入空气,因此成型的沥青混合料通常包含固相材料与气相空隙。图 1-1 给出了沥青混合料试件的 X 射线断层扫描水平剖面图及其孔隙分析结果。图 1-2 给出了沥青混合料试件的三维结构及连通孔隙[11]。从中可以清楚地看出,沥青混合料内部充满了孔隙,满足多孔介质材料的所有特点[12]。而在实际服役环境中,水分会以渗透或扩散等方式进入混合料内部,在混合料空隙中逐渐冷凝、积聚并传输。

当内部空隙未完全充满水分时，处于未饱和状态的沥青混合料由固相材料、液相水分及气相空气组成；而当内部空隙充满水分时，气相空气完全被液相水分占据，此时处于饱和状态的沥青混合料由固、液两相组成。

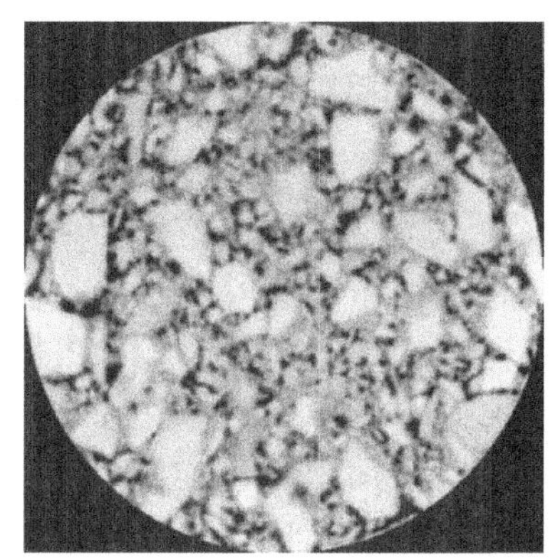

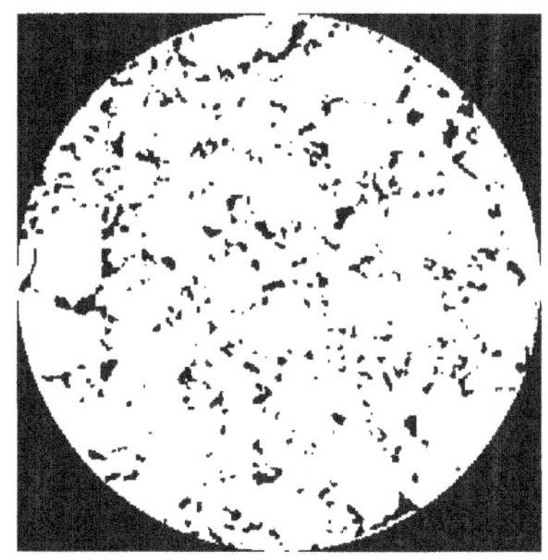

图 1-1　沥青混合料试件 X 射线断层扫描及孔隙分布剖面图

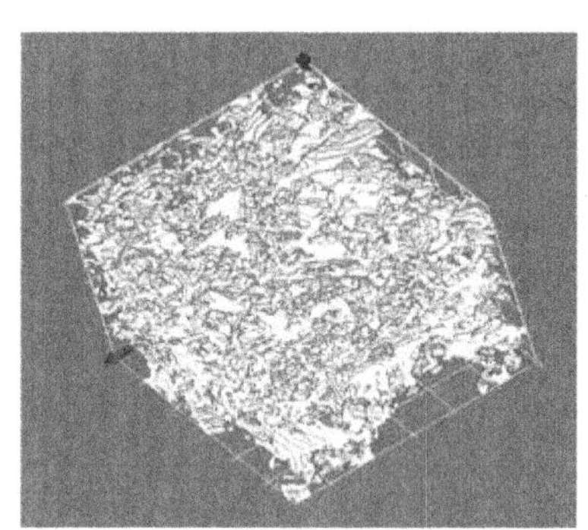

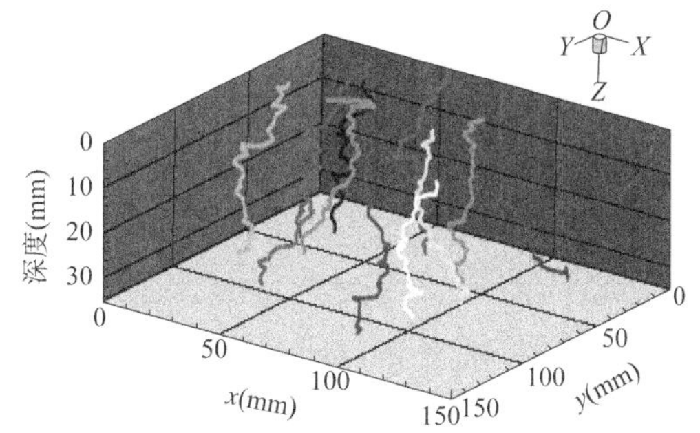

图 1-2　沥青混合料三维结构及连通孔隙

如上所述，单一固相材料主要包含沥青、集料、矿粉及少量其他填料。沥青是一种从石油中提炼的有机混合物，其化学组成包括 $10^5 \sim 10^6$ 种脂肪烃、芳香化合物和其非金属衍生物。通常依据其在不同有机溶剂中的溶解性，沥青的组分可划分为沥青质、胶质和油分三组分或沥青质、胶质、芳香分和饱和分四组分，相应的沥青分子模型也逐步发展出了 3 分子三组分模型[13]、12 分子四组分模型[14]、17 分子四组分模型[15]和 20 分子四组分模型[16]。从组成多尺度特性来看，宏观近似均质的沥青由微观的沥青组分混合、分散而成，微观组分实际上由不同的纳观分子交联组成。更加深入的分析发现，不同纳观沥青分子由不同纳米/埃米级官能团端基、链段及离子等组成。集料一般为天然岩石破碎成的不同粒径组成的粗集料和细集料，显著依赖于加工工艺、成岩方式、成岩地层地质及侵蚀演化等因素，其组成存在很大差异。从组成尺度上来看，宏观天然岩石由不同介观尺度的矿物晶体组成，介观矿物晶体则由微观矿物晶胞叠加而成，微观晶胞则包含了大量纳观金属与非金属离子团。矿粉常常采用石灰岩等特殊矿物研磨成石粉，具有与集料组成相似的多尺度特性。

1.2.1.2 材料结构的多尺度特性

不同尺度下材料的组成及各组分间交互作用导致不同尺度下材料结构具有显著的多尺度特性。根据多级分散系理论，沥青混合料可描述为多级空间网状结构分散系：粗集料分散于沥青砂浆中形成混合料粗分散系，细集料分散于沥青胶浆中形成砂浆细分散系，填料分散于沥青中形成胶浆微分散系。

路面力学中被认为均质各向同性的路面材料，实际上具有明显的细观骨架结构与细观空隙结构。细观骨架结构是不同粒径级配的粗集料相互接触、嵌挤形成的空间分布，施加在路表的环境及车辆荷载通过细观骨架结构向路面结构下部传递，荷载传递效率及应力分布特征同细观骨架结构密切相关；同时，应力传递路径在集料颗粒局部接触点或接触面存在明显的应力集中，频繁荷载作用下应力集中处的材料损伤演化是细观结构应力传递及集料骨架接触形态的综合作用结果。

自然环境中广泛存在的传热传质现象受到细观空隙结构的显著影响。空隙的传热传质能力与固相材料存在较大差异，细观空隙结构造成传热传质参数的不均匀性。沥青的热敏感性造成其在不同温度下的力学性质存在数量级差异，传热场的细观不均匀性必然造成黏弹力学性质的不均匀性。因此，若考虑路面温度场，路面结构细观力学行为是细观骨架结构传荷与非均匀细观传热场的耦合作用结果。沥青混合料中的传质现象主要体现在外界气、液、固态水分的逐渐侵入及材料内部的传输，气态水分传质表现为细观空隙结构中的水蒸气扩散，液态水分传质表现为细观空隙结构中的水分渗流，而固态水分传质的本质是细观空隙结构中水分渗流与水分冻融共同作用下的水分输运。广泛且长期存在的水蒸气扩散诱发沥青-集料黏附性能衰减，水蒸气扩散路径的细观空隙结构依赖性造成材料长期性能衰减的细观不均匀性。液态水分的压缩-剪切性质差异使得水分在渗流过程中主要参与压应力传递（水黏度低，难以抵抗剪切应力）。饱和/非饱和沥青混合料中的应力分布主要是水分与材料共同承载的结果，同时应力作用将引发细观空隙中水分的渗流，甚至在特殊工况下大空隙中非达西高速水流冲刷空隙壁将引发材料黏附性能衰减。固态水分冻融本质上是水分在空隙中冻结膨胀→融化侵入→冻结再膨胀的物理相变过程。该过程中，由相变膨胀诱发的应力与外荷载应力相互叠加，同时水分传输与材料性质受到非均布温度场的耦合作用，使得材料力学行为是细观骨架结构与细观空隙结构在温度场-湿度场-应力场多场多层次耦合下的综合作用结果。

研究材料损伤演化及长期路面病害时，采用均质材料假设的路面力学方法得到的分析结果往往无法反映真实路面材料的力学行为，难以为路面病害的诊断与防治提供更加精准的理论依据。值得注意的是，上述提及的细观传热与细观传质分析中，细观的尺度效应并不一致。影响细观传热过程的主要因素是温度梯度场与传热系数空间分布，其敏感尺寸跨度大致为几十微米至厘米级。不同细观传质过程中，敏感尺度也不同，例如影响细观气态水蒸气扩散过程的主要因素是湿度梯度场与扩散系数，扩散系数显著依赖于空隙孔径、吸附特性及水分子-孔壁交互，其敏感尺寸跨度大致为百纳米至百微米；细观液态水分渗流的主导因素是水力梯度场和渗透系数，渗透系数主要依赖于空隙结构，其敏感尺寸跨度大致为几十微米至厘米级。因此,尺度的界定须考虑材料组成/结构与所研究的问题。

在砂浆细分散系中,不同粒径的细集料悬浮于胶浆中;而胶浆微分散系中,矿粉悬浮于沥青中。二者具有相似的微观结构特征:①集料或矿粉颗粒处于悬浮状态,不会形成明显骨架嵌挤;②颗粒比表面积较大,异相材料交互主要表现为物理、化学黏附;③力学行为主要取决于沥青黏弹性质与材料交互作用。基于悬浮分散系的夹杂原理及微观力学的改进,能够较好表征一定条件下砂浆与胶浆的力学行为。将现有混合料分散系向小尺度拓展,集料与矿粉包含了亚微观的矿物晶体分布、节理形态结构及粗糙表面活性点位,沥青包含了亚微观胶体结构,而沥青-集料/矿粉界面则存在吸附构型与润湿接触形态;进一步拓展至纳观,矿物晶胞内存在金属离子间的排布与离子键空间取向,沥青胶团内存在强极性芳香环局部定向晶化排列与长链饱和脂肪烃的缠结,而沥青-矿粉分子交互表现出活性官能团或端基对通过范德华力或静电作用相结合及诱发的梯度结构。因此,随着沥青混合料力学行为与损伤研究的深入,其材料结构的多尺度特性已由传统粗-细-微分散体系扩展到宏-细-微-纳观多尺度体系。

材料的组成与结构多尺度特性决定材料性质的多尺度性,而不同宏观性质往往是各尺度下不同的组成与结构共同作用的结果。因此,多尺度划分并非一以贯之,不同材料可能存在不同的多尺度划分方式,且研究同一材料的不同性质时多尺度划分方式也有差异,忽略材料及研究对象的差异,采用统一的尺度划分是不合理的。基于笔者的研究,应针对所研究的材料性质,以该材料性质在各个相邻尺度下的显著性差异为原则,进行多尺度的划分。

1.2.2　多尺度域的划分

沥青混合料是由粗集料、细集料、胶浆(矿粉与沥青)、空隙及裂纹组成的复合材料,其每一种组分并不是单一的均质材料,也具有多尺度特性。目前为止,还没有沥青材料不同尺度域的明确界定。借鉴复合材料细观力学理论[17]、混凝土中微细宏观尺度的划分[18]及道路学科研究现状,可将沥青材料的研究尺度分为四个水平:纳观、微观、细观和宏观。各个水平的研究对象及尺度见图 1-3。

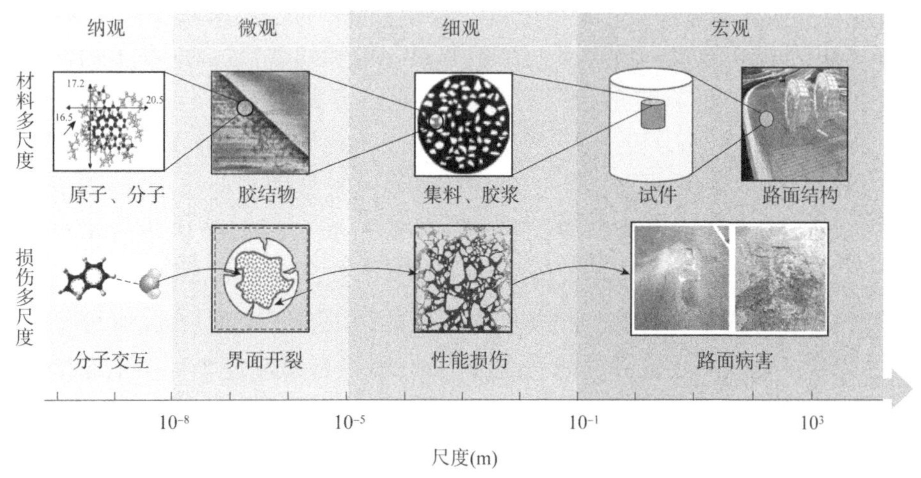

图 1-3　沥青混合料多尺度域划分

纳观尺度的特征长度主要在埃米、纳米级水平(小于 10^{-8}m)。对这一尺度,主要是借助计算机强大的计算能力和图像显示能力,从原子和分子水平上模拟分子的结构与行为,协助从分子角度认识物质基本性质。主要研究对象为岩石矿物原子、分子和沥青的官能团、分子链段及其多组分组成。

微观尺度的特征长度一般在微米级(10^{-8} ~ 10^{-5}m),亦称为"显微尺度"。在这一尺度下,借助显微观测技术研究物质晶态及非晶态行为表征,主要研究对象是集料-沥青界面(包含沥青胶浆)黏结特性及交互作用关系。X 射线、电子探针、红外光谱及电子显微镜等是该尺度的主要研究工具。

细观尺度是一个相对尺度,对于不同的材料体系,有不同的空间尺度范围,可以根据具体研究对象及需要进行定义,亦称为"介观尺度"。一般来讲,细观尺度的特征长度为毫米或厘米级(10^{-5} ~ 10^{-1}m)。在该尺度,沥青混合料内部是典型的颗粒堆积结构,可以观察到集料颗粒、砂浆(胶浆)、空隙等。基于细观力学研究材料多相组成、非均匀分布特性及其对宏观性能的影响,是该尺度的主要研究内容。

宏观尺度下,无视沥青混合料材料的内部结构,假定它为完全的各向同性(有时也考虑横观各向同性乃至各向异性)。宏观尺度也被称为工程设计尺度。研究对象通常为尺寸大于分米级(10^{-1} ~ 10^{3}m)的室内试验试件、路面结构,单元尺寸足够在平均比例上反映均匀化的材料性质。多采用宏观性能试验分析、连续介质力学模型数值模拟。宏观分析虽然无法解释混合料内部结构、组成与力学性能间的关系,还忽略了混合料材料损伤的一些基本特征,但反映了一种"工程平均",是实际工程应用所必需的。

1.2.3 水作用的多尺度解读

沥青路面材料服役过程中会受到水分影响,其多尺度现象表现得更加明显,可以从水分作用过程的两个阶段(水分输运扩散阶段、水分结构损伤阶段)进一步解释。

从水分输运扩散阶段来看:沥青路面作为外部结构物,不可避免地受到外部环境因素的作用,水分以气态或液态的形式由外界进入路面结构内部。从宏观连续介质角度看,水分在路面结构内部的扩散可以看作是一个饱和或非饱和的渗流过程,在车辆荷载的作用下路面结构内部形成了一个正负交替变化的孔隙水压力场。由于沥青混合料是一个内部充满孔隙、裂隙的复杂多孔介质体系,从细观多孔介质角度看,水分在混合料内部的扩散具有显著的非均匀性,集料、砂浆及空隙不同相的水分扩散能力明显不同,在空隙壁的沥青砂浆/胶浆受孔隙水冲刷侵蚀严重。当水分扩散至沥青(胶浆)内部或集料-沥青(胶浆)界面时,从微观界面角度看,水分在沥青(胶浆)中的运动是一个典型分子扩散过程,水分的扩散和侵蚀造成了沥青膜的损伤和剥落。从纳观分子角度上看,水分子在分子体系化学势的驱动下进入沥青或界面原有构型内部,经过各组分分子长期弛豫形成一定温度、压强条件下的稳定构型。因此,水分在路面结构及材料内部的输运过程是一个具有多尺度特征的扩散过程。

而从水分结构损伤阶段来看,沥青混合料水损伤又是一个混合料内部首先发生改变,而后导致材料损伤,最终整个路面结构失效的过程。水分子侵入沥青胶团或沥青-矿物分子体系,水分子与沥青中的噻吩、呋喃、嘧啶等芳香官能团交互,破坏原有的稳定沥青胶体结构及界面黏附构型,造成沥青局部性质变异及界面黏附失效(纳观角度)。由于水分的物理冲刷、扩散以及化学的乳化、解吸等作用,部分沥青(胶浆)内部以及集料-沥青(胶浆)受水作用产生了侵蚀现象,表现为集料表面沥青膜变薄及集料-沥青界面开裂(微观角度)。当这种微观损伤发展到一定程度时,开始出现集料表面沥青的剥落和沥青混合料的松散(细观角度)。随着沥青路面结构内局部沥青混合料松散的加剧,影响区域逐渐扩大,整个路面结构承载力受到影响,进而表现出整体结构的破坏(宏观角度)。综上所述,水分在沥青混合料这种多孔介质材料中的作用,具有明显的多尺度域特征,而由于其与荷载、温度等因素耦合到一起,故水分对混合料造成损伤的机理非常复杂,单独在某一个尺度域进行分析具有明显的不足。

1.3 沥青材料多尺度研究现状

1.3.1 多尺度测试与表征

1.3.1.1 纳、微观形貌

显微技术自诞生以来,逐步成为高效的物相测试及表征方法,被大量应用于微小尺度形貌观测。原子力显微镜(Atomic Force Microscope, AFM)及扫描电子显微镜(Scanning Electron Microscope, SEM)是工程材料纳、微观尺度物化性质表征的主要手段[19-21]。

1) AFM 方面

作为纳、微观层次重要的研究方法,研究者借助 AFM 观测实现了沥青材料微小尺度下形貌及性能的有效表征。Toulhoat 等[22]采用 AFM 观测不同原油来源的沥青质原子尺度形貌特征。结果表明,硫含量越高,沥青质表面圆饼状凸起尺寸越大,且表面形成宽度约为 1μm、厚度约为 10~20nm 的蜂形构造。研究者将该种絮状结构的形成归因于部分沥青质的不稳定性扰动。Loeber 等[23]借助 AFM 首次观测到热浇沥青试样存在蜂状构造,结合荧光显微镜(Fluorescence Microscope, FM)与 SEM 的测试结果,得出其起因为沥青质重排的结论。此后,沥青蜂状结构的三相特性(Catana 相、Peri 相及 Para 相)逐渐被广泛认同[24]。对于蜂状结构的产生原因,研究者认为其与沥青中的晶体蜡[25]及微量金属[26]有关。然而,造成该蜂状结构的化学机理尚未被完全研究清楚,其对宏观力学性能的影响机制也未知。因此,王鹏等[27]采用分子动力学模拟发现沥青质形成了蜂状结构的上升区,长的烷基侧链尾部穿插在沥青质形成蜂状结构沉陷区。此外,Das 等[28]利用 AFM 制样简便及放大比高的优势,尝试建立沥青纳、微观组成与其宏观力学性能间的关系。张恒龙等[29]通过对比 AFM 形貌图探究了特立尼达湖沥青的改性机理,即沥青质表现出的较强缔合作用提高了沥青的软化点与黏度。结合 AFM 观测的纳、微观形貌图与相图,可有效地判断改性剂是否优良,并探究沥青的老化机制。集料-沥青黏附界面的性能至关重要[30-31]。Lu[32]借助 AFM 获取了沥青、集料及二者界面区的微观形貌分布。Lyne 等[33]基于 AFM 的力曲线测试模块分析了沥青表面黏附特性,试验结果表明,蜂状三相结构具有不同的弹性模量。Al-Rawashdeh 等[34]开发 4 种不同的 AFM 悬臂尖端,用于评价沥青与羧酸、碳酸钙、石灰岩及二氧化硅的黏附强度。

2)SEM 方面

填料/集料-沥青界面交互作用的强弱同沥青混合料使用性能的优劣直接相关,道路领域研究者通过 SEM 显微观测展开了相关研究。邵显智等[35]通过 SEM 观测沥青胶浆内沥青-矿粉微观界面形貌,研究了不同矿粉及不同粉胶比对沥青胶浆微观构造的影响。研究认为最佳粉胶比为 0.8,沥青中阴离子数量、矿粉粒径分布、比表面积是决定性因素。梁鑫[36]使用经水煮试验处理的集料-沥青界面及沥青薄膜形貌进行测试,研究认为未改性的花岗岩-沥青界面光滑且非连续,其缺陷及空隙并未被沥青完全包裹。经过集料表面改性的界面无明显空隙,表明改性效果良好。SEM 测试技术被成功应用于沥青的功能性设计及改性机理的相关研究。丁庆军等[37]为探究氢氧化铝沥青阻燃机理,通过分析沸石粉 SEM 微观形貌图证明其海绵或泡沫状构造起到了良好的阻燃促进作用。李瑞霞[38]观测到岩沥青中石灰岩颗粒形状存在不规则分布,且与沥青彼此交错相容。该种结构影响岩沥青的稳定性与流变特性。此外,SEM 有效地描绘了硅藻土[39]、环氧树脂[40]、碳纳米纤维[41]等改性剂与沥青的微观交互形态。环境友好型的废旧包装材料及回收混凝土改性沥青成为新的研究热点[42],通过高放大比形貌图验证无机集料与沥青的相容性[43]及有机高聚物改性沥青的储存稳定性[44]。为了从微观角度认识沥青断裂与其特征组分间的耦联关系,Khattak 等[45]对比了碳纳米管、基体沥青及断裂面的 SEM 形貌图,研究认为在纳、微观尺度下碳纳米管纤维起到增强的作用,从而提高沥青在重复荷载作用下的抗裂能力。Kim 等[46]采用 SEM 分析了不同沥青胶结料及沥青砂浆的断裂模式。研究表明沥青内部断裂的产生由沥青本身黏度与添加剂的相容性决定。

由此可见,显微测试技术是纳、微观尺度下沥青材料性能表征不可或缺的研究手段。结合形貌特征与材料的宏观力学性能,从多尺度角度出发,能够合理地解释材料改性、损伤、断裂等一系列试验现象。但是,原子力显微镜和电子显微镜购买、维修、养护价格昂贵,而且观测范围相对于材料的宏观尺度具有一定的随机性,因此,综合考虑其他尺度下沥青路面材料的力学特性是极其必要的。

1.3.1.2 细观结构组成

细观尺度是连接材料纳、微观尺度与宏观尺度的中间过渡尺度,细观结构参数分布特征决定了材料静、动态宏观力学响应的演化规律。细观尺度下,沥青路面材料的研究对象为沥青混合料,其特征组分可划分为粗集料、空隙及沥青砂浆。细观结构参数分布规律研究方法主要有数字图像处理技术(Digital Image Processing,DIP)、数字图像相关方法(Digital Image Correlation,DIC)及工业计算机断层扫描(Industrial Computed Tomography,ICT)。

1)粗集料方面

集料形状评价是评定沥青混合料抵抗外界荷载能力时不可忽视的部分[47-48]。沥青路面材料相关技术规范的传统做法是仅要求控制集料针片状颗料含量及棱角性,该指标与集料表面轮廓复杂的实际情况相距甚远。为了进一步了解集料的形貌特征,研究者借助 DIP 及

ICT 技术展开了相关研究。Fletcher 等[49]基于 Aggregate Imaging System(AIMS)及 DIP 技术研究细集料及粗集料的纹理与棱角性,结果表明集料的形状与沥青混合料的永久变形具有直接的关系。此后,Chandan 等[50]针对 AIMS 获取的集料投影图片,采用傅里叶变换及梯度算法分析集料的纹理与棱角性,结果表明多尺度小波变换是分析集料纹理强有力的工具,且可有效地区分因集料表面颜色导致的"真纹理"与"假纹理"。由于 AIMS 采用的是轮廓投影技术,因而无法全面刻画集料的三维形貌特征。ICT 技术的引入成功地弥补了这一缺点。Wang 等[51]运用 ICT 的堆积切片图实现了集料的三维重构,构建的颗粒体系由单颗集料的质心坐标与轮廓形态组成,为粗集料的动力学模拟提供了三维化平台。Masad 等[52]基于经过标定的形状描述算法对比了 AIMS 与 ICT 所获取的集料轮廓指标的区别。研究表明 AIMS 适用于集料形状划分体系研究,而 ICT 是构建集料三维数值化模型的有力工具。此外,Mahmoud 等[53]认为 AIMS 表征不同粒径集料尺寸比值的精确度与 ICT 一致。针对单颗集料尺寸的描述,AIMS 的精确度比 ICT 低 10%。ICT 作为一种无损检测技术,被大量应用于沥青混合料内粗集料细观分布特性研究中。段跃华等[54]通过遍历处理沥青混合料 ICT 断层扫描图,提出了接触度指标,认为混合料内部粗集料接触状态满足正态分布。邱志雄等[55]以不同搓揉阶段试件 ICT 切片图为分析对象,提出了以细观尺度为标准的抗滑指标,认为完全间断级配中 2.36mm 档集料的影响最大。

2)空隙方面

空隙率是沥青路面施工质量控制过程中至关重要的指标之一。经过大量实体工程应用之后,按照体积指标设计沥青混合料的方法已成为沥青路面材料设计的主要依据[56-58]。然而,空隙率无法全面表征细观尺度下沥青混合料内空隙的真实分布情况,相关测试方法类型各异且精确度难以控制。因此,基于现代无损检测技术与计算机辅助技术,研究者开展了细观尺度下空隙的分布特性研究。Masad 等[59]采用 ICT 与 DIP 技术分析了空隙数量及尺寸在沥青混合料深度方向的分布规律,认为大尺寸空隙集中分布于旋转压实试件的顶部与底部,且随着压实次数增加而越加明显。此后,赵立东[60]及 Gao 等[61]得出试件端部为空隙变异区的结论,研究表明空隙面积累积百分比满足 Weibull 分布,前者还分析了空隙细观分布对沥青混合料凝冰损伤的影响规律。Gao 等[61]讨论了现场再生沥青路面与热拌沥青路面空隙结构间的区别。裴建中等[62]研究了多孔沥青混合料空隙的竖向与横向断面分布。分析表明空隙不存在面内连通状态,空隙的横向与竖向等效直径分布较为接近。沥青混合料空隙与其使用性能联系密切,研究者尝试通过材料性能评价试验来建立二者间的关系。Seo 等[63]进行了沥青混合料动态弹性模量(单轴压缩试验)、疲劳(间接拉伸疲劳)与车辙试验(三轴重复荷载永久变形试验)分析,建立了考虑空隙影响的沥青混合料疲劳与车辙模型。Sudbury 等[64]采用弯曲梁流变仪(Bending Beam Rheometer,BBR)评估沥青混合料低温抗裂性能。研究表明,空隙的增加将降低沥青混合料的低温蠕变劲度,而 m 值却表现出不依赖于压实次数与沥青含量的规律。

3)沥青砂浆方面

根据沥青混合料胶浆理论,细集料分散在沥青胶浆(沥青与填料)分散介质中形成了沥青砂浆分散相。沥青砂浆与粗集料骨架交互作用,为沥青混合料提供了胶结强度,是沥青混合料细观结构中重要的组成部分。因此,研究者日趋重视有关方面的研究。如何获得沥青混合料中沥青砂浆的真实沥青含量极其关键。李辉忠[65]基于沥青砂浆与沥青混合料粉胶比一致的原则计算其沥青含量,进行了不同温度及不同评价指标下的沥青砂浆性能对比分析,得出均质沥青砂浆的关键筛孔尺寸为 0.15mm。庞海峰[66]通过分析沥青砂浆抗压、抗拉、抗弯强度间的区别,得出细集料级配存在一个最优区间的结论。通过单轴蠕变压缩试验拟合数值模型参数并进行分析,结果表明模型参数与沥青砂浆中的细集料含量呈指数性递增关系。由于沥青砂浆具有高沥青含量与粗集料骨架缺失的特点,导致试件成型较为困难。研究者主要采用旋转压实[67]与静压成型方法[68-69],并将试验实测的力学参数引入有限元模型中,从而分析沥青混合料的细观力学特性。由于上述方法制备的沥青砂浆试件尺寸过大,导致试件在高温时无法维持固有形状。研究者通过切割与取芯的办法制取可忽视自重的小型沥青砂浆试件,该试件亦满足动态剪切流变仪(Dynamic Shear Rheometer,DSR)及动态力学分析仪(Dynamic Mechanical Analysis,DMA)测试样品的尺寸要求。Veronica 等[70]基于 DSR 探究沥青砂浆在应力或应变控制模式下的抗疲劳性能(10Hz,25℃),提出了可等效表征沥青砂浆开裂宽度及裂缝数量的疲劳损伤参数 $R(N)$。结果表明该参数具有变异性小、与加载模式无关等优点。Anoosha[71]利用 ICT 实现了不同级配及不同成型方式的沥青砂浆与沥青混合料试件的三维重构,采用 Star Length Distribution(SLD)分布评价其各向异性,并基于 DMA 评价小尺寸沥青砂浆试件的抗疲劳及疲劳自愈性能,结果表明不同的成型方式对疲劳损伤的影响显著。

沥青混合料细观尺度具有连接材料微观尺度与宏观尺度的作用,因此系统分析沥青路面材料细观结构参数的分布特性十分关键。然而,由于沥青路面材料的复杂颗粒状组成,造成细观结构参数随机性难以被描述。上述难点导致全面刻画空隙、集料及沥青砂浆的三维空间分布的工作量巨大。因此,借助日趋强大的数字虚拟化技术来构建沥青路面材料细观结构参数与微、宏观性能间的关系十分必要。

1.3.1.3 宏观力学性能

宏观尺度即沥青路面材料的工程设计与应用尺度。沥青路面材料宏观力学性能的研究取得了丰富的成果,为沥青路面的建设、养护与维修提供了理论依据与决策支撑。在宏观尺度下,材料性能的研究对象主要分为沥青与沥青混合料。相应的试验方法涵盖了路面材料的基本性能测试、使用性能预估及功能性开发等诸多方面。

1)沥青方面

沥青用作筑路胶结材料的历史可追溯到约公元前 600 年的古巴比伦。沥青路面因行车舒适性好、维修简便等优点,成为当代路面的主要形式。早期的沥青基本性能评价中,多采用针入度表征稠度,通过延度与软化点来分别控制沥青的低温延展性与高温流动性。由于上述三个指标的测试方法操作性不强且试验结果离散性较大[72],1993 年美国公路战略研究计划(Strategic Highway Research Program,SHRP)提出了基于使用性能设计的沥青胶结料设计与分析体系 Superpave(Superior Performing Asphalt Pavement)[73]。Superpave 胶结料的试验设计以工程学理论为基础,具有物理意义明确的优势。该体系模拟了沥青在运输、储存、拌和及服役期间的外界环境条件[74],如图1-4所示。虽然Superpave体系提出了车辙因子与疲劳因子,以分别控制永久变形与疲劳开裂,但沥青组分复杂多变,单一指标无法涵盖全温度/全频率范围内沥青的黏弹特性。

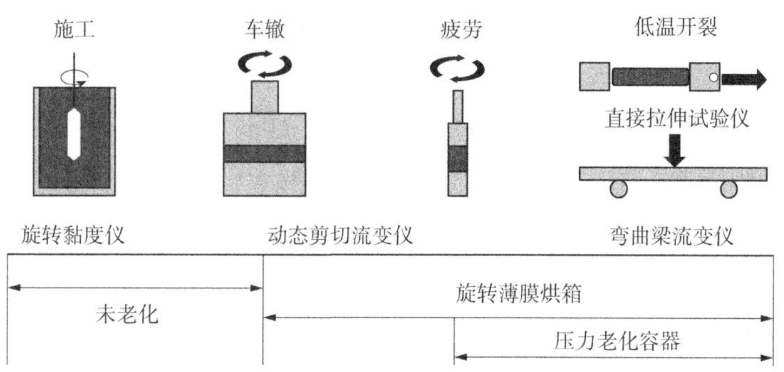

图1-4　基于模拟沥青路面使用性能的Superpave胶结料试验示意图

Soenen等[75]采用多级应力重复蠕变试验(Multiple Stress Creep-Recovery Test,MSCR)评估沥青的高温稳定性,进行了9种沥青在100Pa与3200Pa时的MSCR试验分析,以蠕变恢复率(R,%)、不可恢复蠕变柔量(J_{nr},1/kPa)为评价指标分析了MSCR试验的复现性[76]。单丽岩[77]以流变学理论为基础,研究考虑了触变性与自愈性影响的沥青疲劳损伤规律,表明采用剔除沥青触变性影响的50%G^*作为指标,能合理地反映沥青抗疲劳特性。此外,为探究沥青热老化与光氧老化的演变机理[78-80],以常规指标试验、DSR试验、红外光谱分析及显微观测技术为研究手段,为沥青抗老化性能评估提供技术支持。除了沥青力学性能的探究以外,道路工作者进行了大量的沥青功能性改性与应用,如阻燃、相变储能、裂缝自愈等,并尝试将研究成果应用于实体工程。

2)沥青混合料方面

沥青混合料设计的关键是如何确定适宜的集料级配、合理的沥青含量与适当的空隙率。目前比较通用的混合料设计方法包括马歇尔设计法(AASHTO,2013)[81]、Superpave设计法[82]及Gyratory Testing Machine(GTM)设计法[83]。马歇尔设计法的缺点是成型方式、评价方法同路面实际情况出入较大,但由于经济、简便且人们对其的使用经验丰富,至今仍然被广泛采用。Superpave设计法采用旋转压实(Superpave Gyratory Compactor,SGC)模拟路面施工过程中压路机的实际作用情况,但仍然以体积指标作为主要控制因素。GTM设计法适用于重载交通路面设计,该方法设计的混合料具有良好的抗车辙性能,但无法保障低温性能。

确定材料设计方法之后,须通过一系列评估试验控制路用性能、耐久性。《公路工程沥青及沥青混合料试验规程》(JTG E20—2011)[84]、《公路沥青路面施工技术规范》(JTG F40—2004)[85]通过车辙、小梁弯曲、冻融劈裂、浸水马歇尔等试验预估沥青路面的实际性能。由于传统性能评价方法的模式单一,无法模拟沥青路面实际服役状况,研究者们采用一系列的改进试验进行沥青混合料性能评价。Sel等[86]开展了测试温度对汉堡车辙试验结果影响的研究,通过数理统计分析,认为汉堡车辙试验温度的影响主要体现在沥青胶结料;此外,通过对比永久变形深度讨论了抗剥落剂的优劣。Liu 等[87]采用四点弯曲疲劳试验探究了钢丝绒增强多孔沥青混合料电磁自愈性,研究表明电磁自愈能力对微应变尺度具有高度的依赖性,并认为最佳的自愈温度为 85℃。由于四点弯曲疲劳试验容易产生过约束的现象,Zeiada 等[88]通过沥青混合料单轴拉伸-压缩疲劳试验评价其抗疲劳特性,认为当材料的伪刚度比(Pseudo Stiffness Ratio,PSR)达到 1 时,沥青混合料的自愈能力与疲劳损伤达到平衡。Akentuna 等[89]以简易的 Asphalt Concrete Cracking Device(ACCD)试验代替复杂的约束试件温度应力试验,分析了沥青等级、废旧料、空隙率及集料、混合料收缩系数等因素对沥青混合料开裂温度的影响规律。沥青混合料性能评价试验日趋成熟,考虑的因素愈加接近沥青路面服役状况。此外,研究者逐步开展功能性沥青混合料的研究并进行工程应用,如自融雪型材料[90]、压电型材料[91]等。

沥青路面材料宏观力学性能评价方法正处在由单一指标向多指标过渡的阶段。结合材料、结构、物理、化学等交叉学科理论,正逐步完善沥青与沥青混合料宏观性能评价体系。由于宏观表征方法的局限性,全面考虑其他尺度的影响存在一定的困难。因此,只有摆脱单一尺度的局限,才能更科学、更准确地认识沥青路面材料的真实力学特性。

1.3.2 多尺度力学分析方法

材料的设计与使用多集中于宏观尺度。对材料的认识遵循从宏观到细观再到微观的发展规律。微小尺寸下的材料组成特性决定了其宏观力学性能演化规律。基础力学研究为材料多尺度特性分析提供了坚实的理论基础。材料多尺度力学问题主要集中在刚度失效及破坏机理两个方面,具体涉及界面力学、夹杂理论、应变梯度理论、多尺度跨越机制四种理论。

1.3.2.1 界面力学

1959 年,Williams 针对界面裂缝尖端开展了应力振荡奇异性研究,开辟了界面力学研究的序幕[92]。界面是复合材料整体强度形成的关键区域,一般由一相以溶液或熔融流动状态与另一固体相裹附后形成。该领域已由仅对界面宏观性能的经验性解释深入至细、微观乃至纳观层次的定量或半定量分析[93]。界面交互作用主要分为化学键结合、物理场交互两类。其中,温度[94]、化学成分[95]、物理粗糙度[96]等因素对界面的影响十分可观。界面问题中关键的部分是界面力学问题,界面两相材料间力学模型建立过程中需要解决位移-荷载传递方式、界面端部应力奇异性、界面断裂、界面功能梯度等问题[97]。近年来,复合材料界面力学在环境因素对界面的影响、界面与基体的性能匹配、界面力学行为测试等方面取得了重要进展。界面力学在基体-沥青界面交互作用的研究中有广泛的应用。Baek 等[98]为研究接缝水泥混凝土与热拌沥青混合料罩面间界面的黏附特性,在赋予界面弹塑性本构的条件下采用双线性黏聚模型分析路面在非均布荷载作用下的界面力学响应。Hakimzadeh 等[99]为突破经验法的局限性,提出了基于断裂能的界面黏附试验方法,为了验证能量法的准确性,设置间接劈裂试验对比组,结果表明该试验方法与对比组具有一致的趋势。

1.3.2.2　夹杂理论

自 1957 年 Eshelby[100] 针对单个夹杂椭圆球无限弹性介质应力场计算问题提出等效夹杂方法以来，夹杂理论成为复合材料介质均匀化研究的重要基础理论。由于细观层次下复合材料组成（基体、增强体、孔隙、微裂缝缺陷等）及分布复杂多变，导致复合材料细观结构力学计算的有效性难以得到控制。夹杂理论的发展弥补了这一不足，有效地解决了非均匀介质如何合理地进行材料参数均匀化等效的问题。常用的理论分析方法有：稀疏分布模型、Mori-Tanaka 法、自洽法、广义自洽法、微分法及均匀化理论方法等[101]。

稀疏分布模型[102] 忽略了夹杂体之间的相互作用，可视为单个夹杂体简单地重复叠加，因此仅适用于夹杂体数量较少的情况。

Mori-Tanaka 法[103-104] 通过引入基体平均应力，考虑了其他夹杂体的影响。原则上看，Mori-Tanaka 法属于 Eshelly 等效夹杂原理范畴，但该方法对各向异性复合材料等效模量的预估易出现不对称问题。Mori-Tanaka 法的最大优点是给出了预估模量的显式表达式，因此被广泛应用。

自洽法与广义自洽法不区分组成成分形貌上的差异，因此更适用于夹杂体比例高的复合材料[105]。

微分法通过构建存取前与存取后复合材料有效模量的联系，以微分方程的形式给出等效模量的估计值[106]。

均匀化理论定义了周期性胞元细观结构的严格数学描述[107]，采用摄动解的形式与变分原理构建单个胞元的平衡方程，建立材料宏、细观结构间的关系。

道路工作者将夹杂理论运用到沥青路面材料的力学参数等效研究中。Buttlar 等[108] 基于粒状复合材料微观力学模型研究了矿质填料对沥青胶浆的增强机制，等效计算及试验观测表明，当矿粉吸附厚度为 0.02～0.10μm 的结构沥青时，沥青胶浆的增强效果十分显著。王新明等[109] 采用蒙特卡洛法（Monte-Carlo Method）随机生成不同的集料级配，提出环氧沥青混合料弹性模量预估方法，通过与试验结果对比，验证预估方法的准确性。Li 等[110] 将沥青混合料划分为粗集料（分散相）与沥青砂浆（分散介质），并将沥青砂浆进一步划分为细集料（分散相）与沥青胶浆（分散介质），将所有集料假设为球体，采用基于夹杂理论的微观力学模型逐步预估沥青混合料等效弹性模量。关于沥青混合料黏弹性能的等效问题，吴俊等[111] 基于 Eshelby 等效夹杂理论及对应性原理，进行了沥青混合料单轴压缩蠕变力学行为分析。采用时间域内 Laplace 变换，提出了等效后的沥青混合料蠕变本构方程。Shu 等[112] 认为沥青混合料是由包裹了沥青砂浆的粗集料嵌入等效介质中而成，通过微观力学模型推导了沥青混合料的动态模量封闭解；在等效过程中考虑了空隙与级配的影响，在高频条件下取得了预估的良好匹配度。

1.3.2.3　应变梯度理论

由于经典的连续介质本构关系中不包含任何的尺度特征，当研究微米尺度下材料力学性能时，传统的计算机辅助方法已不适用于材料微、细观力学研究。另外，考虑材料所表现出来的尺寸依赖性是对接经典弹塑性连续介质理论与材料微、细观性能模拟的关键。应变梯度理论是研究材料尺寸效应的有效方法之一，主要揭示应变梯度项与材料形变、强度间的传递关系。

随着理论研究的开展，应变梯度塑性本构模型方面形成了 Couple Stress 理论、Stretch-rotation Gradients 理论及 Mechanism-based Strain Gradient 理论[113-114]。

Couple Stress 理论认为几何必需位错及统计储存位错造成了材料的塑性硬化[115-116]，该理论是塑性 J_2形变及流动理论的更新。

Couple Stress 理论考虑了应变旋转梯度引起的偶应力，因此也被称为“偶应力理论”。当研究尺寸接近材料特征尺度时，应变梯度项不可忽略；当研究尺寸与材料特征尺度不在一个数量级范畴内时，Couple Stress 理论退化为 J_2塑性理论。由于 Couple Stress 理论只涉及旋转梯度，因而无法满足 I 型断裂应变梯度问题的要求。

Fleck 及 Hutchinson[117] 提出了 Stretch-rotation Gradients 理论，以考虑拉伸梯度的影响。Stretch-rotation Gradients 理论是一个完备的二阶应变梯度塑性理论，定义了一个应变及应变梯度张量的不变量组合，基于虚功原理给出其平衡方程与边界条件。

Couple Stress 与 Stretch-rotation Gradients 理论仅将高阶项简单替换为经典塑性理论中的低阶项，这与材料真实的微观力学特性仍然存在一定的差距。为了解决上述问题，Gao 等[118] 及 Huang 等[119] 基于细观机制提出了 Mechanism-based Strain Gradient 理论，旨在建立材料位错机制与塑性理论的关系。Mechanism-based Strain Gradient 理论提出了多尺度框架，认为材料细观尺度由微尺度胞元组成，位错交互作用满足 Taylor 关系。

综合而言，应变梯度理论主要应用于断裂力学研究[120-122]，有限元方法是主要的研究手段。由于对本构关系的敏感性差异较大，应变梯度理论有限元计算中涉及的单元类型十分复杂，不仅包含混合单元，还包含各类等参单元。由于考虑了尺寸效应，应变梯度理论已成为材料微、细观尺度力学性能研究不可或缺的工具。

1.3.2.4 多尺度跨越机制

微、细观层次下材料/结构的组成特性与缺陷分布决定了其宏观层次下的损伤累积与破坏演变规律[123-124]。多尺度跨越机制的首要目标是构建各个尺度间的联系，进而提出考虑多尺度特性的宏观材料与结构设计方法。

多尺度跨越机制按照跨越尺度的范围可分为两类[125]：

①纳-微观尺度跨越方法，关键问题是如何建立分子尺度与微观尺度间的区域连接方法(Domain Bridge)。通常的做法是：经过一系列的映射准则，将分子团简化为连续介质[126]，进而实现分子动力学向连续介质力学跨越的准连续体方法(Quasi-Continuum Method)[127]。由于原子模型属于量子力学理论，Macro Atomistic Ab Initio Dynamics(MAAD)[128] 的提出实现了量子力学、分子动力学及连续介质力学三个层次间的耦合计算。

②微-宏观尺度跨越方法，又称为连续介质多尺度方法。根据所解决问题的关键技术点可划分为：周期性夹杂体材料和结构的平均化与渐进化理论[129]，针对高梯度解加固问题与奇异性问题的有效方法[130]。

多尺度跨越机制按照建模方法的不同可分为两类[125]：①低层次尺度建模后，将结果逐级引入高层次，称为信息传递或递阶多尺度方法[131]；②多层次建模并定义不同层次交界处的连接方式，称为并发或一致多尺度方法[132]。以上两种策略都可以降低多尺度跨越模型的建模难度。前者的重点在于低层次模型的建模理论，且各个尺度的力学响应都十分重要；后者的关键是不同区域的连接问题，更关注小尺度下材料的力学性能。

研究者在沥青路面材料多尺度跨越机制方面开展了探索性的研究。Underwood 等[133]提出考虑了沥青混合料多尺度组成的微观结构关联模型（Microstructure Association Model），发现颗粒间交互作用受被吸附沥青与未被吸附沥青的影响显著，且颗粒间紧密接触将大幅度提高沥青混合料的等效模量。Lutif 等[134]通过沥青混合料多尺度数值模型预估其力学行为，该模型考虑了混合料的各向异性并建立了各个尺度间的传递关系，最终通过间接拉伸试验（Indirect Tension Test，IDT）的有限元分析与试验结果对比验证了理论方法的预测精度。

随着多尺度理论分析方法的不断发展与完善，材料与结构的设计方法已处在由传统的宏观唯象设计方法向基于多尺度力学框架的综合设计方法转换的阶段。针对目前沥青混合料性能预估无法匹配沥青路面服役期间损伤、破坏程度的突出问题，沥青路面材料多尺度力学特性表征及多尺度跨越机制的研究是解决材料设计与工程应用问题的有力工具。由此可见，建立沥青路面的多尺度统一模型是突破材料与结构优化设计方法的前提。

1.3.3　多尺度数值模拟分析

材料多尺度特性研究是多尺度学科的重要分支，在力学分析方法方面取得了丰富的研究成果。有关沥青混合料多尺度数值模拟与分析的研究，依据所采用的模拟方法可分为分子动力学模拟（Molecular Dynamics Simulation，MD）、有限元方法（Finite Element Method，FEM）、离散元方法（Discrete Element Method，DEM）。

1.3.3.1　分子动力学模拟

分子动力学模拟是一种分子模拟方法，体系中原子与分子的运动轨迹通过牛顿运动方程数值解求得，势能则由分子间相互作用势能函数、分子动力学力场计算给出。分子动力学模拟为理解沥青复杂流变行为的纳、微观机理提供了工具。相关研究根据侧重点的不同，可分为沥青特征组分的分子动力学特性研究、沥青分子与集料矿物分子交互作用研究。

在沥青特征组分研究方面，Zhang 等[135]通过沥青的分子模拟发现相邻沥青质分子的取向具有分子结构及温度依赖性，在高温下呈现平行排列，而在低温下呈现垂直排列；沥青质分子排布受到相邻分子间交互作用的显著影响，远距离分子表现出随机排列的趋势。Zhang[136]基于 C-H 比相似原则建立了 3 种沥青分子模型，分析了沥青传统力学性能指标与其微观成分、分子排列间的关系，通过引入聚苯乙烯分子模型研究沥青的改性机理。Li[137]以不同沥青分子体系的扭转松弛及扩散系数为评价标准，总结得出沥青组成中的大分子比小分子更难以扩散，而且其扭转松弛时间与温度成反比。Li 等[138]进一步运用量子密度泛时理论与经典力场方法评价沥青分子模型的合理性，研究发现当侧链小分子位于适当的位置时，体系能量大幅降低，表明该分子结构更接近实际状况。Hansen 等[139]建立了四组分沥青分子模型,采用分子粗粒化方法防止分子产生高频振动,进而模拟微秒时间尺度内的分子结构体系;通过均方位移、应力自相关函数、扭转松弛等指标研究沥青分子体系在较长时间的扩散与聚集,模拟结果与实测值具有很好的相关性。

在沥青分子与集料矿物分子交互作用研究方面,进行了分子动力学模拟探索。于维钊等[140]对比了不同溶剂中沥青质在羟基化石英表面的吸附作用,得出沥青质与石英黏附力主要由库仑力提供,而沥青质与溶剂的交互作用则由范德华相互作用力决定。Alvarez-Ramirez等[141]分析了沥青质在赤铁矿表面的聚集,沥青质-赤铁矿交互作用的结果表明沥青质中的芳香族部分在赤铁矿表面发生了取向性吸附。Lu 等[142]探讨了纳米尺度下单轴拉伸条件下的沥青-集料界面变形及失效行为,得出石英的弹性模量各向异性十分显著,且当温度过低、应变速率低时沥青-石英界面的失效开始突显。

1.3.3.2 有限元方法

有限元方法在沥青路面材料多尺度模拟研究中占有举足轻重的地位。商业有限元软件具有用户子程序编译便利性强、第三方软件接口兼容性好的优势,满足了沥青-集料界面黏附、沥青混合料细观结构参数及沥青路面动力响应等多个尺度研究的需要。不仅如此,有限元方法还涵盖了复杂本构模型的数值化、材料-结构损伤累积及失效准则的研究领域。Song等[143]提出了引入黏弹本构的双线性内聚力模型(Cohesive Zone Model,CZM),采用 Abaqus用户子程序完成了实测参数的模型单元开发,通过单边切口梁弯曲试验的有限元模拟,与室内试验进行对比,发现双线性 CZM 模型与试验结果的契合度较高。Masad 等[144]开发了沥青混合料微观结构有限元模型,并考虑了局部应变分布对其力学响应的影响,模型参数为由沥青胶浆动态剪切试验获取的黏弹参数,模拟表明沥青及沥青胶浆单元具有较大的应变值,相关数值结果在动态剪切试验中得到了验证。Soares 等[145]提出了多尺度黏弹性内聚力模型以预估材料的损伤规律,分析了沥青混合料损伤对加载速率的依赖性,该算法解决了裂缝产生与扩展的三个重要尺度表征问题——微观裂缝(Micro-scale)、局部结构(Local-scale)与结构元件(Global-scale),相邻尺寸间的关系由均匀化定律描述。曹鹏[146]实现了无网格敏感性非局部化变形带的塑性本构模型的建立,采用高阶梯度理论验证了沥青混合料的尺度效应,初步解释了夹杂现象导致的尺度硬化现象;同时,基于扩展有限元分析方法研究了沥青混合料的强度极限与疲劳断裂特性。随着 ICT 扫描精度与数据提取技术的不断发展,沥青混合料细观尺度模型由传统的二维向三维过渡[147]。万成等[148]基于 ICT 切片图构建了沥青混合料三维有限元模型,其细观结构由砂浆、粗集料及空隙组成,模拟结果表明三维细观结构比三维均质结构的力学响应分布更不均匀,且空隙的存在导致沥青混合料内部产生更明显的应力集中现象。You 等[149]建立了耦合热力学、黏弹塑性及黏性损伤的三维数值模型,分析了其热力学响应的变化规律,基于单轴拉伸、压缩及 MSCR 的模拟试验,探讨沥青混合料的应力-应变行为与损伤产生机理;研究表明引入的复杂本构的三维实体模型满足沥青混合料虚拟化试验设计的要求。

1.3.3.3 离散元方法

针对复合材料间接触的非连续问题,离散元方法将不同材料处理成非连续的离散介质,通过定义相邻单元间的相互作用力来模拟材料的内部作用。单元间的作用力分为切向力与法向力两类。基于牛顿运动第二定律来求解单元的加速度,最终获得任意时刻单元体的速度、加速度、角速度、线位移和转角等物理量。离散元方法的优点是适用于大变形、非线性问题的求解。

离散元方法在道路学科的应用主要集中在沥青混合料细观力学特性研究中。黄晚清[150]基于蒙特卡罗法随机生成沥青玛琋脂碎石混合料(SMA)粗集料骨架模型,准确定义离散单元间的摩擦、接触及嵌挤作用机制,通过膨胀机制模拟成型时的振动效果,使颗粒间产生进一步的重排,研究表明细集料仅起到填充作用,粗集料骨架结构的不均匀性是 SMA 力学性能优劣的关键指标。郭红兵等[151]以集料间位移、接触力及微裂缝为评价指标,基于 PFC^{2D} 颗粒流程序开展了开级配大粒径沥青碎石混合料的劈裂试验离散元分析,发现开级配大粒径沥青碎石混合料抵抗间接拉伸开裂的效果明显。张德育等[152]进行了沥青混合料单轴压缩三维离散元虚拟试验,采用时温等效原理优化模型及提升其计算效率,研究表明三维离散元模型与试验测试值匹配,而二维离散元模拟结果高于实测值。由于离散元在离散颗粒间交互作用及大变形分析等方面的优势,道路工作者成功将其应用于沥青混合料集料性能[153]、集料取向性[154]、集料棱角性[155]等研究中。除了在沥青混合料细观层次中的应用,研究者还尝试将微观尺度引入离散元模拟分析中。You 等[156]采用微观构造离散元建模(Microfabric Discrete Element Modeling,MDEM)预估沥青混合料复数模量,采用颗粒膨胀进行二维模型修正,研究表明经颗粒膨胀修正的二维 MDEM 模型能够表征三维尺度下沥青混合料的真实力学响应。You 等[157]在二维 MDEM 模型的基础上进一步提出了三维 MDEM 模型,以更有效地模拟沥青混合料的黏弹响应。研究者解决了三维 MDEM 模型的计算时效问题,将模型计算时间缩减到若干小时,并基于蠕变试验分析完成了三维 MDEM 弹性模型及三维 MDEM 黏弹性模型的验证。

上述多尺度数值模拟方法的发展推动了多尺度力学理论的应用,但数值化方法本身的局限性导致模拟方法存在一定的局限性。分子动力学模拟在构建复杂分子体系方面存在一定的困难;模拟分子间长时间交互作用的计算代价高且难以收敛,导致分子动力学模型的代表性有待验证。有限元方法在处理材料与结构大变形、高应力状况等高度非线性问题时存在困难,这对有限元网格划分方法及单元类型的选取提出了挑战。离散元方法的缺点在于计算时间步长要求较高,且精确建模时离散单元数量巨大,导致计算代价极高,相关分析软件的商业化程度较低。因此,根据研究问题的特点选用合适的模拟分析方法,是提高计算精度及计算效率的前提。

参考文献

[1] 龚湘兵.沥青路面材料多尺度域力学行为及统一模型[D].哈尔滨:哈尔滨工业大学,2017.

[2] 刘志杨.沥青混合料水分扩散行为及多尺度损伤特性[D].哈尔滨:哈尔滨工业大学,2020.

[3] SCARPAS A, AL-KHOURY R, VAN GURP C, et al. Finite element simulation of damage development in asphalt concrete pavements [C]//Proceedings of 8th International Conference on Asphalt Pavements, Seattle, WA, 1997: 673-692.

[4] KIM Y R, LEE H J, LITTLE D. Fatigue characterization of asphalt concrete using viscoelasticity and continuum damage theory[J]. Journal of the Association of Asphalt Paving Technologists, 1997, 66: 520-569.

[5] CHEHAB G R, KIM Y R, SCHAPERY R A, et al. Characterization of asphalt concrete in uniaxial tension using a viscoelastoplastic model[J]. Journal of the Association of Asphalt Paving Technologists, 2003, 72: 315-355.

[6] COLLOP C, SCARPAS A T, KASBERGEN C, et al. Development and finite element implementation of a stress dependent elasto-visco-plastic constitutive model with damage for asphalt[J]. Transportation Research Record: Journal of the Transportation Research Board, 2003, 1832(1): 96-104.

[7] GIBSON N H, SCHWARTZ C W, SCHAPERY R A, et al. Confining pressure effects on viscoplasticity and damage in asphalt concrete [C]//16th ASCE Engineering Mechanics Conference, Seattle, WA, 2004: 3-8.

[8] SCHWARTZ C W, GIBSON N H, SCHAPERY R A, et al. Viscoplasticity modeling of asphalt concrete behavior[J]. Recent Advances in Materials Characterization and Modeling of Pavement Systems: Geotechnical Special Publication, 2004, 123: 144-159.

[9] TASHMAN L. Microstructure viscoplastic continuum model for permanent deformation in asphalt pavements[D]. College Station, TX, U.S.: Texas A&M University, 2003: 3-16.

[10] DESSOUKY S H. Multiscale approach for modeling hot mix asphalt[D]. College Station, TX, U.S.: Texas A&M University, 2005: 8-30.

[11] NGUYEN T, BYRD E, BENTZ D, et al. In situ spectroscopic study of water at the asphalt/siliceous substrate interface and its implication in stripping[J]. The Journal of Adhesion, 2005, 81(1): 1-28.

[12] 魏建明.沥青、集料的表面自由能及水分在沥青中的扩散研究[D].青岛:中国石油大学,2008.

[13] ZHANG L, GREENFIELD M. Molecular orientation in model asphalts using molecular simulation[J]. Energy & Fuels, 2007, 21(2): 1102-1111.

[14] LI D, GREENFIELD M. Chemical compositions of improved model asphalt systems for molecular simulations[J]. Fuel, 2014, 115: 347-356.

[15] WANG P, DONG Z, TAN Y, et al. Investigating the interactions of the saturate, aromatic, resin, and asphaltene four fractions in asphalt binders by molecular simulations[J]. Energy & Fuels, 2015, 29(1): 112-121.

[16] XU M, YI J, QI P, et al. Improved chemical system for molecular simulations of asphalt[J].

Energy & Fuels,2019,33(4):3187-3198.

[17] 范镜泓.材料变形与破坏的多尺度分析[M].北京:科学出版社,2008.

[18] 胡乐生.基于细观模型的混凝土开裂过程数值研究[D].杭州:浙江大学,2011.

[19] BINNIG G,QUATE C F,GERBER C.Atomic-force microscope[J].Physical Review Letters,1986,56(9):930-933.

[20] MCMULLAN D.Scanning electron microscopy 1928-1965[J].Scanning,1995,17(3):175-85.

[21] 樊亮,张玉贞,刘延军,等.纳米材料与技术在沥青路面中的应用研究进展[J].材料导报:综述篇,2010,24(12):72-75.

[22] TOULHOAT H,PRAYER C,ROUQUET G.Characterization by atomic force microscopy of adsorbed asphaltenes[J]. Colloids and Surfaces A: Physicochemical and Engineering Aspects,1994,91:267-283.

[23] LOEBER L,SUTTON O,MOREL J,et al.New direct observations of asphalts and asphalt binders by scanning electron microscopy and atomic force microscopy[J].Journal of Microscopy,1996,182(1):32-39.

[24] MASSON J F,LEBLOND V,MARGESON J,et al.Low-temperature bitumen stiffness and viscous paraffinic nano-and micro-domains by cryogenic AFM and PDM[J].Journal of Microscopy,2007,227(3):191-202.

[25] PAULI A T,GRIMES R W,BEEMER A G,et al.Morphology of asphalts,asphalt fractions and model wax-doped asphalts studied by atomic force microscopy[J].International Journal of Pavement Engineering,2011,12(4):291-309.

[26] JAGER A,LACKNER R,EISENMENGER-SITTNER C,et al.Identification of microstructural components of bitumen by means of atomic force microscopy(AFM)[J].Proceeding in Applied Mathematics and Mechanics,2004,4(1):400-401.

[27] 王鹏,董泽蛟,谭忆秋,等.基于分子模拟的沥青蜂状结构成因探究[J].中国公路学报,2016,29(3):9-16.

[28] DAS P K,KRINGOS N,WALLQVIST V,et al.Micromechanical investigation of phase separation in bitumen by combining atomic force microscopy with differential scanning calorimetry results[J].Road Materials and Pavement Design,2013,14(sup1):25-37.

[29] 张恒龙,余剑英,李启刚,等.TLA 改性沥青的性能与改性机理研究[J].公路,2010(3):121-125.

[30] 肖新颜,杨泽清.有机蒙脱土/废胶粉复合改性沥青的性能[J].华南理工大学学报(自然科学版),2013,41(6):116-120.

[31] 刘奔,沈菊男,石鹏程.老化沥青纳米尺度微观特性及其官能团性能[J].公路交通科技,2016,33(2):6-13.

[32] YANG L.Atomistic characterization and modeling of the deformation and failure properties

of asphalt aggregate interface[D].Blacksburg,VA,U.S.:Virginia Polytechnic Institute and State University,2010.

[33] LYNE A L,WALLQVIST V,BIRGISSON B.Adhesive surface characteristics of bitumen binders investigated by atomic force microscopy[J].Fuel,2013,113:248-256.

[34] AL-RAWASHDEHA S,SARGAND S.Performance assessment of a warm asphalt binder in the presence of water by using surface free energy concepts and nanoscale techniques[J].Journal of Materials in Civil Engineering,2013,26(5):803-811.

[35] 邵显智,谭忆秋,邵敏华,等.沥青胶浆微观界面的研究[J].公路,2003,12:105-108.

[36] 梁鑫.基于沥青石料表面改性的油石界面粘结剂研究[D].长春:吉林大学,2011:79-81.

[37] 丁庆军,刘新权,沈凡,等.ATH 沥青阻燃体系试验及机理分析[J].中国公路学报,2008,21(5):10-14.

[38] 李瑞霞.BRA 岩沥青及其混合料技术特性研究[D].西安:长安大学,2010:72-74.

[39] 张志清,张兴友,胡光艳,等.硅藻土改性沥青微观机理分析[J].北京工业大学学报,2007,33(9):943-947.

[40] 闵召辉,王晓,黄卫.环氧沥青混凝土的蠕变特性试验研究[J].公路交通科技,2004,21(1):1-4.

[41] KHATTAK M J,KHATTAB A,RIZVI H R.Characterization of carbon nano-fiber modified hot mix asphalt mixtures[J].Construction and Building Materials,2013,40:738-745.

[42] FANG C,YU R,LI Y,et al.Preparation and characterization of an asphalt-modifying agent with waste packaging polyethylene and organic montmorillonite[J].Polymer Testing,2013,32(5):953-960.

[43] WONG Y,SUN D,LAI D.Value-added utilisation of recycled concrete in hot-mix asphalt[J].Waste Management,2007,27(2):294-301.

[44] YU R,FANG C,LIU P,et al.Storage stability and rheological properties of asphalt modified with waste packaging polyethylene and organic montmorillonite[J].Applied Clay Science,2015,104:1-7.

[45] KHATTAK M J,KHATTAB A,ZHANG P,et al.Microstructure and fracture morphology of carbon nano-fiber modified asphalt and hot mix asphalt mixtures[J].Materials and Structures,2013,46(12):2045-2057.

[46] KIM Y R,LITTLE D N,BURGHARDT R C.SEM analysis on fracture and healing of sand-asphalt mixtures[J].Journal of Materials in Civil Engineering,1991,3(2):140-153.

[47] MASAD E,OLCOTT D,WHITE T,et al.Correlation of fine aggregate imaging shape indices with asphalt mixture performance[J].Transportation Research Record:Journal of the Transportation Research Board,2001,1757(1):148-156.

[48] BARKSDALE R,ITANI S.Influence of aggregate shape on base behavior [J].Transportation

Research Record:Journal of the Transportation Research Board,1989,1227:171-182.

[49] FLETCHER T,CHANDAN C,MASAD E,et al.Aggregate imaging system (AIMS) for characterizing the shape of fine and coarse aggregate[J].Transportation Research Record: Journal of the Transportation Research Board,2003,1787:67-77.

[50] CHANDAN C,SIVAKUMAR K,MASAD E,et al.Application of imaging techniques to geometry analysis of aggregate particles[J].Journal of Computing in Civil Engineering,2004,18(1):75-82.

[51] WANG L B,FROST J D,LAI J S.Three-dimensional digital representation of granular material microstructure from X-ray tomography imaging[J].Journal of Computing in Civil Engineering,2004,18(1):28-35.

[52] MASAD E,SAADEH S,AL-ROUSAN T,et al.Computations of particle surface characteristics using optical and X-ray CT images[J].Computational Materials Science,2005,34(4):406-424.

[53] MAHMOUD E,GATES L,MASAD E,et al.Comprehensive evaluation of AIMS texture, angularity,and dimension measurements[J].Journal of Materials in Civil Engineering, 2009,22(4):369-379.

[54] 段跃华,张肖宁,李红杰,等.基于 CT 图像的粗集料颗粒接触特性细观尺度研究[J].建筑材料学报,2011,14(6):808-813.

[55] 邱志雄,李智,李东海,等.骨架密实型沥青混合料细观结构的抗滑特性[J].华南理工大学学报(自然科学版),2013,41(4):107-112.

[56] 谭忆秋.沥青与沥青混合料[M].哈尔滨:哈尔滨工业大学出版社,2007.

[57] American Association of State Highway and Transportation Officials.Specifications for superpave volumetric mix design:AASHTO MP2-95[S].Washington,D.C.:American Association of State Highway and Transportation Officials,1993.

[58] 谭忆秋,陈国明,姜丽伟,等.沥青混合料空隙率测定方法的初探[J].哈尔滨建筑大学学报,2002,35(3):120-124.

[59] MASAD E,JANDHYALA V K,DASGUPTA N,et al.Characterization of air void distribution in asphalt mixes using X-ray computed tomography[J].Journal of Materials in Civil Engineering,2002,14(2):122-129.

[60] 赵立东.沥青路面凝冰损坏影响因素及细观机理研究[D].哈尔滨:哈尔滨工业大学,2012:40-70.

[61] GAO L,NI F,LUO H,et al.Characterization of air voids in cold in-place recycling mixtures using X-ray computed tomography[J].Construction and Building Materials,2015,84:429-436.

[62] 裴建中,王富玉,张嘉林.基于 X-CT 技术的多孔排水沥青混合料空隙竖向分布特性[J].吉林大学学报,2009,39(2):215-219.

[63] SEO Y,EL-HAGGAN O,KING M,et al.Air void models for the dynamic modulus,fatigue cracking,and rutting of asphalt concrete[J].Journal of Materials in Civil Engineering,2007,19(10):874-883.

[64] SUDBURY D S,ROMERO P,LI Y,et al.Evaluating effect of air voids and binder content in cold temperature testing of asphalt mixtures with the bending beam rheometer[C]//16th International Conference on Cold Regions Engineering. American Society of Civil Engineers,2015:229-240.

[65] 李辉忠.沥青砂浆力学性能试验研究[D].长沙:长沙理工大学,2009.

[66] 庞海峰.沥青砂浆粘弹性试验分析[D].长沙:长沙理工大学,2009.

[67] DONG Z,GONG X,ZHAO L,et al.Mesostructural damage simulation of asphalt mixture using microscopic interface contact models[J].Construction and Building Materials,2014,53:665-673.

[68] 尹安毅.沥青混合料开裂破坏行为的细观尺度模拟[D].武汉:华中科技大学,2013.

[69] 牛冬瑜.基于细观力学的沥青砂浆及骨架结构沥青混合料性能研究[D].西安:长安大学,2015.

[70] CASTELO BRANCO V,MASAD E,et al.Fatigue analysis of asphalt mixtures independent of mode of loading[J].Transportation Research Record:Journal of the Transportation Research Board,2008(2057):149-156.

[71] ANOOSHA I.Quantitative characterization of microstructure of asphalt mixtures to evaluate fatigue crack growth[D].Austin,U.S.:University of Texas at Austin,2012.

[72] 杨明,周俊,余强,等.沥青三大指标试验操作方法的讨论[J].石油沥青,2003,17(3):57-59.

[73] American Association of State Highway and Transportation Officials.Standard specification for performance graded asphalt binder (AASHTO MP1a)[S].Washington,D.C.:American Association of State Highway and Transportation Officials,1994.

[74] 美国沥青协会.高性能沥青路面(Superpave)基础参考手册[M].江苏交通科学研究院,译.北京:人民交通出版社,2005:1-49.

[75] SOENEN H,BLOMBERG T,PELLINEN T,et al.The multiple stress creep-recovery test:a detailed analysis of repeatability and reproducibility[J].Road Materials and Pavement Design,2013,14(sup1):2-11.

[76] American Society for Testing Material.Standard test method for multiple stress creep and recovery (MSCR) of asphalt binder using a dynamic shear rheometer:ASTM D7405[S].West Conshohocken:American Society for Testing Material,2015.

[77] 单丽岩.基于粘弹特性的沥青疲劳-流变机理研究[D].哈尔滨:哈尔滨工业大学,2010.

[78] 郝增恒,张肖宁,盛兴跃,等.超热老化条件下改性沥青的老化机理[J].建筑材料学报,2009,12(4):433-437.

[79] 吴少鹏,庞凌,余剑英,等.沥青光氧老化研究进展[J].石油沥青,2007,21(2):1-5.

[80] CORTIZO M S,LARSEN D O,BIANCHETTO H,et al.Effect of the thermal degradation of SBS copolymers during the aging of modified asphalts[J].Polymer Degradation and Stability,2004,86(2):275-282.

[81] American Association of State Highway and Transportation Officials.Method of test for resistance to plastic flow of bituminous mixtures using marshall apparatus: AASHTO T245 [S]. Washington,D.C.:American Association of State Highway and Transportation Officials,2013.

[82] American Association of State Highway and Transportation Officials. Practice for mixture conditioning of hot mix asphalt (HMA): AASHTO R30[S]. Washington, D.C.: American Association of State Highway and Transportation Officials,2002.

[83] American Society for Testing Material.Standard test method for compaction and shear properties of bituminous mixtures by means of the U.S. Corps of Engineers gyratory testing machine (GTM):ASTM D3387 [S]. West Conshohocken: American Society for Testing Material,2011.

[84] 交通运输部公路科学研究所.公路工程沥青及沥青混合料试验规程:JTG E20—2011[S].北京:人民交通出版社,2011.

[85] 交通部公路科学研究所.公路沥青路面施工技术规范:JTG F40—2004[S].北京:人民交通出版社,2004.

[86] SEL I,YILDIRIM Y,OZHAN H B.Effect of test temperature on Hamburg wheel-tracking device testing[J].Journal of Materials in Civil Engineering,2014,26(8):04014037.

[87] LIU Q,SCHLANGEN E,VAN M V D,et al.Evaluation of the induction healing effect of porous asphalt concrete through four point bending fatigue test [J]. Construction and Building Materials,2012,29:403-409.

[88] ZEIADA W A,SOULIMAN M I,KALOUSH K E,et al.Endurance limit for HMA based on healing concept using uniaxial tension-compression fatigue test[J].Journal of Materials in Civil Engineering,2013,26(8):04014036.

[89] AKENTUNA M,KIM S S,NAZZAL M,et al.Study of the thermal stress development of asphalt mixtures using the asphalt concrete cracking device (ACCD)[J].Construction and Building Materials,2016,114:416-422.

[90] 孙嵘蓉.缓释蓄盐沥青混合料的研发及性能的评价[D].哈尔滨:哈尔滨工业大学,2012.

[91] XIONG H,WANG L.Piezoelectric energy harvester for public roadway:on-site installation and evaluation[J].Applied Energy,2016,174:101-107.

[92] 许金泉.界面力学[M].北京:科学出版社,2006:2-3,6-19.

[93] 伍章健.复合材料界面和界面力学[J].复合材料界面和界面力学,1995,3(3):302-314.

[94] 方庆红,王慧宾,张凤鹏,等.温度对尼龙纤维-橡胶复合材料界面特性的影响[J].建筑材料学报,2005,8(5):587-589.

[95] CHO D W,KIM K,LEE M J.Chemical model to explain asphalt binder and asphalt-aggregate interface behaviors[J].Canadian Journal of Civil Engineering,2010,37(1):45-53.

[96] 董伟,张利花,吴智敏.岩石-混凝土界面拉伸软化本构关系试验研究[J].水利学报,2014,45(6):712-718.

[97] 亢一澜.界面力学若干问题的实验研究[J].力学与实践,1999,21(3):9-16.

[98] BAEK J,OZER H,WANG H,et al.Effects of interface conditions on reflective cracking development in hot-mix asphalt overlays[J].Road Materials and Pavement Design Series A,2010,11(2):307-334.

[99] HAKIMZADEH S,KEBEDE N A,BUTTLAR W G,et al.Development of fracture-energy based interface bond test for asphalt concrete[J].Road materials and pavement design,2012,13(sup1):76-87.

[100] ESHELBY J D.The determination of the elastic field of an ellipsoidal inclusion and related problems[J].Proceedings of the Royal Society of London Series A,Mathematical and Physical Sciences,1957,1226:376-396.

[101] 杜修力,金浏.混凝土静态力学性能的细观力学方法述评[J].力学进展,2011,41(4):411-426.

[102] 沈观林,胡更开.复合材料力学[M].北京:清华大学出版社,2006.

[103] MORI T,TANAKA K.Average stress in matrix and average elastic energy of material with misfitting inclusions[J].Acta Metallurgica,1973,21(5):571-574.

[104] BENVENISTE Y.A new approach to the application of Mori-Tanaka's theory in composite materials[J].Mechanics of Materials,1987,6(2):147-157.

[105] CHRISTENSEN R M.A critical evaluation for a class of micromechanics models[J].Journal of the Mechanics and Physics of Solids,1990,38(3):379-404.

[106] MCLAUGHLIN R.A study of the variousial scheme for composite materials[J].International Journal of Engineering Science,1977,15(4):237-244.

[107] BENSOUSSAN A,LIONS J L,PAPANICOLAOU G.Asymtopic structures [M].Amsterdam:North Holland,1978.

[108] BUTTLAR W,BOZKURT D,AL-KHATEEB G,et al.Understanding asphalt mastic behavior through micromechanics[J].Transportation Research Record:Journal of the Transportation Research Board,1999,1681(1):157-169.

[109] 王新明,闵召辉,黄卫.环氧沥青混合料的弹性性能预测[J].公路交通科技,2007,24(7):35-38.

[110] LI Y,METCALF J B.Two-step approach to prediction of asphalt concrete modulus from two-phase micromechanical models[J].Journal of Materials in Civil Engineering,2005,17(4):407-415.

[111] 吴俊,杨新华,叶永.基于 Eshelby 等效夹杂理论的沥青混合料有效粘弹性质分析[J].工程力学,2012,9(10):244-248.

[112] SHU X,HUANG B.Micromechanics-based dynamic modulus prediction of polymeric asphalt concrete mixtures[J].Composites Part B:Engineering,2008,39(4):704-713.

[113] 黄克智,邱信明.应变梯度理论的新进展(一)——偶应力理论和 SG 理论[J].机械强度,1999,21(2):81-87.

[114] 黄克智,邱信明.应变梯度理论的新进展(二)——基于细观机制的 MSG 应变梯度塑性理论[J].机械强度,1999,21(3):161-165.

[115] FLECK N A,MULLER G M,ASHBY M F,et al.Strain gradient plasticity:theory and experiment[J].Acta Metallurgica et Materialia,1994,42(2):475-487.

[116] FLECK N A,HUTCHINSON J W.A phenomenological theory for strain gradient effects in plasticity[J].Journal of the Mechanics and Physics of Solids,1993,41(12):1825-1857.

[117] FLECK N A,HUTCHINSON J W.Strain gradient plasticity[J].Advances in Applied Mechanics,1997,33:296-361.

[118] GAO H,HUANG Y,NIX W D,et al.Mechanism-based strain gradient plasticity—I. theory[J].Journal of the Mechanics and Physics of Solids,1999,47(6):1239-1263.

[119] HUANG Y,GAO H,NIX W D,et al.Mechanism-based strain gradient plasticity—Ⅱ. analysis[J].Journal of the Mechanics and Physics of Solids,2000,48(1):99-128.

[120] XIA Z C,HUTCHINSON J W.Crack tip fields in strain gradient plasticity[J].Journal of the Mechanics and Physics of Solids,1996,44(10):1621-1648.

[121] WEI Y,HUTCHINSON J W.Steady-state crack growth and work of fracture for solids characterized by strain gradient plasticity[J].Journal of the Mechanics and Physics of Solids,1997,45(8):1253-1273.

[122] 陈少华,王自强.应变梯度理论进展[J].力学进展,2003,33(2):207-216.

[123] MAEKAWA K,ISHIDA T,KISHI T.Multi-scales modeling of structural concrete[M].Boca Raton:CRC Press,2008.

[124] FISH J.Multiscale methods:bridging the scales in science and engineering[M].Oxford:Oxford University Press,2009.

[125] 吴佰建,李兆霞,汤可可.大型土木结构多尺度模拟与损伤分析——从材料多尺度力学到结构多尺度力学[J].力学进展,2007,37(3):327-336.

[126] BELYTSCHKO T,XIAO S P.Coupling methods for continuum model with molecular model [J].International Journal for Multiscale Computational Engineering,2003,1(1):115-126.

[127] MILLER R E,TADMOR E B.The quasi-continuum method:overview,applications and current directions[J].Journal of Computer-Aided Materials Design,2002,9(3):203-239.

[128] BROUGHTON J Q,ABRAHAM F F,BERNSTEIN N,et al.Concurrent coupling of length scales:methodology and application[J].Physical Review,1999,60(4):2391-2403.

[129] FISH J,BELSKY V.Multi-grid method for periodic heterogeneous media part 2:multiscale modeling and quality control in multidimensional case[J].Computer Methods in Applied Mechanics and Engineering,1995,126(1):17-38.

[130] BELYTSCHKO T,LU Y Y,GU L.Element-free Galerkin methods[J].International Journal for Numerical Methods in Engineering,1994,37(2):229-256.

[131] MICHOPOULOS J G,FARHAT C,FISH J.Modeling and simulation of multiphysics systems[J].Journal of Computing and Information Science in Engineering,2005,5(3):198-213.

[132] SIH G C.Multiscaling in molecular and continuum mechanics:interaction of time and size from macro to nano[M].Dordrecht:Springer,2007.

[133] UNDERWOOD B S,KIM Y R.Microstructural association model for upscaling prediction of asphalt concrete dynamic modulus[J].Journal of Materials in Civil Engineering,2012,25(9):1153-1161.

[134] LUTIF J,SOUZA F,KIM Y,et al.Multiscale modeling to predict mechanical behavior of asphalt mixtures[J].Transportation Research Record:Journal of the Transportation Research Board,2010,2181(1):28-35.

[135] ZHANG L,GREENFIELD M L.Molecular orientation in model asphalts using molecular simulation[J].Energy & Fuels,2007,21(2):1102-1111.

[136] ZHANG L.Physical and mechanical properties of model asphalt systems calculated using molecular simulation[D].Rhode Island:University of Rhode Island,2007.

[137] LI D D.Multiscale modeling of asphalt systems using quantum mechanics and molecular simulation[D].Rhode Island:University of Rhode Island,2011.

[138] LI D D,GREENFIELD M L.High internal energies of proposed asphaltene structures[J].Energy & Fuels,2011,25(8):3698-3705.

[139] HANSEN J S,LEMARCHAND C A,NIELSEN E,et al.Four-component united-atom model of bitumen[J].The Journal of Chemical Physics,2013,138(9):94.

[140] 于维钊,乔贵民,张军,等.沥青质在石英表面吸附行为的分子动力学模拟[J].石油学报(石油加工),2012,28(1):76-82.

[141] ALVAREZ-RAMIREZ F,GARCIA-CRUZ I,TAVIZON G,et al.Docking of an asphaltene molecular model on a Fe_2O_3 surface, an Ab initio simulated annealing[J].Petroleum Science and Technology,2004,22(7-8):915-926.

[142] LU Y,WANG L.Nanoscale modelling of mechanical properties of asphalt-aggregate interface under tensile loading[J].International Journal of Pavement Engineering,2010,11(5):393-401.

[143] SONG S H,PAULINO G H,BUTTLAR W G.A bilinear cohesive zone model tailored for fracture of asphalt concrete considering viscoelastic bulk material[J].Engineering Fracture Mechanics,2006,73(18):2829-2848.

[144] MASAD E,SOMADEVAN N.Microstructural finite-element analysis of influence of localized strain

distribution on asphalt mix properties[J].Journal of Engineering Mechanics,2002,128(10):1105-1114.

[145] SOARES R F.Multiscale computational modeling of damage evolution in viscoelastic particulate composites with growing cracks[D].Nebraska:University of Nebraska,2010.

[146] 曹鹏.沥青路面多尺度力学分析方法及模型研究[D].哈尔滨:哈尔滨工业大学,2014.

[147] 孙红红.基于 CT 图像沥青混合料三维有限元数值模拟研究[D].西安:西安建筑科技大学,2012.

[148] 万成,张肖宁,贺玲凤,等.基于沥青混合料三维数值试样的非均匀性分析[J].华中科技大学学报(自然科学版),2012,40(2):40-44.

[149] YOU T,AL-RUB R K,DARABI M K,et al.Three-dimensional microstructural modeling of asphalt concrete using a unified viscoelastic-viscoplastic-viscodamage model[J].Construction and Building Materials,2012,28(1):531-548.

[150] 黄晚清.SMA 粗集料骨架结构的细观力学模型研究[D].成都:西南交通大学,2007.

[151] 郭红兵,陈拴发.开级配大粒径沥青碎石混合料劈裂试验的离散元数值分析[J].公路交通科技,2014,31(11):22-26.

[152] 张德育,黄晓明,高英.沥青混合料三维离散元虚拟单轴蠕变试验[J].华南理工大学学报(自然科学版),2012,40(7):15-20.

[153] MAHMOUD E,MASAD E,NAZARIAN S.Discrete element analysis of the influences of aggregate properties and internal structure on fracture in asphalt mixtures[J].Journal of Materials in Civil Engineering,2009,22(1):10-20.

[154] LIU Y,YOU Z.Discrete element simulation of aggregate sphericity and orientation:an approach to improving the understanding of asphalt concrete[C]//10th International Conference of Chinese Transportation Professionals—Integrated Transportation Systems:Green,Intelligent,Reliable.Beijing,China,2010:3968-3976.

[155] LIU Y,YOU Z.Discrete-element modeling:impacts of aggregate sphericity,orientation,and angularity on creep stiffness of idealized asphalt mixtures[J].Journal of Engineering Mechanics,2010,137(4):294-303.

[156] YOU Z,BUTTLAR W G.Discrete element modeling to predict the modulus of asphalt concrete mixtures[J].Journal of Materials in Civil Engineering,2004,16(2):140-146.

[157] YOU Z,LIU Y,DAI Q.Three-dimensional microstructural-based discrete element viscoelastic modeling of creep compliance tests for asphalt mixtures[J].Journal of Materials in Civil Engineering,2010,23(1):79-87.

第2章 纳观沥青组分与矿物分子交互特性

沥青-集料交互作用显著影响沥青混合料的路用性能及耐久性,其物理化学本质是纳观沥青与矿物分子间的作用力。沥青分子强极性基团与集料活性矿物间的相互作用,引起沥青分子体系纳观胶体结构重分布,改变界面沥青微观流变及力学性质。本章采用分子动力学方法建立沥青和沥青-集料分子模型,研究沥青组分间、组分与改进剂间以及与矿物分子间的交互特性。

2.1 分子动力学基本原理

分子动力学是分子模拟的常用技术,在沥青纳观特性研究方面应用较多。其基本要素包括三部分:力场选择、结构准备和性能计算。分子动力学模拟是通过牛顿运动方程,获得真实温度、压力及体积下分子系统的动态行为,通过这些动态行为对时间取平均来预测性能。其模拟需要给定力场、系综及初态,并选择合适的运动方程积分方法。

力场是经典模拟计算的核心,基于薛定谔方程、量子力学和相对论效应等理论,准确描述体系中的分子在势能曲面上的运动轨迹。换句话说,力场用于描述系统中每一种原子如何与其周围的原子相互作用,给出原子所处的局部环境。这种局部环境包括很多信息,比如分子内键长、键角等相互作用能、分子间静电相互作用、范德华力相互作用等。通常而言,这个局部环境包括分子内环境和分子间环境。系统内分子所处的环境不同,系统的能量就不同。

2.1.1 粒子运动微分方程

基于 Hohenberg-Kohn 第一性原理,分子体系中原子的基本运动规律遵守牛顿经典力学,而分子体系总势能决定了各个原子的纳观运动行为。因此,第 i 个原子所受的力 $\boldsymbol{F}_i$ 可表达为体系总势能 $U(\boldsymbol{r})$ 在该原子处的负梯度:

$$\boldsymbol{F}_i = -\nabla U(\boldsymbol{r}) \equiv -\frac{\partial U(\boldsymbol{r})}{\partial \boldsymbol{r}_i} = -\left\{\frac{\partial U}{\partial x_i}\boldsymbol{i}+\frac{\partial U}{\partial y_i}\boldsymbol{j}+\frac{\partial U}{\partial z_i}\boldsymbol{k}\right\} \tag{2-1}$$

式中:$\boldsymbol{F}_i$——第 i 个原子所受的力(N);

$U(\boldsymbol{r})$——体系总势能(J);

$\boldsymbol{r}$——原子位移(Å);

$\boldsymbol{i},\boldsymbol{j},\boldsymbol{k}$——体系的空间方向矢量。

根据牛顿经典力学理论,依据分子体系中第 i 个原子核的运动加速度 $\boldsymbol{a}_i$ 与其所受力 $\boldsymbol{F}_i$ 的关系,可采用如式(2-2)~式(2-5)所示的 Verlet 速度算法计算原子的位置、加速度及速度,进而基于体系总势能持续计算各原子的运动轨迹。

$$\boldsymbol{F}_i = m_i \boldsymbol{a}_i = m_i \frac{\partial^2 \boldsymbol{r}_i}{\partial t^2} \tag{2-2}$$

$$\boldsymbol{r}_i(t+\Delta t) = \boldsymbol{r}_i(t) + \Delta t \boldsymbol{v}_i(t) + \frac{1}{2}\Delta t^2 \boldsymbol{a}_i(t) \tag{2-3}$$

$$\boldsymbol{a}_i(t+\Delta t) = \frac{\boldsymbol{F}\ (t+\Delta t)_i}{m_i} \tag{2-4}$$

$$\boldsymbol{v}_i(t+\Delta t) = \boldsymbol{v}_i(t) + \frac{1}{2}\Delta t[\boldsymbol{a}_i(t) + \boldsymbol{a}_i(t+\Delta t)] \tag{2-5}$$

式中：$\boldsymbol{a}_i$——第 i 个原子的加速度（m/s^2）；

$\boldsymbol{v}_i$——第 i 个原子的速度（m/s）；

m_i——第 i 个原子的质量（kg）；

t——时间（s）。

2.1.2　分子体系能量组成

在力场中，总能量包括三部分[3]，如式（2-6）~式（2-8）所示：

$$E_{\mathrm{Total}} = E_{\mathrm{Valence}} + E_{\mathrm{Crossterm}} + E_{\mathrm{Non\text{-}bond}} \tag{2-6}$$

$$E_{\mathrm{Valence}} = E_{\mathrm{Bond}} + E_{\mathrm{Angle}} + E_{\mathrm{Torsion}} + E_{\mathrm{Oop}} + E_{\mathrm{UB}} \tag{2-7}$$

$$E_{\mathrm{Non\text{-}bond}} = E_{\mathrm{vdW}} + E_{\mathrm{Coulomb}} + E_{\mathrm{H\text{-}bond}} \tag{2-8}$$

式中：E_{Total}——系统总势能（kJ/mol）；

E_{Valence}——键合能量（kJ/mol）；

$E_{\mathrm{Crossterm}}$——交叉项能量（kJ/mol）；

$E_{\mathrm{Non\text{-}bond}}$——分子间非键势能（kJ/mol）；

E_{Bond}——键伸缩振动产生的能量（kJ/mol）；

E_{Angle}——键角弯曲产生的能量（kJ/mol）；

E_{Torsion}——二面角扭转产生的能量（kJ/mol）；

E_{Oop}——共价系统中平面间产生的能量（kJ/mol）；

E_{UB}——在 1-3 结构中原子对与周边环境相互作用产生的能量（kJ/mol）；

E_{vdW}——范德华力作用产生的能量（kJ/mol）；

E_{Coulomb}——库伦静电作用力产生的能量（kJ/mol）；

$E_{\mathrm{H\text{-}bond}}$——氢键产生的能量（kJ/mol）。

根据原子运动微分方程可知，准确高效地计算体系总势能是模拟真实分子运动状态的关键。分子体系总势能可由量子力学计算，但随着模拟体系原子数目的增加，基于量子力学的计算方法时间成本将显著增加。为减少模拟计算的时间消耗，在保证分子体系能量计算精度的前提下，对部分量子力学计算进行简化处理，并基于试验数据建立经验势能模型修正分子体系总势能,这一经验势能模型被称为分子力场[4-5]。

总的来说,力场是针对某类物质的经验统计特性得出的势能面表达式,是描述系统内个体间相互作用的基础。材料宏观性质的准确模拟是由力场、分子结构初态决定的,因此选择合适的力场很关键。

目前,高分子模拟中常用的力场有 UFF(Universal Force Field)、DREIDING 和 COMPASS(Condensed-phase Optimized Molecular Potentials for Atomistic Simulation Studies)。COMPASS 力场是一个基于"从头算(ab initio)"的力场,力场的绝大多数参数是通过从头算数据推导出的。该力场参数处理过程包括两部分:从头算参数化、经验优化。从头算参数化主要是原子中电荷、价态的参数化,这些数据可以用来确定系统的总能量。经验优化是通过试验数据来优化力场,使其模拟结果与实际数据更接近。COMPASS 力场中的范德华力是根据物质凝聚态特性进行优化的。对于共价键分子组成的体系,这种优化是根据液体物质的试验数据修订的。因此,COMPASS 力场可实现凝聚态材料原子水平的模拟,在有机分子平衡态的研究中显现出较大的优势,也较适合沥青系统的分子模拟[6]。

2.1.2.1 化学键作用

分子内化学键作用是原子在成键作用下引起的键长伸缩、键角弯曲、二面角扭转、离平面原子振动而产生的体系势能(图 2-1)。键长伸缩势由相邻成键原子对间的距离变化而产生,可采用与原子距离有关的 Morse 势四次项展开函数描述。键角弯曲势由相邻三原子间键角简谐波动产生,可采用与键角有关的 Morse 势四次项展开函数描述。二面角扭转势由分子内 4 个及 4 个以上原子沿某键扭转产生,可采用三角函数展开式描述。此外,分子中的原子在其他原子形成平面外产生振动,引起该原子与分子平面间夹角的变化,由此产生离平面弯曲势,多采用二次项函数描述。

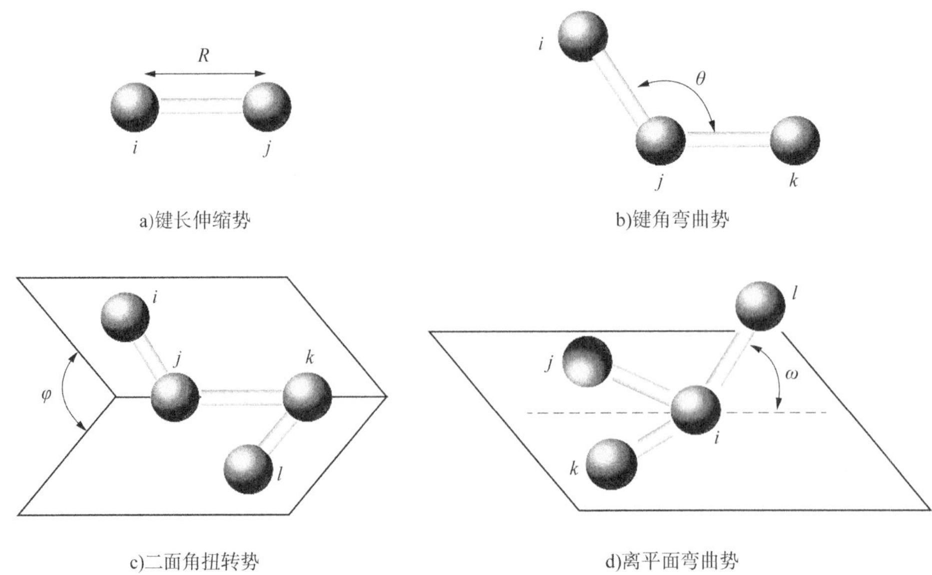

图 2-1 分子内成键势能组成

COMPASS 力场采用 Morse 势能模型四次项展开函数描述成键原子键长伸缩势和键角弯曲势，以三角函数展开和 Mean Wilsonm 模型表征分子体系的二面角扭转势和离平面弯曲势。各化学键势能模型函数见表 2-1。

COMPASS 力场分子内化学键势能　　表 2-1

成键势能	公式及参数	说　明
键长伸缩势	$E=\frac{K_0}{2}(R-R_0)^2[1+C(R-R_0)+D(R-R_0)^2]$ 式中：K_0——分子力常数（kcal · mol^{-1} · Å^{-2}）； R——原子距离（Å）； R_0——平衡键长（Å）； C、D——因子	Morse 势四次项展开函数
键角弯曲势	$E=\frac{K_0}{2}(\theta-\theta_0)^2[1+C(\theta-\theta_0)+D(\theta-\theta_0)^2]$ 式中：θ——键角（rad）； θ_0——平衡键角（rad）	Morse 势四次项展开函数
二面角扭转势	$E=\frac{1}{2}\sum_j\{B_j[1-d_j\cos(n_j\varphi)]\}$ 式中：B_j——势垒（kcal/mol）； d_j——相因子； n_j——角频率（rad^{-1}）； φ——二面角（rad）	三角函数展开式
离平面弯曲势	$E=\frac{K_0}{2}\omega_{av}^2$ 式中：ω_{av}——平面外振动平均角度（rad）	Mean Wilsonm 模型

2.1.2.2　化学键交叉作用

分子内邻近的化学键之间会产生相互影响，即存在化学键作用交叉耦合的现象，主要包括：键伸缩-键伸缩、键伸缩-键角弯曲-键伸缩、键角弯曲-键角弯曲、二面角扭转-键伸缩、二面角扭转-键角弯曲-键角弯曲、键角弯曲-二面角扭转-键角弯曲、键伸缩-二面角扭转-键伸缩耦合作用。考虑成键交叉相互作用，可以显著提高分子力场精度，COMPASS 力场考虑的化学键交叉作用见表 2-2。

COMPASS 力场分子成键交叉项　　表 2-2

势　能	公式及参数	分项说明
键伸缩-键伸缩耦合	$E=K_0(R_{ij}-R_{ij0})(R_{kl}-R_{kl0})$ 式中：K_0——分子力常数（kcal · mol^{-1} · Å^{-1}）； R_{ij}，R_{kl}——键长（Å）； R_{ij0}，R_{kl0}——平衡键长（Å）	分子内
	$E=K_0(R_{ij}-R_{ij0})(R_{kl}-R_{kl0})$	分子间

续上表

势　能	公式及参数	分项说明
键伸缩-键角弯曲-键伸缩耦合	$E=(\theta-\theta_0)^2[K_{ij\phi}(R_{ij}-R_{ij0})+K_{jk\phi}(R_{jk}-R_{jk0})]$ 式中：$K_{ij\phi}$，$K_{jk\phi}$——分子力常数（kcal · mol^{-1} · Å^{-1}）	角度分项
	$E=(\cos\theta-\cos\theta_0)^2[K_{ij\phi}(R_{ij}-R_{ij0})+K_{jk\phi}(R_{jk}-R_{jk0})]$	余弦分项
键角弯曲-键角弯曲耦合	$E=K_0(\theta_{ijl}-\theta_{ijl0})(\theta_{kil}-\theta_{kil0})$ 式中：θ_{ijl}，θ_{kil}——键角（rad）； θ_{ijl0}，θ_{kil0}——平衡键角（rad）	角度分项
	$E=K_0(\cos\theta_{ijl}-\cos\theta_{ijl0})(\cos\theta_{kil}-\cos\theta_{kil0})$	余弦分项
二面角扭转-键伸缩耦合	$E=(R-R_0)[V_a\cos(n_a\varphi)+V_b\cos(n_b\varphi)+V_c\cos(n_c\varphi)]$ 式中：V_a，V_b，V_c——一阶势垒参数（kcal · mol^{-1} · Å^{-1}）； n_a，n_b，n_c——角频率（rad^{-1}）	
二面角扭转-键角弯曲-键角弯曲耦合	$E=K_0(\theta_{ijl}-\theta_{ijl0})(\theta_{kil}-\theta_{kil0})\cos\varphi$	角度分项
	$E=K_0(\cos\theta_{ijl}-\cos\theta_{ijl0})(\cos\theta_{kil}-\cos\theta_{kil0})\cos\varphi$	余弦分项
键角弯曲-二面角扭转-键角弯曲耦合	$E=(\theta_{ijl}-\theta_{ijl0})[V_{ja}\cos(n_a\varphi)+V_{jb}\cos(n_b\varphi)+V_{jc}\cos(n_c\varphi)]$ $+(\theta_{jkl}-\theta_{jkl0})[V_{ka}\cos(n_a\varphi)+V_{kb}\cos(n_b\varphi)+V_{kc}\cos(n_c\varphi)]$ 式中：n_a，n_b，n_c——角频率（rad^{-1}）； V_{ja}，V_{jb}，V_{jc}——一阶势垒参数（kcal · mol^{-1} · Å^{-1}）； V_{ka}，V_{kb}，V_{kc}——二阶势垒参数（kcal · mol^{-1} · Å^{-1}）	
键伸缩-二面角扭转-键伸缩耦合	$E=(R_{ij}-R_{ij0})[V_{ja}\cos(n_a\varphi)+V_{jb}\cos(n_b\varphi)+V_{jc}\cos(n_c\varphi)]$ $+(R_{kl}-R_{kl0})[V_{ka}\cos(n_a\varphi)+V_{kb}\cos(n_b\varphi)+V_{kc}\cos(n_c\varphi)]$	

2.1.2.3　分子间非键相互作用

原子电子云的不均匀分布会引起非成键的邻近分子间产生长程吸引力和短程排斥力，即分子间的范德华作用。电子云的不均匀分布甚至会使分子产生多个偶极矩或电荷，在偶极矩或电荷静电作用下会产生更强的分子间非键交互作用，即静电相互作用。理论上，范德华势能可采用量子力学精确计算，但分子力场中多采用 Lennard-Jones 模型针对不同分子体系采用不同经验方程进行拟合。而静电作用可采用 Coulomb 模型计算。COMPASS 力场中分子间非键相互作用的各分项见表 2-3。

COMPASS 力场非键作用势能　　表 2-3

非成键势能	公式及参数	说　明
范德华势能	$$E=D_0\left[2\left(\frac{R_0}{R}\right)^9+3\left(\frac{R_0}{R}\right)^6\right]$$ 式中：D_0——平衡势阱(kcal/mol)； R_0——平衡距离(Å)； R——距离(Å)	Lennard-Jones 9-6 模型
静电势能	$$E=C\frac{q_iq_j}{\varepsilon R}$$ 式中：C——比例常数(kcal · Å mol^{-1} · C)； q_i,q_j——电荷量(C)； ε——相对介电常数	Coulomb 模型

初态包括粒子的初始位置、初始速度及边界条件。粒子的初始位置即稳定态的分子结构。在建立分子模型后，通过 Molecular Mechanics 的能量最小化原则，获得稳态的分子结构。而初始速度通常按照 Maxwell 分布随机分配。能量最小化过程的数学本质是求系统内粒子的势能函数极小值。势能函数极小值可采用不同的数学算法获得，常用算法有最速下降法、共轭梯度法。计算时常采用周期性边界条件(Periodic Boundary Conditions)。

周期性边界条件采用周期性结构进行模拟。应用周期性边界条件模拟，意味着周期图像之间的相互作用被包括在势能场中，以确保结构的严谨性、准确性。周期性边界的实施方法是最近镜像方法。在图 2-2a)所示的周期性结构中，含有一定量分子的 A1 立方体被足够多的其他溶剂包围着，是溶液本体中的微小单位。在真实环境中，如果选择以一定尺寸的立方体 A1 代表溶液的本体，A1 中的粒子可能扩散到表面或因溶剂蒸发而损失，然而在溶液本体内，A1 中的粒子是不会损失的。针对这一问题，通过周期性边界条件来修正，即把运动至模型边界的粒子，从相反的界面进行补充，从而保证体系的粒子数恒定。最近镜像方法的原理见图 2-2b)，模型中处于边界处的原子受力就比较全面，从而消除了边界效应，使 A1 能够真实描述本体中微小单元的运动行为。

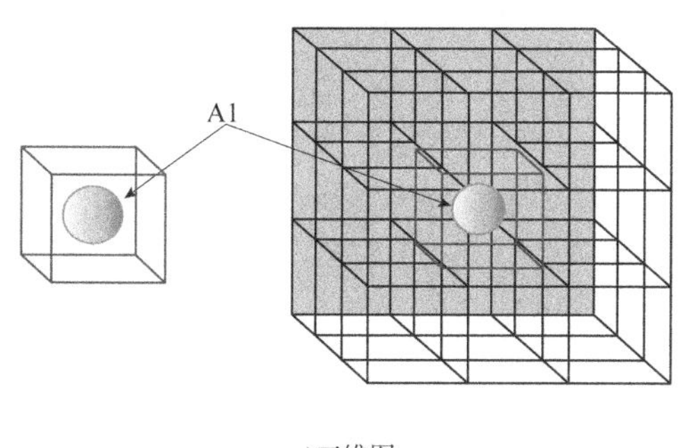

a)三维图

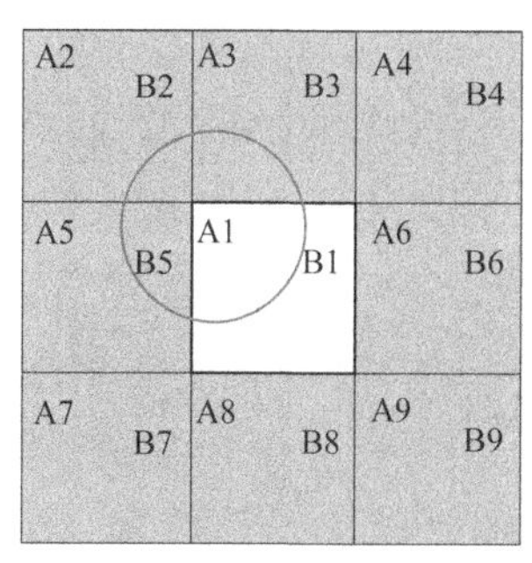

b)最小镜像结构图

图 2-2　周期性边界示意图

系综指在保持某些宏观条件不变的前提下各种运动行为的集合，包括微正则系综（NVE）、正则系综（NVT）、等温等压系综（NPT）和等压等焓系综（NPH），可根据不同的模拟目的选择系综。通常，NVE 适合研究扩散系数，NPT 适合研究混合物的相变。

运动方程的积分方法有很多种，包括 Verlet 法、蛙跳法、速度 Verlet 法、位置 Verlet 法、Beeman 法及 Bear 法。其中，蛙跳法可给出体系时间变化的全部信息，因计算粒子速度和位置的误差较小、计算相对简单而受到广泛应用。图 2-3 给出 Verlet 蛙跳法的计算流程：首先，通过给定初态确定体系总能量，给出粒子在确定力场的势能梯度；其次，预测粒子在该时刻的速度并校正，当系统的总动能在理想粒子体系动能上下呈现约 10% 的浮动时，认为系统已达到热平衡状态，粒子的速度不再需要校正；最后，通过牛顿运动方程预测粒子在不同时刻的运动轨迹。沥青模拟中，常采用 NVT 或 NPT，在COMPASS 力场中应用 Verlet 蛙跳法进行分子动力学计算。

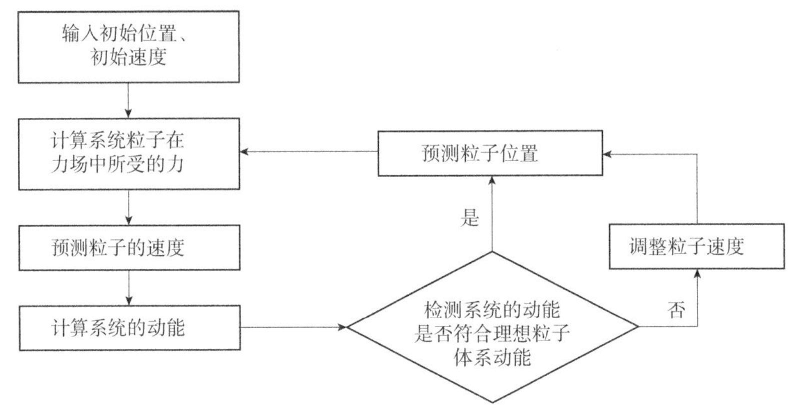

图 2-3 Verlet 蛙跳法计算流程

2.2 沥青分子模型

2.2.1 沥青组分划分及化学特性

沥青是一种由不同分子量的碳氢化合物和杂原子组成的有机混合物，其组成分子的分子量位于几百到几千，成分组成及比例随油源不同而存在显著差异，但从有机溶剂溶解性角度，可划分为沥青质、胶质及油分三组分[7]。

沥青质是一种由一系列含氮、硫和氧等杂原子的多环芳香烃及微量重金属组成的黑色固体，其化学结构一般包含中心联合芳香环、外侧饱和脂肪烃短支链。凭借杂原子电负性及多环芳香烃，沥青质分子具有较强的分子极性，与其他组分分子及活性物质产生强交互作用。

胶质是一种由数个联合的芳香环及部分外侧短链组成的混合物，一般包含 2~4 个芳香环构成的分子核心与短支链，赋予胶质分子强极性及较小的分子体积，使得胶质分子具有很强的分子活性及可移动性。此外,由于其极性介于强极性沥青质及弱极性油分之间,其包含的极性芳香环核心可与沥青质相互作用,而其外侧的短支链与油分可以相互连接,在沥青胶体中发挥极性过渡和稳定胶体结构的重要作用,因而常被称为“沥青胶体稳定剂”。

油分是一种室温下为黄色或橙红色的黏稠液体,其组成主要为饱和环烷烃、长链脂肪酸。碳碳分子化学键多为饱和单键,使得油分的分子极性较弱,难以与其他组分产生强交互作用。分子量较大的饱和环烷烃移动性较差,主要起到填充沥青分子胶团的作用;分子量较小的长链脂肪烃具有很强的移动性,容易在分子间隙中滑移。长分子单链使其具有较好的分子柔顺性,松弛状态下卷曲的分子长链能够在外荷载作用下延展并移动,为沥青胶体提供良好的低温延展性及荷载耗散能力。沥青中各组分分子结构、组成比例对保证沥青胶体稳定、沥青-集料黏结至关重要。合理的沥青分子模型是保证分子体系模拟真实性、有效性的一个重要因素。

2.2.2　三组分沥青分子模型

Greenfield 采用含硫多环芳香烃 $C_{72}H_{98}S$ 代表沥青质,采用二甲基萘 $C_{12}H_{12}$ 代表胶质,采用饱和脂肪长链 $C_{22}H_{46}$ 代表油分,按数量比例 1∶6∶9 构建了三组分沥青分子模型,见图 2-4[8]。通过对比沥青基本物理化学性质实测值与分子模拟预测值,验证了三组分沥青分子模型的有效性。随后,国内外学者提出更加复杂的 12 分子四组分模型[9]、17 分子四组分模型[10]和 20 分子四组分模型[11]模拟沥青的物理化学行为。大量复杂分子的引入,使得计算成本大幅度增加,这使得一般计算工作站难以高效开展复杂沥青-集料体系分子行为模拟,然而预测准确性并未出现显著提高。

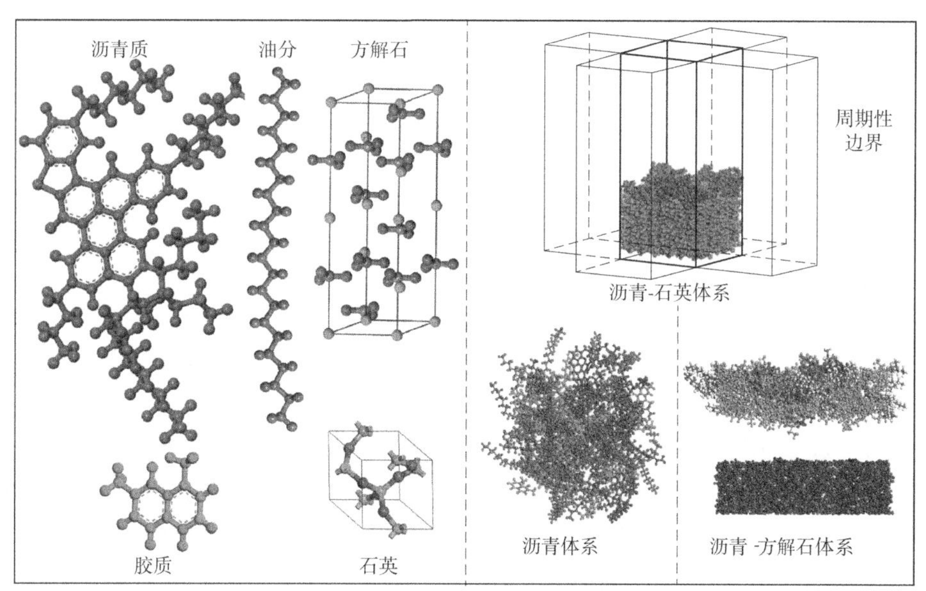

图 2-4　三组分沥青分子模型(附彩图)

对比其他复杂模型,三组分沥青分子模型在实用性上具有以下优势:

①化学组成简单:该模型重点关注沥青组分中的主要化学成分、关键官能团,采用一种特征分子近似代替沥青各组分,能够较为准确地表征不同组分间结构组成和化学性质差异。

②预测结果准确:该模型考虑各组分分子极性,以组分的主要化学组成和平均物化性质为依据建立分子体系,能够准确模拟体系的物理化学性质。

③计算效率高:该模型分子种类少且化学结构简单,分子体系势能场计算效率高,在保证物化性质模拟有效性的前提下,大大节省了分子动力学模拟的时间成本。

2.2.3 多组分沥青分子模型

2.2.3.1 基质沥青分子模型

基质沥青是由不同组分组成的。模拟改性沥青分子时,通常将其看作是基质沥青与改性沥青的组合。除了前述三种细分组成外,目前应用较多的还有沥青组分分析方法是四组分分析法,其将沥青分为饱和分、芳香分、胶质和沥青质。

饱和分是沥青中最轻、分子量最小、极性最弱的一类物质,对其化学组成的研究成果较多。通常而言,饱和分是含有一定支链、饱和环的饱和烃,不含有杂原子(S、N 和 O)。图 2-5 给出饱和分代表性化合物,S-alkane 来自石油中的饱和分,S-cycle 广泛存在于生物降解的页岩油、原油中。Netzel 等人通过高温气相色谱,直接从沥青中分离得到这两种物质在饱和分中占 90% 以上[12]。Greenfield 也认为这两种分子结构是沥青中广泛存在的分子结构类型[13]。相对而言,单纯的碳原子数超过 25 的正构烷烃的相对质量百分数均低于 3%[12],因此,考虑到计算成本,忽略正构烷烃。

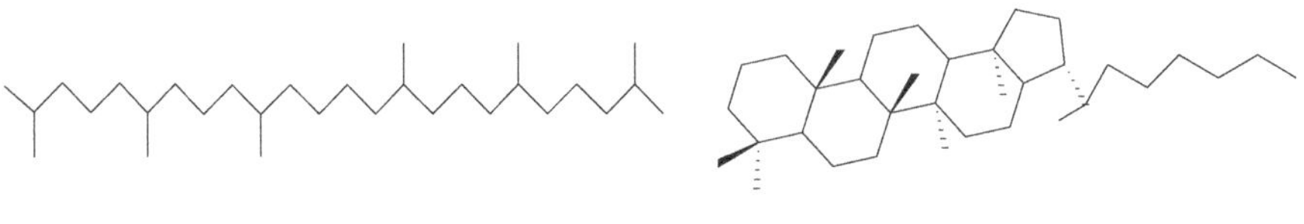

a)S-alkane　　b)S-cycle

图 2-5　饱和分代表性化合物

芳香分也是沥青中的轻组分,其分子量、分子密度、分子极性、芳香度均比饱和分大。一般而言,芳香分是含有一定长支链、饱和环的芳香烃。大部分芳香烃均含有极少量的杂原子。图 2-6 给出了芳香分的代表性分子结构:A-2-benzo+S、A-1-benzen、A-2-benzene 和 A-3-benzene。A-2-benzo+S、A-1-benzen 是 Lira-Galeana 和 Al-Zaid 等人在研究科威特原油高沸点化学组成时提出的[14]。A-2-benzene、A-3-benzene 为 Greenfield 提出的四组分分子模型中的芳香分代表性化合物,研究表明这两种物质混合物的物化性质同石油沥青中芳香分的试验数据吻合度较高[13]。因而,本研究选择这 4 种分子作为芳香分代表性化合物。

胶质是沥青中相对较重的组分,一般为极性芳香环缩合的稠环化合物或带有长支链的稠环化合物,但其芳香环的数量均低于 7[15]。胶质的分子量低于沥青质,但化学结构相似,

20℃密度接近 1.07g/cm^3。图 2-7 给出胶质的代表性化合物。图 2-7a)所示分子是 Coelho 等人研究中东石油沥青质和胶质的研究成果,但是其分子中存在不良的"戊烷效应"[16],即 C_5 支链与缩合芳香环键容易产生冲突,从而导致分子内部的能量增高;为消除不良效应,需要使 C_5 支链的位置远离缩合芳香环,修改后的分子结构如图 2-7b)所示。图 2-7c)~f)所示分子均为 Greenfield 提出的四组分分子模型的代表性化合物,这些化合物是在浸水试验的基础上通过色谱-质谱联用技术测得的沥青中较重的化合物。

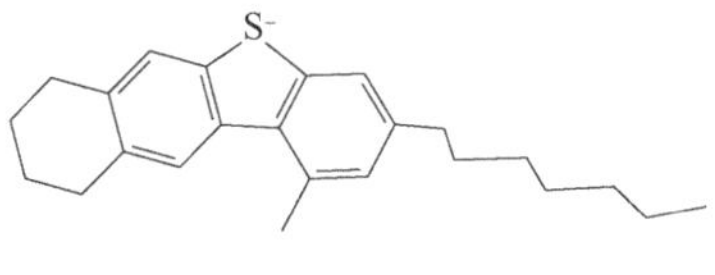

a)A-2-benzo+S 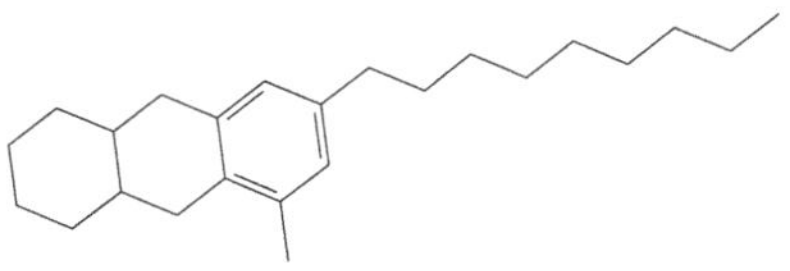　b)A-1-benzen

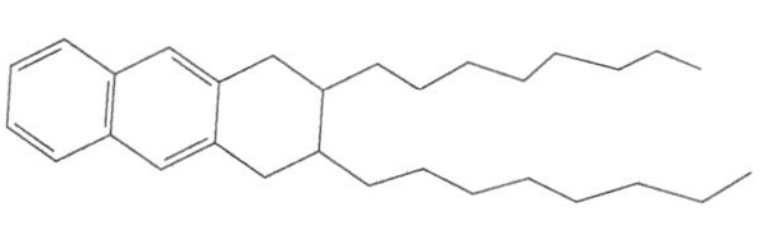

c)A-2-benzene 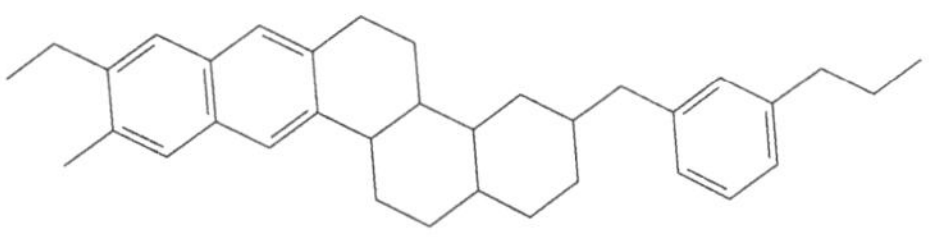　d)A-3-benzene

图 2-6　芳香分代表性化合物

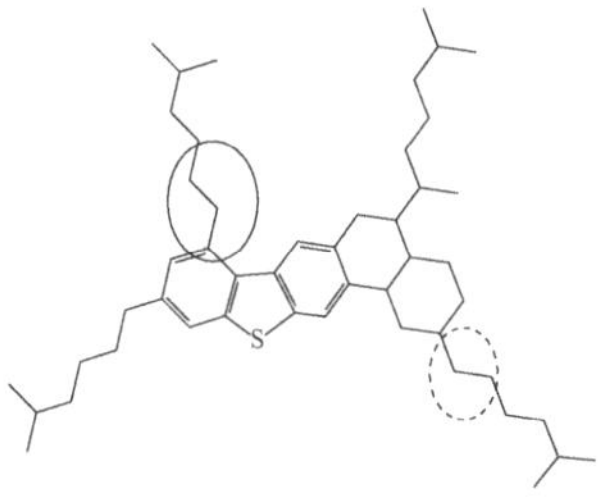

a)Original R-benzo-thio-S 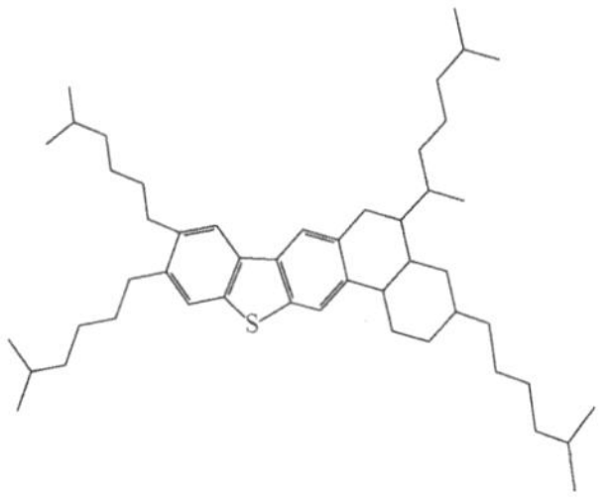　b)Modified R-benzo-thio-S 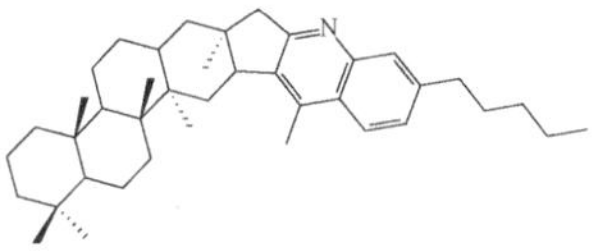　c)R-pyridino-1N

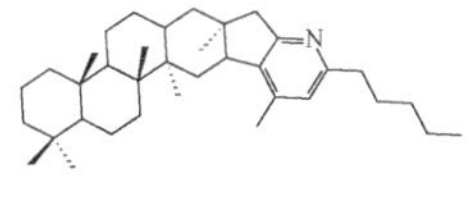

d)R-quinolino-1N 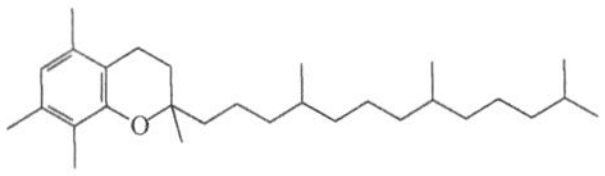　e)R-oxane-1O 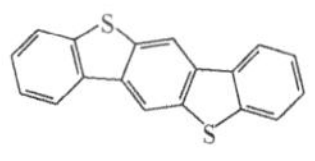　f)R-benzo-thio-2S 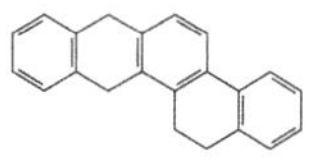　g)R-benzo

图 2-7　胶质代表性化合物

沥青质分子是沥青中分子量和密度最大的物质。通常,其 20℃密度接近 1.15g/cm^3,属于沥青中的重组分。沥青质的分子结构与胶质相同,但其芳香度更高,且其缩合芳香环的个数大于 7。图 2-8 给出了沥青质的代表性分子结构,分别简称为 At+S、At-N+S+O 及 At-N+2S+O。其中,图 2-8a)所示分子来自 D&G 模型,是 Mullins[17] 根据杨氏模型提出的,具有一定代表性;图 2-8b)、c)所示分子是 Takanohashi 等人[18] 提出的与试验结果误差较小的科威特原油中的沥青质。本研究所用的三种沥青也是由中东原油加工而成的,油源一致。因此,以图 2-8 中的 a)~c)代表基质沥青中的沥青质。

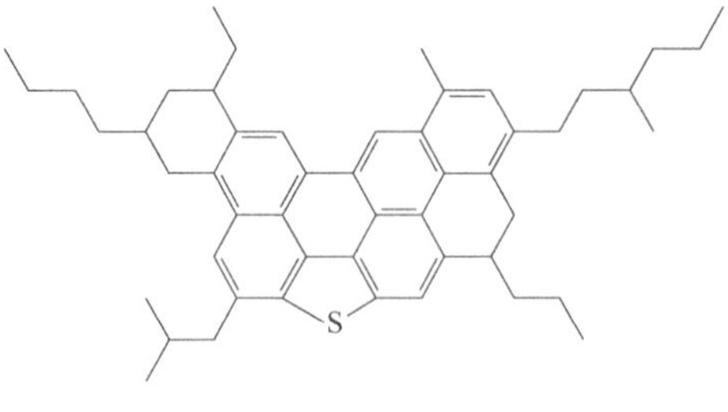

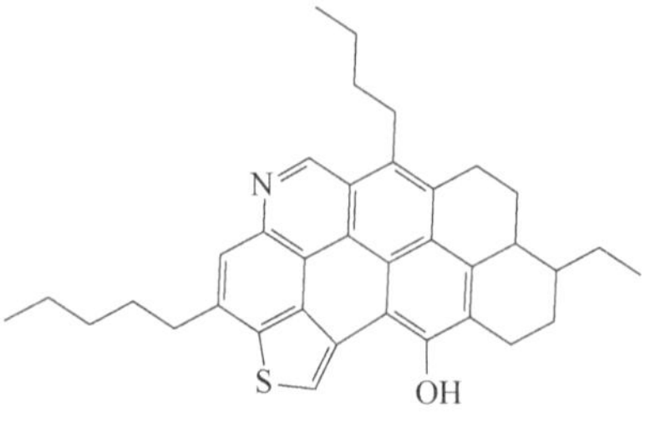

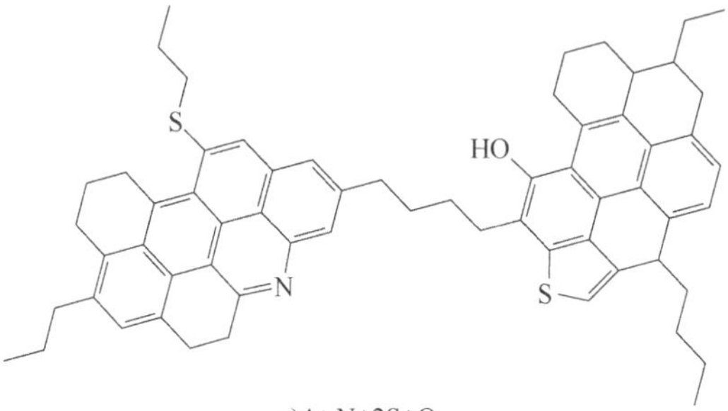

S
a)At+S

N
S
OH
b)At-N+S+O

S
N
HO
S
c)At-N+2S+O

图 2-8 沥青质代表性化合物

2.2.3.2 改性剂分子模型

这里考虑沥青改性常用的线性 SBS❶ 改性剂,其他类型 SBS 改性剂、SBR(Styrene Butadiene Rubber)改性剂、橡胶粉改性剂、生物油改性剂及碳纳米管(Carbon Nanotubes,CNTs)等改性剂可参考相应研究论文。SBS 是由聚苯乙烯(Polystyrene, PS)和聚丁二烯(Polybutadiene,PB)组成的,其常规物理性能见表 2-4,SBS 聚合度取 2,分子结构如图 2-9 所示。

SBS 常规物理性质　　表 2-4

PB 含量(%)	30	PS 含量(%)	70
分子量(g/mol)	110000	密度(g/cm^3)	0.95

图 2-9 线性 SBS 分子结构

❶ SBS:苯乙烯-丁二烯-苯乙烯嵌段共聚物。

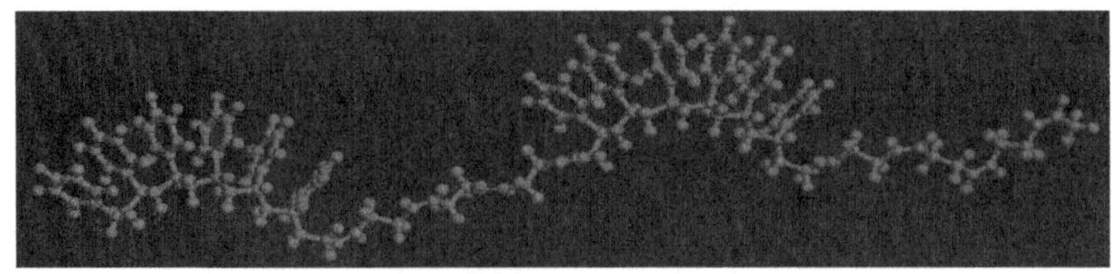

2.3　基质及改性沥青分子交互特性

2.3.1　基质沥青组分间交互作用

通过 AFM 观测可知,沥青是以蜂状结构为分散相,其余为连续相的多相混合物。然而,在 SBS 改性沥青和复合改性沥青的 AFM 图中未观测到蜂状结构。说明添加剂的加入导致沥青相的四组分分布发生了显著变化,有的轻组分溶胀聚合物,从而使沥青的微观结构发生变化。图 2-10 给出基质沥青体系中四组分的分子排布特性。

由图 2-10 看出,沥青中四组分中的分子排布基本遵从现代胶体模型,即以沥青质为核心,胶质包裹着沥青质,其他成分有芳香分和饱和分。对于可溶质,胶质分子富集成微区,饱和分和芳香分为油分,根据极性的大小依次围绕在胶质周围。然而,沥青中的沥青质会产生弯曲,而无侧链的稠环芳烃、硫化物、长链烷烃的行为则较为特殊。

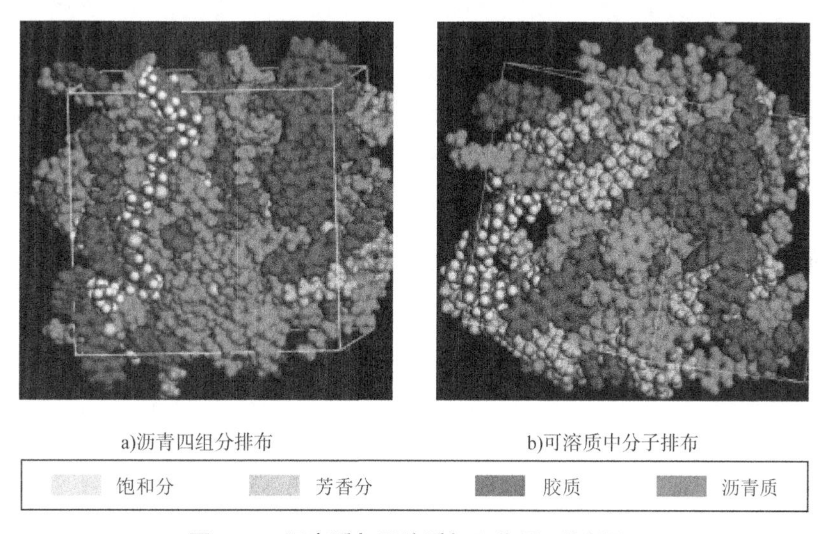

图 2-10　沥青质与可溶质相互作用(附彩图)

图 2-11 给出沥青质、长链烷烃 S-a、硫化物 R-benzo-thio-2S、无侧链稠环芳烃 R-benzo 等分子的特殊行为。对于长链烷烃 S-a,图 2-11b)和图 2-11c)红色线所包围的区域内,分子尺寸小的长链烷烃会扩散到沥青质与其他大分子之间,从而形成类似于蜂状的结构。如图 2-11c)所示,长链烷烃填充到弯曲的沥青质中。在沥青质分子中存在富烷基微区和富芳烃微区。根据相似相溶原理,这些长链烷烃与沥青质中的富烷基微区溶解度相近,分子结构相似,因此这两种物质容易聚集在一起。Lyne 等人[19]的研究表明:对于含有蜂状结构的沥青,蜡含量越高,蜂状结构越多;而有的沥青含有少量蜡,却没有蜂状结构。沥青中的蜡是一种长支链的烷烃。从这一角度分析,当弯曲沥青质数量一定时,蜡含量越大,长链烷烃结构越多,扩散到弯曲沥青质富烷基微区的概率越大,从而使蜂状结构数量增多。Dourado 等

人[20]的研究也表明长链烷烃的含量同蜂状结构的含量没有明显的关系，但蜡是诱导剂，影响蜂状结构的分布。

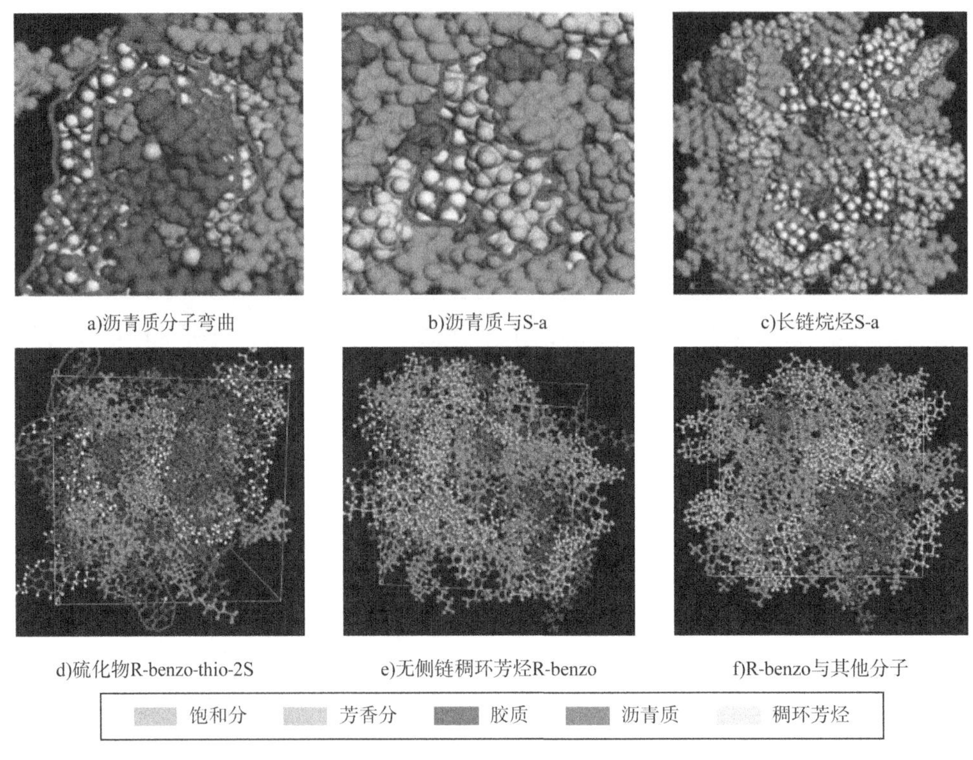

图 2-11　沥青中特殊组分行为(附彩图)

对于分子尺寸小且极性大的硫化物 R-benzo-thio-2S，如图 2-11d）所示的红色区分子，由于其空间位阻很小且极性大，极易紧贴在沥青质的芳香环微区，也有可能游离在其他极性较大的硫化物附近。对于稠环芳烃[图 2-11e）和图 2-11f）]，其不带有侧链，也紧贴在沥青质的芳香环微区。对于沥青质，在分子运动过程中，沥青质大分子会卷曲，如图 2-11a）红线所包围的区域，小分子胶质大概率将填充在沥青质卷曲的空间内。Greenfiled 等人指出：模拟计算时，在无溶剂的情况下，沥青质体系中芳香环的弯曲是常见的行为[13]。以试验手段观测沥青质的聚集过程较难，但如果在模拟中加入甲苯等稀释液，芳香环的弯曲则会消失，也就是聚集效果变弱。图 2-12 也得出相似的结论。

沥青质分子存在如图 2-12a）所示的平行堆积，及如图 2-12b）所示的 T 形堆积，而沥青质稠环芳烃区的多个芳香环也存在弯曲。没有杂原子且含有较多长烷烃支链的沥青质分子则不会聚集，如图 2-12c）所示，而这些长烷烃支链起到的作用就如同小分子溶剂。因此，从侧面说明，在真实沥青体系中，为了确保体系的能量最小化（即体系达到稳定状态），沥青质中芳香环存在弯曲，尤其是油分含量相对较少时。而对于沥青质的堆积特性或不同沥青质的分布行为是否同 AFM 图中的蜂状结构有关，目前还很难确定。但由图 2-12e）可知，弯曲的稠环芳烃区势能较大。

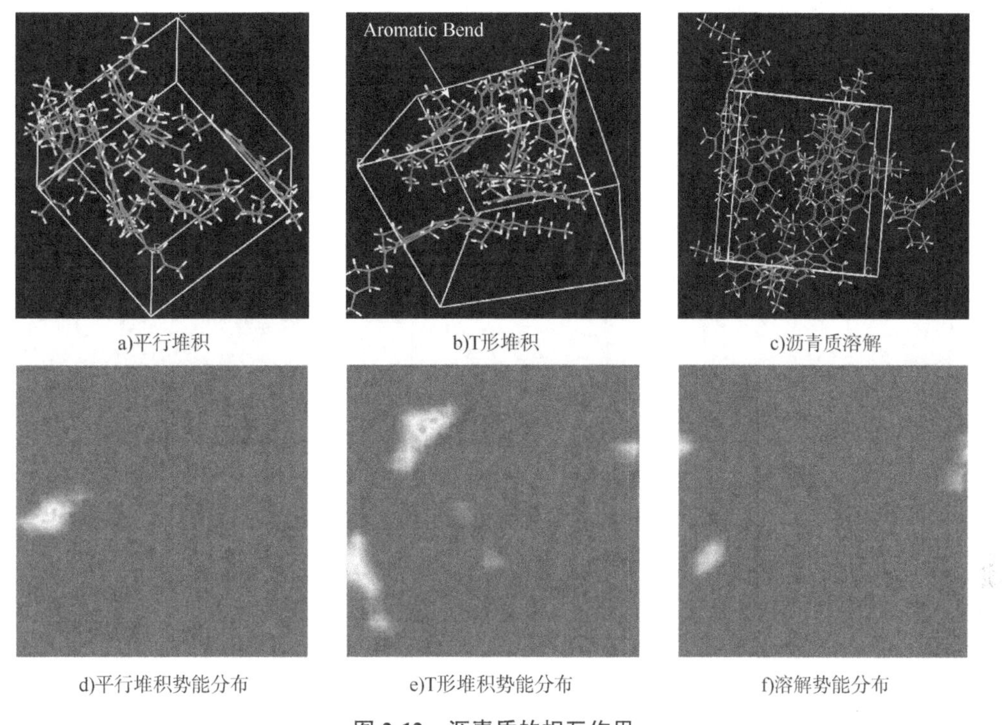

a)平行堆积　b)T形堆积　c)沥青质溶解

d)平行堆积势能分布　e)T形堆积势能分布　f)溶解势能分布

图 2-12　沥青质的相互作用

综上,沥青中的沥青质、长支链烷烃、空间位阻小的硫化物及稠环芳烃物质的行为影响基质沥青的微观结构。蜂状结构极有可能是分子势能较高的大分子,包围蜂状结构的物质为能量次之的分子,而最外围分子的能量最小。Lyne 等人[19]指出,包围蜂状结构的微区、蜂状结构区的黏附力均低于平坦区的黏附力,但前两者的杨氏模量均高于后者。大分子的芳香环微区是由苯环构成的,其形成大 π 键,分子刚度大,则模量相应较大。在沥青体系中,沥青质分子量最大,芳香环微区最多。由此推测,蜂状结构与沥青质存在密切关系。Yu 等人[21]研究得出 AFM 图中蜂状结构上升区的黏性大于沉陷区。根据图 2-12 的模拟结果可知,沥青质是沥青体系中能量最大的,而试验结果也指出沥青质的黏度最大。由此可见,沥青蜂状结构是由沥青质、长支链烷烃、极性大且空间位阻小的硫化物或位阻小的稠环芳烃组成的;AFM 图中的白色区是黏度大的沥青质,深色区是其余组分。此外,沥青质是蜂状结构的核心,蜡是蜂状结构诱导剂,两者的相对含量影响蜂状结构的分布和尺寸。

2.3.2　SBS 与四组分间交互作用

在 SBS 改性沥青制备过程中,SBS 刚加入沥青体系时以大颗粒形式存在。随着剪切速率的增大,大颗粒逐渐被剪碎,比表面积增大,沥青中的轻组分进入 SBS 颗粒,逐渐溶胀 SBS。因此,现有研究给出的荧光显微及 AFM 图中,SBS 改性沥青为多相分散体系。SBS 与沥青组分作用时,界面区沥青组分分子周围的 SBS 分子数越多,SBS 的堆积密度越大。

图 2-13是 SBS 溶胀前后改性沥青分子动力学快照。

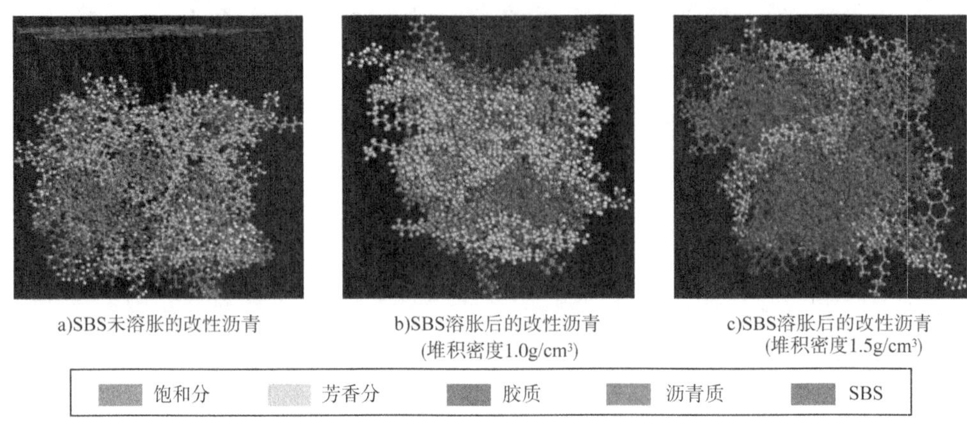

图 2-13 SBS 与沥青四组分相互作用(附彩图)

图 2-13a)为 SBS 溶胀前的分子动力学快照,其间隙为 5nm;图 2-13b)为 SBS 在沥青中的堆积密度为 1.0g/cm^{3}的模型,图 2-13c)为 SBS 堆积密度为 1.5g/cm^{3}的模型。对比图 2-13b)和 c)可知,随着 SBS 分子个数的增加,SBS 本身会聚集在一起,然而芳香分和一些小分子胶质会穿插在聚集的 SBS 分子中,从而降低 SBS 的聚集程度,起到溶胀 SBS 的作用。为进一步阐述沥青四组分单独与 SBS 的相互作用,将 SBS 分子与四组分单独混合,通过径向分布函数(Radial Distribution Function,RDF)$g(r)$、溶解度参数及分子动力学快照分析各个组分对 SBS 的溶胀效果。

图 2-14 给出 SBS 分子单独与沥青四组分混合时 RDF 的变化。由图 2-14a)可知,SBS 与沥青四组分单独混合时,在径向距离 r>0.3nm 后,分子间 RDF 为直线,这说明体系为近程有序、远程无序。吴晓蓉等人[22]指出:对于聚合物共混体系,当分子间原子径向分布函数 $g(r)$在某一位置上出现明显高于其他位置的峰值时,说明分子间在这一距离上出现聚集结构,且 $g(r)$越大,聚集程度越严重。因此,5 个体系的分子聚集程度排序为 SBS-饱和分>SBS-胶质>SBS-芳香分>SBS-沥青质=SBS,也就是说饱和分和胶质均使 SBS 分子间聚集程度加重。然而需要指出的是,虽然沥青质与 SBS 分子聚集程度一致,但从分子动力学快照[图 2-15b)]可知,这是因为两种分子各自聚集在一起,相互之间影响较弱造成的。对于分子内 RDF,SBS-芳香分体系与 SBS 体系的 RDF 最接近,相同 r 值时 SBS-饱和分值最大,最小的是添加芳香分的体系,这说明添加芳香分基本不影响 SBS 分子内相互作用。产生这种现象的原因可通过图 2-15 解释。

对比图 2-15a)可知,没有其他分子存在时,SBS 分子中的丁二烯相互缠绕在一起,苯乙烯中的苯环则并行排布在外围。

当 SBS 与沥青质分子混合时,如图 2-15b)所示,SBS 与沥青质各自聚集在一起,因此测得的分子间 RDF 同 SBS 分子单独混合时的相似,从而使 SBS-沥青质分子间 RDF 曲线同 SBS 聚合物相似,且略低于 SBS-芳香分,但其分子内 RDF 却同 SBS 聚合物相差较大。这说明沥青质不能改善 SBS 分子的聚集程度。

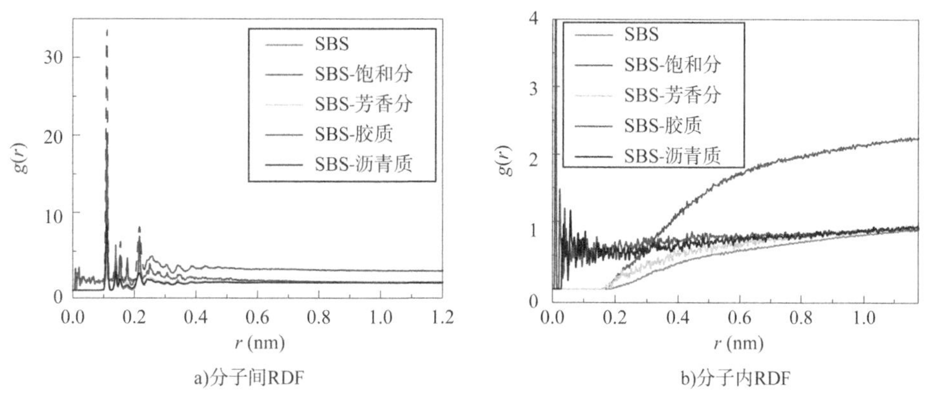

a)分子间RDF　　b)分子内RDF

图 2-14　沥青组分单独与 SBS 混合的 RDF(附彩图)

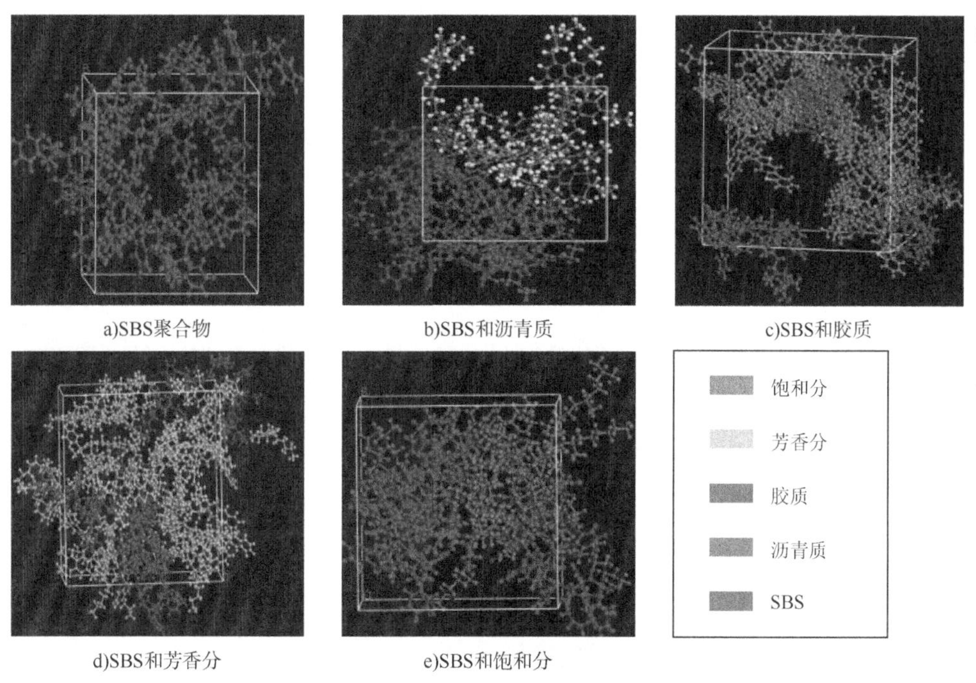

a)SBS聚合物　　b)SBS和沥青质　　c)SBS和胶质

d)SBS和芳香分　　e)SBS和饱和分

图 2-15　沥青组分单独与 SBS 混合的分子快照(附彩图)

当 SBS 与胶质混合时,如图 2-15c)所示,有的 SBS 分子被胶质包裹起来,有的则远离胶质,从而使单个 SBS 分子的聚集程度远高于 SBS 聚合物体系,而不同 SBS 分子间的分散程度增大。因此,胶质与 SBS 共混时分子间及分子内 RDF 同 2-15 a)体系相差较大。

当 SBS 与芳香分混合时,如图 2-15d)所示,有的 SBS 分子与芳香分相互缠绕,有的芳香分将 SBS 分子分开,使 SBS 分子分布更加松散,因此其分子间及分子内 RDF 曲线同 SBS 聚合物相似,这说明芳香分与 SBS 分子的相容性最好。

然而,当饱和分与 SBS 混合时,如图 2-15e)所示,饱和分由于分子尺寸较小,其长的支链直接与 SBS 的丁二烯段缠绕,从而对 SBS 分子的聚集程度改善不大。

对比 SBS 与沥青四组分溶解度参数,如表 2-5 所示,SBS 与芳香分的溶解度参数最相近,其次是饱和分,再次是胶质,相差最大的是沥青质。由相似相溶理论可知,两种物质混合时,其溶解度参数相差越小,则相容性越好。因此,溶解度参数也可以证明图 2-15 的结果。

SBS 聚合物与沥青四组分的溶解度参数 表 2-5

SBS 聚合物 $[(J/cm^3)^{0.5}]$	饱和分 $[(J/cm^3)^{0.5}]$	芳香分 $[(J/cm^3)^{0.5}]$	胶质 $[(J/cm^3)^{0.5}]$	沥青质 $[(J/cm^3)^{0.5}]$
15.24	14.56	15.78	17.91	19.33

综上所述,芳香分可以很好地溶胀 SBS 分子,增大 SBS 分子间距;饱和分对 SBS 分子的溶胀作用次之;沥青质及大部分胶质则使 SBS 分子更倾向于聚集。当 SBS 与沥青四组分相互作用时,如图 2-15c)所示,大量的 SBS 分子会被芳香分溶胀,但仍聚集在一起;而富含沥青质的沥青相围绕在其周围。总之,在 SBS 改性沥青的相界面上,SBS 被沥青中的芳香分溶胀,形成分散相;而沥青中剩余轻组分或极性强的组分围绕在分散相周围,形成过渡区,并分散在沥青相中。但由于 SBS 与沥青组分间仅有吸附等弱分子间相互作用,因此,其界面较为薄弱。

2.4 沥青组分与矿物分子交互特性

考虑工程中集料常见的矿物成分,采用 SiO_2和 $CaCO_3$基板代替集料,结合上述沥青分子模型建立沥青-集料层状分子体系。沥青上方设置 60Å 真空层以消除邻近盒子的影响,联合使用最速下降法、共轭梯度法、牛顿-拉森法及准牛顿-拉森法,调整分子构型及空间分布以降低体系能量。采用周期性边界条件,在 NVT 系综、289K 下,进行 500ps 分子动力学模拟,平衡体系原子会在平衡位置小范围振动。以 1fs 为时间步对平衡体系进行 1000ps 分子动力学模拟,分析分子交互行为和纳观结构演化。

2.4.1 沥青-集料体系分子聚集行为

在集料活性点位及沥青组分分子间的相互作用下,集料基板表面的沥青分子会产生聚集、分离等排布行为,形成特征结构的分子胶团,集料基板表面沥青分子的聚集行为是揭示沥青-集料交互下纳观结构形成机制的关键。从分子交互强度角度分析,沥青质和胶质分子的强极性使其主导沥青中分子的聚集行为,因而沥青质和胶质分子聚集行为是形成纳观结构的关键。

2.4.1.1 分子聚集行为表征参数

为描述沥青分子间的聚集特征,采用 Hansen 等人[23]提出的径向分布函数,统计距参考

α 粒子不同距离 r 处微分球壳 $\mathrm{d}r$ 范围内出现 β 粒子的相对概率，描述 α 粒子与 β 粒子随空间距离变化的分布特征：

$$g(r)=\frac{\left\langle \sum_{i=1}^{N_\alpha}\sum_{j=1}^{N_\beta}\delta(r-r_i+r_j)\right\rangle}{\chi_\alpha\chi_\beta\rho_n N} \tag{2-9}$$

式中：$g(r)$——径向分布函数（Å^3）；

χ_α,χ_β——分别为体系中 α 粒子与 β 粒子的摩尔分数（%）；

ρ_n——体系中的粒子数密度（Å^{-3}）；

N_α,N_β,N——分别为 α 粒子数、β 粒子数及体系总粒子数；

δ——狄拉克函数；

r——径向位置坐标（Å）；

r_i,r_j——分别为第 i、j 个粒子与参考粒子的距离（Å）。

如图 2-16 所示，当 α 粒子与 β 粒子为同种粒子时，得到的 RDF 描述了同种粒子的聚集行为；当 α 粒子与 β 粒子为不同种类粒子时，得到的 RDF 描述了不同种类粒子间的聚集行为。式（2-9）中"<…>"是对体系所有粒子进行平均，因此得到的 RDF 是分子体系的结构统计物理量。在距离 r_0处出现 $g(r)$ 峰值，说明被统计粒子多出现在距离参考粒子 r_0处附近。当 r_0 较小时 $g(r)$ 峰值较大，说明被统计粒子在参考粒子附近产生显著的聚集行为。当 r_0 较大时 $g(r)$ 出现明显尖峰，说明被统计粒子在距离参考粒子 r_0 处聚集，此时粒子的空间分布可能表现为等距离分布特征。

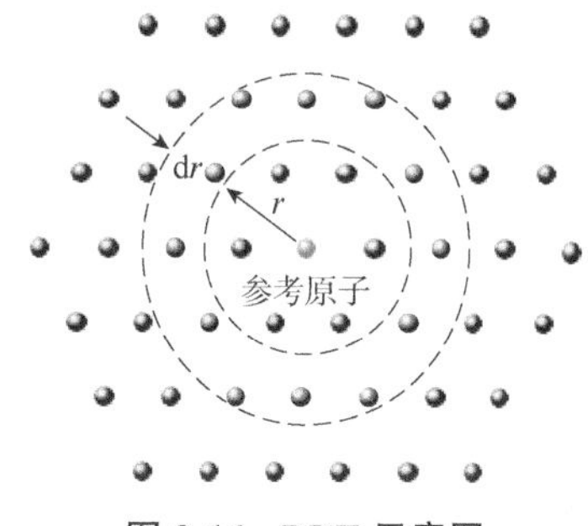

图 2-16　RDF 示意图

为了更加清楚地描述体系组分分子间的聚集行为，统计参考分子的回转半径，认为组分分子间的聚集行为主要取决于参考分子回转半径内的 RDF，对参考分子回转半径内的 RDF 做积分，得到径向分布函数面积（Radial Distribution Function Area，RDFA）：

$$\mathrm{RDFA}=\int_0^{R_g} g(r)\,\mathrm{d}r \tag{2-10}$$

式中：RDFA——径向分布函数面积（Å^4）；

R_g——分子回转半径（Å）。

2.4.1.2　同种组分分子间径向分布特性

沥青组分分子间的空间分布特性是影响沥青-集料体系纳观胶体结构的重要影响因素。沥青-石英和沥青-方解石分子体系中沥青各同种组分分子间的 RDF 见图 2-17。各沥青同种组分分子间的径向分布特性均表现为随距离 r 增大出现多个尖峰，更窄更高的 RDF 尖峰表征了粒子分布的聚集特性。沥青质和油分分子 RDF 曲线表现为在近距离处出现一个较高尖峰后伴随多个小峰；而胶质分子 RDF 曲线主要表现出两个近距离处的显著高尖峰。说明沥青质和油分分子空间分布呈近距离聚集特征，而胶质分子空间分布表现为近距离的聚集及等距离排布特征。此外，不同沥青-集料体系下沥青同种组分分子间径向分布尖峰位置相近但峰值不同，方解石表面上同种组分分子间径向分布峰值显著高于石英表面，说明方解石分子的交互作用强化了沥青组分分子的聚集。

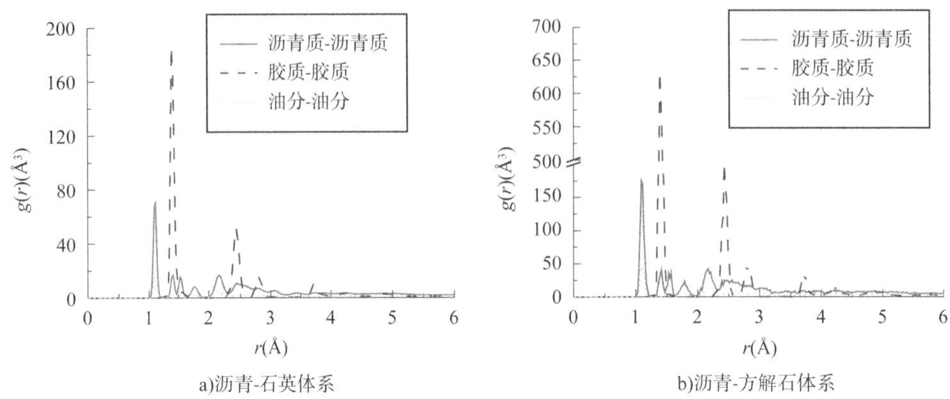

图 2-17　沥青中同种组分分子间 RDF

沥青-集料体系同种组分分子间的 RDFA 能够更加准确地表征分子间的聚集行为。通过计算沥青三组分分子的回转半径(沥青质 7.77Å、胶质 2.64Å、油分 8.05Å)，得到沥青-集料体系中同种组分分子间的 RDFA(图 2-18)，可看出不同沥青-集料体系中同种组分分子 RDFA 的排序为沥青质>胶质>油分，说明同种分子间的聚集行为受到组分分子极性的显著影响。此外，沥青-方解石体系中同种分子间的 RDFA 显著高于沥青-石英体系，说明方解石中存在的活性 Ca^{2+} 加强了沥青同种组分分子聚集行为，组分分子具体的空间聚集特性仍须结合体系空间分布快照进行分析。

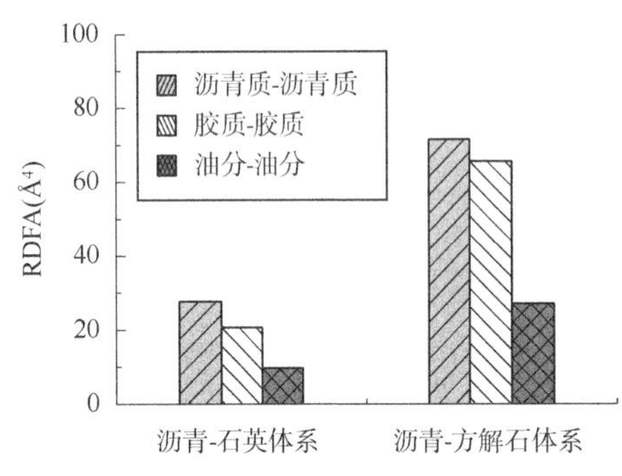

图 2-18　同种组分分子间 RDFA

2.4.1.3　不同组分分子间径向分布特性

沥青-集料体系不同组分分子间径向分布如图 2-19 所示，可见三种组分分子间径向分布依赖于组分分子及集料矿物类型。不同组分分子间径向分布具有较大差异：胶质-油分分子间径向分布在近距离处出现显著尖峰；沥青质-胶质分子间径向分布在近距离处未出现尖峰；而沥青质-油分分子间径向分布在沥青-石英体系中呈现出近距离内多个尖峰后缓慢增长趋稳形态。但在沥青-方解石体系中，胶质-油分分子间径向分布的近距离处尖峰消失，说明胶质-油分出现显著聚集现象，而沥青质-胶质及沥青质-油分分布较为分散，未表现出近距离显著聚团行为。此外，沥青-方解石体系中不同组分分子间 RDF 峰值显著高于沥青-石英体系，说明矿物基板的交互作用影响沥青不同组分的分布。

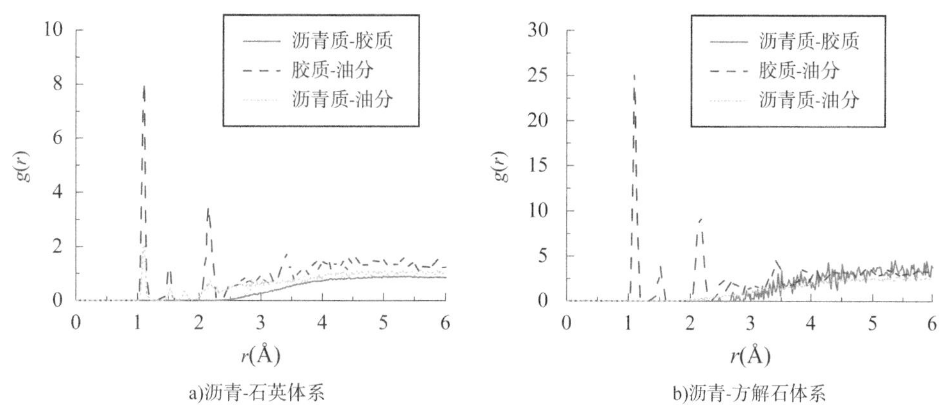

图 2-19　不同组分分子间 RDF

沥青-集料体系中不同组分分子间的 RDFA 见图 2-20。可见不同沥青-集料体系中胶质-油分分子间 RDFA 显著高于其他组分分子间 RDFA，说明胶质-油分分子表现出显著的聚集行为，而沥青质-胶质间较小的 RDFA 说明胶质不会在沥青质近距离范围内大量聚集。这是因为沥青质和胶质分子回转半径存在较大差异，阻碍了沥青质-胶质分子间近距离的聚集。此外，沥青-方解石体系中不同组分分子间的 RDFA 显著高于沥青-石英体系，说明沥青-方解石间的强相互作用强化了不同组分分子间聚集行为。考虑到分子径向分布特性是体系分子空间分布的统计规律，因此须结合沥青组分分子空间分布快照和分子径向分布特性，揭示沥青-集料纳观结构局部特征。

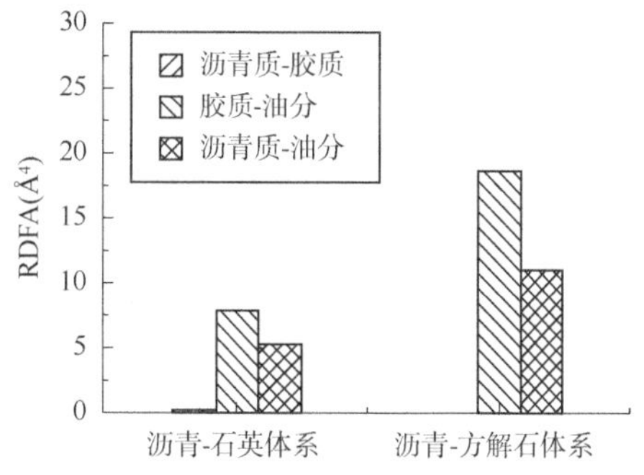

图 2-20　不同组分分子间 RDFA

2.4.1.4　沥青组分分子空间排布方式

为直观研究沥青-集料体系分子局部空间排布及整体纳观结构特征，得到沥青-石英和沥青-方解石体系中强极性分子空间排布快照，见图 2-21。可见不同集料表面的沥青分子整体上具有相似的排布特征，但分子局部排布形式具有一定差异。

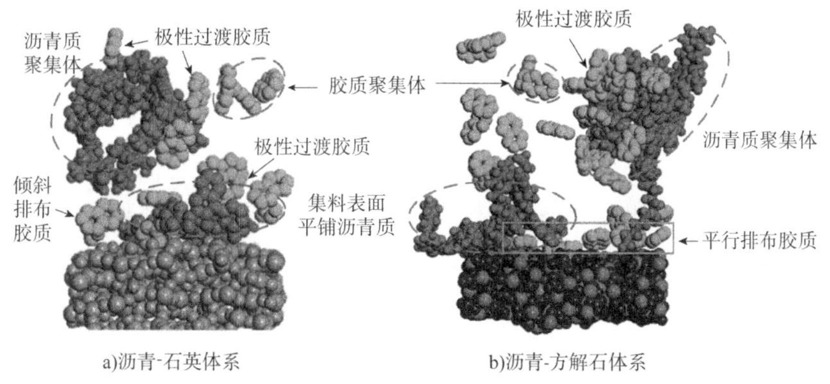

图 2-21　沥青-集料体系组分分子排布(附彩图)

整体来看,沥青质、胶质分子同矿物基板产生相互作用,形成特定的纳观排布方式。

基于如图 2-21 所示红色沥青质分子排布,可将沥青质分子的空间排布特征总结为:①集料表面平铺方式,沥青质中强极性多元芳香环、杂原子同石英或方解石基板活性成分相互作用,沥青质芳香环在矿物吸引作用下平铺于基板表面;②沥青中聚集方式,沥青质中强极性的多元芳香环间产生强烈的吸引作用,使得多个沥青质芳香环以 π-π 键平行排列聚集成极性胶核,由于沥青质分子中复杂短脂肪支链的阻碍作用,强极性聚集体仅包含 2~4 个沥青质分子。沥青质分子的自聚集特性导致同种沥青质分子出现 RDF 尖峰(图 2-17)和较大的 RDFA(图 2-18)。

基于如图 2-21 所示绿色胶质分子排布,胶质分子的空间排布受到沥青-集料体系强极性的沥青质和活性集料点位的共同作用,主要表现为:①集料表面平铺胶质,靠近集料表面的极性胶质分子被吸引,平铺于集料基板表面;②胶质包裹沥青质外围,起到极性过渡的作用,强极性沥青质聚集体的强相互作用将胶质芳香环吸附在沥青质聚集体表面,由于胶质分子量较小且移动性强,使得胶质分子分散于沥青质聚集体外,发挥沥青组分极性过渡作用;③胶质聚集体,胶质分子中强极性的芳香萘环和较小的分子尺寸,使得部分胶质相互聚集形成较小的极性胶团,由于大部分胶质分子被吸附于集料表面和沥青质聚集体表面,胶质聚集体通常仅包含 2~3 个胶质分子。集料表面和沥青中聚集的胶质分子引起同种胶质分子形成 RDF 尖峰(图 2-17)和较大的 RDFA(图 2-18),但沥青质聚集体外分散的胶质分子和较大的沥青质分子尺寸导致较小的沥青质-胶质 RDF 尖峰(图 2-19)和较小的 RDFA(图 2-20)。

从沥青质和胶质局部分布可见,沥青-石英体系中的沥青质聚集体内部存在一定的极性分子间隙,且两个体系的沥青质聚集体外侧均未完全被胶质分子包裹,使得两个分子体系中的沥青质-油分分子间产生一定的聚集行为,形成较高的 RDF 尖峰(图 2-19)和较大的 RDFA(图 2-20)。此外,沥青-石英体系中的胶质分子倾斜排列于石英表面,而沥青-方解石体系中胶质分子平铺于方解石表面,说明方解石中活性 Ca^{2+} 与强极性沥青组分产生更强的交互作用。如图 2-21 所示,极性沥青质和胶质分子间存在的分子间隙被弱极性的油分分子填充,因此,沥青质-油分和胶质-油分分子间产生较高的 RDF 尖峰(图 2-19)和较大的 RDFA(图 2-20)。

2.4.2 沥青-集料体系纳观结构模型

2.4.2.1 沥青-集料体系纳观结构基本特征

在集料活性成分与沥青极性分子间交互作用下,沥青组分分子间的聚集和排布行为形成了沥青-集料体系纳观结构。为深入揭示纳观结构中各组分分子作用并直观分析纳观结构特征,以沥青-石英体系为例,隐藏集料基板并采用黑色背景,得到由 9 个周期性沥青-集料体系组成的空间排列。如图 2-22 所示,可见集料表面上沥青分子层紧贴集料基板,沥青-集料交互作用使得沥青分子产生明显的纳观结构特征。整体分析,沥青-集料体系纳观结构主要由周期性倒置的 L 形分子聚集体和中心分子空穴组成。局部分析,集料作用下沥青组分分子以强极性分子分布轮廓为中心聚集成分子胶团，而周期性胶团组合导致部分区域分子缺失，形成集料基板上的分子空穴。由于强极性分子环绕分子空穴聚集，空穴中心缺少强极性沥青分子，因而分子空穴处表现为弱交互作用区。

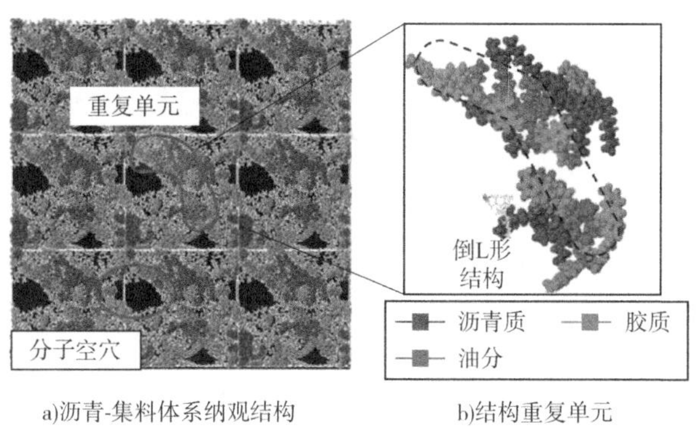

a)沥青-集料体系纳观结构　　b)结构重复单元

图 2-22　沥青-集料体系纳观结构(附彩图)

2.4.2.2　纳观结构中组分分子作用

通过分析纳观结构重复单元中的分子分布[图 2-22b)]，深入分析在胶体结构形成过程中各组分分子的作用及结构形成机制。基于分子极性及组分相互作用，将沥青-集料体系纳观结构形成过程大致分为三个阶段：

阶段Ⅰ：强极性沥青质分子聚集体通过外侧胶质相连，形成倒置的L形强极性聚集分子结构。由于沥青质聚集体的强极性决定了沥青整体结构的基本特征，因而可认为沥青质分子聚集形成倒L形结构骨架。

阶段Ⅱ：胶质分子包裹在沥青质骨架周边或嵌入沥青质胶团间隙，起到连接强极性沥青质聚集体、填充极性胶核的作用。胶质分子以强极性芳香基团紧贴沥青质骨架，而外侧脂肪链向外与油分相连，实现了沥青质分子强极性向油分弱极性的过渡，能够有效阻止沥青质聚集体尺寸增加，维持弱极性油分分子的稳定分散。胶质具有过渡沥青组分极性、稳定胶体结构的作用，被称为纳观结构的“类表面活性剂”或“稳定剂”[7]。

阶段Ⅲ：沥青中大量的油分分子分布于被胶质包裹的沥青质骨架外侧或填充极性胶团附近的空隙。凭借饱和脂肪长链结构的弱分子极性，油分分散于极性胶核外侧。油分分子的变形伸缩性提供了沥青胶团的变形能力，柔顺性使其适应各种分子环境，强分子移动性促进分子胶团迁移及形态调整。在沥青-集料体系中主要起到为纳观结构提供延展性和润滑胶团的作用。

沥青-集料体系纳观结构形成机制可总结为：沥青-集料体系纳观结构中沥青质聚集，形成倒L形结构极性骨架；胶质分子包裹强极性沥青质聚集体，作为“类表面活性剂”起到沥青质骨架强极性向油分弱极性过渡的作用；外侧油分填充并润滑分子胶团，形成整体沥青-集料体系周期性胶团与中心分子空穴的纳观结构。

为验证沥青-集料分子体系纳观结构，采用AFM峰值力模式扫描了玄武岩基板表面沥青界面过渡区纳观力学分布[1]，发现界面过渡区内散布斑状分散相结构，斑状分散相内黏附力较小且耗散能较低,说明在该区域内分子与AFM探针间的交互作用较弱而产生较小的黏附力。尽管微观形貌与纳观结构间存在尺度差异,但沥青胶体结构的自相似性使纳观结构基本特征放大至微观结构[24],在一定程度上验证了分子模拟得到的纳观结构分子空穴。分子空穴中由于缺少强极性分子,空穴区域内分子极性弱于周围结构骨架,产生了微观斑状分散形貌。

2.4.2.3 沥青-集料交互对纳观结构的影响

通过对比沥青-集料体系和沥青体系纳观结构差异,可分析沥青-集料交互对纳观结构的作用机制。经历相同模拟过程的沥青分子纳观结构如图2-23所示,可看出在无集料分子交互影响下,沥青体系纳观结构整体表现出周期性均匀分布的特征,未出现如图2-22所示的沥青-集料体系纳观结构中的分子空穴和沥青分子倒L形聚集行为。从图2-23b)可看出,相比于沥青-集料纳观结构,强极性沥青质聚集体分布较为分散,仅大致形成均匀分布的极性胶核,而轻质组分油分会散布于极性分子间和分子骨架外围,使得沥青体系纳观结构不会形成沥青-集料体系纳观结构中紧密聚集的强极性分子骨架,从而表现出更均匀的分子极性及物化性质分布。因此,沥青-集料交互对纳观结构的影响主要表现为强化沥青组分间相互作用、诱导极性分子聚集和定向排列。

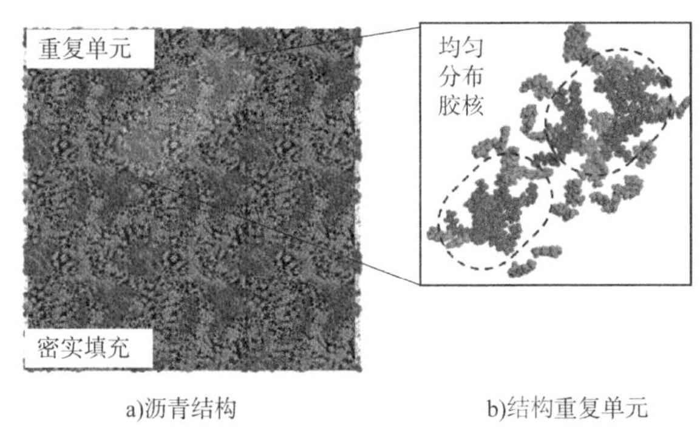

a)沥青结构　　b)结构重复单元

图2-23　沥青纳观结构(附彩图)

参考文献

[1] 刘志杨.沥青混合料水分扩散行为及多尺度损伤特性[D].哈尔滨:哈尔滨工业大学,2020.

[2] 王鹏.碳纳米管/聚合物复合改性沥青界面增强机制及流变特性研究[D].哈尔滨:哈尔滨工业大学,2017.

[3] 陈敏伯.计算化学——从理论化学到分子模拟[M].北京:科学出版社,2009:3-132.

[4] 苑世领,张恒,张冬菊.分子模拟——理论与实验[M].北京:化学工业出版社,2017.

[5] BIOVIA. Help of Materials Studio 6.0[EB/OL].[2002-05-01]. http://accelrys.com/products/materials-studio(2011).

[6] 吕宏凌，王保国，杨基础.分子模拟预测小分子在高分子中扩散行为的研究进展[J].高分子材料科学与工程，2008，24(12)：29-33.

[7] LESUEUR D.The colloidal structure of bitumen：consequences on the rheology and on the mechanisms of bitumen modification[J].Advances in Colloid and Interface Science，2009，145(1-2)：42-82.

[8] ZHANG L，GREENFIELD M.Molecular orientation in model asphalts using molecular simulation[J].Energy & Fuels，2007，21(2)：1102-1111.

[9] LI D D，GREENFIELD M L.Chemical compositions of improved model asphalt systems for molecular simulations[J].Fuel，2014，115：347-356.

[10] WANG P，DONG Z，TAN Y，et al.Investigating the interactions of the saturate，aromatic，resin，and asphaltene four fractions in asphalt binders by molecular simulations[J].Energy & Fuels，2015，29(1)：112-121.

[11] XU M，YI J，QI P，et al.Improved chemical system for molecular simulations of asphalt[J].Energy & Fuels，2019，33(4)：3187-3198.

[12] NETZEL D A，ROVANI J F.Direct separation and quantitative determination of (n-，iso-) alkanes in neat asphalt using urea adduction and high-temperature gas chromatography (HT-GC)[J].Energy and Fuels，2007，1(21)：333-338.

[13] LI D D，GREENFIELD M L.Chemical compositions of improved model asphalt systems for molecular simulations[J].Fuel，2014，115：347-356.

[14] AL-ZAID K，KHAN Z H，HAUSER A，et al.Composition of high boiling petroleum distillates of Kuwait crude oils[J].Fuel，1998，77(5)：453-458.

[15] JENNINGS P W.Binder characterization and evaluation by nuclear magnetic resonance spectroscopy[R].Washington，D.C.：Strategic Highway Research Program of National Research Council，1993：1-21.

[16] COELHO R R.Characterisation of aliphatic chains in vacuum residues (VRs) of asphaltenes and resins using molecular modelling and FTIR techniques[J].Fuel Processing Technology，2006，87(4)：325-333.

[17] MULLINS O C，SABBAH H，EYSSAUTIER J，et al.Advances in asphaltene science and the yen-mullins model[J].Energy & Fuels，2012，26(7)：3986-4003.

[18] KOWALEWSKI I，VANDENBROUCKE M，HUC A Y，et al.Preliminary results on molecular modeling of asphaltenes using structure elucidation programs in conjunction with molecular simulation programs[J].Energy & Fuels，1996，10(1)：97-107.

[19] LYNE A L，WALLQVIST V，BIRGISSON B.Adhesive surface characteristics of bitumen binders investigated by atomic force microscopy[J].Fuel，2013，113：248-256.

[20] DOURADO E R，SIMAO R A，LEITE L F M.Mechanical properties of asphalt binders evaluated by atomic force microscopy[J].Journal of Microscopy，2011，3：119-128.

[21] YU X, BURNHAM N A, MALLICK R B, et al. A systematic AFM-based method to measure adhesion differences between micron-sized domains in asphalt binders[J]. Fuel, 2013, 113: 443-447.

[22] 吴晓蓉.POSS 杂化纳米复合树脂的合成与性能分析表征[D].哈尔滨：哈尔滨工业大学,2010:3-19.

[23] HANSEN J, MCDONALD I. Theory of simple liquids[M]. Amsterdam: Academic Press, 2006.

[24] ESPINAT D, ROSENBERG E, SCARSELLA M, et al. Colloidal structural evolution from stable to flocculated state of asphaltene solutions and heavy crudes[M]//Structures and Dynamics of Asphaltenes, Springer, Boston, MA, 1998, 145-201.

第3章　沥青-集料界面过渡区表征

集料-沥青黏附界面是微观尺度下沥青路面材料的重点研究对象,良好的界面黏附性能是沥青混合料抵抗车辆荷载与环境因素作用(湿度、温度、紫外线)的有力保障[1]。复合材料界面强度形成的机理通常分为以下6种[2]:①化学键合,指的是基体与增强体表面官能团发生化学反应,形成共价键结合的界面区;②浸润-吸附理论,描述了增强体被基体浸润与裹覆效果;③扩散作用,即分子热运动导致两相材料形成链段内聚力;④弱界面层理论,定义了复合材料与环境因素共同作用形成的界面低分子富集区,有助于消除内应力与应力集中现象;⑤静电作用,认为两相材料对电子亲和力的差异导致接触电势的产生,最终形成双电层;⑥机械作用,刻画了增强体表面纹理及缺陷被基体填充硬化后形成的机械咬合力。由于对集料-沥青界面相的研究在制备、观测及性能测试上存在诸多困难,本研究主要研究集料-沥青界面交互作用对一定区域内沥青性能的影响,将区域称为集料-沥青界面过渡区。

实际应用中,往往仅采用水煮法来研究沥青与集料间的黏附状况。该方法仅以唯象观测来评价沥青剥落等级,无法定量描述集料-沥青界面失效与破坏的演变过程。且水煮法因存在试验条件难以控制、试验人员经验差异等局限,导致其试验结果离散性较大。因此,亟待开展考虑集料微观形貌影响的集料-沥青界面黏弹特性及破坏机制的研究。本章基于显微观测技术与动态剪切流变仪(Discovery Shear Rheometer,DSR)进行集料-沥青界面力学性能研究:①以AFM与SEM为观测手段,探究不同类型集料表面的微观形貌差异,实现不同接触条件下集料-沥青界面黏附状态的显微表征;②采用X射线荧光光谱分析(X-Ray Fluorescence,XRF)、X射线衍射(X-Ray Diffraction,XRD)、高温润湿角及AFM力曲线等试验方法,讨论集料化学成分差异对集料-沥青界面交互作用能力的影响趋势;③在现有DSR矩形加载夹具的基础上,通过岩石切割与取芯,进行集料平行板改进的集料-沥青界面动态剪切流变特性研究;④利用DSR轴向力与位移输出精确的优点,引入夹层厚度、温度、集料种类及加载速率的影响,完成集料-沥青界面单轴拉伸破坏与失效特性研究。

3.1　微观结构测试与表征

依托哈尔滨工业大学分析测试与计算中心平台,所采用的AFM、SEM设备(图3-1)及参数如下:①德国布鲁克公司的AFM,型号为Dimension Icon,最大扫描尺寸为90μm×90μm×10μm(宽度×长度×深度),最大扫描频率为125Hz,弹性模量测试范围为1MPa~100GPa,黏附力测试范围为10pN~10μN;主要的工作模式包括接触模式、轻敲模式、力曲线模式等;②日本日立公司所生产的SEM,型号为S-4700;高压(15kV)条件、低压(1kV)条件下二次电子像素分辨率分别为1.5nm及2.1nm;配备X射线能谱仪(Energy Dispersive Spectrometer,

EDS),可测试元素范围为 B~U,放大倍数范围为 20~500000 倍。

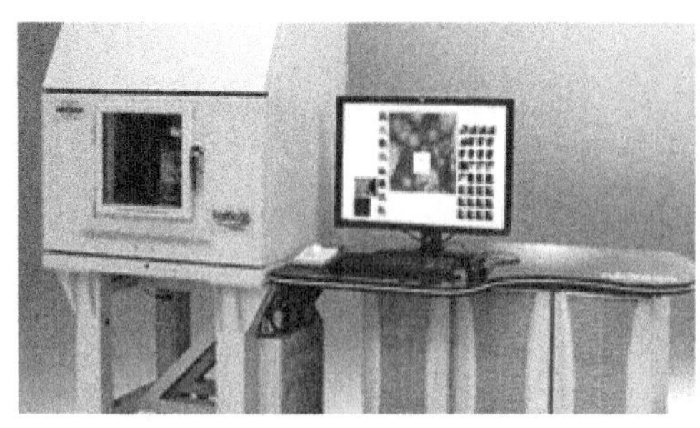

a)AFM

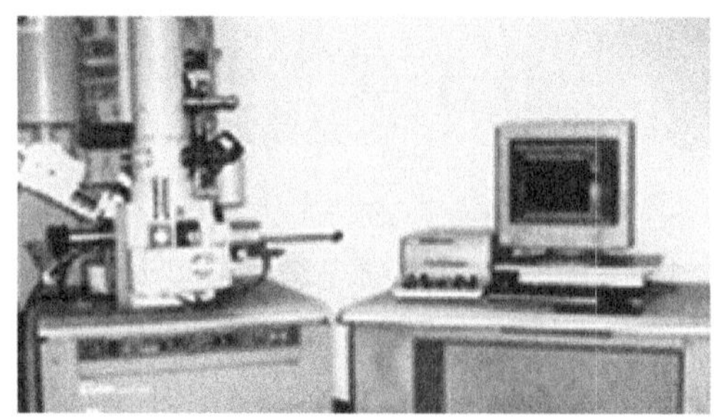

b)SEM

图 3-1　AFM 与 SEM 设备图

3.1.1　集料表面形貌测试与表征

所选用的矿质集料类型为筑路常用的石灰岩与玄武岩,由于两种岩石的矿物组成差异明显,导致其表面微观形貌呈现出不同的分布规律。基于 AFM 深度方向的最大测试量程为 10μm 的限制,切割两种岩石,将其打磨出 4cm×4cm×5mm 的长方块。打磨的目的是使得长方块表面相对平整,令其高度方向尺寸偏差的容差满足±0.005mm 要求,但不影响集料表面的微观构造深度。AFM 电子探针附近岩石表面状况见图 3-2。

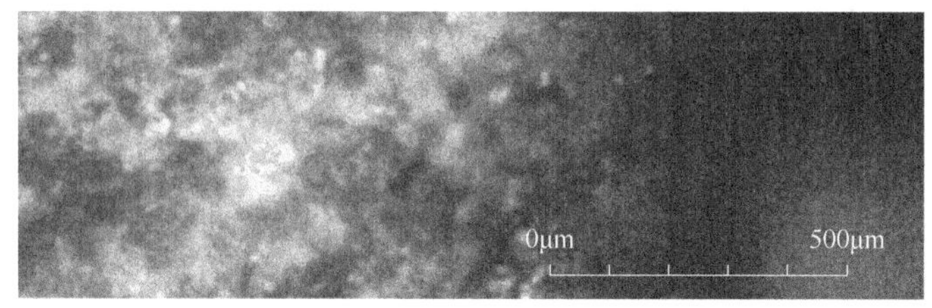

图 3-2　AFM 电子探针附近岩石表面

由于微观尺度下集料表面轮廓变化复杂且起伏幅度较大,为了避免撞针,对岩石表面微观构造的 AFM 测试在轻敲模式下进行,并将扫描尺寸设定为 5μm×5μm。微观表征的取样代表性是一个关键控制指标,因此将石灰岩类、玄武岩类集料样本数量设置为 7。

NanoScope Analysis 软件是处理观测结果的通用软件,采用交互界面形式直观呈现被测物的二维、三维形貌图。可便捷地计算被测物微观不平整度的各项指标。图 3-3 表明石灰岩与玄武岩的微观构造差异明显。石灰岩表面微观起伏由颗粒状凸起与狭窄带凹陷组成,且大块凸起颗粒表面由小块凸起颗粒组成。凸起颗粒表现出紧密排列的规律,导致凹陷区以带状形式分布在相邻颗粒间。玄武岩表面微观不平度由片状凸起与盆状凹陷造成,且片状凸起表面相对光滑、连绵成片分布。相邻的片状凸起间距较大,凹陷区以盆状形式分布其中。上述石灰岩与玄武岩微观形貌的差异将会导致集料-沥青界面黏附机理与荷载传递模式不同,因此集料表面微观构造的相关研究有助于揭示集料-沥青界面形成与失效的微观演化机制。

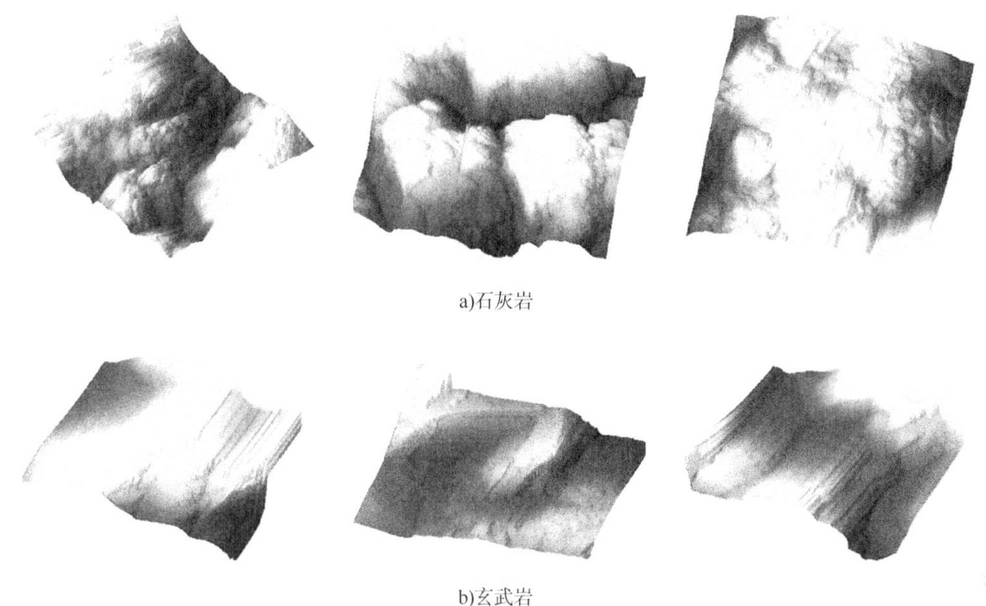

图 3-3　石灰岩与玄武岩 AFM 三维形貌(5μm×5μm)

表面形貌的表征参数多达 40 多种,根据参数描述的目的性,主要可分为四大类[3]:高度特性、间距特性、形状特性及功能特性。此外,分形维数也是研究表面不平度分布规律的重要工具[4]。这里选择采用两类典型指标来分析集料微观形貌的异同。

①表面粗糙度(Surface Roughness)或粗糙度(Roughness)是评价物体表面法向方向微观峰谷起伏程度的重要指标,常用于控制零件机械加工精度[5]。表面粗糙度对精密仪器的强度、耐磨、抗疲劳、运行稳定性影响巨大,相关规范定义了表面粗糙度表征指标与容许范围。通常采用算术平均高度[R_a,见式(3-1)]与均方根粗糙度[R_q,见式(3-2)]表征表面轮廓偏离基准线的程度,表面轮廓、轮廓偏距(y_i)及基准线见图 3-4。基准线即轮廓中心,用于确定各个采样点的轮廓偏距,通常设定为轮廓的算术平均中心,使得采样长度(l)内中心上、下两部分的轮廓面积相等。算术平均高度即轮廓偏距的绝对值的平均值。均方根粗糙度能够准确地描述偏距峰值与均值间的偏差。

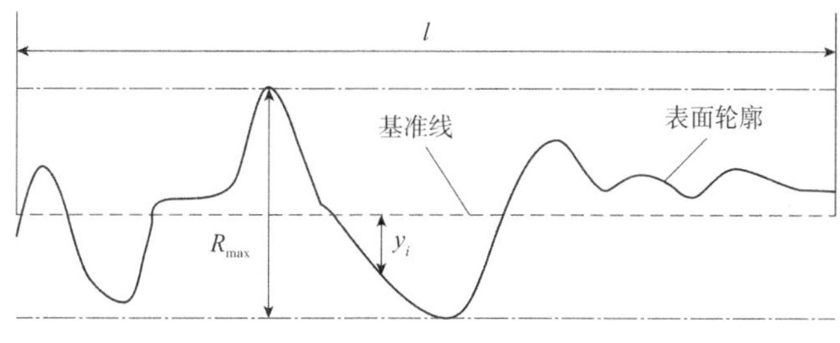

图 3-4　表面形貌相关指标示意图

②基准线两侧轮廓偏距分布的对称性由偏斜度[R_{sk},见式(3-3)]表征,其数学含义为概率密度分布函数的第三大中心参量。由于粗糙度反映的仅是一个均匀值,因此相近的粗糙

度并不代表形貌的分布是相似的。因此,通过对比偏斜度可有效地刻画材料表面轮廓线的高低起伏规律。图3-5中的截面轮廓线a、b分别以凹陷构造与凸起构造为主,微观构造差异明显,然而,概率密度函数曲线面积表明二者具有相同的R_a($A_a=A_b$)。因此,仅以粗糙度分析微观形貌是不全面的,此时,R_{sk}可敏感地区分二者的偏距对称分布规律。物体表面轮廓的尖锐度由峰度[R_{ku},见式(3-4)]来表征,其数学含义为概率密度分布函数在平均值处曲线的高低,反映了密度分布函数在尾部的形状特征。当R_{ku}小于3时,认为表面较为平整。

$$R_a = \frac{1}{n}\sum_{i=1}^{n} |y_i| \tag{3-1}$$

$$R_q = \sqrt{\frac{1}{n}\sum_{i=1}^{n} y_i^2} \tag{3-2}$$

$$R_{sk} = \frac{1}{nR_q^3}\sum_{i=1}^{n} y_i^3 \tag{3-3}$$

$$R_{ku} = \frac{1}{nR_q^4}\sum_{i=1}^{n} y_i^4 \tag{3-4}$$

式中:y_i——轮廓偏距。

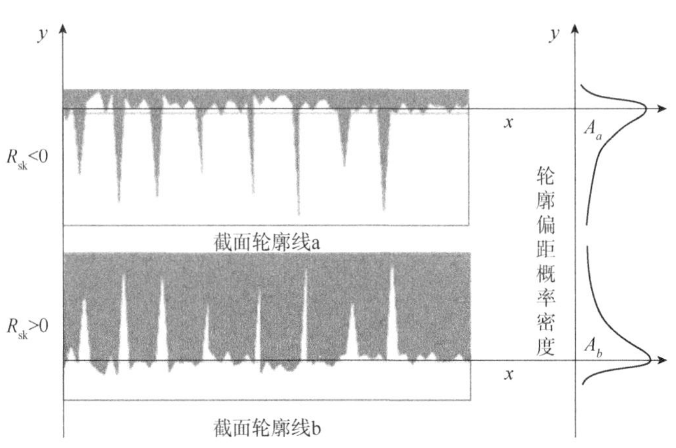

图3-5 偏斜度与轮廓线的关系

基于AFM测试结果的石灰岩与玄武岩表面形貌评价指标对比结果见图3-6。R_a与R_q皆表明玄武岩表面比石灰岩表面更粗糙,这与图3-3中集料表面三维形貌分布规律一致。其中,玄武岩R_q比R_a增加的幅度比石灰岩的大,二者增幅分别为67.14nm、58.57nm。由此可见,玄武岩中微观表面y_i距平均y_i的偏离程度更大。R_{sk}表明石灰岩与玄武岩的微观起伏规律完全相反。石灰岩的R_{sk}为负值,推断表面有狭长的凹陷带,与三维形貌图中石灰岩呈现凹陷带分布的观测规律相符。玄武岩的R_{sk}非负,表明表面有盆状的凹陷区,与三维形貌图中玄武岩凹陷区呈盆状分布相契合。石灰岩与玄武岩的峰度值R_{ku}均大于3,表明微观尺度下集料表面较为粗糙。由石灰岩峰度大于玄武岩,推断石灰岩的凹陷带端部更为尖锐。综上所述,微观表面形貌评价指标有效地区分了不同集料间的差异,三维形貌观测结果验证了评价指标表征结果的正确性。

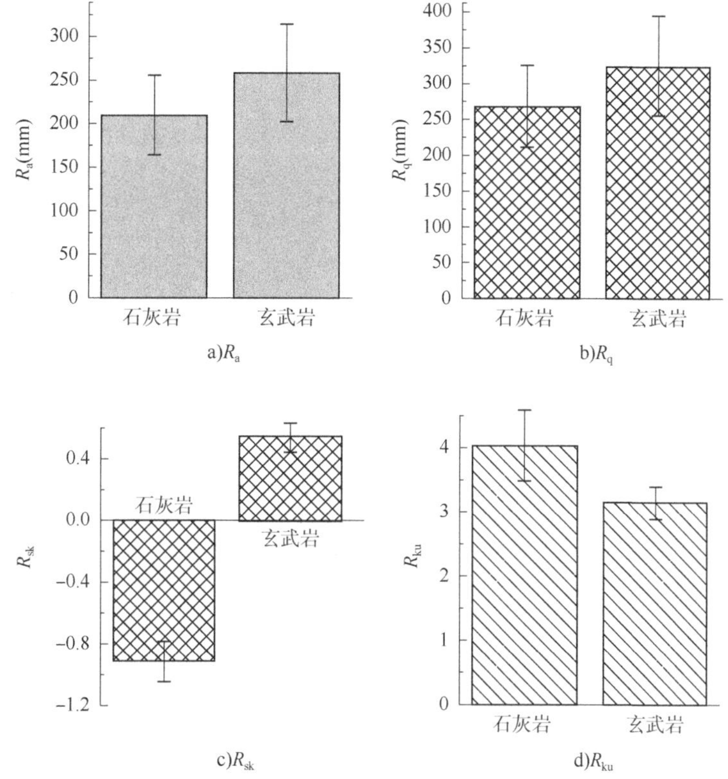

图 3-6　集料表面微观形貌评价指标

由于集料表面波谷区的深度分布规律将直接影响沥青的微观浸润效果，因此采用微观构造深度的概率密度直方分布图进行深度分布的表征。由于集料表面微观构造深度分布离散性较大，通过对直方图的高斯函数进行拟合来消除数据离散的影响。高斯分布函数见式(3-5)，拟合结果见图 3-7。

$$y=y_0+\frac{A}{w\sqrt{\pi/2}}\mathrm{e}^{-2\frac{(x-x_c)^2}{w^2}} \tag{3-5}$$

式中：x_c——集料表面波谷区微观构造深度的平均值；

w——分布离散程度。

高斯分布函数中，w 代表分布的离散程度，w 越小，分布越集中在 x_c 附近，反之则离 x_c 越远。表 3-1 与表 3-2 表明石灰岩与玄武岩的构造深度分布特征有所差异。总体而言，微观构造深度的分布具有一定的离散性，因为 x_c、w 及 R^2 均表现出不同程度的波动。玄武岩微观构造深度的密度分布曲线较石灰岩呈现右移的趋势，表明玄武岩构造深度普遍比石灰岩大。石灰岩微观构造深度的密度曲线分布比较集中，与石灰岩凹陷区有关。相反，玄武岩的构造深度分布范围较广，表明玄武岩表面可能有盆状凹陷区存在。石灰岩与玄武岩表面的波谷深度分布差异是造成其与沥青黏附效果不同的原因之一，相关作用机制可通过集料-沥青界面区形貌观测及力学测试结果进行探究。

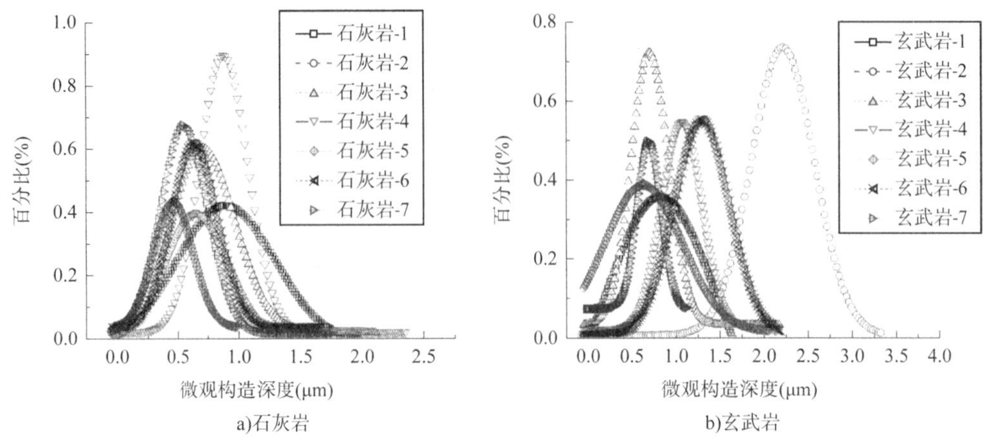

图 3-7　拟合集料表面微观构造高斯函数后的深度直方图

高斯函数拟合参数表(石灰岩)　　表 3-1

石灰岩编号	1号	2号	3号	4号	5号	6号	7号
x_c	0.89	0.65	0.71	0.88	0.46	0.64	0.55
w	0.79	0.52	0.52	0.39	0.33	0.38	0.39
R^2	0.85	0.83	0.82	0.84	0.79	0.89	0.94

高斯函数拟合参数表(玄武岩)　　表 3-2

玄武岩编号	1号	2号	3号	4号	5号	6号	7号
x_c	0.83	2.22	0.71	1.07	0.63	1.30	0.69
w	1.24	0.72	0.43	0.45	0.88	0.63	0.27
R^2	0.81	0.86	0.92	0.88	0.79	0.84	0.79

3.1.2　集料-沥青界面区显微测试分析

为了探究集料微观形貌差异对集料-沥青界面交互作用的影响规律,运用 AFM 及 SEM 测试不同集料与沥青界面区的微观形貌,对比分析微观尺度下石灰岩及玄武岩对沥青的浸润效果。样品制备过程中,确保所有集料表面温度处于(175±5)℃,从而模拟沥青混合料生产流程中集料与沥青的高温拌和过程。沥青种类为 SBS 改性沥青,基本物理性质见表 3-3。

SBS 改性沥青基本物理性能　　表 3-3

针入度(25℃,100g,5s,0.1mm)		延度(5℃,cm)		RTFOT 质量损失(%)	软化点($T_{R\&B}$,℃)
原样	RTFOT	原样	RTFOT		
63	58	38.5	25.5	0.50	58.5

注:RTFOT 为改性沥青旋转薄膜老化试验。

3.1.3　界面区 AFM 观测

图 3-8 表明,沥青与不同固体相接触后形成的黏附界面区的 AFM 三维形貌各异。其中,靠近界面区的沥青相形貌受固体相的影响显著。为了更全面地分析微观形貌的作用规律,增设了铝片作为试验对比组。表面相对较为平整的铝片(R_a=9.37nm)界面区附近的沥青相出现了多孔状构造。无论是石灰岩还是玄武岩,其界面区附近的沥青相表面较为光滑。由此可见,微观形貌差异一定程度上影响了界面区内沥青相的微观构造形式。而且,此现象与不同固体相黏附作用下沥青的宏观力学性质差异有关。

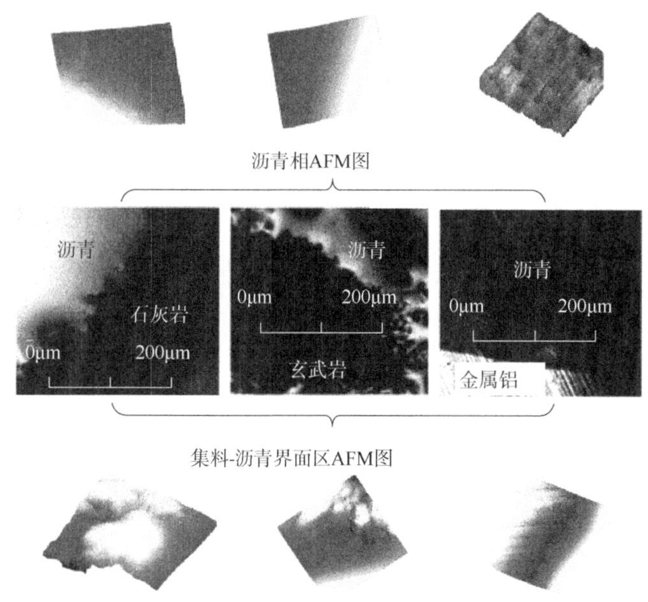

图 3-8　集料–沥青界面区 AFM 三维形貌图(5μm×5μm)

此外,集料-沥青界面区 AFM 图表明固体相表面微观构造同沥青高温浸润效果关系密切。铝片-沥青界面区形貌呈现平行阶梯状,这与铝片切割时产生的条状纹理走向相契合。玄武岩-沥青界面区内沥青有效地填充了玄武岩表面盆状波谷区,并且沿着片状波峰凸起区外壁发生一定比例的“牵引吸附”。石灰岩-沥青界面区沥青部分覆盖了石灰岩表面带状凹陷区,但其凸起区表面形貌改变不明显,尤其是界面区凸起区表面并无沥青被“牵引吸附”。

沥青在集料表面的裹覆将导致集料表面粗糙度发生变化,因此采用界面区沥青相及界面相的粗糙度来表征此变化。其中,对界面相取样时,保证集料面积与沥青面积之比约为 1∶1。图 3-9 中,沥青相粗糙度表明热沥青与固体相裹覆、冷却后形成的表面形貌,同固体相初始表面的粗糙度具有一定的关联性,表现为固体相表面越平整,界面区沥青相表面起伏程度越低。界面相粗糙度所呈现的规律与沥青相一致。对比分析表明沥青对石灰岩表面不平整区域的填充程度要高于玄武岩。

由于粗糙度是一个平均值,忽视了界面区形貌细节,因此以倾斜度为指标表征沥青的微观浸润效果差异。倾斜度的计算流程如下:首先,选取宽 2.5μm、长 5μm 的取样区域,长度方向的选择以尽量垂直于界面区为原则;其次,沿着长度方向以一定的水平间隔读取轮距偏差,从而求得其倾角的正切值(即轮距偏差与水平间隔的比值);最后,沿着宽度方向重复多次取样并求解倾角,获得一定宽度范围内长度方向倾角的平均值。图 3-9 中沥青相的倾角表明:金属铝表面平整,石灰岩凹陷区相对狭窄,玄武岩凹陷区相对宽阔。图 3-9 中界面过渡相倾角表明:金属铝界面区过渡平稳,石灰岩界面区次之,玄武岩界面区过渡急剧。由此可见,集料表面微观构造分布特征一定程度上决定了沥青与集料微观浸润的效果。

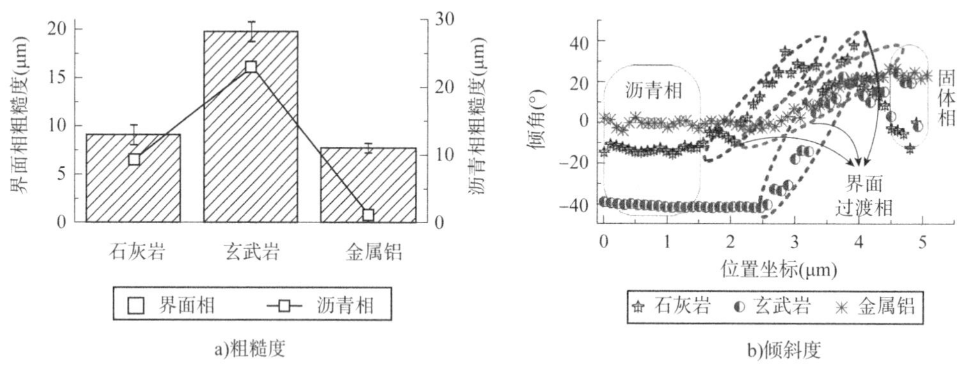

a)粗糙度　　b)倾斜度

图 3-9　集料-沥青界面区粗糙度及倾斜度分布

3.1.3.1　界面区 SEM 观测

图 3-10 与图 3-11 分别为石灰岩-沥青与玄武岩-沥青界面区不同放大比(4000 倍与 15000 倍)的 SEM 形貌图。石灰岩表面矿物形貌以颗粒状凸起为主,颗粒与颗粒间紧密堆积,形成狭长的凹陷区。此特征同石灰岩表面颗粒状凸起与狭长带状凹陷的 AFM 观测结论相符。由于石灰岩颗粒凸起的阻挡,高温沥青的流动浸润趋势受到了一定程度的干扰,导致图 3-10 中石灰岩-沥青界面区出现局部隆起。15000 倍 SEM 形貌图表明,由于石灰岩表面凹陷区域开口过于狭窄,高温沥青难以渗入该区域,导致石灰岩-沥青黏附界面区出现一定比例的微观孔洞缺陷。玄武岩表面矿物颗粒以块状凸起为主,凸起部分成片连接形成相对宽广的凹陷区,与玄武岩 AFM 形貌观测结果一致。玄武岩表面无凸起颗粒且存在盆状沉陷,有效地避免了沥青浸润过程中受颗粒阻挡的现象。图 3-11 表明玄武岩-沥青界面区形貌平整光滑,沥青与块状凸起浸润效果良好。15000 倍 SEM 图说明,块状凸起对沥青流动阻碍较小且凹陷区开口面积较大,玄武岩表面盆状凹陷区可较为充分地被沥青填充。综上所述,界面区 SEM 形貌图能够直观地表征沥青与不同类型集料的微观裹覆效果差异。玄武岩的表面形貌优势有利于沥青的高温裹覆,从而形成更为致密的集料-沥青界面。

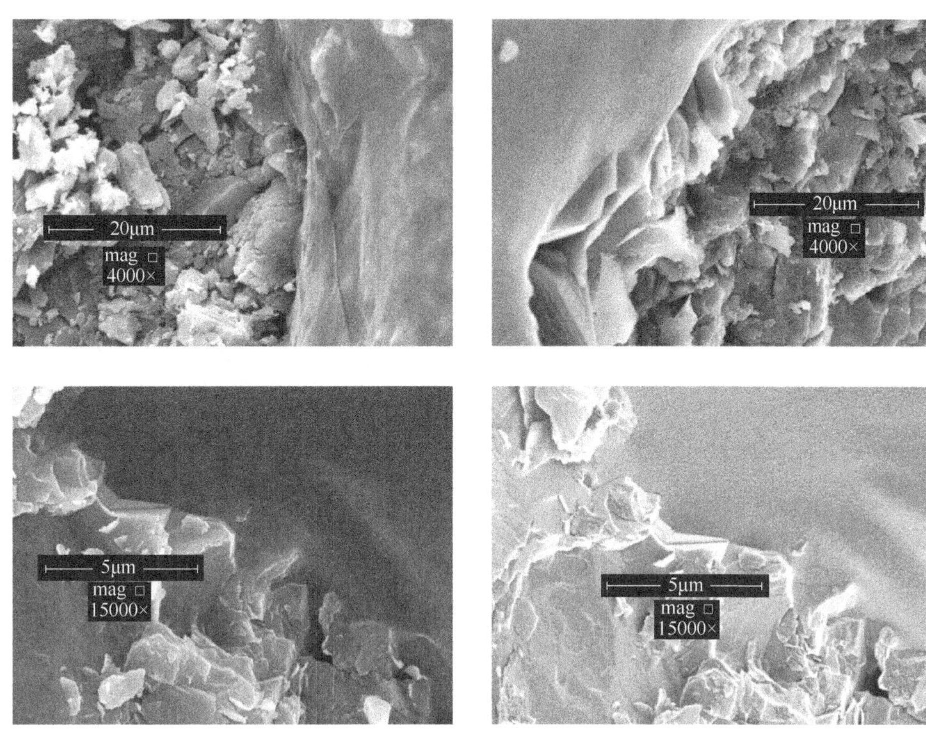

图 3-10　石灰岩-沥青界面区不同放大倍数 SEM 图

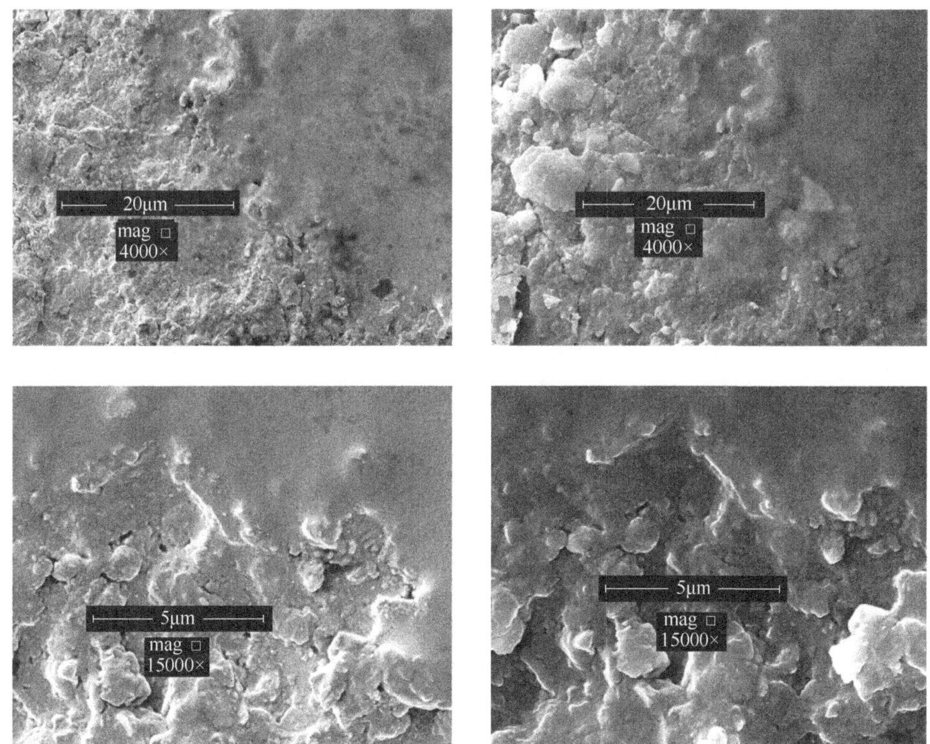

图 3-11　玄武岩-沥青界面区不同放大倍数 SEM 图

3.1.3.2 界面区轮廓分形维数

欧拉几何维数无法描述奇异集合的特殊性质。分形理论(Fractal Theory)可以用于评价复杂形状不规则程度。与欧氏测度一致,分形理论以分形维数(Fractal Dimension)表示某个集合的变化复杂程度。分形维数可分为相似维数、容量维数、盒子维数、信息维数、关联维数及广义维数。其中,盒子维数(Box-counting Dimension)因应用简便,被广泛应用于平面尺寸内物体形状的评价。取边长为 S 的小盒子将集合完全覆盖,其中包含的集合特征值数量为 N。通过改变 S 得到不同的 N,拟合后 $\ln(N)$-$\ln(S)$ 直线斜率的负值就是盒子分形维数值。

根据不同集料与沥青黏附界面的 AFM 与 SEM 形貌图,采用基于数字图像处理技术的边界提取方法,获得不同扫描范围、不同放大比条件下集料-沥青界面的 AFM 及 SEM 轮廓二值线。按照盒子维数计算方法,当盒子为非 1 矩阵时(黑色线段)计入计盒数量中。通过循环算法实现盒子数量变化并计算相应的计盒数量,最终绘制双对数坐标下盒子数量与计盒数量图,拟合直线的斜率就是轮廓线的盒子维数值。轮廓线及 $\ln(N)$-$\ln(S)$ 直线见图 3-12 与图 3-13。不同界面轮廓线盒子分形维数见表 3-4,表明扫描精度越高、观测放大比越大,界面轮廓的分形维数越大。无论是 AFM 还是 SEM 观测结果,石灰岩-沥青界面轮廓的分形维数均大于同等测试条件下的玄武岩-沥青界面轮廓分形维数。由此可见,沥青与石灰岩黏附接触所产生的界面边界变化相对复杂,沥青的浸润不够完全。造成此现象的原因与石灰岩、玄武岩微观形貌差异较为密切,如石灰岩表面颗粒状凸起的阻隔、狭长沉陷孔洞难以填充的影响等。综上所述,界面轮廓的分形维数在评价集料-沥青界面微观黏附效果方面具有直观、有效的优点。

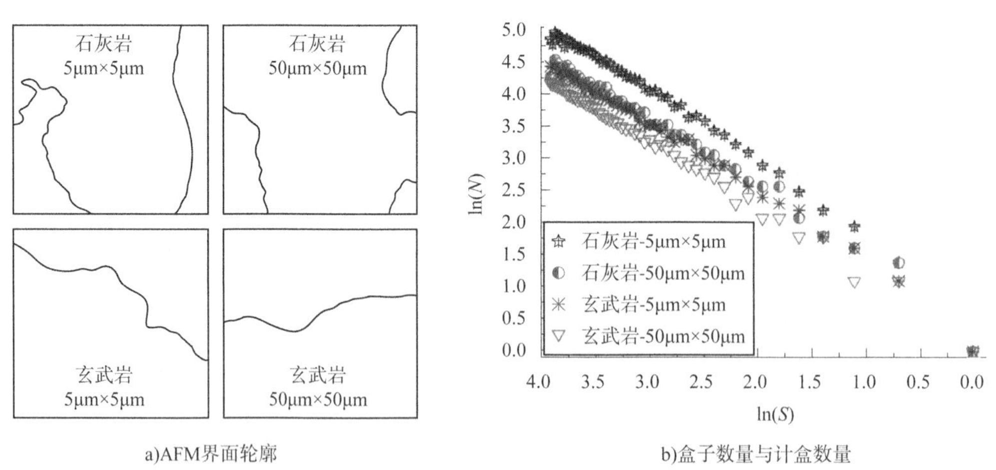

a)AFM界面轮廓　　b)盒子数量与计盒数量

图 3-12　集料-沥青界面 AFM 轮廓线及计盒数量

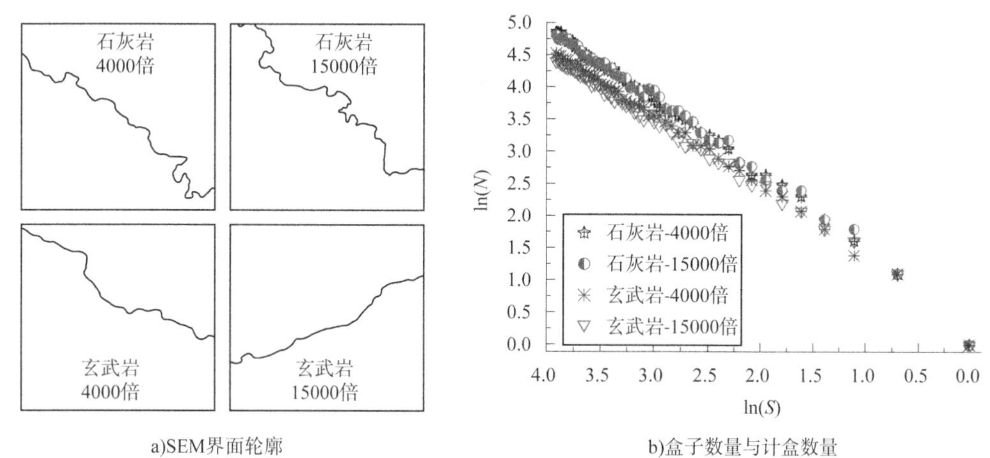

a)SEM界面轮廓　　b)盒子数量与计盒数量

图3-13 集料-沥青界面SEM轮廓线及计盒数量

不同界面轮廓线盒子分形维数　　表3-4

界面轮廓类型	AFM		SEM	
	5μm×5μm	50μm×50μm	4000倍	15000倍
石灰岩-沥青界面	1.134	1.031	1.152	1.174
玄武岩-沥青界面	1.056	1.026	1.055	1.100

3.2 集料化学组成及黏附特性

集料-沥青界面的黏附交互作用不仅与集料表面微观构造(粗糙度、微观缺陷)的机械啮合联系紧密,而且集料的成岩矿物差异也将导致微观界面区内沥青组分的选择性吸附。矿质集料组成元素中的Fe、Mg、Ca、Al等能够提供强阳性的路易斯酸活性点位,该阳极点位与沥青组分中的阴极点位相结合,将产生氢键结合。研究表明铝硅酸盐中的铝离子、碳酸岩中的钙离子提供路易斯酸性点位的趋势显著,这与矿质集料矿物分子的非对称性形貌导致的强极性点位有关。Petersen[6-7]基于苯/乙醇萃取法与红外光谱分析方法认为沥青组分中醛类、羧酸类及酸酐类成分被集料高强度性吸附。Petersen等[8]通过对比沥青中极性分子在集料表面的吸附比例来分析沥青混合料水损伤的微观机理。其中,羧酸类组分在大部分集料表面产生的吸附比例较高。然而,羧酸类分子容易产生被水分子置换的现象。Petersen的研究结果表明,吡啶类组分的化学吸附一定程度上降低了沥青-集料体系对水分子置换的敏感性。Petersen认为集料类型对沥青组分的吸附具有明显的取向性与选择性。研究认为集料-沥青化学吸附的重要程度不亚于机械啮合作用的影响,因为在不改变集料表面微观构造的前提下对其进行表面铁离子处理后,沥青混合料水稳定性得到了明显的改善。因此,集料化学成分分析是评价集料-沥青界面黏附特性的重要环节。

SEM-EDS 分析(图 3-14)表明石灰岩与玄武岩表面元素组成差异明显,重点讨论集料矿物组成对集料-沥青界面性能的影响。所采用的试验仪器(图 3-15)的基本参数如下:①XRF,型号为 AXIOS-PW4400,元素测试范围为 F~U,可对样品进行快速成分定性或定量分析;②XRD,型号为 Empyrean 锐影,陶瓷 X 光管功率为 2.2kW(Cu 靶),可控最小步进为 0.0001°,适合物相定性或定量分析;③接触角测量仪器,为 KRüSS 公司的 DSA30 型,接触角测试范围为 0~180°,精度为 0.01°,界面张力测量范围为 0.01~2000mN/m,解析度为0.01mN/m,高速摄像机具有 7 倍变焦镜头,拍摄速度最高可达 3800 张/s;④AFM,用于力-位移曲线测试,通过定量纳米力学性能测试模式(Peak Force)及力曲线模块(Force Volume)测量纳米、微米尺度下材料的力学性能,如弹性模量、黏附力等。其中,XRF 及 XRD 可测量集料化学成分,DSA30 用于测量沥青高温接触角,AFM 可用于表征微观界面区沥青力学性能。

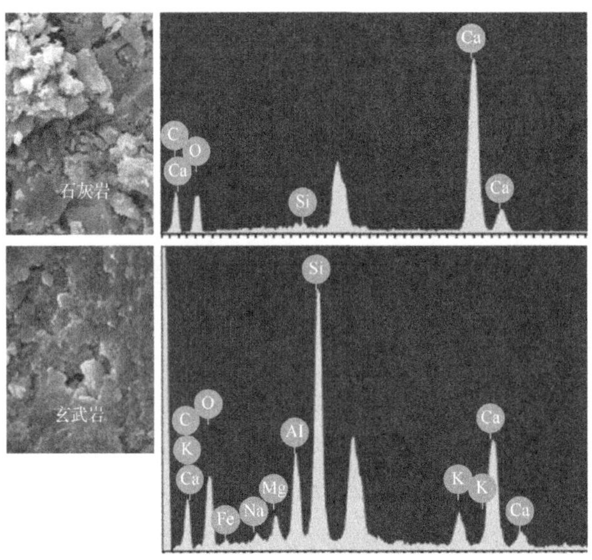

图 3-14 集料化学组成

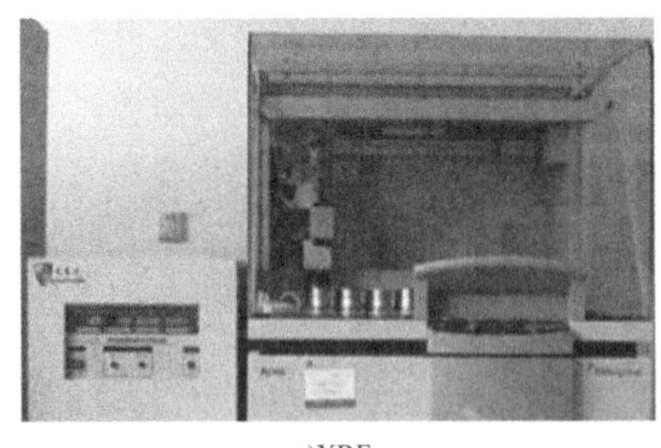

a)XRF

b)XRD

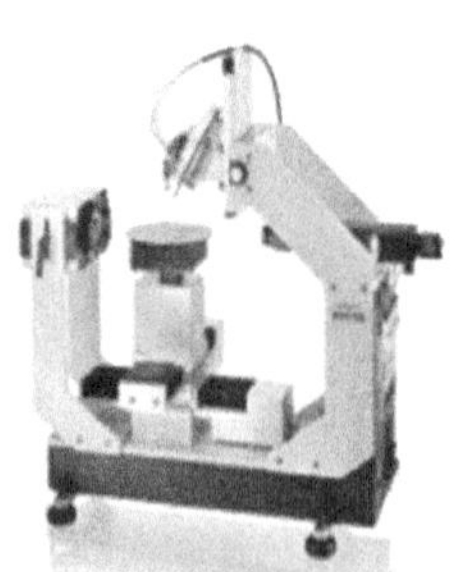
c)DSA30

图 3-15 黏附特性分析仪器

3.2.1 XRF 试验及分析

石灰岩是以方解石($CaCO_3$)为主要成分的碳酸盐岩类,按结构构造可细分为竹叶状石灰岩、鲕粒状石灰岩、豹皮石灰岩、团块状石灰岩等。石灰岩主要在浅海环境下形成,常伴有生物碎屑与有机物残骸。石灰岩是烧制石灰和水泥的主要原料,也用作炼铁、炼钢的重要熔剂。石灰岩因其与沥青良好的黏附效果,被大量应用于沥青路面铺筑,在减少路面早期水损害方面起到了一定的预防作用。玄武岩是一种基性喷出岩,矿物成分主要为基性长石、辉石等金属硅酸盐。按结构不同,可分为气孔状玄武岩、杏仁状玄武岩、玄武玻璃等。玄武岩因抗压/抗折强度高、耐磨性好、吸水率低等特点,被大量应用于建筑施工中。玄武岩沥青路面因抗滑性、耐磨性好等优点,通常被认为是沥青路面最佳集料类型。本研究所选用石灰岩与玄武岩的氧化物浓度见表 3-5。O、Si、Ca 等元素是石灰岩与玄武岩的主要构成元素。其中,石灰岩的 Ca、O、K 含量比玄武岩高,而玄武岩的 Si、Al、Fe、Mg、Na 含量比石灰岩高。相应的氧化物浓度变化趋势与元素浓度表现的规律一致。玄武岩常伴有 Na_2O、Fe_2O_3等氧化物侵入的现象,这与表 3-5 的分析结果相契合。

石灰岩与玄武岩化学组成 表 3-5

集料类型	氧化物浓度(%)						
	Na_2O	MgO	Al_2O_3	SiO_2	K_2O	CaO	Fe_2O_3
石灰岩	0.956	3.770	11.515	40.914	4.949	29.215	6.483
玄武岩	5.349	8.422	13.756	42.369	1.536	10.441	13.906

3.2.2 XRD 试验及分析

在掌握选用的石灰岩、玄武岩矿质元素种类与含量分布情况后,采用 XRD 获取两种集料岩石的物性成分。石灰岩的矿物成分除了方解石以外,时常伴有白云石、菱镁矿等碳酸盐或游离态的二氧化硅。玄武岩的主要矿物成分为辉石和基性斜长石,次要矿物为橄榄石、角闪石。图 3-16 表明石灰岩矿物种类变化不及玄武岩丰富,含量最高的是方解石($CaCO_3$),其次是游离态二氧化硅(SiO_2)。透辉石($Ca_{1.007}Fe_{0.455}Mg_{0.805}O_6Si_{1.75}$)是玄武岩的主要成分,其次是镁橄榄石[$(Mg_{0.6}Fe_{0.4})_2SiO_4$]、霞石[$KNa_3(AlSiO_4)_4$]等。由此可见,石灰岩与玄武岩矿物成分差异性明显,矿物的化学结构及极性强弱都将影响集料-沥青界面黏附的微观交互机理。因此,进一步探究化学成分差异与集料-沥青界面区力学性能间的关系是必要的。

3.2.3 高温接触角试验及分析

DSA30 接触角测量仪的优势在于其高温模块可模拟沥青与集料高温拌和时的浸润过程。本研究选用铝片、石灰岩及玄武岩作为固体相基板,对比其与沥青高温润湿角的分布差异。沥青下滴温度为 165℃,固体基板表面温度为 135℃。沥青与固体基板高温接触角的摄像机拍摄结果见图 3-17,对比组的高温润湿程度评价指标分布规律见图 3-18。

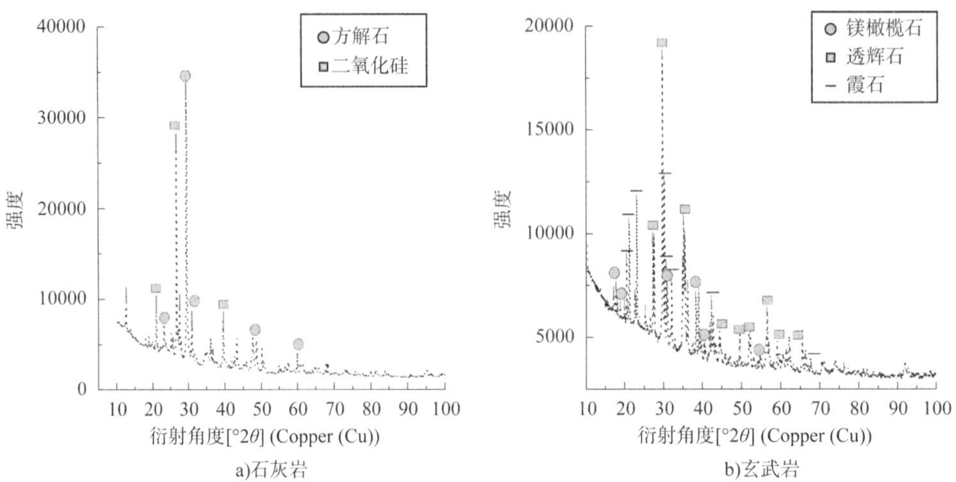

a)石灰岩　　b)玄武岩

图 3-16　石灰岩与玄武岩矿物成分分析

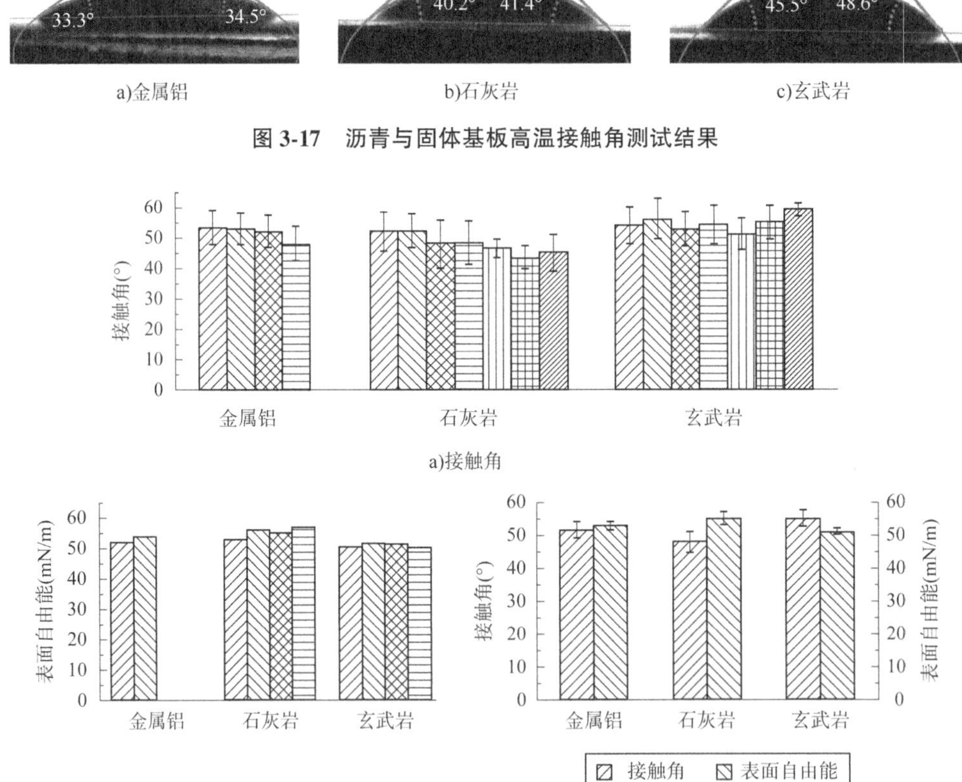

a)金属铝　　b)石灰岩　　c)玄武岩

图 3-17　沥青与固体基板高温接触角测试结果

a)接触角

b)表面自由能　　c)接触角及表面自由能平均值

图 3-18　接触角及表面自由能统计结果

图 3-18 表明,接触角测试结果的波动性大于表面自由能(沥青-空气体系),因此一定的样本数量是保证测试精度的必要条件。玄武岩-沥青体系的接触角分布在最高水平且表面

自由能分布在最低水平；其次是金属铝-沥青体系；石灰岩-沥青体系接触角分布在最低水平且表面自由能分布在最高水平。各固体-沥青体系的接触角、表面自由能平均值同上述分布水平保持一致。由此可见，高温条件下沥青在石灰岩表面的宏观浸润效果最优，且石灰岩-沥青界面的高温黏附强度最大。此宏观现象的主导因素与石灰岩的强极性矿物成分（$CaCO_3$）有关。高温条件下，强极性石灰岩提供的化学吸附优化了石灰岩-沥青界面的宏观裹覆效果。

3.2.4　AFM 力曲线试验及分析

3.2.4.1　力曲线试验基本原理

AFM 力曲线揭开了材料纳、微米尺度力学性能测试的新篇章，广泛应用于材料的弹性模量、硬度、表面黏附力、剥离力、摩擦力等研究中。早期的力曲线测量依托力曲线阵列模式，但该模式存在线性位移加载与全速加载的缺陷。此外，力曲线阵列模式的成像分辨率与力-位移控制精度无法同时保证，不适用于软物质。峰力轻敲模式（Peak Force Tapping）的提出有效地弥补了上述缺陷，从而满足了软物质、极小黏附力等特殊情况的力曲线测试与分析要求。峰力轻敲模式对力曲线阵列模式的提升主要体现在采用了正弦位移加载、常数峰值力反馈等控制方法。

AFM 力曲线的绘制过程见图 3-19：①AFM 悬臂针尖在距样品表面较远处沿着表面法向方向向下移动，此时无任何力反馈；②当针尖不断接近样品表面并达到平衡位置时（d_0），力反馈表现为一定程度的范德华吸引力；③随着针尖的继续下降，样品产生形变（$d-d_0$），力反馈表现为库仑斥力，其最大值称为峰值力；④将 AFM 悬臂针尖按照原路径后退，力反馈随着针尖位置的变化逐渐演变为针尖-样品间吸引力，当该值达到最大时，即为针尖-样品间黏附力；⑤针尖完全撤离试样表面，力反馈归为零。

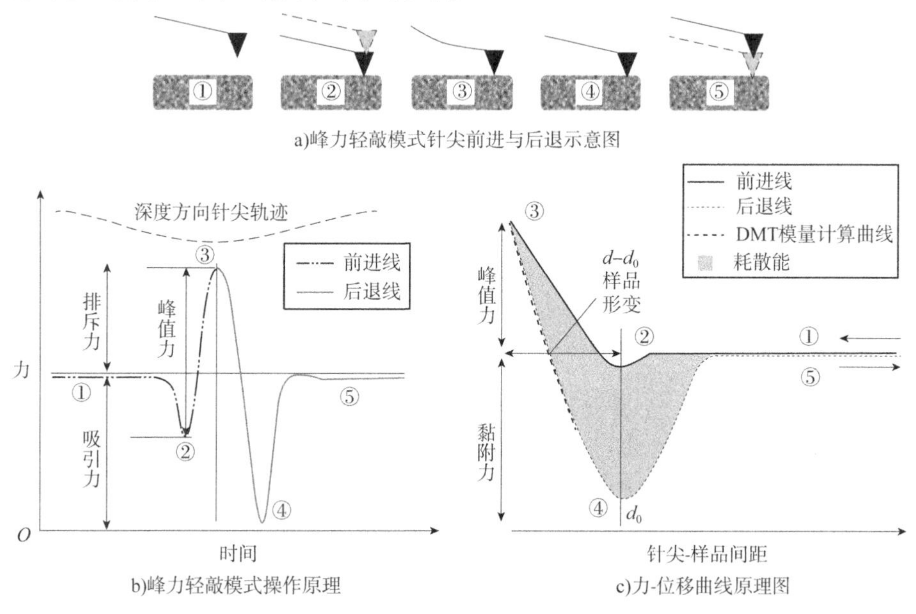

图 3-19　峰力轻敲模式测试基本原理

AFM 力曲线试验可测试样品最大形变值与黏附力。根据前进线与后退线包络面积可计算耗散能，基于 Derjaguin-Muller-Toporov（DMT）模型[9]可计算弹性模量，计算方法见式（3-6）。

$$F-F_{adh}=\frac{4}{3}E^{*}\sqrt{R\ (d-d_0)^3} \tag{3-6}$$

式中：F——针尖-样品间作用力（nN）；

F_{adh}——针尖-样品间黏附力（nN）；

E^{*}——针尖-样品接触作用下减缩弹性模量（MPa）；

R——针尖曲率半径（nm）。

减缩弹性模量 E^{*}（Reduced Elastic Modulus）是反映针尖与样品弹性模量的一个综合指标，当针尖固定时，该参数的浮动变化即可反映不同材料弹性模量的相对变化。减缩弹性模量的定义如式（3-7）所示：

$$\frac{1}{E^{*}}=\frac{1-\nu_t^2}{E_t}+\frac{1-\nu_s^2}{E_s} \tag{3-7}$$

式中：E_t、ν_t——分别为针尖弹性模量（MPa）、泊松比；

E_s、ν_s——分别为样品弹性模量（MPa）、泊松比。

3.2.4.2 试样制备及试验参数选择

AFM 的定量纳米力学性能测试（Quantitative Nanoscale Mechanical，QNM）模式是峰力轻敲模式的延伸。QNM 模式的显著优点是可快速绘制一定区域内材料的纳米尺度力学性能分布图，从而分析被测物的化学性能差异。AFM 纳米力学性能测试技术被成功应用到沥青材料微观性能的研究中[10]，其关键是制备合理的沥青 AFM 试样。Fischer 等[11]通过对比不同制样方法对沥青形貌 AFM 测试结果的复现性影响规律，认为高温浇筑与室温养生（24h）是保证沥青形貌稳定的必要流程。另外，研究还提出轻敲模式较接触模式更适用于沥青形貌 AFM 测试。推荐采用刚度较大、共振频率较高且具有一定阻尼的针尖进行测试。

本研究将沥青浇筑在不同固体基板上，以探究化学成分对界面区沥青力学性能的作用规律。由于界面交互作用的影响与夹层厚度直接相关，本研究采用溶解法制取固体基板接触条件下的沥青薄膜 AFM 试样。薄膜制取详细过程为：①将热流动态沥青溶解于甲苯溶剂中，静止约 12h，形成浓度为 0.1490g/ml 的沥青-甲苯溶液体系；②将若干滴沥青-甲苯溶液滴于倾斜的集料平板表面，使得集料-沥青界面区的薄膜厚度呈现连续的楔形梯度变化；③为了让溶液中的甲苯完全挥发，将试样放置于真空负压约为 100kPa 的真空泵内 2h 左右；④将沥青薄膜 AFM 试样放置在 50℃烘箱中回火养生近 1h，以消除甲苯挥发存留的毛细孔对沥青表面形貌的影响。

在 AFM 力-位移曲线测试过程中，保证成像精度与测试效率的关键在于探针类型匹配。根据材料弹性模量大小，依据表 3-6 选择探针。常温条件下，沥青属于软物质，通常采用名义弹性常数小于 5N/m 的探针。因此，本研究选用的探针型号为 ScanAsyst。采用单晶硅板来校准探针的名义弹性常数，本研究采用的探针弹性常数为 0.7770N/m。QNM 模式扫描范围设定为 10μm×10μm、2μm×2μm，采样点列阵设定为 256 像素×256 像素，采样频率设定为 0.51Hz，常数峰值力设定为 1.189nN。AFM 测试时，试验温度为常温（20℃左右）。所有采样点均靠近集料-沥青界面区，以保证集料-沥青交互作用分析的有效性。增加了无界面接触影响的纯沥青相、金属铝-沥青体系为试验对比组。为确保微观取样的代表性，不同扫描尺寸的测试点在界面区附近随机选择。

AFM 探针选择依据　　表 3-6

样品弹性模量范围	探针类型	探针名义弹性常数（N/m）
1~20MPa	ScanAsyst	0.5
5~500MPa	Tap150A，P/N MPP-12120-10	5
200~2000MPa	Tap300A（RTESPA），P/N MPP-11120-10	40
1~20GPa	Tap525A，P/N MPP-13120-10	200
10~100GPa	DNISP-HS	350

3.2.4.3　纯沥青相力曲线试验结果

纯沥青相的力曲线测试结果见图 3-20（10μm×10μm），黏附力、DMT 模量及耗散能均表现出一定程度的不均匀分布。由此可见，纳、微观尺度下沥青材料已不能被视为均匀连续介质。黏附力与耗散能的微观分布规律十分相似，因此探针-纯沥青间黏附力大小决定了沥青微观尺度形变能的大小。与黏附力及耗散能不同的是，DMT 模量分布的不均匀程度有所降低。高模量区以雪花状斑点点缀分布于中低模量区中，低黏附力区、低耗散能区则以圆形斑点紧密堆积，并伴有月牙形斑点零星分布。纯沥青相在测试区域内的平均黏附力、平均 DMT 模量及平均耗散能分别为 27.4nN、63.8MPa 及 6828eV。上述测试结果将用于对比分析界面黏附对沥青微观力学性能的影响。

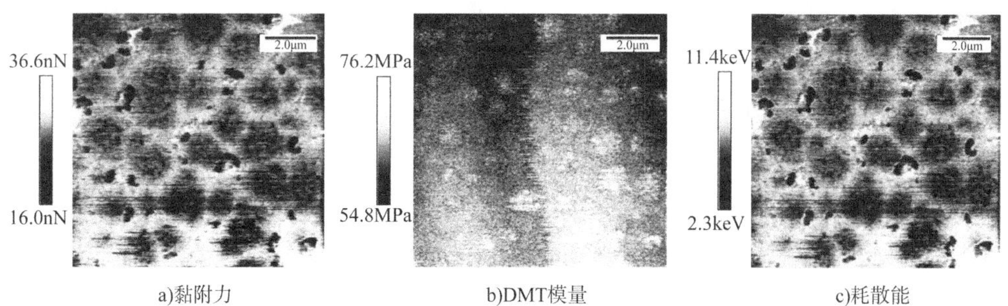

a)黏附力　b)DMT模量　c)耗散能

图 3-20　纯沥青相表面力曲线参数测试结果

3.2.4.4　界面区沥青相力曲线试验结果

与纯沥青相相比，界面区沥青相的表面黏附力受固体相接触的作用显著（图 3-21），不同扫描区域内黏附力云图分布证明取样点在一定程度上满足测试重复性的要求。沥青相黏附力分布随固体相的变化而改变，石灰岩-沥青体系、金属铝-沥青体系黏附力分布云图同纯沥青相类似,玄武岩-沥青体系中的低黏附力区以圆形斑点松散分布于中/高模量区内。另外,扫描面积越大,沥青相黏附力不均匀分布特征越明显。因此,在进行沥青力曲线测试时,适当的取样尺寸是保证测试代表性的关键。图3-21表明金属铝-沥青界面对沥青薄膜黏附力的增强作用最弱。因为无论是2μm×2μm还是10μm×10μm扫描范围,金属铝-沥青体系的黏附力最大值均小于集料-沥青体系。黏附力百分比的直方图分布(图3-22)表明金属铝-沥青体系黏附力分布整体往左偏移,且分布区间相对较为宽广。石灰岩-沥青体系黏附力分布有所波动且分布较为离散,玄武岩-沥青体系的黏附力分布较为紧凑且往右偏移。表3-7中的黏附力平均值也说明金属铝-沥青体系黏附力最弱,比纯沥青相黏附力稍弱。相比于纯沥青相而言,集料-沥青体系对沥青相黏附力均有不同程度的增强作用。其中,玄武岩-沥青体系最大,增幅达到24.8%。由此表明,不同固体相与沥青的微观交互作用导致同种沥青的微观力学性能产生了变化。

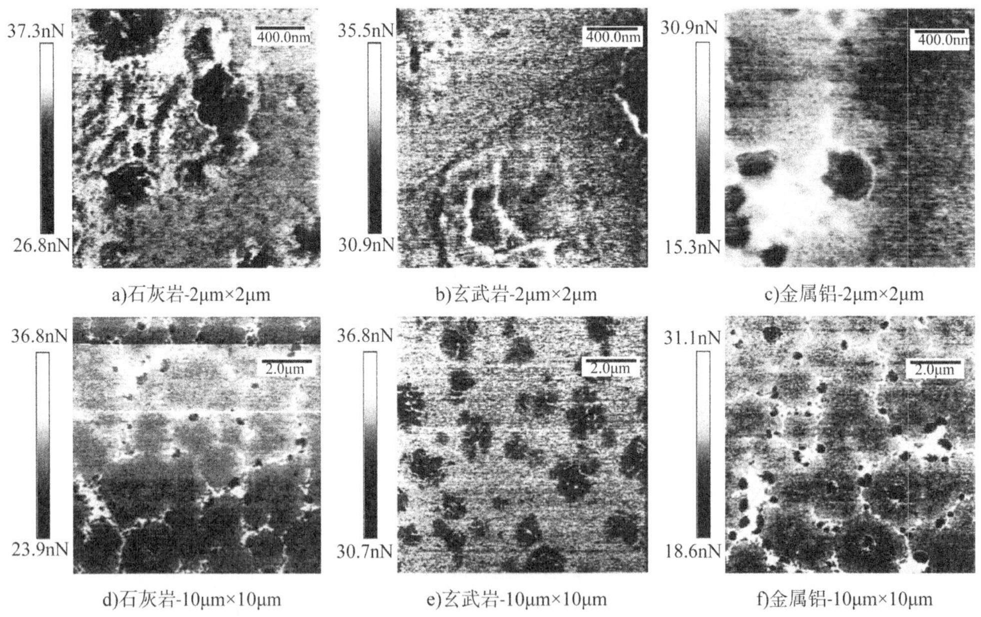

a)石灰岩-2μm×2μm b)玄武岩-2μm×2μm c)金属铝-2μm×2μm

d)石灰岩-10μm×10μm e)玄武岩-10μm×10μm f)金属铝-10μm×10μm

图3-21 不同固体相黏附条件下沥青表面黏附力分布

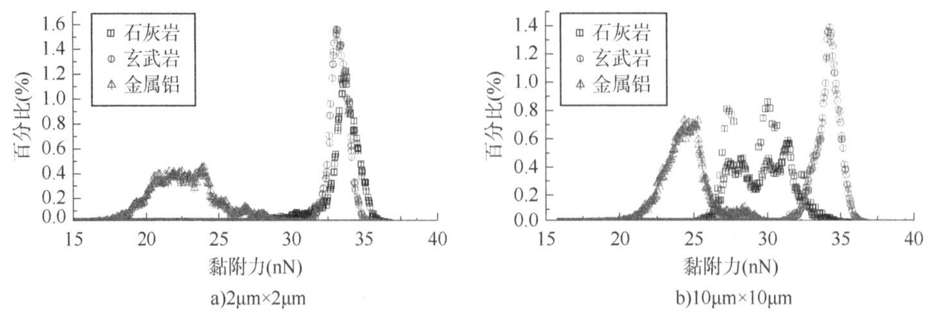

a)2μm×2μm b)10μm×10μm

图3-22 不同固体相黏附条件下沥青相黏附力直方图

不同固体相黏附条件下沥青表面力曲线参数平均值　　表 3-7

固体相	2μm×2μm			10μm×10μm		
	黏附力(nN)	DMT 模量(MPa)	耗散能(eV)	黏附力(nN)	DMT 模量(MPa)	耗散能(eV)
石灰岩	33.5	62.1	9972	29.8	70.3	7796
玄武岩	33.3	78.1	9364	34.2	88.6	11176
金属铝	22.6	104.0	4435	24.5	110.0	4838

对比图 3-20 与图 3-23 可得,较纯沥青相而言,界面区附近沥青相 DMT 模量分布的不均匀程度呈现出增强的趋势。固体-沥青体系的 DMT 模量分布具有一定的相似性,高模量区以圆形斑点分散在低模量区内。其中,石灰岩-沥青体系与金属铝-沥青体系的高 DMT 模量区分布较为紧密。然而,玄武岩-沥青体系的高 DMT 模量区分布较为分散。不同扫描范围的 DMT 模量分布区间与 DMT 模量平均值(表 3-8)表明不同取样尺寸内的测试结果复现性良好。扫描尺寸分别为 2μm×2μm 及 10μm×10μm 的石灰岩-沥青体系平均 DMT 模量(62.1MPa、70.3MPa)与纯沥青相的模量相接近(63.8MPa),玄武岩-沥青体系的平均 DMT 模量(78.1MP、88.6MPa)列于第二位。与平均黏附力规律完全不同的是金属铝-沥青体系的平均 DMT 模量为所有对比组中的最大值(104.0MPa、110.0MPa)。由此表明,金属铝表面(Al_2O_3)与沥青极性组分间形成的强化学吸附作用会造成界面区内沥青产生局部的硬化,从而造成沥青相黏附力减小而 DMT 模量增大的现象。图 3-24 与表 3-7 表明,集料表面沥青相的耗散能分布与黏附力分布规律十分相似,平均耗散能与平均黏附力成正比,且与纯沥青相呈现的变化规律一致。对比纯沥青相,集料-沥青体系的耗散能均有一定比例的增大。其中,玄武岩-沥青体系(11176eV)最大增幅达到 99.9%。而金属铝的耗散能(4435eV、4838eV)比纯沥青相有所减小,减小比例分别为 35.0%与 29.1%。

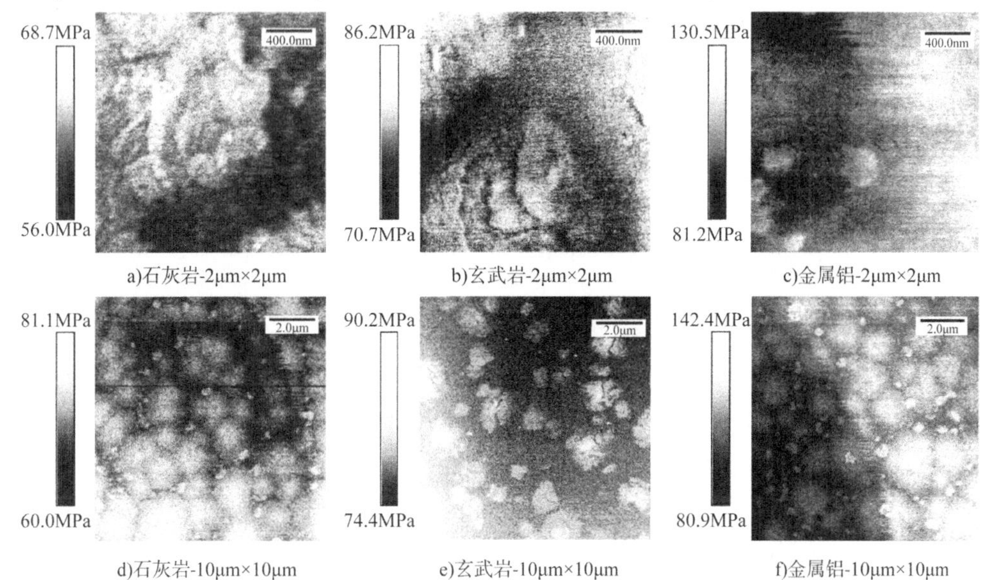

a)石灰岩-2μm×2μm　b)玄武岩-2μm×2μm　c)金属铝-2μm×2μm

d)石灰岩-10μm×10μm　e)玄武岩-10μm×10μm　f)金属铝-10μm×10μm

图 3-23　不同固体相黏附条件下沥青相 DMT 模量分布图

金属板黏附条件下沥青复数模量值(单位:kPa) 表 3-8

标准厚度	0℃			30℃			60℃		
	0.1Hz	1Hz	10Hz	0.1Hz	1Hz	10Hz	0.1Hz	1Hz	10Hz
1 倍	7.6×10^3	2.5×10^4	6.5×10^4	3.6×10^1	2.2×10^2	1.2×10^3	4.4×10^{-1}	3.3×10^0	2.1×10^1
0.5 倍	1.1×10^4	3.1×10^4	7.5×10^4	3.7×10^1	2.2×10^2	1.2×10^3	4.1×10^{-1}	3.0×10^0	1.9×10^1
0.25 倍	1.2×10^4	3.3×10^4	7.7×10^4	3.5×10^1	2.1×10^2	1.2×10^3	5.0×10^{-1}	3.7×10^0	2.3×10^1

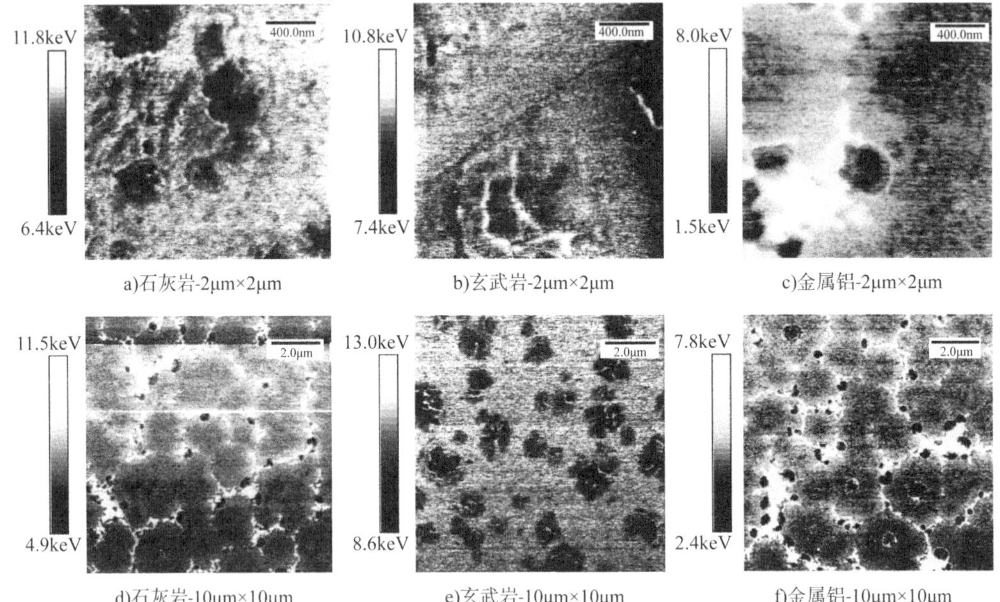

图 3-24 不同固体相黏附条件下沥青相耗散能分布图

综上所述,沥青微观尺度力学性质与集料-沥青界面交互作用间的关系不容忽视,集料表面化学成分差异对沥青相的黏附力(微观黏度)、DMT 模量(微观硬度)、耗散能(微观劲度)的影响较为显著。因此,有必要进一步探究微观层次集料-沥青界面区交互作用差异与宏观层次沥青材料力学性能演变规律间的关系。

3.3 集料黏附条件下沥青流变特性

基于沥青混合料强度形成理论,集料-沥青-集料夹层提供混合料抵抗剪切变形的黏结力。集料的性能通过棱角性、针片状含量、压碎值、磨耗值等指标进行控制,沥青的性能评价方法则涵盖物理、化学等多个评价体系。然而,集料与沥青的黏附性仅采用水煮法进行评价,该方法存在物理意义、评价方法定义不清晰的缺点。针对上述问题,Scholz 等[12]开发用于沥青 DSR 的集料平行板,分析了集料黏附条件下沥青老化后的流变特性。研究发现矿质集料、沥青的黏弹特性同抗老化能力存在着一定的关联。Huang 等[13]以夹层厚度为变量分析集料-沥青界面对沥青黏弹特性的交互作用规律,结果表明集料平行板黏附条件下夹层厚度的减薄对沥青流变特性的影响不可忽视。此外，研究者还采用集料平行板改进 DSR 试验评估了沥青的水稳定性[14-15]，对比分析了石灰岩、砂砾岩等集料平行板的交互作用差异。基于上述调研及分析，本研究加工石灰岩类及玄武岩类集料平行板，开展全温度/全频率范围内沥青流变特性研究。

3.3.1 集料平行板改进 DSR 试验装置

TA 仪器公司推出的 Discovery 系列 DSR 采用了拖杯电动机、第二代磁悬浮轴承、力再平衡传感器、双读取头光学编码器、真实位置传感器等多项技术，稳定性与精确性得到了大幅提升。仪器的相关参数如下：①动态最小扭矩为 2nN · m，稳态最小扭矩为 10nN · m，最大扭矩为 200nN · m，扭矩分辨率为 0.1nN · m；②最小振荡频率为 $1e^{-7}$ Hz，最大振荡频率为 100Hz；③最小角速度为 0rad/s，最大角速度为 300rad/s，位移分辨率为 10nrad；④步阶应变响应时间为 15ms，步阶速率响应时间为 5ms。DSR 的另外一个改进是测试夹具不局限于传统的平行板，还包含圆锥板、圆柱体、矩形块等夹具，拓宽了其在材料测试领域的应用。

本研究在 DSR 矩形夹具的基础上开发了集料平行板改进 DSR 试验装置（图 3-25）。该装置主要分为以下 3 个部分：①DSR 矩形夹具，分为用于连接磁悬浮轴承的矩形夹具加载端、以磁力固定的矩形夹具底座；②圆柱集料，由高度为 5mm 的石灰岩、玄武岩长方块取芯得到，分为 ϕ8mm 与 ϕ25mm 两种规格；③连接基座，分为连接矩形夹具的嵌入式多面体底部、连接圆柱集料的圆柱顶部，圆柱顶部与 DSR 加载轴同心同轴设置，同样分为 ϕ8mm 与 ϕ25mm 两种规格。

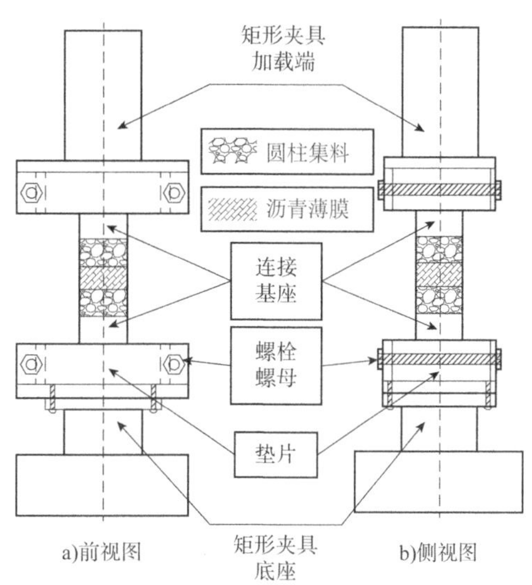

图 3-25　集料平行板改进 DSR 试验装置

集料平行板改进 DSR 试验装置的安装流程（图 3-26）如下：①将成对的连接基座依次安装到上、下矩形夹具中，通过垫片、螺栓、螺母限制连接基座的平面位移；②在归零校正模式下，将表面涂有环氧树脂的圆柱集料安装到连接基座圆柱顶部，通过微调位置确保圆柱集料与圆柱顶部同心同轴；③待环氧树脂初步固化后，取出基座，并将其放置在水平台面上，静置 24h，使环氧树脂完全固化；④将顶部粘接了圆柱集料的成对连接基座安装到矩形夹具中，打开控制软件完成几何校正、惯性矩校正、归零校正等一系列预处理操作；⑤采用手持加热设备将圆柱集料加热至 165℃左右，将预先浇制的沥青试样安放在下集料平行板上，并将预热过的上集料平行板移动至刮膜位置；⑥待刮膜步骤完成后，将加载端移动到目标位置，关闭环境箱的舱门，待温度达到目标温度并保温 10min 后，进行 DSR 试验。

沥青路面结构的力学响应依赖于环境温度与行车速度，沥青混合料内集料-沥青-集料夹层同样经受到温度、行车速度的影响。因此，本研究采用集料平行板改进 DSR 试验模拟实际路面内的集料-沥青-集料夹层,分析温度与频率的影响规律。由于集料-沥青界面交互作用对沥青流变特性的影响不可忽视,本研究选用石灰岩(Limestone,LS)、玄武岩(Basalt,BS)及金属板(Metal)为平行板材料类型,以集料-沥青-集料(AAA)、集料-沥青-金属(AAM)及金属-沥青-金属(MAM)为夹层对类型,通过改变夹层厚度来全面对比分析界面黏附对沥青全温度/全频率范围内黏弹特性的影响规律。

a)圆柱集料与连接基座

d)平行板安装

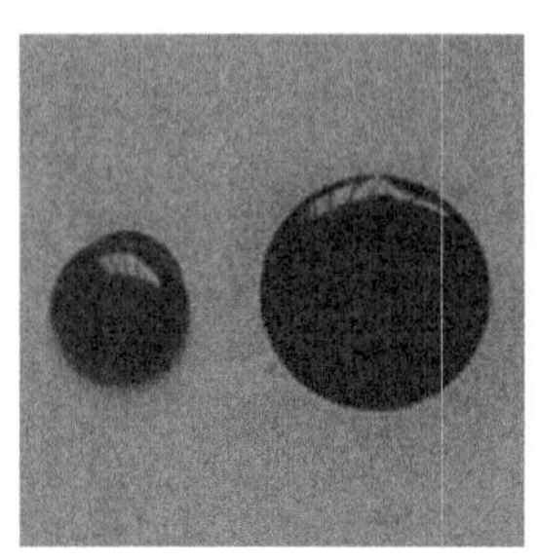

c)沥青试样

图 3-26 集料平行板改进 DSR 试验装置安装流程

3.3.2 应变扫描

应变扫描可分析沥青对应变变化的敏感程度及确定其线黏弹范围,不同平行板黏附条件下沥青应变扫描曲线见图 3-27。沥青的应变扫描区间设置为 0.001%~15%,振荡频率固定为 10rad/s。由于低温条件下沥青对应变变化的依赖程度远高于高温条件,因此将试验温度设置为 0℃,平行板尺寸为 ϕ8mm,夹层厚度固定为 2000μm。

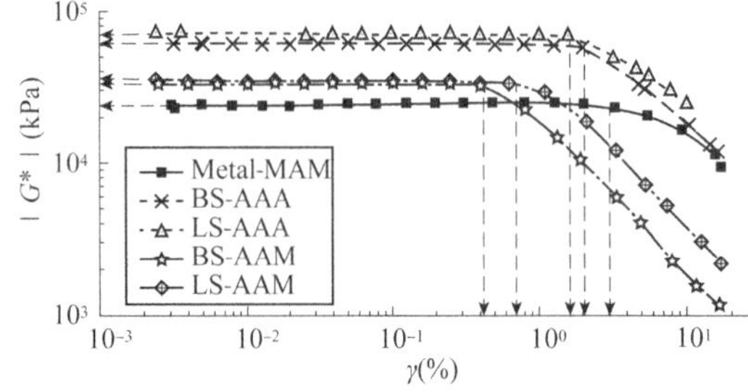

图 3-27 不同平行板黏附条件下沥青应变扫描曲线

图 3-27 表明沥青的初始复数模量($|G^*|$)与线性弹性范围剪应变(γ)随着平行板夹层对类型的变化而改变。待复数模量达到稳定状态时,MAM 的初始复数模量(2.41×10^7Pa)最小,其次是 AAM(BS:3.33×10^7Pa,LS:3.46×10^7Pa),最大为 AAA(BS:6.17×10^7Pa,LS:7.07×10^7Pa)。由不同夹层对的初始复数模量对比可见,低温条件下集料-沥青界面黏附对沥青具有一定的硬化作用。此外,石灰岩对比组(LS-AAA,LS-AAM)的初始复数模量均比玄武岩对比组(BS-AAA,BS-AAM)大。然而,线性黏弹范围内的变化规律与初始复数模量有所不同。MAM 的线性黏弹范围最大,其次是 AAA,最小的是 AAM,且 LS 与 BS 对比组在 AAA 与 AAM 夹层对条件下所呈现的规律完全相反。由此可见,集料-沥青界面黏附的硬化作用在某种程度上增强了沥青对低温剪切应变的敏感性。夹层对固体端材料性质的非对称性造成了沥青低温线性黏弹范围的缩小。由此可见,上述沥青材料应变扫描规律的变化同平行板表面微观构造、化学成分的关系紧密。

3.3.3 频率扫描

以全温度/全频率范围内沥青频率扫描为目标,本研究开发了 ϕ8mm 与 ϕ25mm 两种规格的集料平行板。其中，ϕ8mm 规格用于沥青中低温 DSR 试验分析，ϕ25mm 规格用于沥青高温 DSR 试验分析。所有频率扫描试验均在应变控制模式下进行，依据温度的不同，应变范围确定为 0.1%～12%。

ϕ8mm 平行板频率扫描试验参数设置如下：①振荡频率范围为 0.01～30Hz，采用对数增长模式；②目标温度设置为-15℃、-5℃、0℃、15℃及 30℃，温度容差限制为±0.1℃；③夹层厚度设置为 2000μm、1000μm、500μm 及 250μm。

ϕ25mm 平行板频率扫描试验参数设置如下：①振荡频率范围为 0.1～30Hz，采用对数增长模式；②目标温度设置为 45℃、60℃、75℃及 90℃；③夹层厚度设置为 1000μm、500μm、250μm 及 50μm。

3.3.3.1　中低温/中高频对比分析

不同对比组内，中低温/中高频率范围内 15℃时复数模量主曲线见图 3-28 及图 3-29。总体而言，沥青的复数模量主曲线随着沥青厚度的减小逐渐往下移动，移动的跨度与夹层厚度成反比。就模量主曲线随频率的变化规律而言，夹层厚度所造成的沥青软化现象具有明显的频率依赖性。随着夹层厚度的减小，高频率区模量主曲线绕着低频率区原点向下移动。由此可见，固体相与夹层厚度决定了沥青动态响应的变化趋势。而且，沥青混合料中的集料-沥青-集料夹层材料特性同许多因素有关，诸如有效沥青含量、粗集料开口孔隙、细集料及矿粉比表面积、矿料级配等。因此，考虑了微观界面交互作用的集料平行板改进 DSR 试验为沥青材料性能优化提供了新的设计思路。

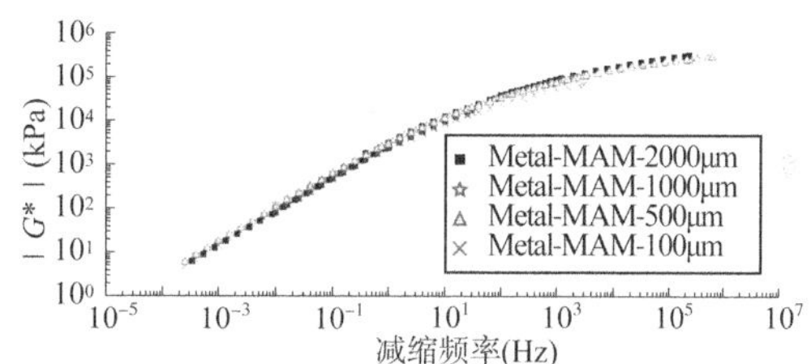

图 3-28　金属板黏附条件下沥青模量主曲线(15℃)

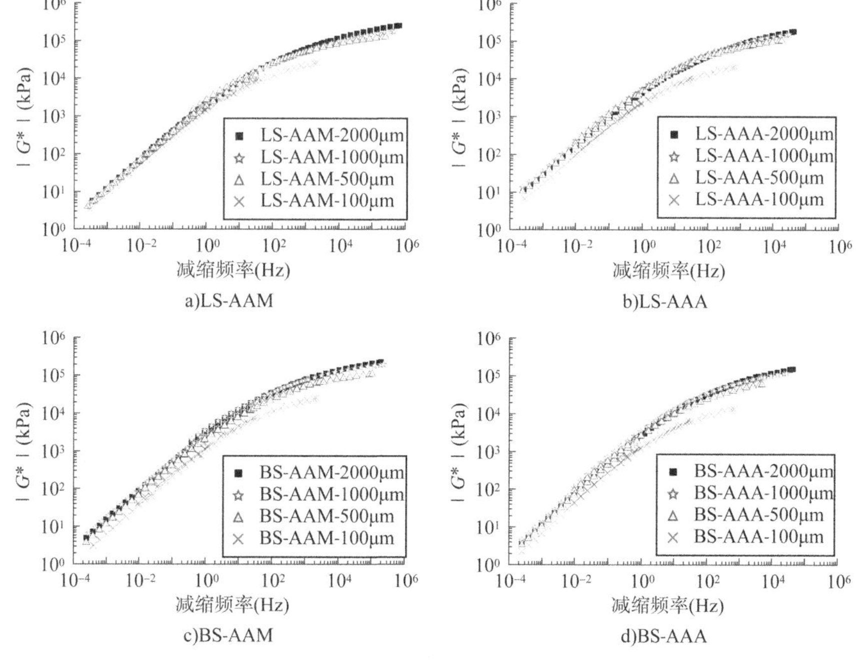

图 3-29　集料板黏附条件下沥青模量主曲线(15℃)

夹层厚度的作用效果随着平行板类型的不同而变化,其中金属板对夹层厚度的敏感程度最小。图 3-28 表明金属板黏附条件下沥青的复数模量主曲线波动幅度最小,仅在 100μm 厚度时的主曲线高频区有下降的趋势。

与金属板不同的是,集料黏附条件下沥青的复数模量因厚度减小产生的软化现象较为显著。图 3-29 中 LS、BS 的 AAA 与 AAM 夹层对均表现出相似的下降规律,且高频区模量降幅更大。此外,AAA 及 AAM 在 100μm 厚度时的模量主曲线出现了整体下降的现象。MAM 对夹层厚度的低敏感性与金属板表面形貌、DMT 模量(20℃)有关,因为平缓的微观表面与界面区沥青局部硬化有助于形成稳定的金属板-沥青界面交互作用区。相反,集料表面的复杂微观构造对沥青薄膜的稳定性造成一定程度的干扰,且界面区沥青的低 DMT 模量不利于抵抗剪切变形。所以,当夹层厚度越薄或剪切频率越高,上述缺陷表现得越明显。

综上所述,金属板适用于纯沥青材料 DSR 试验分析,集料板则可有效地模拟沥青混合料中集料-沥青-集料夹层的实际变异情况。

3.3.3.2 高温/低频对比分析

不同对比组高温/低频率范围内 45℃时的沥青复数模量主曲线见图 3-30 及图 3-31。由于 MAM 在 50μm 厚度时的复数模量离散性较大,因此仅列出其他 3 种夹层厚度的数据,见图 3-30。造成此现象的原因与金属板光滑微观表面无法提供适当的机械啮合力有关,且金属板与沥青的高温润湿角也仅处于中等水平。整体上看,不同夹层厚度条件下 MAM 测试所得的 3 条模量主曲线较为接近。相比于图 3-28 存在高频波动区,图 3-30 的测试结果表现出整体稳定性强的特点。因此,高温/低频时 MAM 对厚度的依赖程度不如中低温/中高频时明显。由此可见,高温条件下夹层厚度变化对 MAM 的影响同频率无关。

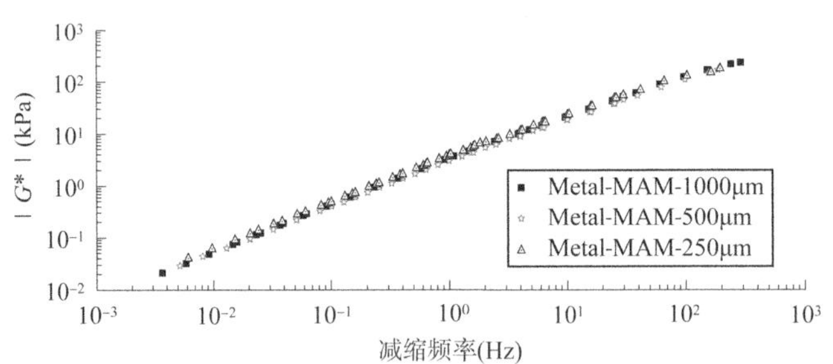

图 3-30　金属板黏附条件下沥青模量主曲线(45℃)

图 3-29 表明,中低温/中高频时夹层厚度软化作用对集料类型的选择性并不明显。然而,图 3-31 中不同集料平行板、不同夹层对类型对沥青表现出明显不同的软化趋势。无论是 LS 还是 BS,AAA 对夹层厚度变化的敏感程度均比 AAM 高。由于 AAM 引入了金属板黏附,可能对 AAM 夹层性质起到了稳定作用,从而降低了其对夹层厚度的依赖程度。当夹层厚度减小到 50μm 时,相较于标准厚度(1000μm)时的模量主曲线,LS-AAA 表现出最大比例的降低幅度;其次是 BS-AAA 与 BS-AAM;降低比例最小的是 LS-AAM。虽然玄武岩的低表面自由能不足以为 BS-AAA 提供最佳的化学吸附作用,但玄武岩-沥青界面微观裹覆效果所

提供的机械啮合力一定程度上增强了其高温稳定性。由此可见,集料-沥青-集料夹层的流变特性不仅与夹层厚度关系密切,而且具有显著的温度/频率依赖性。不同集料类型的变化规律表明界面微观交互作用对沥青材料流变特性的影响不容忽视。因此,在沥青路面材料设计中适当地引入与集料-沥青微观界面有关的影响因素,诸如集料类型、表面纹理、沥青膜厚等,可从多尺度角度实现材料性能组合优化。

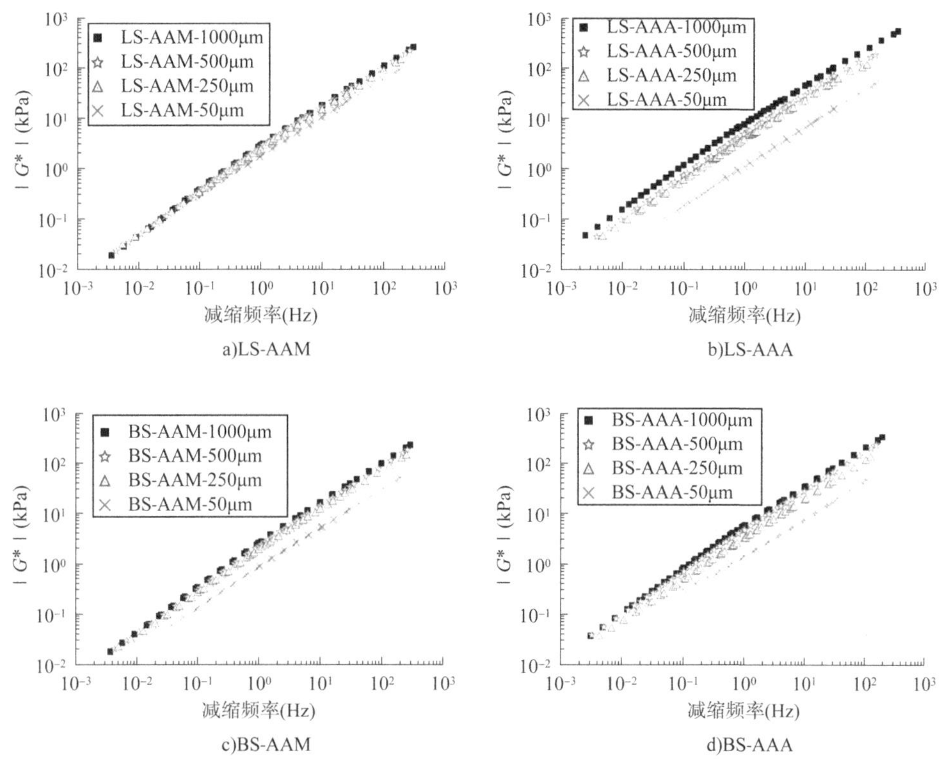

图 3-31　集料板黏附条件下沥青模量主曲线(45℃)

3.3.3.3　全温度/全频率对比分析

基于 ϕ8mm 及 ϕ25mm 规格的集料平行板改进沥青 DSR 试验装置,实现对不同固体相黏附条件下全温度(-15~90℃)/全频率范围(10^{-5}~10^{7}Hz)内沥青的频率扫描。以 30℃为参考温度,金属板及集料板黏附条件下的沥青相位角主曲线分别见图 3-32 及图 3-33。其中,1 倍标准厚度指的是 2000μm(ϕ8mm)与 1000μm(ϕ25mm)的组合,0.5 倍标准厚度指的是 1000μm(ϕ8mm)与 500μm(ϕ25mm)的组合,0.25 倍标准厚度指的是 500μm(ϕ8mm)与 250μm(ϕ25mm)的组合。

金属板的稳定性体现在相位角主曲线中,因为金属板黏附条件下测试所得主曲线的差异最小(图 3-31)。图 3-32 表明集料板的相位角主曲线在低频区与高频区波动明显。随着夹层厚度的减小,石灰岩类与玄武岩类集料板测试所得沥青相位角主曲线表现出向下移动的趋势,且该趋势在高频区与低频区表现较为显著。由此可见,随着夹层厚度的减小,集料-沥青-集料夹层的黏弹比例随之降低。高频或低频荷载作用时,夹层厚度减小导致的弹性比例增加趋势更显著。相同夹层厚度条件下,AAA 的高频区相位角比 AAM 大,AAA 的高黏弹比是导致其具有更宽的线性黏弹范围(图 3-27)的原因之一。图 3-33 表明 BS-AAA 的低频区相位角因厚度改变而产生的波动幅值较 LS-AAA 大。由此可见,玄武岩黏附增大了高温条件下沥青夹层黏弹比例对夹层厚度的依赖程度。

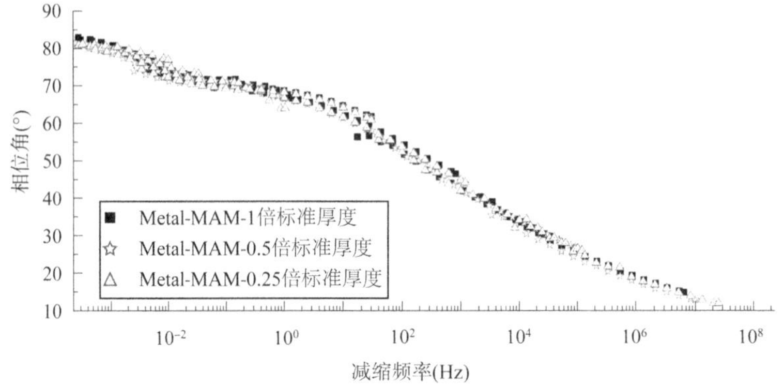

图 3-32 金属板黏附条件下沥青相位角主曲线(30℃)

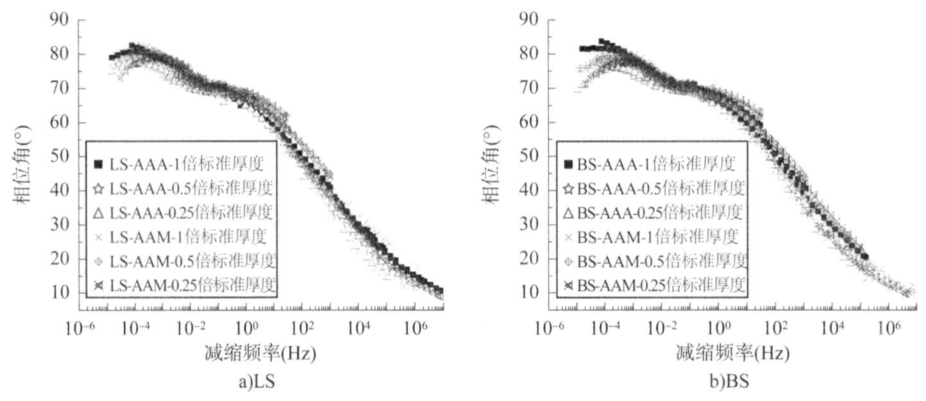

图 3-33 集料板黏附条件下沥青相位角主曲线(30℃)

由于主曲线均采用双对数坐标进行绘制,全温度/全频率范围内主曲线的局部细节信息容易被忽视。模量主曲线最大值与最小值的比值通常大于 10,因此通过设置参照组(金属板)的方法对比分析不同集料平行板测试结果的细节差异。本研究选取 0℃、30℃及 60℃为参照温度,选取 0.1Hz、1Hz 及 10Hz 为参照频率。

不同温度、频率及夹层厚度时 MAM 的复数模量值见表 3-8。对金属板而言,夹层厚度减小在 0℃时表现为硬化作用,在 30℃时表现出最佳的稳定性,在 60℃时则表现为先软化后硬化的趋势。以金属板为参照组,相同温度、频率及夹层厚度条件下不同对比组的模量缩放倍数见图 3-34,其中金属板的倍数值恒等于 1。图 3-34 中,数字 1~6 分别代表 AAA-1 倍标准厚度、AAA-0.5 倍标准厚度、AAA-0.25 倍标准厚度、AAM-1 倍标准厚度、AAM-0.5 倍标准厚度及 AAM-0.25 倍标准厚度。

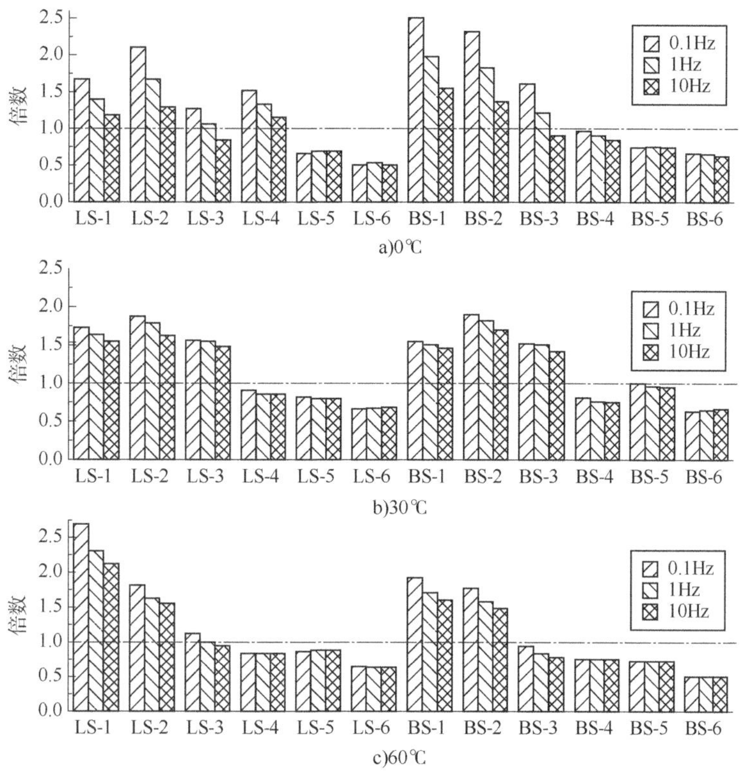

图 3-34　集料板黏附条件下沥青复数模量缩放倍数

图 3-34 中的缩放倍数变化趋势说明夹层厚度减小的软化作用具有明显的温度依赖性，且此温度依赖性体现出明显的夹层对类型选择性。对比 1～3 组与 4～6 组可知，AAM 软化现象随温度的波动变化程度不如 AAA 显著。虽然当夹层厚度由 1 倍标准厚度减薄到 0.25 倍时，各对比组均表现出不同程度的复数模量下降趋势，然而部分对比组在 0.5 倍标准厚度时出现了硬化现象且在 30℃时表现最为突出。由此可见，夹层厚度存在一个最优区间，使得沥青夹层的流变特性满足复杂环境与车辆荷载作用的要求。对比不同平行板在相同夹层厚度条件下缩放倍数的变化规律，沥青夹层复数模量排序为：AAA>MAM>AAM。此外，由于引入了金属板，AAM 夹层复数模量缩放倍数对温度/频率的依赖程度最低，且对振荡频率表现出显著的稳定性。然而，AAA 类复数模量缩放倍数表现出随温度/频率变化而波动的现象，而且缩放倍数随着振荡频率的升高呈现出台阶式下降的规律：0℃时，BS-AAA 的模量高于相同测试条件下 LS-AAA 的模量；30℃时，BS-AAA 与 LS-AAA 的缩放倍数较为接近；60℃时，LS-AAA 的缩放倍数超过了 BS-AAA，且当夹层厚度为 1 倍标准厚度时，二者缩放倍数差距最大。由此可见，LS-AAA 表现出低温柔软与高温硬化的特点，BS-AAA 表现出低温硬化而高温软化的特点。上述差异将会导致沥青夹层性能随集料类型的变化而改变。

综上所述，集料平行板改进 DSR 试验有效地描绘了集料类型对沥青流变性能的影响规律，而金属板测试结果对夹层厚度、温度及频率的敏感程度最低。因此，基于集料平行板改进 DSR 试验分析沥青的流变特性,可从微观界面交互作用层次进行以路用性能匹配为目标的全温度/全频率内集料/沥青材料优选。

3.3.4 应力松弛

为探究黏附界面与沥青低温性能间的相互影响,采用0℃时的应力松弛试验来分析平行板类型及夹层厚度对沥青松弛模量 $G(t)$ 的影响。试验施加 1%的恒定剪切应变,松弛模量-时间曲线见图 3-35。

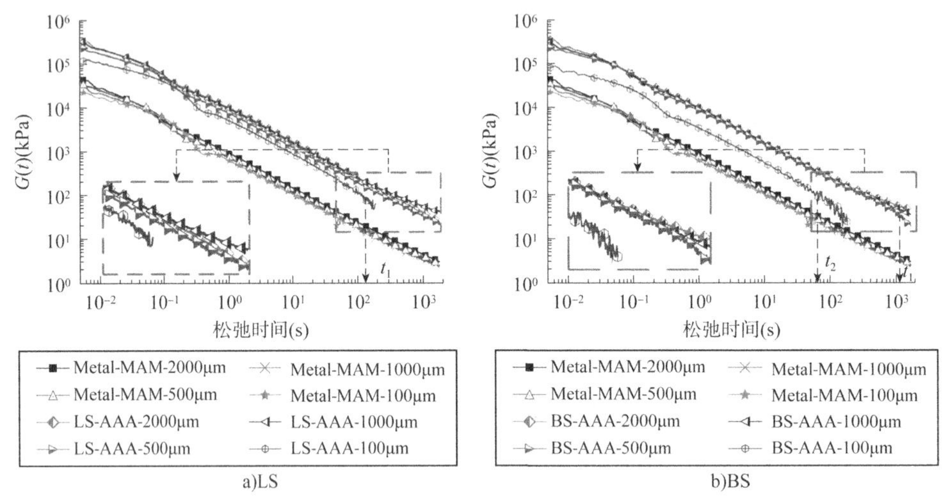

图 3-35 不同平行板黏附条件下沥青松弛模量-时间曲线(0℃)

集料平行板测试所得的初始 $G(t)$ 约为金属板初始 $G(t)$ 的 10 倍,高出近一个数量级。与应变扫描及频率扫描表现出的规律一致,金属板测试所得的 $G(t)$ 对夹层厚度变化表现出最佳的稳定性,曲线形状几乎不受影响。夹层厚度减小造成所有对比组的初始 $G(t)$ 出现了降低的现象。其中,当夹层厚度由 2000μm 减小至 500μm 时,所有对比组的 $G(t)$ 曲线变化幅度并不明显。然而,当夹层厚度达到 100 μm 时,除金属板 $G(t)$ 曲线较为稳定以外,石灰岩与玄武岩的 $G(t)$ 曲线均表现出一定比例的下降,尤其是玄武岩 $G(t)$ 曲线的下降趋势最为显著。应变扫描、频率扫描及应力松弛均表明低温条件下集料-沥青界面交互作用导致沥青产生了硬化现象,此现象对沥青混合料的低温抗裂性能不利。而且,此不利因素随着夹层厚度的减小表现得更加明显。由此可见,$G(t)$ 的降低同硬化后界面区的微观剪切损伤有关。对比集料类型的差异可知,BS-AAA 在 100μm 时表现出最显著的 $G(t)$ 降低趋势,且曲线拐点产生时间($t_1>t_2$)也最早。此现象与玄武岩造成的沥青低温硬化程度高于石灰岩有关。由图 3-35 可知,t_3时刻 $G(t)$ 曲线末端的走向表明当夹层厚度为 500μm 时 BS-AAA 内界面损伤已经产生。综上所述,集料-沥青界面区是低温开裂的薄弱区,而且集料类型差异将导致截然不同的集料-沥青界面区低温开裂概率。因此,该方法亦适用于集料/沥青的材料低温性能优选。

3.3.5　多级应力重复蠕变

由于车辙因子不适用于评价改性沥青的抗高温永久变形能力,本研究采用多级应力重复蠕变试验(Multiple Stress Creep-Recovery Test,MSCR)来分析 SBS 改性沥青在不同黏附条件下高温稳定性的差异。MSCR 试验分为加载与卸载两步,其中加载时间为 1s,卸载时间为 9s,一个测试循环为 10s。通常采用 100Pa 与 3200Pa 两种恒定剪切应力等级,一个完整的 MSCR 循环次数为 10 次。DSR 采集相应的加载与卸载剪切应变曲线,相关的 MSCR 应变指标见图 3-36。Strain A_i代表第 i 次循环 1s 加载时的累积蠕变应变值,Strain B_i代表第 i 次循环 9s 卸载时的可恢复蠕变应变值,Strain C_i代表第 i 次循环 9s 卸载时的不可恢复蠕变应变值。基于上述应变指标,MSCR 的评价指标见式(3-8)~式(3-11)。MSCR 试验固定夹层厚度为 1000μm,设置 4 种测试温度、3 种平行板类型及 3 种夹层对类型,相关评价指标的计算结果见图 3-36。

$$R_{100} = \frac{1}{10}\left(\sum_{i=1}^{10} \frac{\text{Strain } B_i}{\text{Strain } A_i}\right) \times 100 \tag{3-8}$$

$$R_{3200} = \frac{1}{10}\left(\sum_{i=1}^{10} \frac{\text{Strain } B_i}{\text{Strain } A_i}\right) \times 100 \tag{3-9}$$

$$J_{\text{nr},100} = \frac{1}{10}\sum_{i=1}^{10} \frac{\text{Strain } C_i}{0.1} \tag{3-10}$$

$$J_{\text{nr},3200} = \frac{1}{10}\sum_{i=1}^{10} \frac{\text{Strain } C_i}{3.2} \tag{3-11}$$

式中:R——10 次循环的平均蠕变应变恢复率(%),脚标 100 与 3200 分别代表 100Pa 与 3200Pa 两种应力等级;

J_{nr}——10 次循环的平均不可恢复蠕变柔量(1/kPa),脚标 100 与 3200 分别代表 100Pa 与 3200Pa 两种应力等级。

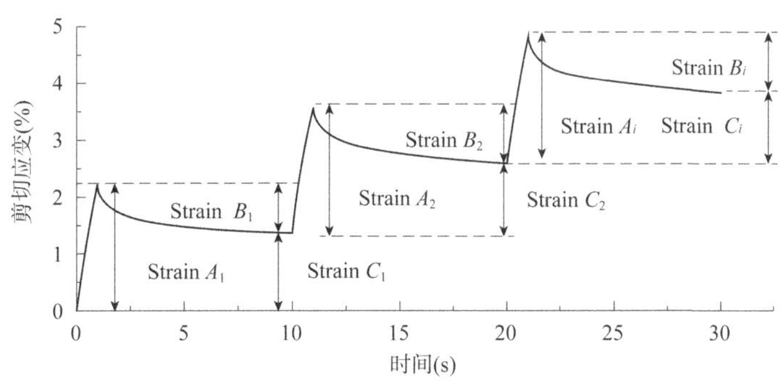

图 3-36　多级应力重复蠕变试验应变指标示意图

图 3-37 表明 J_{nr}随着测试温度的升高而明显增大,由 45℃ 的约 15kPa^{-1}增加到 60℃ 的约 100kPa^{-1}。此外,随着测试温度的升高,$J_{\text{nr},100}$与 $J_{\text{nr},3200}$差异也随之增大。由此说明,高温条件下的重载交通将使沥青更容易产生不可恢复的永久变形。除了 55℃ 时 BS-AAM 的 $J_{\text{nr},100}$,$J_{\text{nr},3000}$随平行板与夹层对类型的变化趋势大致表现为 W 形,三处波峰分别为 Metal-MAM、BS-AAM 及

LS-AAM,最高值出现在 BS-AAM;两处波谷分别为 BS-AAA 及 LS-AAA,最低值出现在 LS-AAA。与不可恢复蠕变柔量相似的是 AAA 的蠕变应变可恢复程度均高于有金属板黏附的夹层对。45℃时,所有对比组 R_{100} 与 R_{3200} 的浮动范围不大,最大差异约为 13%。当温度升高至 55℃时,MAM 与 AAM 夹层均表现出蠕变应变恢复能力减弱的趋势,尤其是在 3200Pa 荷载作用时。此外,AAA 的 R_{100} 在 50℃时达到极值并在 55℃时有轻微下降,但 AAA 的 R_{3200} 维持在 50%左右的水平。60℃时,所有对比组的 R_{100}(除 LS-AAM 外)与 R_{3200} 均表现出一定程度的下降趋势,尤其是 R_{3200} 的下降幅值最大。整体分析,AAA 的 R_{100} 对温度的依赖程度最低。值得一提的是,在高温与重载双重作用时,BS-AAA 的蠕变应变恢复能力最强。此现象可能同其表面微观构造、界面微观裹覆效果有关。由此可见,MAM 抗高温永久变形的能力不及 AAA,且高温与重载作用时 MAM 的劣势明显。虽然集料表面微观构造对沥青的低温抗剪切稳定性造成了一定程度的干扰,但是集料与沥青间的机械啮合却有助于提高沥青的抗高温剪切流动变形能力。

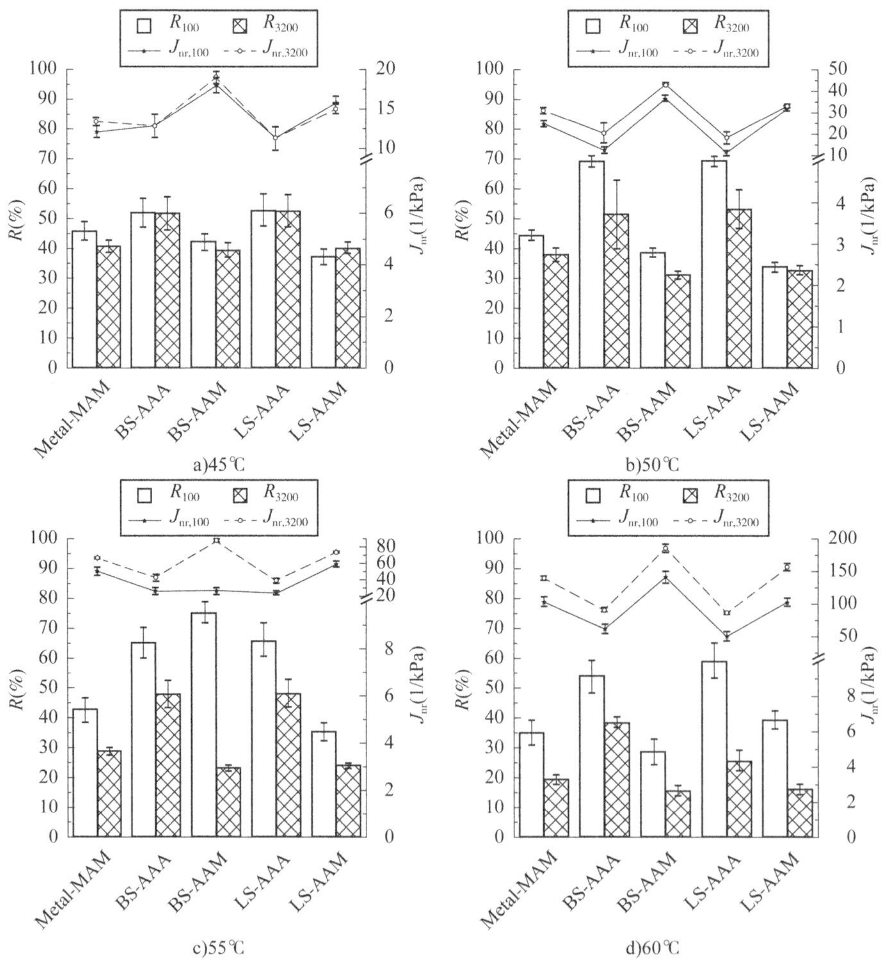

图 3-37 多级应力重复蠕变试验评价指标分布图

综上所述,平整的金属板表面无法体现微观构造的影响,而不平整的集料平行板则提高了沥青的高温稳定性。此外,集料-沥青-集料夹层的 R 与 J_{nr} 对集料平行板类型具有依赖性。因此,基于集料平行板改进的 MSCR 试验有效地评价了集料黏附条件下沥青的高温抗永久变形能力,该方法适用于集料/沥青材料高温性能优选。

3.4　集料黏附条件下沥青拉伸形变特性

沥青的抗拉伸性能通常由直接拉伸试验测定的极限拉伸应变来评价。然而,有研究者认为直接拉伸试验对不同沥青的区分度不高,推荐采用测力延度评价改性沥青的低温延展性[16]。与直接拉伸试验仅关注应变不同,测力延度的评价指标涵盖了峰值力、峰值位移、韧性值、力-位移曲线斜率等。Button 等[17]认为4℃时峰值应力与沥青混合料间接抗拉强度的关联性较好。然而,沥青路面材料的拉伸失效通常表现为集料-沥青界面黏附破坏与沥青自身黏聚破坏的集合。上述试验均属于沥青黏聚失效评价方法范畴,忽视了集料-沥青界面黏附特性的影响。传统复合材料界面黏附性能的研究由来已久,多采用静态加载的方式进行[18]。Mo[19]以集料-沥青-集料夹层为研究对象,采用 DMA 与 DSR 试验分别研究了沥青夹层的动态拉伸疲劳与剪切失效。DSR 提供了法向力测试模块,最大法向力为±50N,法向力灵敏度为±0.005N。因此,本研究基于 DSR 开展了集料平行板改进沥青直接拉伸试验。通过恒速拉伸、变速拉伸及拉压交替三类试验评价沥青拉伸变形特性。

3.4.1　恒速拉伸

恒速拉伸时,试验过程中的拉伸速率是常数,相关试验参数如下:①3个夹层对类型,即 Metal-MAM、LS-AAA 及 BS-AAA;②5组夹层厚度,即 100μm、150μm、200μm、250μm 及 300μm;③3种试验温度,即 20℃、25℃及 30℃;④3种拉伸速率,即 1μm/s、3μm/s 及 5μm/s。

以20℃及1μm/s 时 LS-AAA 为例,峰值力与夹层厚度成反比。图3-38表明,除300μm厚度组以外,其他力-位移曲线出现了两个明显的快速失稳阶段:第一阶段,当法向力达到峰值后迅速减小,并长期稳定在一个较小值;第二阶段,在拉伸完全失效的后期,产生第二次法向力失稳现象。LS-AAA 失效断面观察表明,当夹层厚度为100μm、150μm 时,第一阶段失稳期间界面黏附失效占据主导地位,第二阶段失稳主要由沥青黏聚失效导致。当夹层厚度增加到250μm 时,沥青黏聚失效占据的比例越来越显著。当夹层厚度达到300μm 时,拉伸失效完全体现为沥青黏聚失效,所以无第二阶段失稳现象。因此,集料-沥青-集料夹层厚度决定了其拉伸失效形式(黏附失效、黏聚失效及混合失效)。此外,夹层厚度越薄,其延展性越差,夹层厚度存在一个最优区间。

考虑夹层厚度、环境温度及拉伸速率差异化影响的沥青拉伸强度分布见图3-39。由于仪器测试值的上限为0.997MPa,20℃时部分对比组数据因超量程而缺失。拉伸强度反映了沥青薄膜夹层抵抗极限荷载的能力,力-位移曲线面积——拉伸断裂能表征其拉伸延展性。所有对比组在不同温度时的拉伸断裂能见表3-9~表3-11。

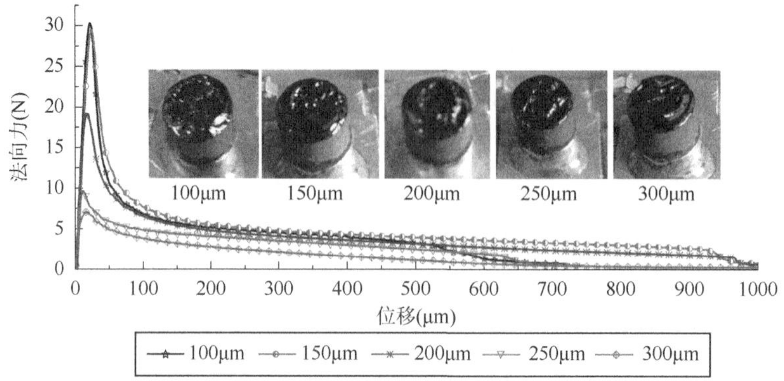

图 3-38 LS-AAA 直接拉伸力-位移曲线(20℃)

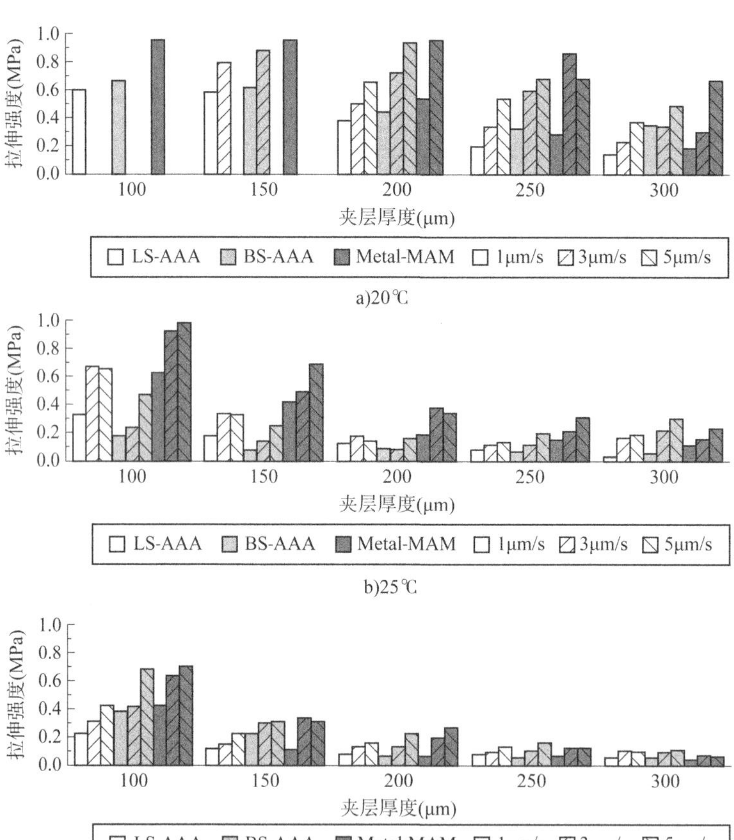

a)20℃

b)25℃

c)30℃

图 3-39 不同黏附条件下沥青拉伸强度

不同黏附条件下沥青拉伸断裂能(20℃)(单位:N·μm) 表 3-9

夹层厚度(μm)	LS-AAA			BS-AAA			Metal-MAM		
	1μm/s	3μm/s	5μm/s	1μm/s	3μm/s	5μm/s	1μm/s	3μm/s	5μm/s
100	3495	—	—	4460	—	—	3688	—	—

续上表

夹层厚度(μm)	LS-AAA			BS-AAA			Metal-MAM		
	1μm/s	3μm/s	5μm/s	1μm/s	3μm/s	5μm/s	1μm/s	3μm/s	5μm/s
150	4860	8204	—	4955	7337	—	4271	—	—
200	3832	5874	8472	4675	6130	11215	2844	7436	—
250	2391	3896	7905	3893	5641	8314	2155	8460	7312
300	1617	2970	7106	4492	6531	6659	2262	3763	8991

不同黏附条件下沥青拉伸断裂能(25℃)(单位:N·μm) 表3-10

夹层厚度(μm)	LS-AAA			BS-AAA			Metal-MAM		
	1μm/s	3μm/s	5μm/s	1μm/s	3μm/s	5μm/s	1μm/s	3μm/s	5μm/s
100	1507	4179	5028	1907	1978	3550	1600	4124	4413
150	2013	2236	3651	951	1318	2143	1379	2679	4215
200	1548	2690	1759	1202	865	2118	1359	3211	3073
250	1103	1446	1556	858	1680	2598	1243	2274	2712
300	217	2453	4322	591	3038	4741	1345	2040	2704

不同黏附条件下沥青拉伸断裂能(30℃)(单位:N·μm) 表3-11

夹层厚度(μm)	LS-AAA			BS-AAA			Metal-MAM		
	1μm/s	3μm/s	5μm/s	1μm/s	3μm/s	5μm/s	1μm/s	3μm/s	5μm/s
100	2026	2308	4240	1909	2910	4460	1081	1597	2753
150	1392	2272	2594	1683	2794	2263	530	2189	1711
200	1269	1795	2394	1974	1938	2283	422	1260	1963
250	1266	1532	2433	1499	1786	2673	582	968	1369
300	827	1787	1964	763	1276	2438	683	1268	1041

当温度为20℃时,图3-38与表3-9表明Metal-MAM缺失的对比组最多。此外,在拉伸速率相同的条件下,当夹层厚度小于200μm时MAM的拉伸强度最大。金属板的增强效果随着夹层厚度的增加而减弱,当夹层厚度达到300μm及拉伸速率小于5μm/s,对比组拉伸强度差异降到最小。DMT模量(20℃)表明金属板黏附界面区沥青相的模量硬化程度最高。由此可见,金属-沥青界面交互作用对沥青相起到了局部抗拉增强的作用。但是,界面交互作用的影响厚度存在一个临界值。20℃时,玄武岩板与金属板的最大断裂能均出现在150μm夹层厚度对比组。就拉伸强度而言,同样测试条件下BS-AAA均比LS-AAA大。就断裂能而言,大多数情况下BS-AAA大于LS-AAA。由此可见,石灰岩-沥青界面区最小DMT模量(20℃)导致LS-AAA的抗拉性能弱于BS-AAA。

当温度为25℃时,夹层厚度超过250μm后,金属板对沥青拉伸强度的增强作用开始减弱。因此,较20℃而言,金属-沥青界面交互作用的临界厚度有所减小。总体来看,大多数对比组的断裂能最大值出现在夹层厚度为100μm时。与金属板不同的是,当夹层厚度为300μm及拉伸速率大于 3μm/s 时,集料板的断裂能比 250μm 夹层厚度时的测试结果有大幅提升。由此可见,沥青的拉伸韧性与夹层厚度的关系密切。当夹层厚度为 100μm 及 150μm 时,LS-AAA 的拉伸强度均大于 BS-AAA。然而,随着夹层厚度的增加,二者间差距逐渐缩小。当夹层厚度为 300μm 时,BS-AAA 的拉伸强度反而超过了 LS-AAA。由此可见,玄武岩测试结果的波动与表面微观构造干扰有关,且其干扰程度随温度的升高及夹层厚度的减小而有所增强。

当温度为 30℃时,金属-沥青界面交互作用的临界厚度减小至 200μm。当夹层厚度为 100μm 及 150μm 时,BS-AAA 的拉伸强度均大于 LS-AAA。当夹层厚度大于 200μm 时,所有对比组的拉伸强度较为接近。由此可见,随着温度的升高,界面交互作用的临界厚度逐渐减小。此现象与沥青流动性增强有关,即随着沥青黏度的减小,界面黏附作用减弱。此时,AAA 及 MAM 的损伤模式趋向于沥青黏聚失效。30℃时,Metal-MAM 的断裂能降低幅度明显。基于上述沥青流动性增强的推断,由于金属板表面平整,无法提供足够的机械啮合力,从而降低了 MAM 的拉伸延展性。此外,Metal-MAM 断裂能最大降幅发生在 1μm/s 时的规律符合时温等效原理,即低频等效于高温。

3.4.2 变速拉伸

为了模拟沥青路面所经历的行车速率动态变化作用,本研究设计了变速拉伸试验。试验过程见图 3-40:第一阶段,拉伸速率 1μm/s,加载时间 100s;第二阶段,拉伸速率 10μm/s,加载时间 100s;第三阶段,拉伸速率 100μm/s,加载时间 50s。相关试验参数如下:①2 个夹层对类型,即 LS-AAA 及 BS-AAA;②3 种测试温度,即 20℃、25℃及 30℃;③2 组夹层厚度,即 150μm 及 250μm。

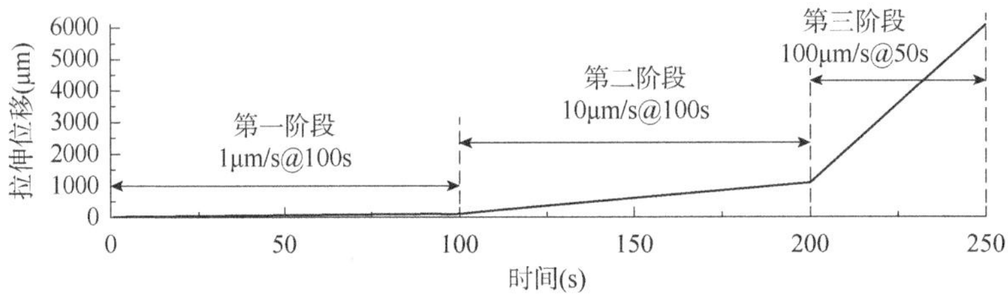

图 3-40 沥青变速拉伸试验示意图

力-位移曲线形状受夹层厚度、环境温度及集料类型的影响显著,见图 3-41。150μm+20℃时,三处峰值力呈现台阶式递减。然而,其他对比组表现为第二阶段峰值力增大、第三阶段减小的趋势。由此可见,夹层厚度越小,产生的拉伸损伤越不可逆。当温度为 30℃时,所有对比组在第二阶段与第三阶段的力-位移曲线几乎无分别,此现象与沥青流动性增强有关。整体而言,变速拉伸一定程度上提高了沥青夹层的拉伸延展性。另外,变速拉伸后沥青夹层完全黏聚失效出现的位置被延后。对比 LS 与 BS 的试验结果,发现 150μm 时 LS-AAA 性能更优,250μm 时 BS-AAA 性能更优。除 250μm+25℃与 250μm+30℃以外,LS-AAA 的完全黏聚失效多出现在第三阶段中期。除 250μm+25℃以外,BS-AAA 的完全黏聚失效多出现在第二阶段的末期。由此可见,在夹层厚度较薄的条件下,表面微观构造的干扰将会造成拉伸扰动,不利于沥青夹层的变速拉伸稳定性。

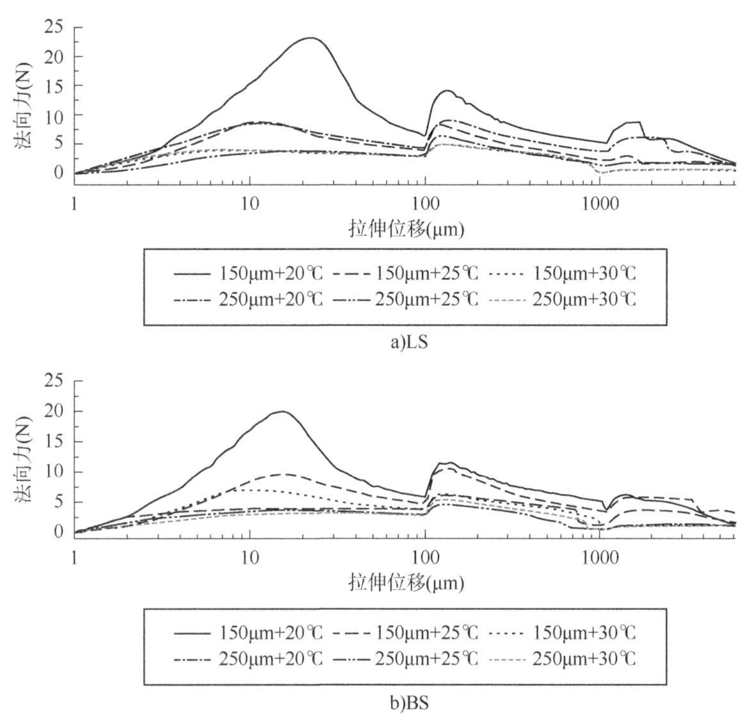

图3-41　沥青变速拉伸试验力-位移曲线

3.4.3　拉压交替

为了探究沥青路面材料因移动荷载作用而产生拉压变化的影响,本研究设计了拉压交替试验。试验过程见图3-42:①拉伸与压缩速率均为3μm/s,拉压交替循环次数为3次;②单次循环中,拉伸位移为100μm,压缩位移为50μm,净拉伸位移为50μm;③ 拉压交替循环结束后,以3μm/s速率拉伸至300μm。相关试验参数如下:①2个夹层对类型,即LS-AAA及BS-AAA;②3种测试温度,即20℃、25℃及30℃;③2组夹层厚度,即150μm及250μm。

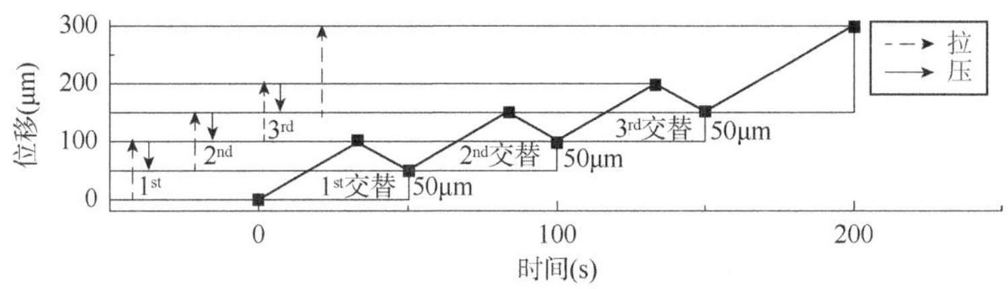

图3-42　沥青拉压交替试验示意图

图3-43表明,第一次拉伸过程中,法向力在达到最值后迅速稳定在某一个值,直到拉伸至100μm,随后产生3个拉压滞回曲线环,最后平稳拉伸至300μm。图3-43中滞回曲线的形状为菱形,表明沥青夹层具有良好的抗塑性变形能力。随着拉压交替次数的增加,滞回曲

线的形状也发生了两个变化:①滞回曲线的面积逐渐减小,由较为饱满菱形演变为扁平菱形,由此可见,随着拉伸损伤的发展,沥青夹层的抗变形能力产生了不可逆转的减弱;②滞回曲线的长轴取向趋向水平,由大倾角倾斜演变为小倾角倾斜。由此可见,随着拉伸位移的增大,沥青夹层的承载能力减弱,且沥青夹层发生剪切失稳的可能性增加。

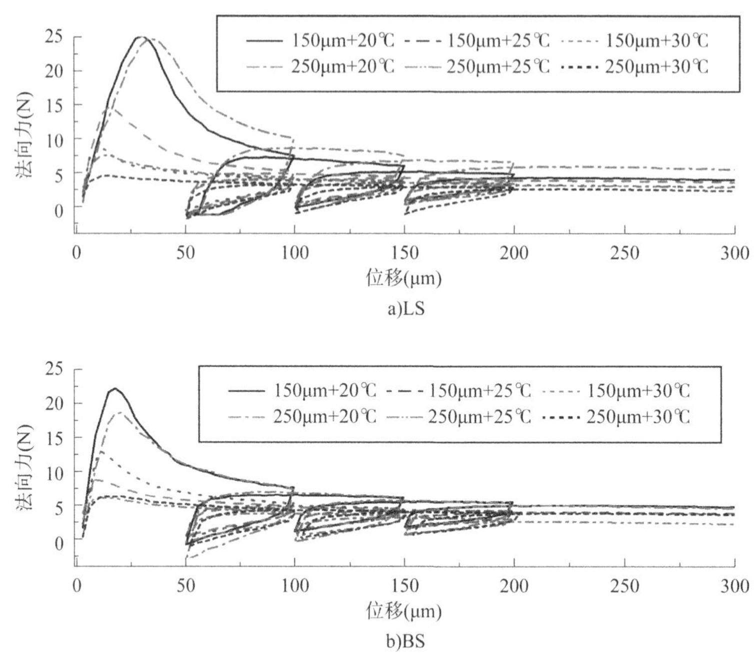

图 3-43 沥青拉压交替试验力-位移曲线

整体分析,20℃时的滞回曲线同其他温度时的滞回曲线差异明显。当温度升至 25℃时,夹层厚度的变化对滞回曲线的扰动程度有所减弱。通过对比 150μm+20℃ 与 250μm+20℃,发现夹层厚度的增加有助于提高沥青夹层变形可恢复能力。滞回曲线端部的力-位移曲线存在错位,而且沥青夹层拉伸强度越大错位值越大。由此可见,拉压交替产生的能量耗散导致沥青夹层的拉伸延展性被削弱。20℃时 LS-AAA 的滞回曲线形状与取向均优于 BS-AAA,而其他温度时的区别不明显。值得一提的是,BS-AAA 在 250μm+20℃ 对比组的第 1 个压缩过程中,法向力出现了负值(压力),可见 BS-AAA 提供一定的承压反力,此现象与玄武岩的硬度大、表面微观起伏程度大有关。

3.4.4 界面区临界厚度

以恒速拉伸试验为例,探讨不同固体相接触条件下界面区临界厚度的变化规律。本研究认为当夹层厚度超过界面区临界厚度时,界面区交互作用的影响可以忽略不计。

为了便于对比夹层厚度对拉伸强度的影响趋势,将图 3-39 的柱状图绘制为如图 3-44 所示的曲线图。A 代表 LS-AAA 与 Metal-MAM 对比组,B 代表 BS-AAA 与 Metal-MAM 对比组。当拉伸强度曲线随夹层厚度的增加趋于平缓时,表明界面区交互作用的影响被削弱。

图 3-44 表明,随着温度的升高,拉伸强度-夹层厚度曲线更易达到平衡(如图 3-44 中箭

头所示)。相比 BS-AAA 而言,LS-AAA 及 Metal-MAM 的拉伸强度-厚度曲线更易趋于平缓,尤其当温度为 30℃时。随着加载速率的增加,拉伸强度-厚度曲线更难达到平衡。然而,加载速率的影响随着温度的增加而减弱。由此可见,界面区临界厚度受温度、加载速率及夹层对类型的影响较为显著,且温度为主导因素。

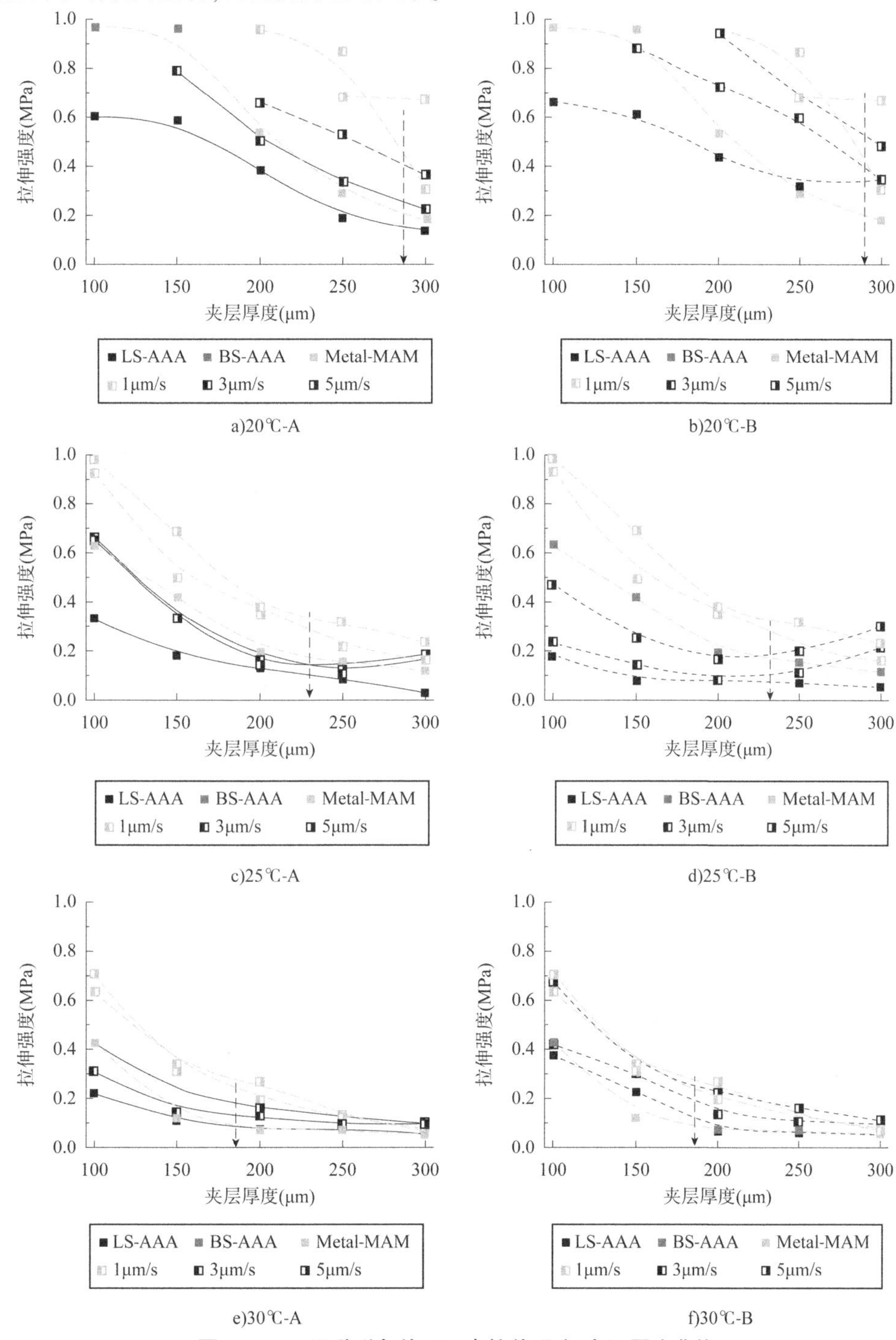

图 3-44　不同黏附条件下沥青拉伸强度-夹层厚度曲线

基于界面区临界厚度的定义,研究中采用拉伸强度-夹层厚度曲线的拐点作为表征该厚度值的定量指标。采用三次多项式拟合图 3-44 中的曲线,如式(3-12)所示。因此,界面区临界厚度可由式(3-12)的二阶导函数求得,最终计算式如式(3-13)所示。LS-AAA、BS-AAA 及 Metal-MAM 所有试验组的平均界面区临界厚度计算结果见表 3-12。

$$S_t = a + bt_k + ct_k^2 + dt_k^3 \tag{3-12}$$

$$t_k^u = -\frac{c}{3d} \tag{3-13}$$

式中:S_t——拉伸强度(MPa);

a、b、c、d——三次多项式拟合系数;

t_k——夹层厚度(μm);

t_k^u——界面区临界厚度(μm)。

表 3-12 表明,恒速拉伸时 BS-AAA 的界面区临界厚度最大,其次是 LS-AAA,最小值出现在 Metal-MAM。由此可见,界面区临界厚度与表面粗糙程度成正比。单轴拉伸时,良好的集料与沥青界面微观裹覆所提供的机械啮合力加大了 BS-AAA 的界面区临界厚度。

不同黏附条件下界面区临界厚度 表 3-12

夹层类型	LS-AAA	BS-AAA	Metal-MAM
临界厚度(μm)	241	270	223

综上所述,集料平行板改进的沥青直接拉伸试验成功地引入了集料-沥青界面交互作用的影响。结果表明,夹层对类型对沥青的拉伸形变特性起到了决定性作用。夹层厚度的增加造成损伤类型由混合失效向黏聚失效转变,且存在一个最优厚度可保证其延展性最佳。对单轴拉伸而言,机械啮合力增大了集料-沥青界面区的临界厚度。此外,集料表面微观构造对力-位移曲线表现出一定程度的干扰,尤其是当温度较低及膜厚较小时。

参考文献

[1] 龚湘兵.沥青路面材料多尺度域力学行为及统一模型[D].哈尔滨:哈尔滨工业大学,2017.

[2] 伍章健.复合材料界面和界面力学[J].复合材料界面和界面力学,1995,3(3):302-314.

[3] 马春华,刘毅,黄云驰,等.规则表面形貌的表征[J].汕头大学学报(自然科学版),2014,29(2):35-42.

[4] OUTER A D,KAASHOEK J F,HACK H R G K.Difficulties of using continuous fractal theory for discontinuity surfaces[J].International Journal of Rock Mechanics and Mining Science & Geomechanics Abstracts,1995,32(1):3-9.

[5] 胡璐华.公差配合与测量[M].北京:清华大学出版社,2005:69-77.

[6] PETERSEN J C.Quantitative method using differential infrared spectrometry for the determination of compound types absorbing in the carbonyl region in asphalts[J].Analytical

Chemistry,1975,47(1)：112-117.

[7] PETERSEN J C.Quantitative functional group analysis of asphalts using differential infrared spectrometry and selective chemical reactions：theory and application[J].Transportation Research Record,1986,1096:1-11.

[8] PETERSEN J C,PLANCHER H.Model studies and interpretive review of the competitive adsorption and water displacement of petroleum asphalt chemical functionalities on mineral aggregate surfaces[J].Petroleum Science and Technology,1998,16(1-2)：89-131.

[9] DERJAGUIN B V,MULLER V M,TOPOROV Y P.Effect of contact deformations on the adhesion of particles[J].Journal of Colloid and Interface Science,1975,53(2)：314-326.

[10] GONG M,YANG J,WEI J,et al.Characterization of adhesion and healing at the interface between asphalt binders and aggregate using atomic force microscopy[J].Transportation Research Record:Journal of the Transportation Research Board,2015,2506(1):100-106.

[11] FISCHER H,POULIKAKOS L D,PLANCHE J P,et al.Challenges while performing AFM on bitumen[C]//Multi-scale Modeling and Characterization of Infrastructure Materials:Proceedings of the International RILEM Symposium, Stockholm, June, 2003. Springer, Dordrecht 2003:89-98.

[12] SCHOLZ T V,BROWN S F.Rheological characteristics of bitumen in contact with mineral aggregate[J]. Journal of the Association of Asphalt Paving Technologists, 1996, 65：357-384.

[13] HUANG S,BRANTHAVER J,ROBERTSON R,et al.Effect of film thickness on the rheological properties of asphalts in contact with aggregate surface[J].Transportation Research Record:Journal of the Transportation Research Board,1998,1638(1):31-39.

[14] ROTTERMOND M P,WILLIAMS R C,BAUSANO J P,et al.A new test protocol to evaluate the moisture susceptibility of asphalt binders[J].Journal of Applied Asphalt Binder Technology,2005：31-53.

[15] CHO D W,BAHIA H.Effects of aggregate surface and water on rheology of asphalt films[J].Transportation Research Record：Journal of the Transportation Research Board, 2007, 1998(1):10-17.

[16] 孙大权,吕伟民.用测力延度试验评定聚合物改性沥青低温性能[J].建筑材料学报,2007,10(1)：37-42.

[17] BUTTON J W,LITTLE D N,KIM Y O,et al.Mechanistic evaluation of selected asphalt additives[J].Journal of the Association of Asphalt Paving Technologists,1987,56：62-90.

[18] LACOMBE R.Adhesion measurement methods：theory and practice[M].Boca Raton：CRC Press,2005.

[19] MO L T.Damage development in the adhesive zone and mortar of porous asphalt concrete[D].Delft,Netherlands：Delft University of Technology,2010.

第4章 沥青胶浆的流变行为

沥青混合料细分散系中沥青胶浆充当胶结料，将集料颗粒黏结成整体，使得胶浆自身及胶浆-集料界面过渡区的流变行为成为影响混合料路用性能的主导因素[1]。沥青胶浆微分散系本质上是微米级矿粉颗粒悬浮于沥青中组成的准均匀夹杂复合材料，其中矿粉夹杂体、沥青基体性质以及沥青-集料交互作用显著影响沥青胶浆性能。因此，考虑沥青-矿粉交互特性的沥青胶浆流变成为一个重要的研究热点。

另外，作为胶结料的沥青胶浆不可避免地与集料颗粒存在大量黏结界面，集料表面活性点位上沥青极性组分的物化吸收、吸附及胶浆中矿粉颗粒干预必然引起近集料界面过渡区内胶浆独特的力学性质，而优良的异相材料界面性质是保障沥青混合料性能的关键。因此，集料界面过渡区胶浆流变及力学性质的表征逐渐引起国内外学者的关注。

本章聚焦胶浆自身流变特性、界面过渡区内胶浆力学行为表征，为沥青混合料细观力学行为研究提供更加真实准确的材料参数。

4.1 微观界面影响下的沥青胶浆流变特性

4.1.1 不同粉胶比胶浆试样的制备

采用盘锦中石化辽河70号基质沥青、粒径小于0.075mm的石灰岩矿粉制备胶浆。根据《公路沥青路面施工技术规范》(JTG F40—2004)[2]规定的有效沥青含量计算方法，分别制备粉胶比为0.8、1.1及1.2的沥青胶浆。采用胶浆微观力学理论分析其力学性质演化。微观力学模型一般将胶浆模量表达为矿粉体积分数的函数，计算得到各粉胶比胶浆对应的矿粉体积分数分别为22.9%、28.9%和30.7%。后续细、宏观水损伤研究中采用AC-13沥青混合料，在最佳沥青用量确定后对应的胶浆粉胶比为1.36(体积分数33.4%)，因此制备粉胶比为1.36的沥青胶浆，用于分析微观胶浆-集料微观界面水损伤。

由于后续验证不同胶浆微观力学模型适用性时，需采用不同模型预测不同矿粉体积分数(一般为20%~60%)胶浆的性质，因此，额外制备了矿粉体积浓度为40%、50%和60%的沥青胶浆。

参考规范及国内外相关文献，沥青胶浆制备流程大致为：将称量好的干燥矿粉、沥青置于155℃烘箱中加热4h；将热矿粉划分成若干小份；在恒温155℃下采用扇叶搅拌机以350r/min速度搅拌，并逐份将矿粉加入恒温热沥青中；充分搅拌至均匀，倒入铝盒中，在室温条件冷却。

借助动态剪切流变仪，采用平板扭转剪切模式、动态力学加载模式，测定胶浆-集料微观界面流变行为及黏附失效。根据American Society for Testing Material(ASTM)沥青材料流变性能测试规范[3-4]，使用中温条件(0~35℃)下直径 8mm 的黏结基板。采用高温热浇法制成尺寸约为 ϕ8mm×4mm 的薄饼胶浆试样。

4.1.1.1　沥青胶浆制备

沥青胶浆的制备方法对沥青胶浆性能有很大影响。防止矿粉结块、保证矿粉在沥青中分布均匀是关键。沥青胶浆是沥青混合料性能的决定因素之一，其制备工艺应尽可能与混合料一致，具体制备过程如下：

①确定试验所需沥青胶浆总质量，研究中选取 800g。

②根据粉胶(质量)比确定沥青、矿粉各自用量(本研究选取 0.9、1.0、1.1 三个粉胶比)，考虑《公路沥青路面施工技术规范》(JTG F40—2004)规定常用沥青混凝土粉胶比宜为 0.8~1.2。

③将装有沥青的金属容器放入恒温烘箱中，烘箱温度设为 160℃。1h 后，待沥青为流态时，将所需质量的沥青倒入供搅拌用的金属容器中，称取所需质量的矿粉。将矿粉分 5 次加入盛有沥青的金属容器中，用垫有石棉网的电炉加热，同时用玻璃棒搅拌。此时高速剪切机转子的转速应控制在 1500r/min 左右，通过温度控制仪控制沥青胶浆的温度在 160℃左右。

④当用玻璃棒搅拌沥青胶浆困难时，说明沥青胶浆黏度变大，矿粉在沥青中分散开，搅拌 5min 即可加入下份矿粉，并继续搅拌沥青胶浆，重复进行上述操作，直到将所有矿粉加入沥青中。

⑤所有矿粉加入沥青后，继续用玻璃棒搅拌 10min，以使沥青和矿粉完全混合均匀。

4.1.1.2　试验仪器

沥青胶浆的频率扫描试验采用 DSR 进行，DSR 可以通过不同的夹具分别测试沥青和胶浆的流变性能。利用胶浆夹具的特点加工不同集料平行板以测试不同接触条件下沥青胶浆的流变性能，分别加工了 ϕ8mm 及 ϕ25mm 的平行板，见图 4-1。

a)8mm平行板

b)25mm平行板

图 4-1　加工制作的平行板

平行板表面的构造深度对沥青胶浆的黏附性有很大影响。用粗砂打磨后，再用细砂精磨集料表面，从而保证石灰岩和玄武岩表面构造深度一致。集料表面孔尺寸分布并不完全相同，而是一个范围，因此通过 AFM 测得的平均构造深度来表征其粗糙度。集料的构造深度小于 0.1μm 时，集料不吸附沥青；在常压高温下，沥青胶浆的黏度比较大，表面张力也较大，不能通过毛细作用与集料产生吸收作用;当集料构造深度大于 21.32μm 时,其孔隙会被细集料填充,从而不影响沥青胶浆的吸附。因此,研究集料-沥青胶浆交互作用时需保证集料表面构造深度在 0.1~21.32μm[5],由 AFM 测得的玄武岩和石灰岩的表面构造深度见图 4-2。

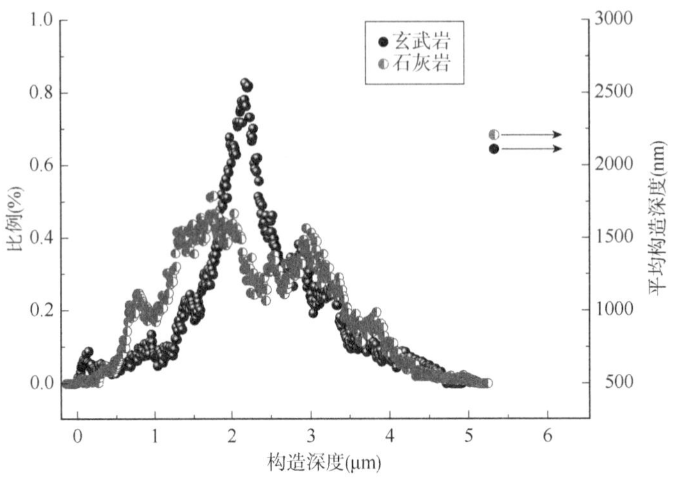

图 4-2　岩石表面构造深度

由图 4-2 知,石灰岩的平均构造深度为 2251.46nm,玄武岩为 2337.42nm,均满足在 0.1~21.32μm 范围的要求,且石灰岩和玄武岩平均构造深度基本相当,因此认为两者表面粗糙度为同一水平。

4.1.1.3　试验条件

频率扫描试验是在一定温度下,对沥青胶浆施加恒定应变(确保对沥青胶浆不产生损伤)。频率由高频到低频变化,得到沥青胶浆复数模量随频率的变化。研究中进行粉胶比分别为 0.9、1.0 及 1.1 的三种沥青胶浆在石灰岩、玄武岩、钢板接触条件下的频率扫描试验,温度为-10℃、5℃、20℃、35℃、50℃、65℃及 80℃,频率扫描范围为 0.01~50Hz。

4.1.1.4　时温参数

黏弹材料的本构可通过剪切模量形式 Prony 级数得到,Prony 级数可表示为:

$$g(t) = 1 - \sum_{i=1}^{N} g_i(1 - e^{-t/\tau_i}) \tag{4-1}$$

式中:$g(t)$——剪切模量比(由瞬态剪切模量归一化得到);

g_i——材料常数;

N——Prony 级数项数;

τ_i——延迟时间。

上式中每一个指数项都称为一个 Prony 级数项,可以通过控制最大项数的平方根误差计算出 N、g_i、τ_i,其中均方根误差(Root Mean Square Error,RMSE)为:

$$\mathrm{RMSE} = \sqrt{\frac{1}{N}\sum_{i=1}^{N}\left[g_i(t) - \tilde{g}_i(t)\right]^2} \tag{4-2}$$

式中：$g(t)$——计算的剪切模量比；

$\tilde{g}_i(t)$——实测的剪切模量比。

沥青胶浆是典型的黏弹性材料，不仅具有时间依赖性，还具有温度依赖性。温度依赖性主要由 WLF(Williams-Landel-Ferry)方程来计算：

$$\log \alpha_T(T) = -\frac{c_1(T-T_0)}{c_2+(T-T_0)} \tag{4-3}$$

式中：α_T——移位因子；

c_1、c_2——因归系数；

T_0——目标温度(℃)；

T——试验温度(℃)。

WLF 方程通过移位因子 α_T 建立了各个试验温度下曲线与基准温度曲线之间的关系。对于同一种材料来说，c_1、c_2 的取值与所选择的目标温度 T_0 有关。

剪切模量与回弹模量之间的关系可表示为：

$$E(t) = \frac{G(t)}{2(1+\mu)} \tag{4-4}$$

式中：$G(t)$——剪切模量(Pa)；

$E(t)$——回弹模量(Pa)；

μ——泊松比。

4.1.1.5 Prony 级数拟合结果

图 4-3 出了粉胶比为 1.0 的沥青胶浆在钢板接触条件下的主曲线及 Prony 级数拟合结果。

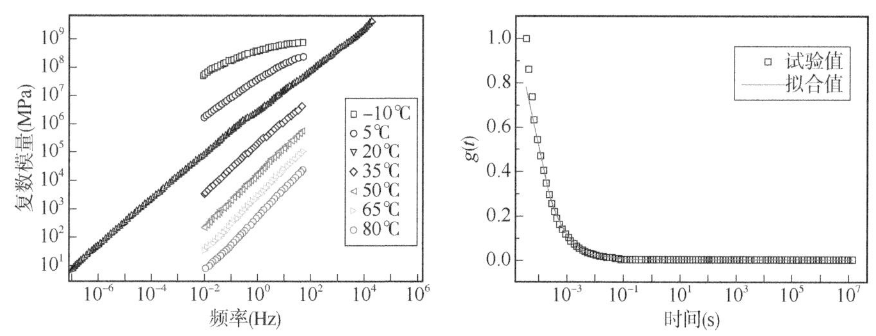

图 4-3　沥青胶浆在钢板接触条件下主曲线及 Prony 级数拟合

根据上述拟合过程，将拟合结果列于表 4-1 及表 4-2。

τ_i 取值　　表 4-1

τ_i	τ_1	τ_2	τ_3	τ_4	τ_5	τ_6	τ_7	τ_8	τ_9
取值	10000	1000	100	10	1	0.1	0.01	0.001	0.0001

不同粉胶比、不同接触条件情况下 Prony 级数 g_i 拟合结果　　表 4-2

g_i	粉胶比 1.0			粉胶比 1.1		
	石灰岩	玄武岩	钢板	石灰岩	玄武岩	钢板
g_1	2.99×10^{-5}	6.06×10^{-5}	2.49×10^{-7}	2.09×10^{-4}	1.02×10^{-3}	5.36×10^{-5}
g_2	9.84×10^{-4}	4.27×10^{-4}	2.78×10^{-4}	3.51×10^{-4}	7.88×10^{-5}	2.58×10^{-4}
g_3	2.95×10^{-3}	2.58×10^{-3}	7.85×10^{-4}	2.15×10^{-3}	3.41×10^{-3}	2.1×10^{-4}
g_4	1.48×10^{-2}	1.50×10^{-2}	7.33×10^{-3}	3.00×10^{-3}	2.53×10^{-3}	3.15×10^{-3}
g_5	7.09×10^{-2}	6.02×10^{-2}	2.77×10^{-2}	2.10×10^{-2}	2.82×10^{-2}	1.79×10^{-3}
g_6	2.08×10^{-1}	1.84×10^{-1}	1.05×10^{-1}	3.74×10^{-2}	2.65×10^{-2}	6.58×10^{-2}
g_7	3.27×10^{-1}	3.24×10^{-1}	2.07×10^{-1}	1.83×10^{-1}	2.32×10^{-1}	2.25×10^{-2}
g_8	3.77×10^{-1}	4.15×10^{-1}	3.79×10^{-1}	2.65×10^{-1}	1.71×10^{-1}	8.85×10^{-1}
g_9	1.07×10^{-2}	1.44×10^{-3}	2.73×10^{-1}	4.88×10^{-1}	5.36×10^{-1}	2.21×10^{-2}

从表 4-2 可以看出，粉胶比为 1.0 和 1.1 的沥青胶浆在石灰岩、玄武岩和钢板接触条件下，材料常数 g_i 拟合结果均不同，且石灰岩、玄武岩接触条件拟合值较接近，与钢板接触条件差别较大，说明用集料代替钢板得到的材料黏弹参数更接近实际，可通过 Prony 级数反映不同沥青胶浆在不同接触条件下的黏弹特性。

4.1.1.6　时间-粉胶比等效原理

沥青胶浆黏弹特性是其诸多力学行为的重要决定因素之一。温度、粉胶比等外在因素对沥青胶浆的力学行为有显著影响。以黏弹性材料的内部特征时间概念为基础，探讨沥青胶浆自身时间依存性同粉胶比之间的等效换算关系。

选取 CAM（Christensen-Anderson-Marasteanu）方程作为沥青胶浆主曲线的拟合方程，具体形式见式(4-5)。

$$|G^*|=|G^*|_e+\frac{|G^*|_g-|G^*|_e}{[1+(f_c/f')^k]^{m_e/k}} \tag{4-5}$$

式中：f'——换算频率(Hz)，由式(4-6)可得；

$|G^*|_e$——当 $f\to0$ 时的平衡动态模量(Pa)；

$|G^*|_g$——当 $f\to\infty$ 时的平衡玻璃态模量(Pa)；

f_c——交叉频率(Hz)；

k,m_e——形状参数。

$$f'=\alpha_T f \tag{4-6}$$

式中：f——实验加载频率(Hz)。

沥青胶浆的移位因子 $\alpha_\varphi(\varphi)$ 采用 WLF 方程计算，方程形式见式(4-7)。

$$\log\alpha_\varphi(\varphi)=-\frac{c_1(\varphi-\varphi_0)}{c_2+(\varphi-\varphi_0)} \tag{4-7}$$

式中：φ——试验粉胶比；

φ_0——参考粉胶比；

c_1,c_2——回归系数。

基于 20℃沥青胶浆频率扫描试验结果，以粉胶比为 1.0 为参考状态，应用式(4-7)对不同粉胶比沥青胶浆频率扫描主曲线进行移位，三种接触条件下移位结果见图 4-4~图 4-6。

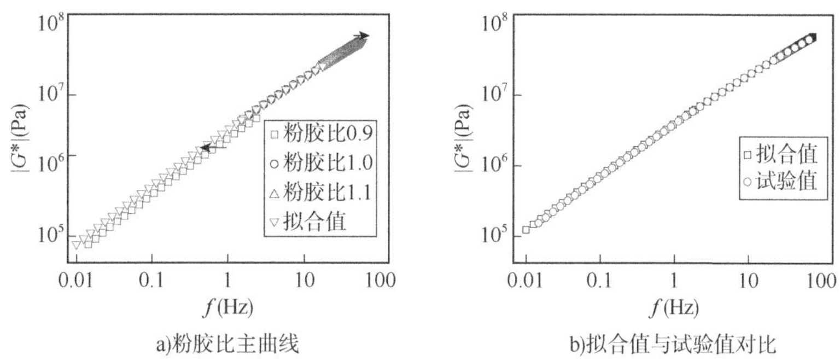

a)粉胶比主曲线　　b)拟合值与试验值对比

图 4-4　20℃钢板接触条件下主曲线拟合

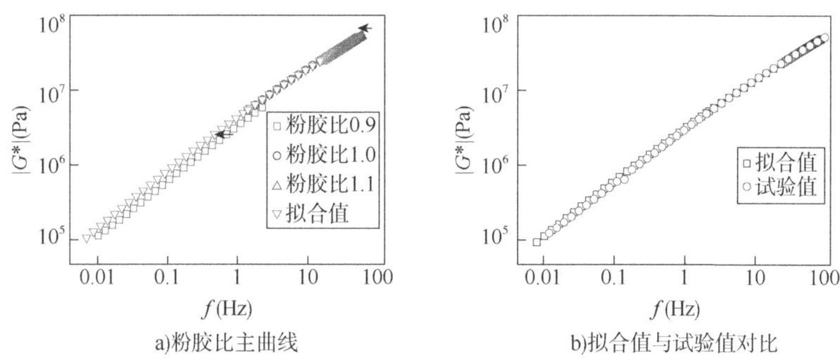

a)粉胶比主曲线　　b)拟合值与试验值对比

图 4-5　20℃石灰岩接触条件下主曲线拟合

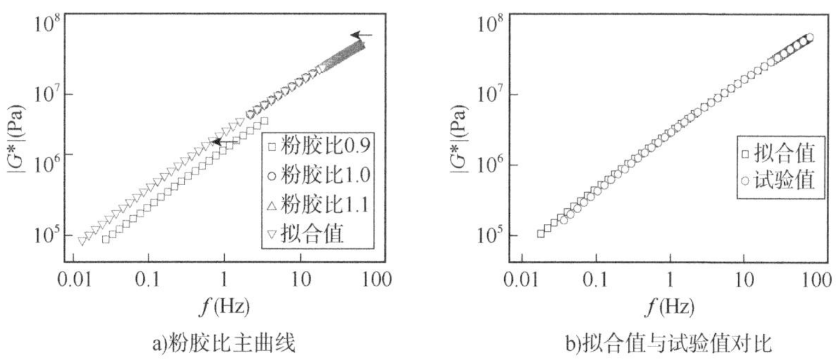

a)粉胶比主曲线　　b)拟合值与试验值对比

图 4-6　20℃玄武岩接触条件下主曲线拟合

从图 4-4~图 4-6 可以看出拟合值同试验值吻合较好，说明沥青胶浆在三种接触条件下符合“时间-粉胶比”等效原理。后续进行 5℃、50℃条件的拟合，拟合值与试验值也吻合很好。粉胶比主曲线拟合参数见表 4-3。

CAM 粉胶比主曲线及 WLF 方程拟合参数 表 4-3

温度(℃)	接触条件	$\|G^*\|_g$	f_c	m_e	k	$\|G^*\|_e$	c_1	c_2
5	钢板	10.279	0.052555	1.3391	0.11718	0.38032	0.0012360	0.099369
	石灰岩	8.8877	0.00024534	2.3957	0.17016	0.37962	−0.092590	−0.07045
	玄武岩	9.5310	0.021276	1.4209	0.14613	0.38032	0.0016702	0.099292
20	钢板	11.7836	9.8207	1.3263	0.08570	3.65277	−0.233920	0.23219
	石灰岩	10.5455	8.0808	1.2652	0.11346	4.33550	0.080158	0.045079
	玄武岩	11.009	5.9109	1.3169	0.10010	3.91900	−0.00632	0.10185
50	钢板	21.949	47473.8	1.5578	0.034251	0.38985	−0.008944	−0.070347
	石灰岩	19.352	70355.9	1.4466	0.039848	0.55355	0.048853	0.07835
	玄武岩	11.658	3160.9	1.3202	0.088724	−0.40268	−0.171500	0.0031312

从上表可以看出,各参数受温度影响比较大。尤其是位置频率 f_c,从 20~50℃的变化较大。参数不仅受到温度的影响,而且受接触条件的影响,说明界面对沥青胶浆内部特征时间特性的影响是不容忽视的。钢板的 $|G^*|_g$ 比石灰岩和玄武岩的大。这是因为钢板为惰性,与沥青胶浆之间没有扩散行为,石灰岩和玄武岩则会与沥青胶浆发生交互作用;当施加同样应力时,钢板与沥青胶浆发生脱粘,测得的应变较小,所以模量较大,因此计算得到的钢板 $|G^*|_g$ 较大。20℃时 $|G^*|_e$ 远大于 5℃和 50℃值,说明 20℃时界面更易破坏,这与路面在 10~30℃时更易发生疲劳破坏是一致的。由 WLF 方程可得任意粉胶比条件下频率扫描曲线与目标粉胶比曲线之间的关系,20℃时移位因子拟合结果见图 4-7。

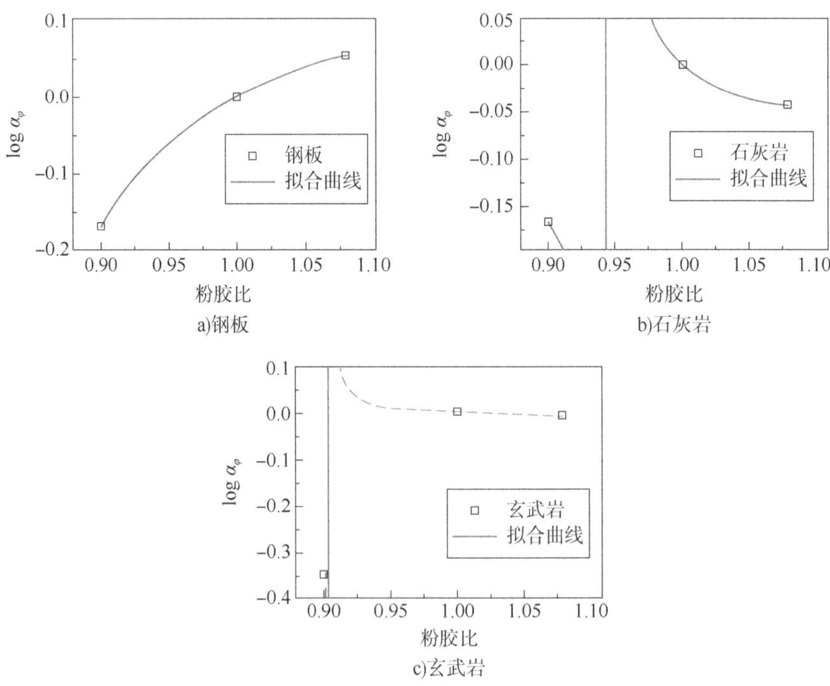

图 4-7 20℃时移位因子-粉胶比函数关系

从上图可以看出,当粉胶比较大时,移位因子趋于定值,说明当粉胶比增大到一定值时,其频率扫描主曲线随着粉胶比的增加并没有很大的区别;当粉胶比较小时,移位因子也会趋于某一定值,说明粉胶比从 0 开始增加时,开始阶段矿粉的作用比较小,其频率扫描主曲线随粉胶比的变化也较小。式(4-7)可以简化为下式:

$$\log \alpha_{\varphi}(\varphi) = -c_1 + \frac{c_1 c_2}{c_2 + \varphi - \varphi_0} \tag{4-8}$$

由式(4-8)可知,移位因子的渐近线为 $\varphi = \varphi_0 - c_2$。当目标粉胶比为 1.0 时,渐近线表达式为 $\varphi = 1 - c_2$。单从函数出发,粉胶比为 $1 - c_2$ 时,移位因子同时趋向于 0 或正无穷。考虑移位因子趋于正无穷的情况,此时频率扫描曲线与粉胶比为 1.0 的曲线相距无穷远,需要左移或右移才能与目标粉胶比对应的频率扫描曲线重合。考虑到黏弹性材料低温对应高频、高温对应低频的特性,说明沥青胶浆的高低温性能较好,可以将此沥青胶浆作为最佳粉胶比沥青胶浆。为了说明渐近线的唯一性,将 20℃时目标粉胶比分别为 0.9、1.0 和 1.1 时的 c_2 值列于表 4-4。

不同接触条件、不同目标粉胶比的 c_2 值　　表 4-4

接触条件	钢板			石灰岩			玄武岩		
目标粉胶比	0.9	1.0	1.1	0.9	1.0	1.1	0.9	1.0	1.1
c_2	0.1317	0.232	0.3405	−0.056	0.045	0.145	−0.0022	0.1019	0.2004
$\varphi_0 - c_2$	0.7683	0.768	0.7595	0.956	0.955	0.955	0.9022	0.8981	0.8996

从上表可看出:在相同的接触条件下,粉胶比主曲线移位因子渐近线基本是唯一的,因此将渐近线所对应的粉胶比作为最佳粉胶比是合理的;此外,最佳粉胶比随着界面的变化而变化,20℃时钢板接触条件下最佳粉胶比为 0.7683,石灰岩接触条件下最佳粉胶比为 0.955,玄武岩接触条件下最佳粉胶比为 0.8996。实际工程中,石料与沥青胶浆接触,因此粉胶比宜取 0.9 左右。

4.1.2　微观界面影响下胶浆流变特性

胶浆-集料微观界面的影响使得集料表面胶浆的流变特性依赖于胶浆试样厚度。因此,分析不同因素下集料表面沥青或胶浆的动态剪切复数模量及相位角随试样厚度的变化规律,验证微观界面影响的普遍规律并研究其基本特征。沥青或胶浆流变会受到试验温度、荷载频率、粉胶比、基板类型和纹理等因素的影响,通过探究不同因素下集料表面变厚度沥青或胶浆流变行为,分析微观界面影响基本特征。

4.1.2.1　不同温度下变厚度沥青流变特性

以黏结于 DSR 原装钢板的不同厚度 70 号基质沥青为例,1Hz 动态荷载作用下不同温度沥青的复数模量和相位角见图 4-8。在 5~35℃范围(中温)内,沥青复数模量随着测试试样薄膜厚度的变化而变化。在试样厚度较小时,复数模量随试样厚度增加而增大,但随试样厚度增加,复数模量逐渐趋于稳定。尽管不同温度使得沥青具有显著不同的复数模量,但模量随试样厚度的变化规律相似。此外,不同温度下不同厚度的沥青试样具有相近的相位角 δ,相位角对试样厚度不敏感,说明试样复数模量中弹性储存模量与黏性损耗模量的比例不随试样厚度而变化。

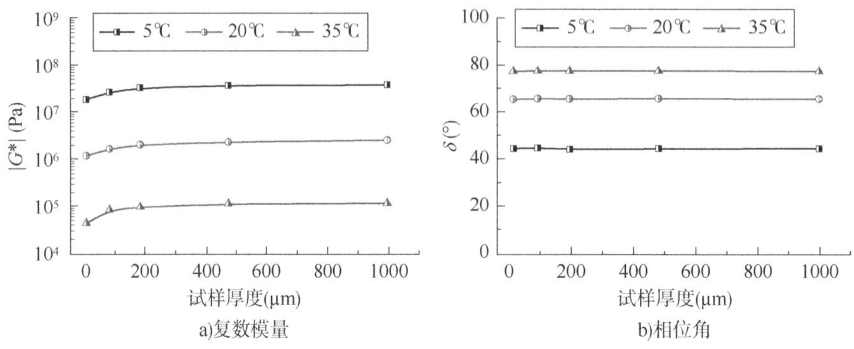

图 4-8 不同温度下不同厚度 70 号基质沥青的复数模量、相位角

4.1.2.2 不同频率下变厚度沥青流变特性

以黏结于 DSR 原装钢板的不同厚度 70 号基质沥青为例,在 35℃试验温度、不同频率荷载作用下,不同厚度沥青薄膜复数模量与相位角见图 4-9。当试样厚度较小时,不同频率荷载作用下沥青复数模量随厚度增加而增大,且增长趋势随厚度增加而逐渐趋缓,沥青复数模量在试样达到一定厚度时趋于稳定。不同于复数模量,不同频率荷载作用下沥青薄膜相位角随试样厚度增加基本保持稳定,说明复数模量中的黏性与弹性组成比例保持不变。

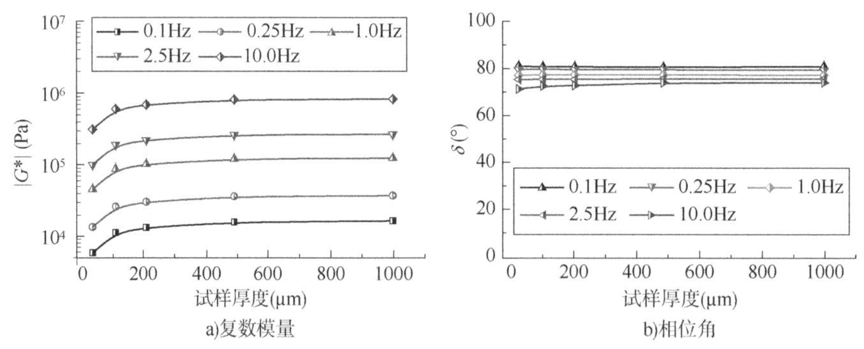

图 4-9 不同频率作用下不同厚度 70 号基质沥青的复数模量、相位角

整体来看,不同温度、荷载频率条件下,沥青薄膜流变行为均表现出相似的厚度依赖性。小厚度条件下,模量随厚度增加先减弱后趋稳,但相位角基本保持稳定,说明沥青材料流变特性对试样厚度的敏感性在不同外部试验条件下是一种固有的力学行为。另外,由于相位角基本不随试样厚度而变化,后续试验主要聚焦不同厚度试样的动态复数模量分析。

4.1.2.3 不同粉胶比变厚度胶浆流变特性

在 20℃ 试验温度与 1Hz 荷载频率作用下，黏结在 DSR 原装钢板上的不同粉胶比胶浆的复数模量见图 4-10，可见不同胶浆的复数模量随试样厚度的变化规律与不同温度、荷载频率下的沥青相似，均表现出厚度较小时胶浆模量显著增长，但厚度较大时胶浆模量趋于稳定。胶浆复数模量变化趋势随着粉胶比的增大而呈现不同特点，低粉胶比胶浆复数模量变化幅度大于高粉胶比胶浆，说明粉胶比影响胶浆-集料间交互作用进而导致不同的模量增长规律。

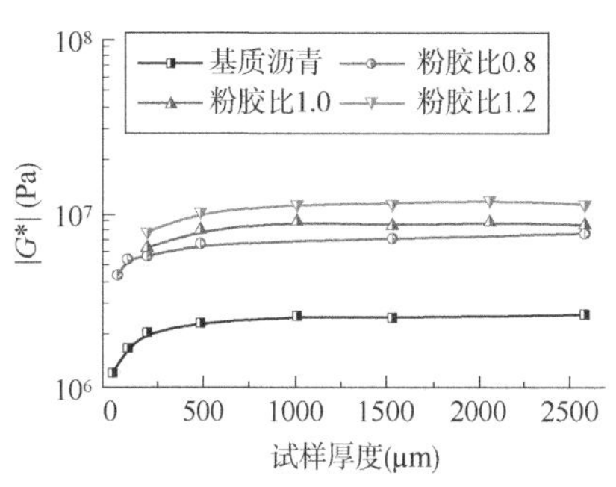

图 4-10 不同粉胶比胶浆变厚度复数模量

4.1.2.4 不同类型及粗糙度集料基板上胶浆流变特性

采用 1200 目金刚砂抛光的玄武岩、石灰岩和花岗岩集料基板（表面轮廓幅值约为 9μm），测试粉胶比为 0.8 的不同厚度胶浆的模量，在 20℃ 试验温度和 1Hz 荷载作用下，不同厚度胶浆的复数模量见图 4-11。可见不同类型集料表面胶浆随试样厚度变化时，表现出厚度较小时模量增大而后逐渐趋稳的现象，但模量的增长曲线随集料类型而有所不同，这主要是集料活性成分与胶浆间的交互作用差异所导致的。具有不同表面纹理的玄武岩基板上，不同厚度胶浆的复数模量见图 4-12。不同表面纹理的玄武岩基板表面的胶浆复数模量具有不同的试样厚度变化关系，但均具有厚度较小时增大、厚度较大时逐渐趋稳的特点。

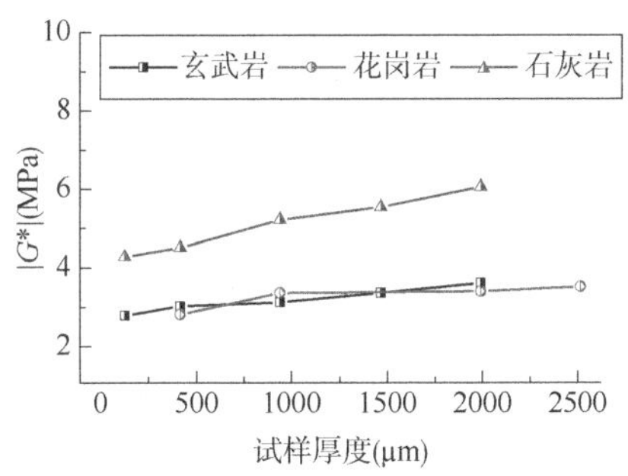

图 4-11 不同类型集料表面变厚度胶浆复数模量

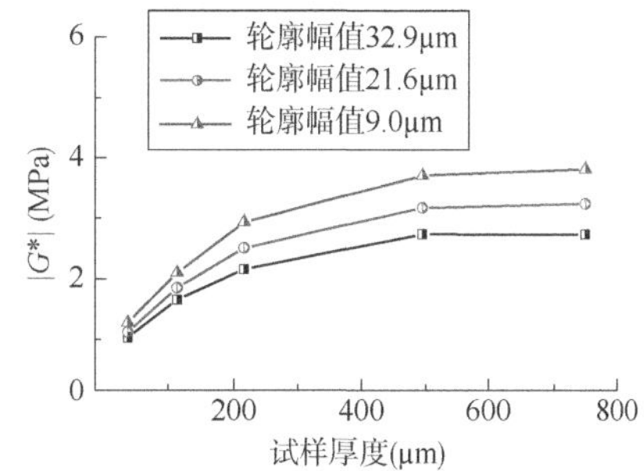

图 4-12 不同表面纹理的玄武岩表面变厚度胶浆模量

综合不同因素下集料间不同厚度胶浆的流变特性，发现在胶浆-集料微观界面影响下，胶浆的流变行为具有以下基本特征：

①当基板间沥青或胶浆厚度较小时，测得的材料动态剪切复数模量随胶浆厚度增大而显著变化；当基板间沥青或胶浆厚度较大时，测得的材料动态剪切复数随试样厚度增大而逐渐趋于稳定。整体来看，不同因素影响下，基板间胶浆复数模量表现出显著的试样厚度依赖性。

②基板间沥青或胶浆相位角随试样厚度增大未表现出明显的变化，说明胶浆相位角不

具有显著的试样厚度依赖性。

③在不同外在环境因素(包括中温范围不同温度、不同荷载频率)及不同材料内部因素(包含不同胶浆、不同集料基板)的影响下,基板间胶浆复数模量均表现出类似的试样厚度依赖性,即当试样厚度较小时胶浆复数模量随厚度增加而显著增大、当试样厚度较大时胶浆复数模量随厚度增加而趋于稳定。整体来看,集料间胶浆复数模量的厚度敏感性在不同因素下是普遍存在的。

4.2 胶浆-集料微观界面流变特性表征方法

4.2.1 微观界面结构特征及其影响机制

4.2.1.1 胶浆-集料微观界面结构特征

集料基板间不同厚度沥青或胶浆力学行为试验结果证实了胶浆-集料微观界面影响的普遍性,尤其对厚度较小的沥青或胶浆试件力学特性产生更加显著的影响。国内外学者均发现沥青材料力学性能随厚度的变化存在一定差异[6],并借助多种胶浆-集料边界模型解释界面交互作用对材料性质的影响机理。从小尺度结构特征决定大尺度性质的辩证思想出发,胶浆-集料微观黏附界面的结构特征是决定微观界面影响的关键因素。

结合第2章所述沥青-集料分子体系纳观结构及集料表面微观纹理特征,胶浆-集料微观黏附界面结构特征可简化为图4-13。

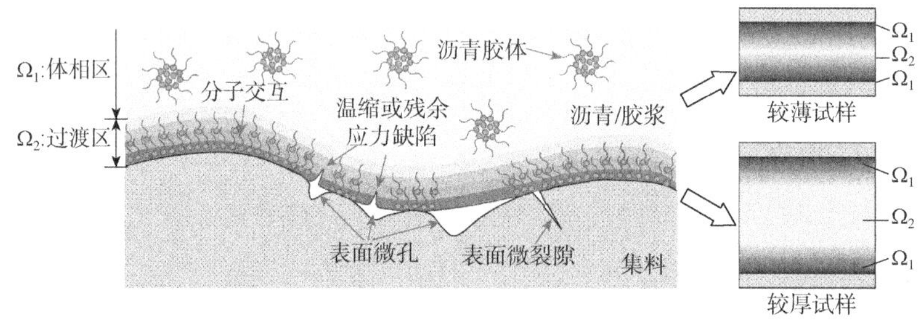

图4-13 常温下胶浆-集料微观界面结构示意图

1)沥青-集料分子交互产生沥青/胶浆微观物理化学黏附作用

纳观尺度下沥青强极性分子与集料矿物活性点位产生分子间交互作用势能,引起集料表面附近沥青分子结构重排,沥青分子强极性官能团向集料表面靠近,弱极性官能团向沥青内部延伸,沥青强极性分子在集料表面形成定向排列结构。

2)沥青-集料分子交互影响具有空间距离衰减特性

胶浆-集料交互作用本质上是沥青与集料活性成分的分子间作用力,而长程分子间作用力随着分子间距的增加而逐渐减弱[15],使得微观界面交互作用对集料表面胶浆性质的影响随着与集料表面距离的增加而减弱。从集料表面向沥青内部,强极性分子定向排列行为减弱,直至未受影响的沥青分子仍保持原有纳观胶体结构。

3)集料表面微观缺陷不可避免地削弱沥青/胶浆-集料微观界面黏附

实际工程中,集料颗粒表面由于生产工艺不可避免地产生复杂纹理和微观缺陷,包括集料晶体断裂产生的大量微裂隙、物理或化学侵蚀产生的微孔。尽管高温条件下液态沥青会在表面毛细作用下润湿,并一定程度上渗入集料表面微裂隙和微孔中,但常压条件下沥青与集料表面短时间的润湿黏附受到微裂隙和微孔中空气的阻碍,不可避免地产生微观黏附缺陷。

4)材料成型过程中温缩、残余应力产生微观界面黏附缺陷

实际工程中,沥青混合料是在高温条件下实现集料同沥青或胶浆的黏附,而后快速压实成型并在常温条件下冷却。由于沥青和集料材料的属性差异,胶浆-集料微观界面不可避免地产生温缩或残余应力作用。试验测试中,也多采用高温界面黏附挤压,并快速降温至试验测试温度,胶浆-集料微观界面难免存在温缩或残余应力,造成微观界面黏附缺陷。

5)微观界面黏附缺陷的影响具有空间距离衰减特性

微观界面缺陷导致沥青和集料分子间距超出非键作用力的作用范围,无法形成分子间交互作用,削弱界面黏附作用。根据圣维南原理可知,微观界面缺陷引起的力学响应影响会随着与界面的距离增加而衰减,说明集料微观界面的黏附缺陷对胶浆力学性质的影响具有空间距离衰减特性。

4.2.1.2　胶浆-集料微观界面对胶浆力学行为的影响机制

基于上述胶浆-集料微观界面结构特征,微观界面黏附作用受到纳观分子间作用力、微观黏附缺陷的共同作用,而微观界面黏附作用对集料表面胶浆的影响具有空间距离衰减特性。从微观界面结构角度,集料表面胶浆力学特性受到微观界面显著影响的区域可定义为界面过渡区。界面过渡区内,胶浆的力学性质会随着与界面距离的变化而显著变化。界面过渡区的厚度受到沥青和集料物理化学属性、集料表面物理状态等内在因素及温度、荷载条件等外在因素的共同影响。

对于相同材料、基板表面状态及环境因素,界面过渡区厚度近似保持不变。当集料基板间胶浆厚度减小时,界面过渡区内胶浆体积占总胶浆试样体积的比例增大,界面过渡区内胶浆力学行为对胶浆试样整体力学行为产生更显著的影响,由于界面过渡区内胶浆力学性质空间分布的不均匀性,使得集料基板间较薄胶浆试样的力学特性随试样厚度变化发生显著变化;当集料基板间胶浆厚度增大时,界面过渡区内胶浆体积占总胶浆试样体积的比例较小,界面过渡区内胶浆力学行为对胶浆试样整体力学行为的影响减弱,集料基板间较厚胶浆试样的力学特性随试样厚度增大而逐渐趋稳。综上所述,胶浆-集料微观界面对集料表面胶浆力学特性的影响本质上是微观界面交互结构、界面影响空间衰减的共同作用。

基于前述集料间胶浆力学行为测试结果及微观界面结构特征,发现微观界面对基板间胶浆力学特性的影响导致目前的材料动态剪切流变测试方法、沥青流变行为研究存在一些问题:

①沥青/胶浆DSR测试方法未考虑沥青/胶浆-集料微观界面作用的影响,无法准确测得体相材料的流变性质。尽管沥青DSR试验方法规定中温条件(<35℃)下采用厚2mm的试样、高温条件(>35℃)下采用厚1mm的试样,以减小微观界面对所测流变性质的影响。但测

得的试样力学响应中仍包含体相材料、界面过渡区材料的力学行为，测试方法并未直接定量考虑微观界面的影响，无法从测试结果中剔除微观界面影响，从而修正测得的体相材料流变性质。

②沥青/胶浆 DSR 测试方法采用体相材料流变性质表征混合料中沥青/胶浆材料的力学特性，但体相材料的性质无法代表集料间以薄膜形式存在的沥青/胶浆的力学特性。实际沥青混合料集料间的胶浆被证实是以微米至毫米级厚的薄膜形式存在的[16]，说明实际集料间沥青或胶浆材料的力学行为必然受到微观界面的影响。当前 DSR 试验方法直接采用体相材料流变性质代表实际集料间薄膜材料流变性质，使得沥青混合料力学性能、耐久性预测同真实状况存在差异。

③缺乏沥青/胶浆-集料微观界面对沥青/胶浆力学行为影响的测试及量化方法。胶浆-集料微观界面力学行为是影响混合料力学性能和耐久性的重要因素，当前缺少基于力学理论的胶浆-集料微观界面影响量化及测试方法。

综上，充分说明提出胶浆-集料微观界面力学行为测试及表征方法的必要性。微观界面力学行为的测试和表征具有重要的研究意义和应用价值，主要体现在：

①为沥青/胶浆-集料微观界面力学行为研究提供了一种物理意义明确且简便实用的研究工具。微观界面力学行为测试和表征方法提出微观界面力学参数，为不同因素下界面力学行为测试、不利条件下界面损伤演化量化奠定了理论基础。

②提供了一种微观界面和体相材料力学行为分离方法，能够修正当前流变测试方法的测试结果，准确测定体相和界面材料力学特性，为沥青混合料细观模型中各组分材料力学性质的测定提供理论依据。

③提供了一种基于力学理论的沥青-集料界面配伍性和耐久性评价方法。沥青/胶浆-集料微观界面黏附性是保证沥青混合料承载能力和环境耐久性的关键因素。微观界面力学特性测试和表征方法提供了界面力学参数，能够用于评价沥青与集料间的化学配伍性及不利环境作用下的界面耐久性，为实际工程的材料筛选及界面耐久性验证提供理论依据。

综上所述，需结合胶浆-集料微观界面结构和交互作用机制，提出微观界面影响量化模型，考虑集料间胶浆力学性质的空间不均匀性，提出集料间胶浆流变模型、界面和体相胶浆力学参数。

4.2.2 考虑微观界面影响的胶浆流变行为测试

胶浆-集料微观界面交互作用会影响集料表面一定范围内胶浆的力学性质。在微观界面影响范围确定的情况下，集料基板间胶浆中受到界面影响的胶浆占整体胶浆试样的比例随试样厚度而变化，使得集料基板间不同厚度胶浆试样整体表现出不同的表观流变行为。基于上述微观界面影响下胶浆流变行为对试样厚度的依赖性[18]，测试不同因素下胶浆动态 $|G^*|$ 随胶浆试样厚度的变化规律，从而反映微观界面对胶浆流变特性的影响。

采用应变控制模式下的胶浆频率扫描试验，测定微观界面影响下胶浆流变特性。测试过程见图 4-14，主要包括以下步骤：

①改装流变仪基板。为引入胶浆-集料微观界面影响，采用龚湘兵[9]提出的流变仪基板改装方法，制备 ϕ8mm 的集料平行板，通过高强胶水将集料基板黏结于加工的方形夹具自由端平板，将方形夹具固定于流变仪方形固定槽，并保证上、下集料基板扭转中心重合。

②校正流变仪误差。动态流变仪需进行几何校正、初始惯性矩校正、摩擦校正、间距归零及温度校正，以消除改装夹具对测试结构的影响。

③预热基板、黏结试样。为保证试验过程中胶浆与集料基板黏结良好，需预热集料基板表面。ASTM 规范推荐在 34~46℃温度下预热 ϕ8mm 的平行基板。为确保胶浆与集料间的黏结，本研究将预热条件调整为 80℃下预热 10min。将胶浆试样置于集料基板表面后，调整基板间距至待测胶浆厚度 L_1+50μm。

④刮膜、保温及流变测试。待保温腔内温度降至室温，用热刮刀小心刮除集料基板边缘挤出的胶浆，再将集料平板调整为待测胶浆厚度 L_1，形成试样边缘凸出，关闭保温腔并在试验温度下保温 15min，而后施加振荡荷载测试试样流变特性。

⑤调整胶浆厚度并测试不同厚度胶浆流变性质。当完成胶浆厚度为 L_1 的试件的流变测试后，调整基板间距至待测胶浆厚度 L_2+50μm（L_2<L_1），用热刮刀刮除边缘多余胶浆后，将基板间距调至 L_2，而后保温加载，进行厚度为 L_2 的胶浆流变性质测试。以此类推测定其他厚度胶浆的流变性质，测试时厚度由大至小。

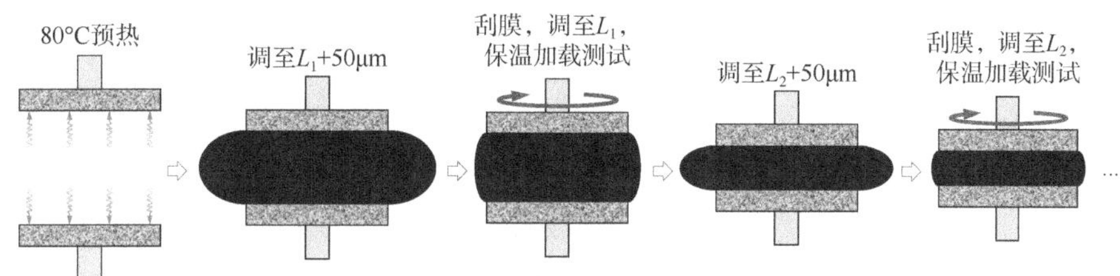

图 4-14　考虑微观界面影响的胶浆流变行为测试示意图

沥青混合料集料颗粒间的沥青或胶浆薄膜厚度处于微米至毫米级[16]，DSR 采用新型位置校正传感器以精确调节基板位置，其精度最高可达 0.01μm，基板间距量程覆盖 1μm~10mm 的厚度范围，能够满足微米至毫米级厚度胶浆流变特性测试需求。参照 ASTM 规范[4]并结合实际试验，中温范围内最大试样厚度为 2000μm 左右，最小试样厚度需考虑材料组成确定。考虑胶浆中存在粒径小于 75μm 的矿粉颗粒，剪切过程中矿粉颗粒摩擦可能导致应力、应变曲线剧烈波动，因此根据实际试验中的应力、应变曲线稳定性，胶浆试样最小厚度应大于 75μm。而沥青试样不存在矿粉颗粒且均匀性良好，考虑仪器扭矩及转角测试量程，结合实际试验中的应力、应变曲线稳定性，确定基质沥青试样最小厚度为 50μm。

频率扫描测试时，需施加材料线性黏弹范围内的应变幅值，参照 ASTM 规范进行不同厚度胶浆应变扫描（即不同应变幅值下的 $|G^*|$）试验[4]，以模量衰减至初始模量 95%处所施加的应变幅值作为线性黏弹范围。在 25℃温度、10rad/s 频率条件下测试花岗岩基板上不同粉胶比的胶浆（G-M0.8、G-M1.0 和 G-M1.2）及石灰岩基板上的胶浆（L-M0.8），测试结果如图 4-15 所示。不同岩石基板上胶浆的模量衰减趋势相近，随胶浆粉胶比增大，胶浆的初始 $|G^*|$ 增大，

但其在高应变下的$|G^*|$相近,因而高粉胶比胶浆呈现$|G^*|$更快衰减的趋势。对于胶浆膜厚的影响而言,厚沥青胶浆相比于薄沥青胶浆具有更大的零剪切模量及更大的模量稳定应变,即薄沥青胶浆具有相对较小的初始$|G^*|$但更快的模量衰减趋势。各岩石基板上胶浆薄膜的线黏弹范围汇总在图4-15c)。为使得加载过程中,各工况的力学响应均位于线性黏弹范围内,选择0.25%的应变幅值作为后续流变测试所施加的应变荷载。

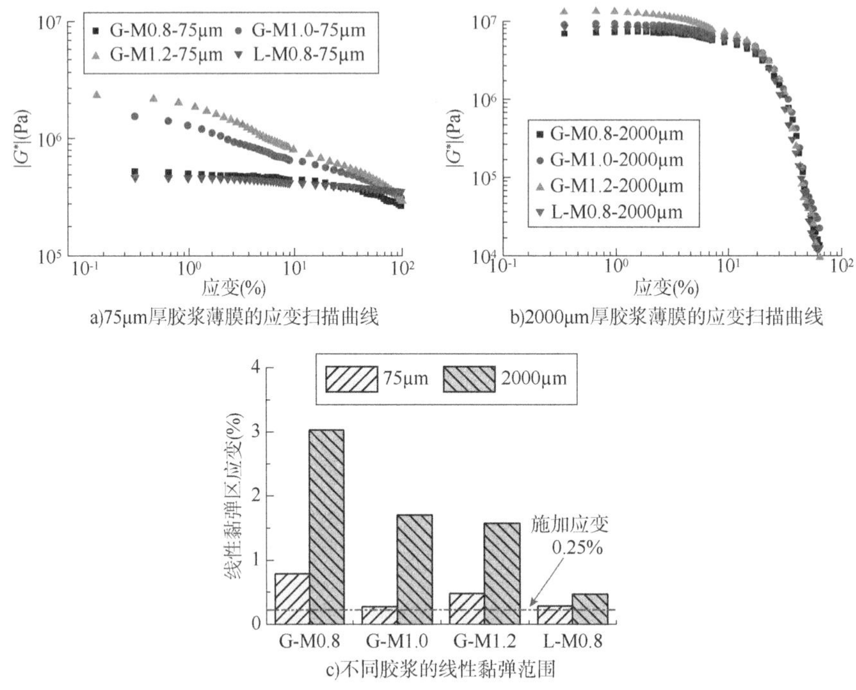

图4-15 不同集料基板上不同厚度胶浆的应变扫描曲线、线性黏弹范围

4.2.3 胶浆-集料微观界面空间影响量化

基于前述胶浆-集料微观界面结构特征可知,量化沥青和集料分子间交互、微观界面黏附缺陷的空间影响,是定量研究胶浆-集料微观界面力学行为的关键。因此,本小节着重分析沥青-集料分子交互和微观界面缺陷影响的空间分布,基于界面影响空间分布规律,提出考虑微观界面影响的集料间胶浆力学性质空间分布模型。

4.2.3.1 沥青-集料分子间势能的空间变化

沥青-集料分子间交互作用是沥青-集料分子体系中不同距离的沥青分子和集料分子间非键作用势能的总和。当改变沥青和集料分子层间距时,计算对应体系的沥青-集料分子间作用势能,见图4-16[1],可看出负值的长程分子间势能表征了沥青分子与集料分子间相互吸引引起的势能,分子间势能随着沥青分子层和集料分子间距的增加而急速衰减,后趋于稳定。

Richard Buckingham提出指数型分子间势能模型,描述分子间作用力的衰减。为简化分子间势能衰减规律,采用三参数指数衰减函数拟合沥青-集料长程分子间势能与分子层间距关系。指数函数常数项描述了分子间距趋近无穷时分子间势能的稳定值,而自变量 x 的指数系数项表征了分子势能的空间衰减速率,$x=0$ 时的分子势能为分子层紧密接触时的分子间势能。拟合结果决定系数 R^2 为 0.99,说明指数函数能够较好地拟合长程分子间势能的空间变化。

4.2.3.2　微观界面黏附缺陷影响的空间变化

胶浆-集料微观界面黏附缺陷形成微观局部脱粘区,与完全黏附微观界面相比,微观黏附缺陷处可视为存在与黏附力相反的均匀分布荷载作用。假设单个微观黏附缺陷区域同胶浆-集料整体黏附界面面积相比是足够小的,可近似认为微观黏附缺陷对黏附胶浆的影响近似于局部均匀分布荷载对弹性半空间体介质的影响。根据弹性力学轴对称均匀分布荷载作用下弹性半空间体竖向应力分布(图 4-17),竖向应力随着与荷载距离的增加而迅速衰减并逐渐趋于稳定。

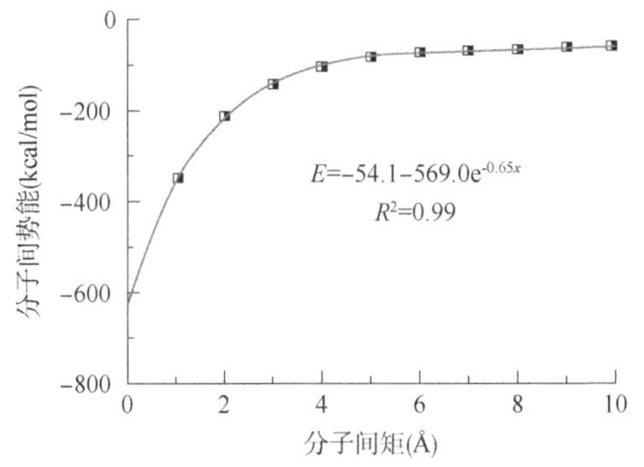

图 4-16　分子间势能空间分布变化

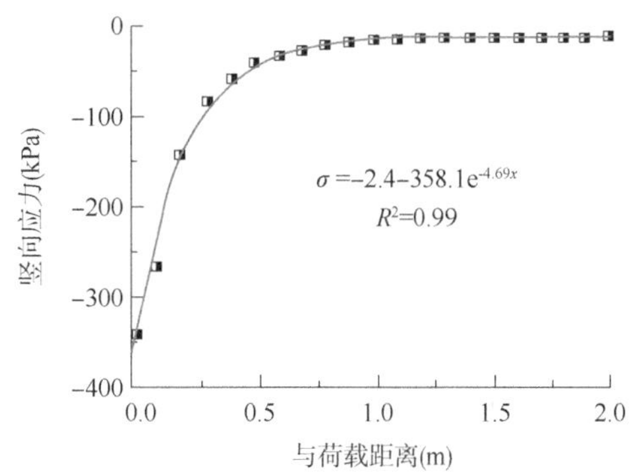

图 4-17　均匀分布荷载作用下荷载中心处竖向应力空间分布

荷载中心处的竖向应力空间分布可通过弹性力学得到精确但形式复杂的解析解表达式。由于胶浆-集料微观界面黏附缺陷依赖于集料表面复杂纹理、胶浆试样成型过程,微观界面缺陷的产生位置、形状及范围具有显著的随机性,难以直接采用严格的力学理论解析推演,无法准确得到微观界面缺陷引起的胶浆力学行为局部影响空间变化,因此假设在集料表面法线方向上,所有的胶浆-集料微观界面缺陷对胶浆力学行为影响的空间分布是相似的,且可采用相同函数形式表征所有微观界面缺陷对胶浆力学行为的平均影响空间分布。

为简化微观界面缺陷对黏结胶浆力学性能的影响,采用三参数指数衰减函数描述如图 4-17 所示的竖向应力衰减行为,从拟合结果决定系数(0.99)可看出,指数函数具有较好的拟合效果。指数函数中的常数项能够代表无限远处微观界面缺陷对黏结胶浆的影响。指数系数项描述了界面缺陷影响的空间衰减速率。当 $x=0$ 时,对应函数值表征了微观界面缺陷附近的影响。

4.2.3.3　胶浆-集料微观界面影响量化模型

黏附于集料间的胶浆的力学行为受到沥青-集料分子间作用势能和微观界面黏附缺陷

的共同影响。沥青-集料分子间作用势能产生胶浆与集料间的黏附行为,而微观界面黏附缺陷削弱了胶浆与集料的黏附行为,二者共同作用导致了微观界面的胶浆力学行为的综合影响。尽管两种微观界面作用机制的形式不同,但从上述分析得出指数衰减函数能够很好地拟合两种影响的空间分布,因此采用指数函数描述胶浆-集料微观界面对黏附胶浆力学行为综合影响的空间分布。

考虑胶浆-集料微观界面影响空间分布对胶浆动态剪切模量的作用,定量描述集料基板间不同厚度胶浆的流变行为。空间衰减的胶浆-集料微观界面区空间不均匀分布的物质组成,造成了集料间胶浆动态剪切模量的空间分布不均匀性,即胶浆模量随着与集料表面距离的增大而变化。从微观界面影响衰减机制分析,集料表面附近胶浆受到微观界面的显著影响而显著变化,当与集料表面距离较大时,由于微观界面的影响衰减且趋稳,使得胶浆动态模量逐渐趋于稳定,达到体相胶浆模量,因此采用三参数指数函数描述基板表面任意点处胶浆剪切模量 $G(x)$ 与距基板距离 x 之间的关系:

$$G(x)=G_0-Ae^{-\alpha x} \tag{4-9}$$

式中:$G(x)$——近集料表面任意点处胶浆剪切模量(MPa);

x——距基板表面的距离(μm);

G_0——体相胶浆模量(MPa);

A——模量参数(MPa);

α——界面影响衰减参数(μm^{-1})。

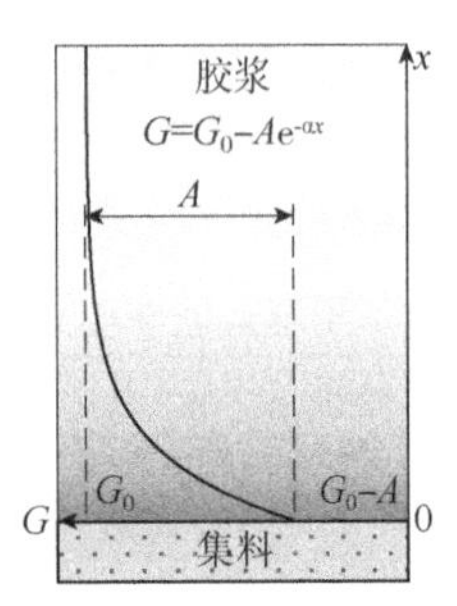

图 4-18　集料表面胶浆模量分布示意图

结合式(4-9)、胶浆模量空间分布函数(图 4-18)可看出,当 x 趋近于无穷大时,胶浆距基板距离足够远,以至微观界面对胶浆模量的影响可以忽略,胶浆模量趋于稳定值 G_0,将此时不受微观界面影响的胶浆模量(G_0)定义为体相胶浆模量;当 x 趋近于 0 时,胶浆紧紧黏附于集料表面,受到胶浆-集料微观界面的显著影响,将此时集料表面处胶浆模量(G_0-A)定义为界面胶浆模量。可将 $|A/G_0|\times100\%$ 定义为界面影响率 R_1。

采用式(4-9)所示胶浆模量的空间分布模型合理、定量地描述胶浆-集料微观界面对胶浆动态模量的影响,能够有效分离界面胶浆模量、体相胶浆模量及界面影响空间衰减强度。由于胶浆-集料微观界面影响是沥青-集料分子交互势能和微观界面黏附缺陷的共同作用,不同环境条件和因素作用下,两种影响机制相互竞争,使得胶浆模量空间分布模型中的参数 A 表现为正值或负值。正值的参数 A 引起界面胶浆模量(G_0-A)小于体相胶浆模量 G_0,说明微观界面缺陷对界面胶浆模量的衰减作用占主导;负值的参数 A 引起界面胶浆模量(G_0-A)大于体相胶浆模量 G_0,说明沥青-集料分子间作用势能对界面胶浆模量的增强作用占主导。

4.2.4　集料表面胶浆力学状态分析

由于在常温条件下难以准确制备真实状态下胶浆-集料微观界面过渡区试样,使得微观界面影响下胶浆局部不均匀的动态模量分布难以被直接测定。然而,考虑微观界面影响下胶浆流变特性测试结果及微观界面影响机制,集料基板间胶浆模量的不均匀性引起胶浆模量的厚度依赖性,因此通过集料基板间不同厚度胶浆试样的模量差异,能够间接得出胶浆局部不均匀的模量分布。

胶浆动态剪切模量测定的基本原理是通过施加动态剪切振荡荷载,测定胶浆试样动态振荡响应,以胶浆整体受到的剪切应力与剪切应变幅值的比值计算动态剪切复数模量绝对值,根据动态振荡剪切应力与应变曲线间的相位差得到胶浆相位角。从动态复数模量的测试原理可看出,试验测得的胶浆动态剪切复数模量实际上是胶浆试样整体表现出的模量(即表观动态模量)。胶浆表观动态模量是集料间胶浆空间不均匀模量共同作用的结果。目前,还未建立胶浆局部不均匀模量分布与胶浆试样整体表观动态模量间的定量关系。此外,沥青材料动态剪切流变试验方法基于测试材料连续均匀、各向同性的假设,无法定量分析胶浆局部模量的不均匀性,因此需改进现有沥青动态剪切流变试验,引入胶浆局部模量与试样整体表观模量的关系,根据试验测定的试样整体表观模量确定胶浆局部模量,实现胶浆局部不均匀模量的测定。

4.2.4.1　基本力学假设

为建立胶浆局部不均匀模量与试样整体表观模量的关系,将集料基板间胶浆试样简化为如图 4-19 所示的对称模型,测试时外部荷载通过黏结平板对圆饼状胶浆试样施加扭矩。为描述上、下基板间待测胶浆试样的力学状态,做如下基本假设:

①待测胶浆与上、下基板黏结良好,荷载可完全由基板施加于胶浆,且测得的响应与整体胶浆试样响应一致。

②待测胶浆圆饼试样具有几何轴对称性、力学状态轴对称性,厚度方向关于中心平面镜像对称。

③待测胶浆为连续均匀的线性黏弹性材料,力学行为符合黏弹性基本理论。

④待测胶浆沿厚度方向划分为 $2n$ 层,每层胶浆厚度 $\Delta x = L/(2n)$,各层胶浆薄膜间黏结良好,满足变形连续条件。因而,整体胶浆试样剪切变形为各层胶浆产生的剪切变形之和。

⑤整体胶浆试样与各层胶浆产生的剪变形均满足小变形假设,即整体胶浆试样与各层胶浆产生的剪应变均可表达为剪切变形梯度。

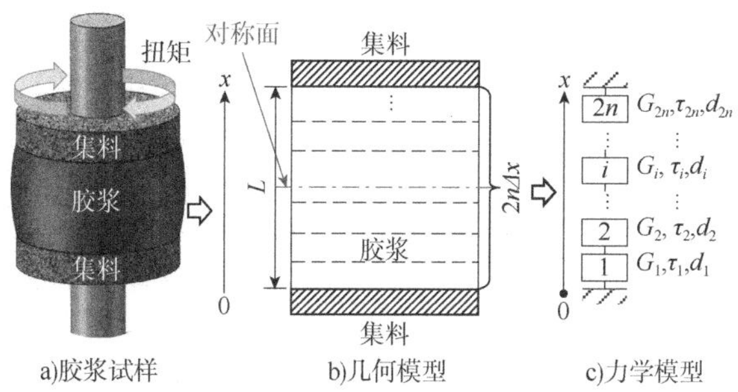

图 4-19　动态剪切沥青胶浆薄膜几何模型

⑥整体胶浆试样与各层胶浆受到的瞬时剪应变、剪应力关系均由剪切模量唯一确定。

⑦各层胶浆剪切模量可采用同种黏弹模型进行描述，且在相同温度和频率下同层胶浆各处剪切模量 G_i 相等，剪切模量 G_i 仅依赖于与集料基板的距离。

4.2.4.2 扭转剪切下胶浆基本力学状态

基于以上基本假设，图 4-19 所示的集料基板间圆饼状胶浆试样的几何形状满足中心轴对称、轴向上下镜像对称。在下基板固定、上基板施加与试样中心轴重合的扭矩的条件下，基于各层胶浆模量 G_i 仅依赖于与集料基板距离的基本假设，胶浆试样处于轴对称状态，因此胶浆试样水平径向方向、轴向方向的应力和应变为 0，而水平切向方向上整体胶浆试件受到的剪切应力、剪切应变及剪切应力-应变物理方程为：

$$\tau = r\frac{T}{I_{\mathrm{R}}} \tag{4-10}$$

$$\gamma = r\frac{D}{L} \tag{4-11}$$

$$\tau = G_{\mathrm{eff}}\gamma \Rightarrow G_{\mathrm{eff}} = \frac{TL}{I_{\mathrm{R}}D} \tag{4-12}$$

式中：τ——胶浆试样整体所受剪应力（Pa）；

T——施加扭矩（N · m）；

r——距圆心的距离（m）；

I_{R}——扭转惯性矩（Pa）；

γ——胶浆试样整体剪应变；

D——胶浆试样整体剪切变形（rad）；

L——胶浆试样整体厚度（m）；

G_{eff}——剪切模量（Pa）。

胶浆试样圆周平面上所受剪应力与剪应变沿圆周切线方向相等，沿径向方向逐渐增大，而根据物理方程可知，剪切模量同圆周角度、半径 r 无关，即圆周平面内剪切模量各处相等。采用轴对称模型表征胶浆的力学状态轴对称，最终可得第 i 层胶浆所受剪应力、剪应变及剪切应力-应变物理方程：

$$\tau_i = r\frac{T_i}{I_{\mathrm{R}}} \tag{4-13}$$

$$\gamma_i = r\frac{d_i}{\Delta x} \tag{4-14}$$

$$\tau_i = G_i\gamma_i \Rightarrow G_i = \frac{T_i\,\Delta x}{I_{\mathrm{R}}\,d_i} \tag{4-15}$$

式中：τ_i——第 i 层胶浆所受剪应力（Pa）；

T_i——第 i 层胶浆受到的扭矩（N · m）；

γ_i——第 i 层胶浆所受剪应变；

d_i——第 i 层胶浆的剪切变形(rad)；

Δx——第 i 层胶浆的厚度(m)；

G_i——第 i 层胶浆的剪切模量(Pa)。

4.2.5　微观界面影响下胶浆流变模型

根据整体胶浆试样和各层胶浆受力平衡可知,整体胶浆试样所受扭矩与各层胶浆所受水平扭矩相等:

$$T = T_1 = T_2 = \cdots = T_i = \cdots = T_{2n-1} = T_{2n} \tag{4-16}$$

当整体胶浆试样和各层胶浆分析位置距中心距离相等时,以圆形试样边缘($r = R_0$)为例,整体胶浆试样与各层胶浆所受水平扭矩平衡条件导致整体胶浆与各层胶浆间所受剪应力相等:

$$\tau = \tau_1 = \tau_2 = \cdots = \tau_i = \cdots = \tau_{2n-1} = \tau_{2n} \tag{4-17}$$

基于整体胶浆试样和各层胶浆变形连续条件可知,整体胶浆试样产生的剪切变形等于各层胶浆产生的剪切变形之和:

$$D = 2(d_1 + d_2 + \cdots + d_n) \tag{4-18}$$

将式(4-11)和式(4-14)代入式(4-18),整理可得:

$$\gamma L = 2(\gamma_1 \Delta x + \gamma_2 \Delta x + \cdots + \gamma_n \Delta x) \tag{4-19}$$

采用式(4-12)、式(4-15)代替式(4-19)中的整体试样和各层胶浆剪切应变,可得:

$$\frac{L}{G_{\text{eff}}} = 2\left(\frac{\Delta x}{G_1} + \frac{\Delta x}{G_2} + \cdots + \frac{\Delta x}{G_n}\right) \tag{4-20}$$

$$\frac{L}{G_{\text{eff}}} = 2\sum_{1}^{n} \frac{1}{G_i}\Delta x \tag{4-21}$$

从式(4-21)可看出,当考虑各层胶浆模量不同时,整体胶浆试样厚度与其表观模量比值是各层胶浆模量厚度与其模量比值之和,说明整体胶浆试样模量同试样厚度、胶浆局部模量空间分布有关。当假设各层胶浆模量相等且等于整体胶浆试样表观模量时,忽略各层胶浆模量的空间不均匀性,式(4-21)退化为恒等式,说明此时整体胶浆试样模量与试样厚度无关。因此,式(4-21)证明了界面影响下整体胶浆试样模量的厚度依赖性是由胶浆局部模量的空间不均匀性所导致的。

当胶浆试样沿厚度方向划分层数趋于无穷大,则各层胶浆模量能够被准确描述为关于距集料基板距离的连续函数,即胶浆局部模量空间分布可表达为式(4-9),同时各层胶浆厚度趋近于 0。根据定积分基本定义,将式(4-9)代入式(4-21),可将整体胶浆试样表观模量与各层胶浆模量关系转变为连续积分:

$$\frac{L}{G_{\text{eff}}} = 2\int_0^{\frac{L}{2}} \frac{1}{G}\mathrm{d}x = 2\int_0^{\frac{L}{2}} \frac{1}{G_0 - A\mathrm{e}^{-\alpha x}}\mathrm{d}x \tag{4-22}$$

$$\Gamma = \frac{L}{G_{\text{eff}}} = \frac{2}{\alpha G_0}\left[\ln(G_0 - A\mathrm{e}^{-\frac{\alpha L}{2}}) - \ln(G_0 - A)\right] + \frac{L}{G_0} \tag{4-23}$$

由上式可看出，整体胶浆试样表观模量可表达为与胶浆试样厚度 L、体相胶浆模量 G_0、界面胶浆模量（G_0-A）和胶浆-集料微观界面影响衰减参数 α 有关的函数 Γ。从函数形式和参数物理意义角度分析，函数 Γ 具有以下特点：

1）函数 Γ 能够准确解释集料基板上胶浆试样表观模量的试样厚度依赖性

在温度、荷载频率、黏结胶浆和集料一定的情况下，函数 Γ 是一个关于试样厚度 L 的函数，主要由试样厚度 L 的非线性项、线性项及常数项组成，其中非线性项和常数项同胶浆-集料微观界面的影响紧密相关，包含模量参数 A、微观界面影响衰减参数 α；试样厚度 L 线性项与体相模量 G_0 紧密相关。由于胶浆-集料微观界面的影响，使得胶浆试样表观模量受到模量参数 A、界面影响衰减参数 α 的影响，函数 Γ 中非线性项、常数项无法忽略，导致了胶浆试样模量的厚度依赖性。

2）函数 Γ 能够自洽地描述集料间胶浆试样表观模量变化

当试样厚度 L 趋近于 0 时，函数 Γ 中等号两边均趋近于 0，此时可认为厚度趋近于 0 的胶浆试样近似为胶浆-集料界面胶浆。基于函数求出试样厚度 L 趋近于 0 时，整体试样的表观模量为界面胶浆模量（G_0-A），说明从物理意义和数学意义上分析，试样厚度为 0 时的函数 Γ 是自洽的。当试样厚度 L 趋近于无穷大时，函数 Γ 的非线性项转变为常数项，此时整体胶浆试样表观模量为体相胶浆模量与一常数项之和，即足够厚的胶浆试样的表观模量由体相胶浆和界面交互影响常数项组成，说明试样厚度较大时整体胶浆试样模量的厚度依赖性不显著。只有当胶浆-集料微观界面影响衰减参数 α 较大且模量参数 A 较小时，由微观界面影响引起的常数项才可忽略，试验测得的整体胶浆试样表观模量 G_{eff} 才能代表体相胶浆模量 G_0，说明函数 Γ 能够合理描述试样厚度较大时整体胶浆表观模量的趋稳现象，也证明了试样厚度较大时函数 Γ 的自洽性。

3）函数 Γ 能够量化胶浆-集料界面影响对动态剪切流变试验结果造成的误差

当胶浆试样厚度较小时，整体胶浆试样表观模量与体相胶浆模量的差异来源于与界面影响有关的非线性项和常数项；当胶浆试样厚度较大时，微观界面影响引起的函数 Γ 常数项产生了试样表观模量和体相胶浆模量间的误差。综合来看，任意厚度胶浆试样的表观模量与体相胶浆模量都存在一定差异。只有当胶浆试样厚度 L 足够大、模量参数 A 足够小且微观界面影响衰减参数 α 足够大时，微观界面影响才可以忽略，此时测得的整体胶浆试样表观模量才等于体相胶浆模量。由此可看出，根据 ASTM 规范测得的体相胶浆模量需要修正。

根据基板间不同厚度胶浆试样的实测表观模量，可确定微观界面影响下胶浆流变模型函数 Γ 中各待定参数（G_0、A 及 α）。首先，求解函数 Γ 关于胶浆试样厚度 L 的导数可得到：

$$\frac{\mathrm{d}\Gamma}{\mathrm{d}L}=\frac{A}{G_0}\frac{\mathrm{e}^{-\frac{\alpha L}{2}}}{G_0-A\mathrm{e}^{-\frac{\alpha L}{2}}}+\frac{1}{G_0} \tag{4-24}$$

当胶浆试样厚度 L 趋近于无穷大时，函数 Γ 的导数式（4-24）转变为体相胶浆模量 G_0 的倒数，如式（4-25）所示，因此可基于试验测得的不同厚度胶浆试样模量绘制 L/G_{eff}-L 曲线，通过线性拟合胶浆试样厚度 L 较大时的函数 Γ，计算斜率的倒数，确定体相胶浆模量 G_0。

$$\lim_{L\to\infty}\frac{\mathrm{d}\Gamma}{\mathrm{d}L}=\frac{1}{G_0} \tag{4-25}$$

当胶浆试样厚度 L 趋近于 0 时，函数 Γ 的导数式(4-24)变为式(4-26)，恰好等于界面胶浆模量(G_0-A)的倒数，因此可通过胶浆厚度 L 较小时的函数 Γ 斜率，结合已确定的体相胶浆模量 G_0，采用式(4-27)计算模量参数 A。

$$\lim_{L\to 0}\frac{\mathrm{d}\Gamma}{\mathrm{d}L}=\frac{1}{G_0-A} \tag{4-26}$$

$$A=G_0-\frac{1}{(\mathrm{d}\Gamma/\mathrm{d}L)\big|_{L=0}} \tag{4-27}$$

将已得到的体相模量 G_0 和模量参数 A 代入函数 Γ，拟定界面影响衰减参数 α 的初始值，计算不同胶浆试样厚度的函数 Γ 预测值以及预测值与测试值的相对误差，通过调整界面影响衰减参数 α，使各试样厚度的函数 Γ 预测值与测试值间的相对误差和达到最小值，从而确定界面影响衰减参数 α。

典型的不同厚度胶浆试样表观模量函数 Γ 的测试值和拟合值如图 4-20 所示。图 4-20a)中不同厚度胶浆试样函数 Γ 随着膜厚 L 的变化呈现出厚度较小时的指数区与厚度较大时的线性区。由于胶浆-集料微观界面对于厚度较小试样表观模量的显著影响，指数区内整体胶浆试样函数 Γ 显著变化；而厚度较大的胶浆试样中，微观界面影响被相对削弱，使得线性区的胶浆试样函数 Γ 与试样厚度呈线性增加关系。厚度较大时，函数 Γ 线性增长渐近线在纵轴上的截距不为 0，该截距是由试样厚度较大时微观界面影响变为函数 Γ 的常数项造成的，直观地说明了厚度较大的胶浆试样的表观模量仍会受到微观界面的影响，仅仅通过增加测试胶浆厚度可以减弱但无法消除微观界面对测得的体相胶浆模量造成的误差。

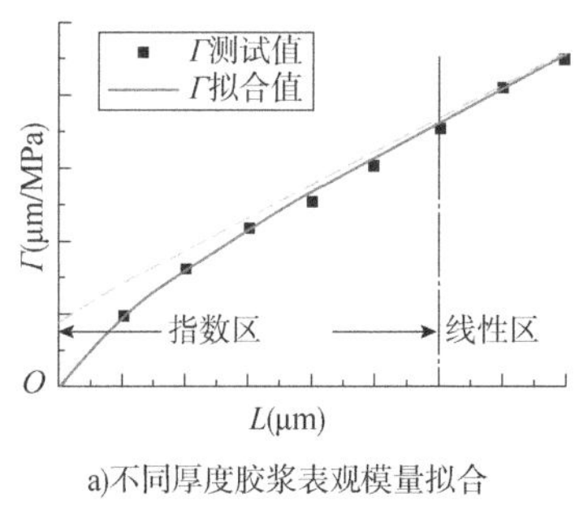

a)不同厚度胶浆表观模量拟合

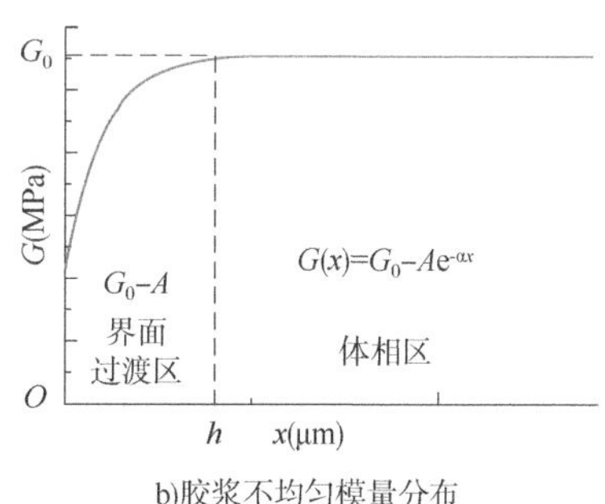

b)胶浆不均匀模量分布

图 4-20　胶浆-集料微观界面影响下胶浆流变模型示意图

将根据实测结果确定的模型参数代入式(4-9)所示的微观界面影响下胶浆模量分布模型中，可得到黏结于基板间的胶浆模量空间分布，如图 4-20b)所示。基板附近胶浆模量从界面胶浆模量(G_0-A)向体相胶浆模量 G_0 显著变化，但随着与基板的距离增大而逐渐稳定于体相胶浆模量 G_0。当与基板距离超过某一临界值时，胶浆局部模量与体相胶浆模量的差值开始小于体相胶浆模量的 5%，此时从基板表面至该临界距离范围内的胶浆定义为“基于胶浆流变的界面过渡区”。尽管前面给出沥青/胶浆-集料界面过渡区的定义为受到界面显著影响区域内的沥青或胶浆,但微观界面可对沥青/胶浆不同性质造成不同程度的影响。基于微观界面影响下胶浆流变模型,采用基板间胶浆不均匀模量明确定义界面过渡区。

4.2.6 流变模型验证与界面参数性质

4.2.6.1 微观界面影响下胶浆流变模型的适用性验证

为验证微观界面影响下胶浆流变模型的适用性,以20℃不同荷载频率下DSR原装钢板间不同厚度70号基质沥青❶试样表观模量为例,模型函数 Γ 测试值与拟合值见图4-21。为清楚、直观地显示不同频率下的模型拟合结果,纵坐标采用对数坐标,可见模型函数能够很好拟合不同厚度胶浆的函数 Γ 测试值。当沥青厚度较小时,指数区内函数 Γ 快速增大并迅速进入线性区,说明沥青-基板界面影响衰减因子较大,使得函数 Γ 在试样厚度增加较小时沥青模量达到稳定状态;当沥青厚度较大时,线性区内函数 Γ 随着沥青厚度增加而线性增长。

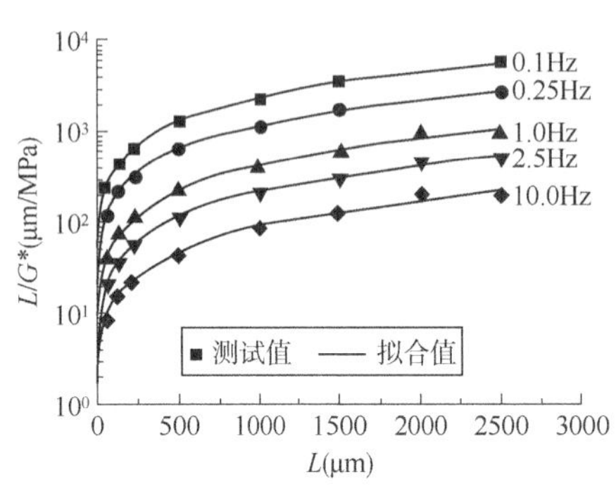

图4-21 不同频率作用下70号沥青表观模量函数 Γ 测试结果与拟合结果

不同荷载频率下函数 Γ 拟合参数如表4-5所示,可看出微观界面影响衰减参数随荷载频率增大而轻微增大,使得高频荷载作用下沥青-集料微观界面影响在较小范围内迅速衰减;体相沥青模量 G_0 与界面模量(G_0-A)显著增大,但表征界面沥青模量与体相沥青模量相对差异的界面影响率 R_1 仅呈现轻微的减小,说明界面沥青模量、体相沥青模量随频率的增大速率相近。

不同频率作用下70号沥青表观模量函数 Γ 拟合参数　　表4-5

模型参数	0.1Hz	0.25Hz	1.0Hz	2.5Hz	10.0Hz
α($\times10^{-3}\mu m^{-1}$)	20.35	20.13	34.33	34.39	34.48
A(MPa)	0.25	0.52	1.21	2.30	5.55
G_0(MPa)	0.45	0.94	2.41	4.64	11.40
(G_0-A)(MPa)	0.20	0.42	1.21	2.34	5.85
R_1(%)	55.97	55.30	49.93	49.53	48.68
决定系数 R^2	0.971	0.970	0.969	0.969	0.971

基于拟合得到的不同频率下的模型参数,相同厚度沥青试样具有不同的模量空间分布。以厚度2000μm沥青试样模量分布为例,不同频率下沥青模量的空间不均匀分布见图4-22,

❶ 胶浆与沥青性质相似,其流变特性主要由沥青决定,但胶浆膜厚受矿粉颗粒影响,沥青比胶浆更适合用来验证模型在指数区的准确性。

可见体相胶浆模量 G_0 与界面胶浆模量(G_0-A)均表现出随荷载频率的增大而显著增大,说明体相胶浆模量、界面胶浆模量具有典型沥青材料的频率依赖性。

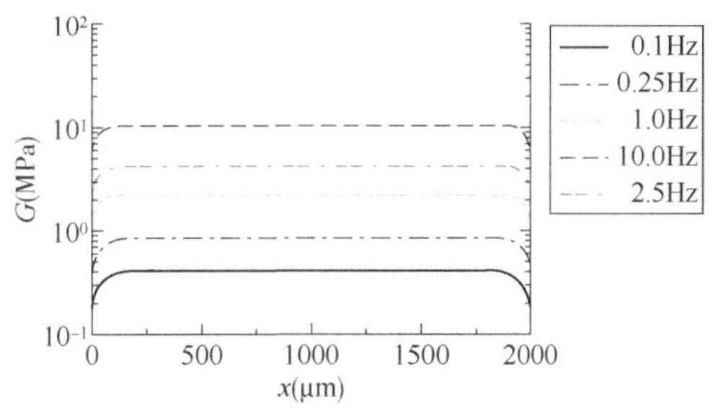

图 4-22 不同频率下 2000μm 厚度沥青试样模量不均匀分布

4.2.6.2 界面和体相胶浆模量的温度、频率依赖性

微观界面影响的界面胶浆模量、体相胶浆模量对温度和荷载频率具有一定的敏感性。不同温度和荷载频率作用下的界面胶浆模量、体相胶浆模量如图 4-23 所示,可见界面胶浆模量、体相胶浆模量均随温度升高而减小,随荷载频率的增大而增大。从图 4-23 发现界面和体相胶浆模量具有与典型沥青材料相似的温度和频率依赖性,推测能够应用时温等效原理,将不同温度和频率作用下的界面和体相胶浆移位至同一参考温度下,构建模量主曲线。

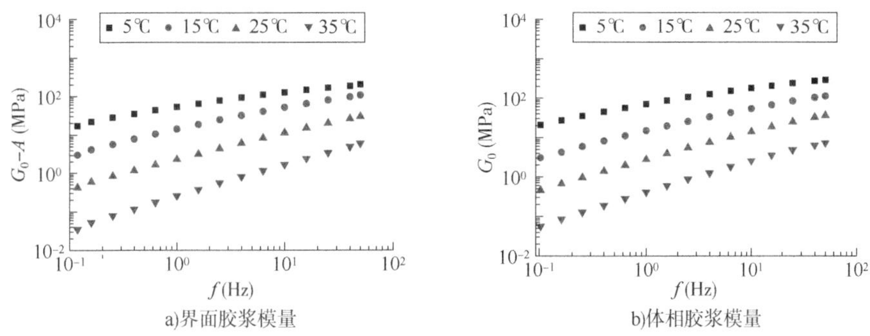

a)界面胶浆模量 b)体相胶浆模量

图 4-23 界面胶浆模量的温度和频率依赖性

以 25℃作为基准参考温度,对其他温度下的界面和体相胶浆模量进行平移,见图 4-24。可看出,不同温度下的界面胶浆模量、体相胶浆模量经过平移后形成一条首尾相连、连续光滑的模量主曲线,说明界面胶浆模量、体相胶浆模量为典型的黏弹性材料,均可通过时温等效原理得到参考温度下全频率范围内的模量主曲线。采用式(4-6)确定不同温度下的界面胶浆模量、体相胶浆模量向参考温度下的模量主曲线的移位量,采用式(4-3)拟合不同温度下的模量曲线的移位量[23],得到 25℃时界面胶浆模量、体相胶浆模量移位因子 WLF 拟合及参数 C_1、C_2,见图 4-24b),可看出不同温度下的移位因子能够较好拟合成 WLF 方程光滑曲线。

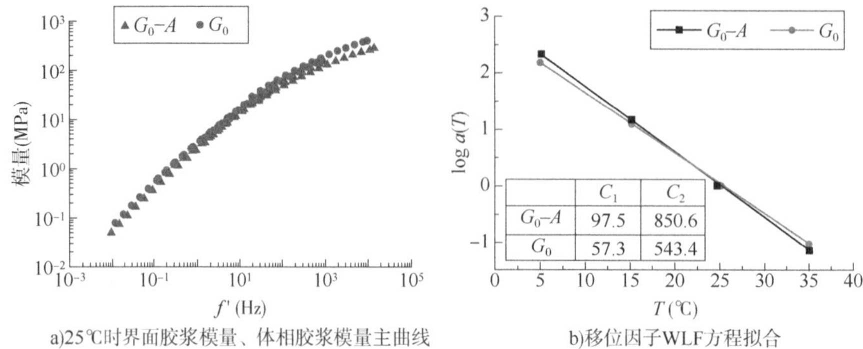

a)25℃时界面胶浆模量、体相胶浆模量主曲线　　b)移位因子WLF方程拟合

图 4-24　界面胶浆模量和体相胶浆模量主曲线

参考文献

[1] 刘志杨.沥青混合料水分扩散行为及多尺度损伤特性[D].哈尔滨:哈尔滨工业大学,2020.

[2] 交通部公路科学研究所.公路沥青路面施工技术规范:JTG F40—2004[S].北京:人民交通出版社,2004.

[3] American Society for Testing and Materials.Standard test method for determining the rheological properties of asphalt binder using a dynamic shear rheometer:ASTM D7175-15[S].West Conshohocken:American Society for Testing and Materials,2015.

[4] PETERSEN J,ROBERTSON R,BRANTHAVER J,et al.Binder characterization and evaluation volume 4: test methods [M]. Washington, D. C.: Strategic Highway Research Program,1994.

[5] ZHU X,YUAN Y,LI L,et al.Identification of interfacial transition zone in asphalt concrete based on nano-scale metrology techniques[J].Materials & Design,2017,129:91-102.

[6] HUANG S,ROBERTSON R,BRANTHAVER J,et al.Study of steric hardening effect of thin asphalt films in presence of aggregate surface[J].Transportation Research Record:Journal of the Transportation Research Board,1999,1661(1):15-21.

[7] ZHAI H,BAHIA H,ERICKSON S.Effect of film thickness on rheological behavior of asphalt binders[J].Transportation Research Record:Journal of the Transportation Research Board,2000,1728(1):7-14.

[8] RODRIGUES P,BATZLE M.Shear modulus of heavy oils:confinement effects in rheometer measurements[J].Fuel,2015,153:520-525.

[9] 龚湘兵.沥青路面材料多尺度域力学行为及统一模型[D].哈尔滨:哈尔滨工业大学,2017.

[10] 王元.集料-沥青胶浆界面粘结特性研究[D].哈尔滨:哈尔滨工业大学,2015.

[11] HUANG S,ROBERTSON R.Rheology of thin asphalt films in contact with aggregate[J].

Road Materials and Pavement Design,2006,7(2):179-199.

[12] HUANG S,BRANTHAVER J,ROBERTSON R,et al.Effect of film thickness on the rheological properties of asphalts in contact with aggregate surface[J].Transportation Research Record:Journal of the Transportation Research Board,1998,1638(1):31-39.

[13] RODRIGUES P.Shear modulus of heavy oils,rheometer measurements:confinement effect and amplitude dependence[R].Golden,Colorado:Colorado School of Mines,2014.

[14] DONG Z,LIU Z,WANG Y,et al.Effects of aggregates mineralogy on rheology of asphalt mastics by effects of aggregates mineralogy on rheology of asphalt mastics[R].Washington,D.C.:Transportation Research Board,National Research Council,2017.

[15] STONE A.The theory of intermolecular forces[M].Oxford:Oxford University Press,2013.

[16] MACK C.Physical properties of asphalts in thin films[J].Industrial & Engineering Chemistry,1957,49(3):422-427.

[17] RAMAMURTHY A.Wall slip in viscous fluids and influence of materials of construction[J].Journal of Rheology,1986,30(2):337-357.

[18] HUANG S,ROBERTSON R.Rheology of thin asphalt films in contact with aggregate[J].Road Materials and Pavement Design,2006,7(2):179-199.

[19] 吴建涛,刘泉,韩伟鹏.膜厚度对沥青流变性能的影响研究[J].建筑材料学报,2017,20(2):300-304.

[20] CHOW M,ZUKOSKI C.Gap size and shear history dependencies in shear thickening of a suspension ordered at rest[J].Journal of Rheology,1995,39(1):15-32.

[21] LIN Y,WANG W,ZHU H,et al.Size effect of the parallel-plate geometry on the rheological behavior of bentonite suspensions[J].Journal of Rheology,2020,64(1):111-117.

[22] YOSHIMURA A,PRUD'HOMME R.Wall slip corrections for couette and parallel disk viscometers[J].Journal of Rheology,1988,32(1):53-67.

[23] WILLIAMS M,LANDEL R,FERRY J.The temperature dependence of relaxation mechanisms in amorphous polymers and other glass-forming liquids[J].Journal of the American Chemical society,1955,77(14):3701-3707.

第5章　沥青混合料细观组成及力学行为

沥青混合料是典型的颗粒状复合材料，细观尺度下粗集料形状、空隙形状及三维分布、粗集料骨架结构等细观结构特征同沥青混合料的材料性能息息相关。科学地描述沥青混合料细观结构参数是探究沥青路面材料细观尺度力学性能演变规律的关键。虚拟化建模方法与计算机辅助技术为描述沥青混合料细观结构特征提供了技术支撑[1]。

本章首先基于ICT断层扫描与体素分析方法，实现了沥青混合料细观结构参数分布特征分析：①以盒子分形维数评价粗集料二维轮廓、三维轮廓的起伏程度，以形状指标、棱角性指标及傅里叶级数讨论粗集料的形状、棱角性及纹理特征；②描绘粗集料骨架结构的三维传递路径，实现了沥青混合料各向异性的三维描述；③对比了沥青砂浆与沥青混合料空隙细观结构特征的异同，提出了等效划分二者空隙结构的临界空隙体积。其次，开发了适用于DSR试验的小尺寸沥青砂浆无损成型装置，实现了沥青砂浆在全温度/全频率范围内的流变性能测试与评价。最后，基于沥青混合料剖面的二值图像，进行了考虑不同级配的沥青混合料细观结构有限元模拟，分析了沥青混合料细观结构力学行为。

5.1　沥青混合料细观组分图像分割

5.1.1　数字图像分类

5.1.1.1　图像存储格式

常见的数字图像存储格式为JPG、BMP、GIF、PCX、TIF等。本研究所采用的格式为JPG、BMP。采用数码相机摄取的沥青混合料剖面图的存储格式为JPG，但经过了高倍率的压缩，丢失了一些肉眼不易察觉的数据，因而保存后的图像与原图有所差别，没有原图像的质量好。因此，该格式常用于图像获取、传输、打印。

BMP(Windows Bitmap)格式最早应用于微软公司推出的Microsoft Windows系统，是一种点阵式图形文件格式，它支持RGB Indexed-color、灰度和位图色彩模式。BMP格式几乎不压缩图像，图像质量较好，操作方便，所以在图像的处理阶段采用BMP作为唯一的处理格式。

5.1.1.2　彩色图像与灰度图像

按颜色分类，可以简单地把数字图像分为彩色图像、灰度图像两大类。灰度是指白色、黑色和各种深浅不同的灰色组成的一个由纯白到浅灰、中灰、深灰直至纯黑色的颜色系列。彩色是指黑、白以外的所有其他颜色，具有3种特性(对表面色来说是明度、色调和饱和度或彩度，对色光来说则相应为亮度、色调、饱和度)，人眼根据这3个特性分辨不同的彩色。灰度图像实际上是彩色图像在满足某种条件下的特殊表现[2]。

通过令灰度值为两个空间变量和一个光谱变量的函数,将其推广到多维,所得图像就是多光谱静止或视频图像。当将光谱采样限制在 3 个波段(对应于人类视觉系统敏感的红、绿、蓝光谱段)时,就是一般意义的彩色图像。彩色图像的颜色系统有 RGB、YIQ、HSI 等,其中最简单明了的是 RGB。RGB 代表“红色、绿色、蓝色”三原色,任何颜色都可由红色、绿色和蓝色以不同程度的混合来表示。在一张真彩色的位图中,每个像素包含一个 24 位值,称为 RGB“三色组”。这个 RGB 三色组由 3 个独立的 8 位的二进制样值组成,这些值代表 256 个亮度等级中的一个,与灰度图像相同。第一个样值是红色的亮度色阶,范围从 0(黑色)到 255(大红),依次类推。在 RGB 模式下,一种色彩是通过它所包含的红光、绿光和蓝光的数量来确定的。例如:在一个 24 位彩色图像中,纯红色以(255,0,0)表示,255 代表红色所能达到的最高等级,没有任何的绿色或蓝色。红色、绿色和蓝色数值的不同组合允许定义 2^{24}(超过 1600 万)种色彩。

灰度图是指只含亮度信息、不含彩色信息的图像。要表示灰度图像,就需要对亮度值进行量化。通常将亮度值划分为 0 到 255,共 256 个级别,0 为全黑,255 为全白。BMP 格式的文件中并没有灰度图这个概念,但是可以很容易地用 BMP 文件来存放灰度图,方法是用 256 色的调色板。这个调色板的特殊之处在于,每一项的 R、G、B 值都是相同的。(0,0,0)是全黑色,(255,255,255)是全白色,中间的是灰色(图 5-1)。

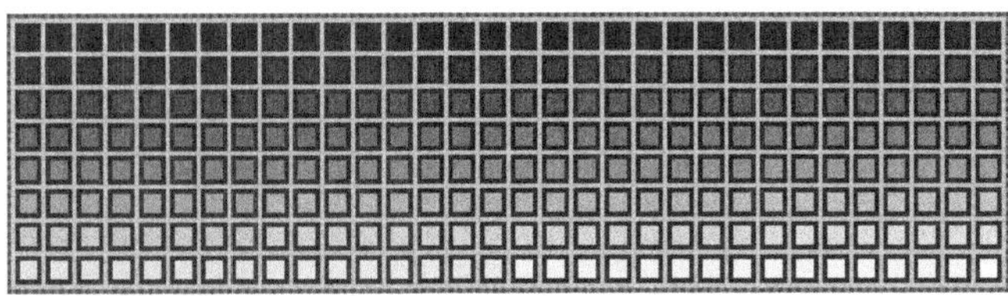

图 5-1　256 级灰度色调

灰度图像使用起来比较方便,原因在于:①R、G、B 三通道的值一样;②图像数据(即调色板索引值)就是实际的 R、G、B 的亮度值;③调色板有 256 色,所以图像数据的 1 个字节代表 1 个像素。如果是彩色的 256 色图,经图像处理后有可能产生不属于这 256 种颜色的新颜色。所以,图像处理一般采用灰度图像(图 5-2)。

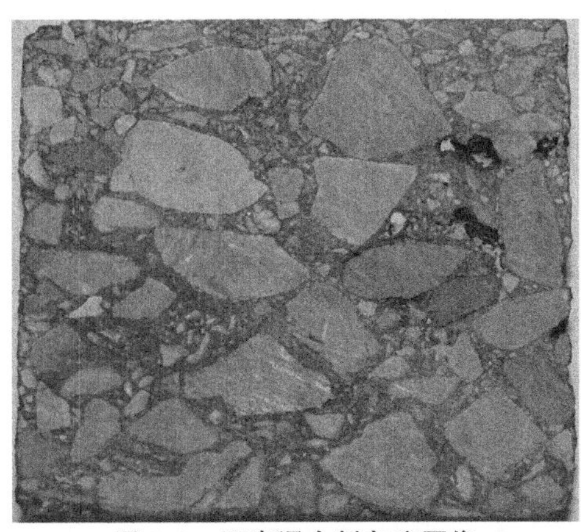

图 5-2　沥青混合料灰度图像

5.1.2 沥青混合料数字图像增强技术

数码相机摄取数字图像存在着一定的优势:可以直接预览,可以快捷传输。但得到的数字图像也存在着一些缺点:①由于数码相机分辨率的限制,获得的图像在较高分辨率下存在模糊的问题;②存在图像中心较亮而边缘偏暗的问题;③图像拍摄过程存在噪声,传输、处理时也会引入噪声,这些噪声可用特殊处理方法减弱或消除。

在沥青混合料数字图像处理的过程中,利用数字图像增强技术可以减弱或消除以上问题。图像增强技术的方法有两类:空间域法、频率域法。空间域法主要是在空间域中对像素灰度值进行运算处理,例如:对包含某点的一个小区域内各点的灰度进行平均运算,用所得平均值来代替该点的灰度值,即"平滑处理"。空间域法的图像增强技术可以用式(5-1)表示,用图5-3描述。

$$g(x,y)=f(x,y)h(x,y) \tag{5-1}$$

式中:$g(x,y)$——增强处理后的图像灰度函数;

$f(x,y)$——增强处理前的图像灰度函数;

$h(x,y)$——空间运算函数。

$$f(x,y) \xrightarrow{\text{增强函数}h(x,y)} g(x,y)$$

图 5-3 图像增强的空间域模型

图像增强的频率域法是在图像的某种变换域内,对图像的变换值进行运算,如:先对图像进行傅里叶变换,再对图像的频谱进行某种修改(如滤波等),最后将修正后的变换值逆变换到空间域,从而获得增强后的图像。可以用式(5-2)和图5-4来描述图像频率域增强技术的原理。

$$\begin{cases} F(x,y)=\varphi[f(x,y)] \\ G(x,y)=F(x,y)H(u,v) \\ g(x,y)=\varphi^{-1}[G(x,y)] \end{cases} \tag{5-2}$$

式中:$F(x,y)$——频率域增强处理前的图像灰度函数;

$H(u,v)$——滤波函数;

$G(x,y)$——频率域增强处理后的图像灰度函数;

φ——频率域变换。

$$f(x,y) \xrightarrow{\text{频域正变换}} F(x,y) \xrightarrow{\text{滤波函数}H(u,v)} G(x,y) \xrightarrow{\text{频域逆变换}} f(x,y)$$

图 5-4 图像增强的频域模型

通常采用空间域法作为理论方法,其涉及的图像增强技术分为直方图均衡技术、图像平滑滤波技术、图像锐化技术。

5.1.2.1 直方图均衡技术

灰度直方图是灰度级的函数,反映一幅图像中的灰度级与灰度级频率之间的关系。直方图的横坐标是灰度级,纵坐标是该灰度出现的频率。其数学表达式为:

$$p(s_k)=n_k/n \qquad k=0,1,\cdots,L-1 \tag{5-3}$$

式中：$p(s_k)$——k 级灰度出现的频率；

s_k——第 k 级灰度值；

n_k——第 k 级灰度像素个数；

n——图像总像素数。

沥青混合料图像直方图的特点为“双峰一谷”，这主要是因为：沥青混合料由集料、沥青组成，二者的灰度都服从正态分布，在图像上形成了双峰；而沥青、集料的灰度差别大，在两个峰之间形成了一个谷。所以沥青混合料的灰度图像动态范围小，不利于后续的阈值划分，故采用直方图均衡技术来改善图像质量。

直方图均衡处理的中心思想是把原始图像的灰度直方图从比较集中的某个灰度区间变成在全部灰度范围内的均匀分布，对图像进行非线性拉伸，重新分配图像的像素值，使一定灰度范围内的像素数量大致相同。这样，扩大了像素灰度值的动态范围，突出在原始图像中看不清楚的细节，从而达到了增强图像整体对比度的效果。一般步骤为：

①统计原始图像灰度级 s_k，计算各个灰度级的像素个数 n_k。

②由 $p(s_k)=n_k/n$ 计算原始图像灰度直方图。

③计算原始图像的累积直方图：

$$t_k=\sum_{i=0}^{k}\frac{n_i}{n}=\sum_{i=0}^{k}p_s(s_i) \qquad k=0,1,\cdots,L-1 \tag{5-4}$$

式中：t_k——k 级灰度出现的累积频率。

④对 t_k 进行取整计算。

⑤确定新的映射关系 $s_k \rightarrow t_k$。

⑥统计新图像的灰度级，并且计算出新的灰度图像 $p(s_k)=n'_k/n$。

通过直方图均衡化处理，从灰度图像来看，对比度加强，沥青和石料的灰度差异更明显；从直方图来看，灰度范围明显被拉宽，灰度分布更为均匀(图 5-5)。

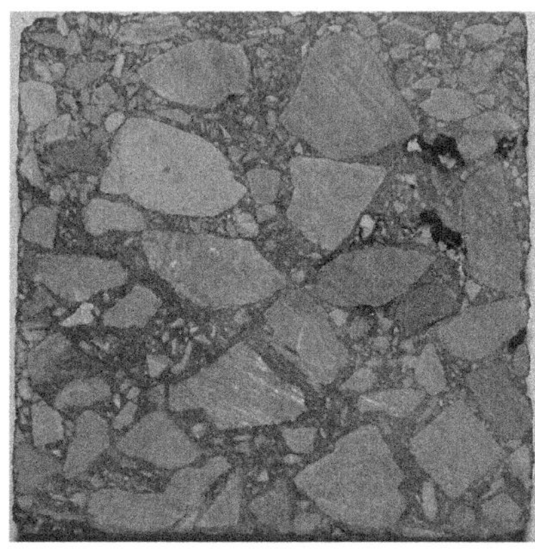

a)灰度图

b)直方图均衡化后

图　5-5

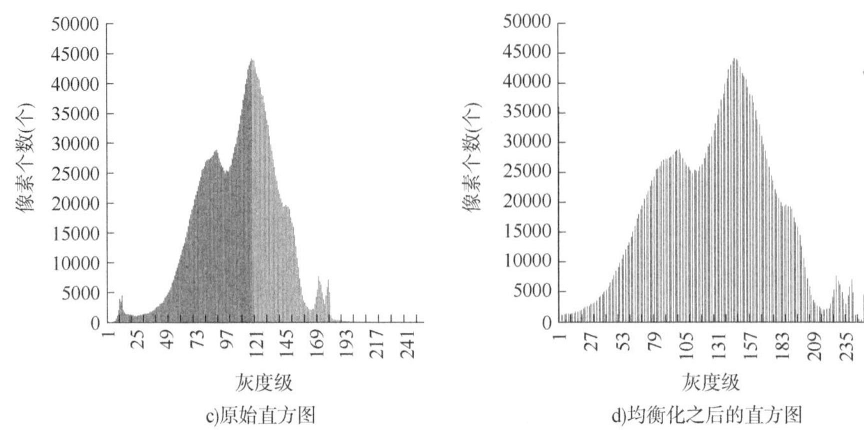

c)原始直方图　d)均衡化之后的直方图

图 5-5　直方图均衡技术

5.1.2.2　图像平滑滤波

一般情况下,图像的传送和转换过程会造成图像的降质。如:摄像时,光学系统失真、相对运动等造成的图像模糊;传输过程中的噪声污染,造成从图像中提取的信息减少甚至错误。沥青混合料数字图像中存在各种各样的噪声,噪声源为电子噪声、光电子噪声、记录噪声。图像平滑处理的目的是消除、降低噪声的影响。

大多数噪声在图像中表现为杂乱、不连续的高频信号。平滑滤波器能减弱或消除傅里叶空间的高频分量,但是不影响低频分量,从而在消除或减弱噪声的同时保留了原始图像的重要信息。平滑滤波主要分为均值滤波法和中值滤波法两种。

在数字图像处理过程中,集料边缘是重要的提取参数,影响着模型建立的准确性。均值滤波的最大缺点是不只去除干扰,还使图像的边缘变模糊,造成了视觉上的失真。如果既要消除噪声,又要保持图像的细节,可以使用中值滤波。中值滤波是一种非线性平滑滤波[3]。中值滤波对于消除孤立点和线段的干扰十分有用,针对二进噪声尤为有效,在消除噪声同时能够保护边界信息。对于细节较多的复杂图像(如沥青混料剖面图),还可以多次使用不同的中值滤波,然后综合所得的结果作为输出,这样可以获得更好的平滑效果和保护边缘的效果。

通过均值滤波、中值滤波的效果对比图(图 5-6)可以看出,中值滤波更符合沥青混凝土剖面图的处理要求,既保留集料的边缘信息,又消除了突出的噪点。

5.1.2.3　图像锐化技术

图像锐化技术主要用于突显图像的细节或边缘。图像边缘为高频信号,通常采用高通滤波的方法进行处理。但是,能够进行锐化处理的图像必须有较高的信噪比,否则处理后噪声大量增加。

理想的高通滤波传递函数如式(5-5)所示:

$$H(\mu,\nu)=\begin{cases}0 & D(\mu,\nu)\leqslant D_0\\1 & D(\mu,\nu)>D_0\end{cases}\tag{5-5}$$

式中:$H(\mu,\nu)$——高通滤波传递函数;

$D(\mu,\nu)$——从频率平面原点算起的频率(或距离);

D_0——从频率平面原点算起的截止频率(或截止距离)。

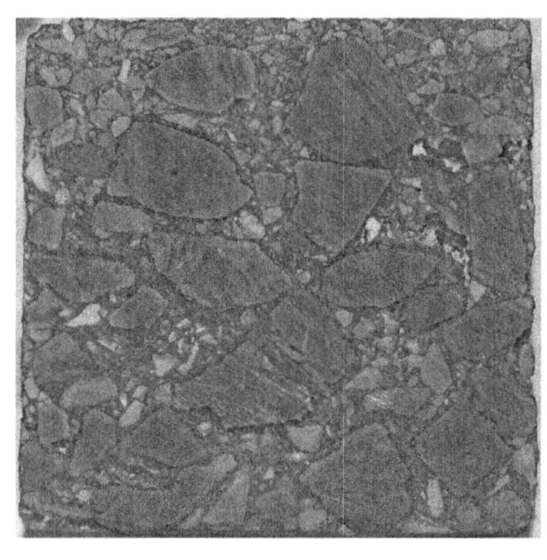
a)均值滤波

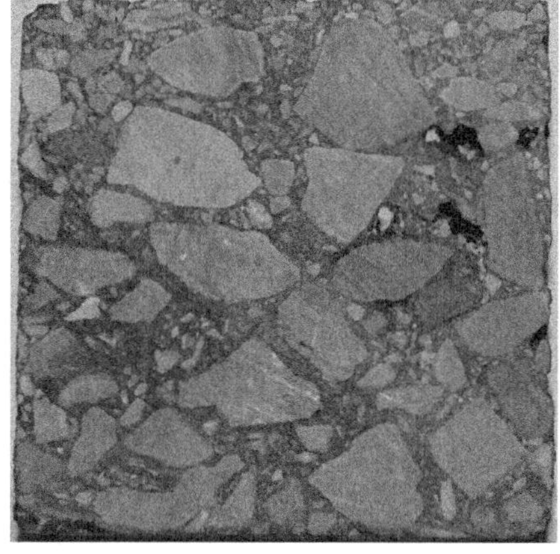
b)中值滤波

图 5-6　图像平滑技术对比

理想的高通滤波器可以将以 D_0 为半径的圆内的低频部分衰减掉,而圆外高频部分则可以无损通过,从而突出高频信号,即起到锐化边缘的作用。

一个 3×3 的高通空间滤波器见式(5-6)。若模板中心点对应具有较大灰度的像素,经滤波后,此像素与其旁边像素之间的灰度差异会被放大;反之,对灰度变化相当小的平滑区域,其输出将非常小。这个模板就是后面要用到的拉普拉斯边缘检测算子。

$$1/9\begin{bmatrix}-1 & -1 & -1\\ -1 & 8 & -1\\ -1 & -1 & -1\end{bmatrix} \tag{5-6}$$

如图 5-7 所示,图像经锐化处理之后,突出了集料的边缘信息,使得集料复杂的边缘得到了凸显和锐化,为图像的划分和边缘提取打下了基础。

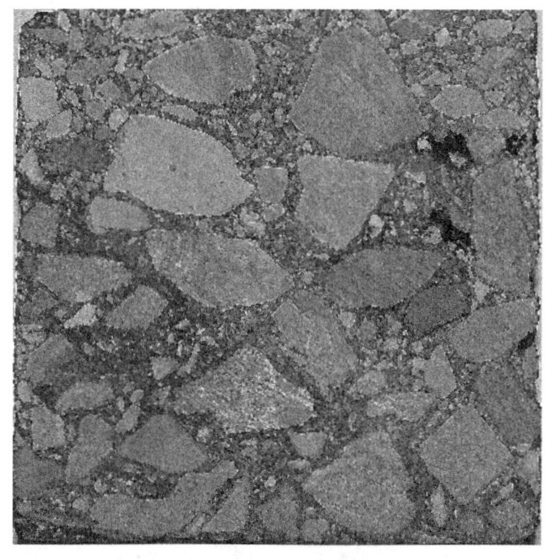
图 5-7　高通滤波图像锐化技术

5.1.3　沥青混合料数字图像阈值分割

将数字图像划分成互不相交(不重叠)区域,把物体从背景中检测、分离出来的过程,称为图像分割。一张图的不同区域的灰度一般具有不连续性,即灰度的阶跃变化形成了区域的边界。基于此特点,图像分割方法可分为 4 种:①阈值法,以阈值(特定的数值)为界划分物体与背景;②区域法,把各个像素划归到各个不同物体或区域中;③边界法,主要是确定存在于区域间的边界；④边缘法，先确定边缘像素，把它们连接在一起，构成所需的边界。

沥青混合料的数字图像中虽然集料颗粒多、形状复杂，但是与几近黑色的沥青、空隙相比，集料亮度较高。从直方图中可以看出，沥青混合料数字图像具有非常明显的双峰特性。基于此特点，沥青混合料数字图像的分割通常采用阈值法，因为阈值分割算法比较简单、处理速度比较快而且在实际应用取得了较好的分割效果。

5.1.3.1 阈值分割的原理

阈值分割的核心是阈值选取问题。图像中所有低于该阈值的像素将被赋值为0（黑色），而高于该阈值的像素被赋值为255（白色），最终生成二值图像。不论以何种方式选取阈值，单阈值分割后的图像可定义为：

$$g(x,y)=\begin{cases}255 & f(x,y)>T\\0 & f(x,y)\leqslant T\end{cases}\tag{5-7}$$

式中：$g(x,y)$——阈值分割图像；

T——像素阈值。

阈值获取方法大致可分为全局阈值法、局部阈值法。全局阈值法是对整幅图像仅用一个阈值分割，一般以图像的灰度直方图为依据，可以采用点相关技术产生阈值，如早期的基于误差设定的P-tile法和双峰法。局部阈值法是将一幅图像分割为若干张子图像，对每一幅子图像分别设定阈值。子图像的阈值可以用求全局阈值的方法得到。本研究采用全局阈值法进行分割。

5.1.3.2 图像阈值分割

选取阈值的方法有灰度平均值法、状态法、迭代法、基于最小误差理论的双峰（2-Mode）法、基于最大方差理论的大律法、最佳熵自动阈值法等。

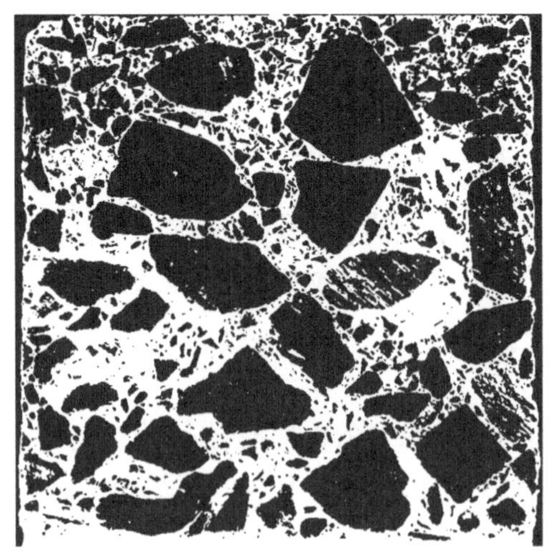

图5-8 阈值分割

状态法是人工指定阈值的方法。由于人的主观因素影响较大，一般情况下不采用此方法。但沥青混合料的灰度图像具有“两峰夹一谷”的特点，所取阈值大都在一个范围内，所以状态法也是可用的。基于状态法快捷、易实现的特点，本研究采用状态法作为阈值划分的手段。对于经过图像增强之后的沥青混合料灰度图像，在波谷处选择一个灰度作为阈值，划分的二值图像见图5-8。由于沥青混合料的集料分布无规律、边缘复杂、细集料颗粒不均匀等特点，导致分割的图像存在若干质量问题，需要做进一步的处理。

5.1.4 数学形态学

阈值划分过程中,由于同一集料表面的灰度并不均匀,导致二值图像中集料表面出现空隙,而且细集料间的灰度相近,边缘不突出,使集料与集料间产生连接。采用数学形态学可以消除或减弱上述现象。数学形态学[4]是近几十年来发展迅速的一门建立在严格数学理论基础上的新兴学科,以几何特性、结构特性的定量描述与分析为主要研究内容,其基本思想和方法对图像处理的理论、技术产生了重大影响。二值腐蚀(Erosion)和膨胀(Dilation)是最基本的形态学运算,二者相互组合又形成了开运算(Open)与闭运算(Close)。

5.1.4.1 腐蚀与膨胀

腐蚀的定义为 $B\Theta S=\{x,y|S_{xy}\subseteq B\}=E$,其中 B 表示待处理的图像,S 为结构元素,E 为 S 对 B 腐蚀产生的点集。若 S 的原点位移到点集中的点(x,y),那么 S 将完全包含于 B 中。腐蚀是消除物体的所有边界点的过程,其结果是剩下的物体沿周边比原物体少 1 个像素。若两个物体之间有细小的连通,通过腐蚀运算可去除这些小而无意义的连通线,将两个物体分开。

膨胀的定义为 $D=B\oplus S=\{x,y|S_{xy}\cap B\neq\Phi\}$,其中 D 表示 S 对 B 膨胀产生的点集。若 S 的原点位移到点集中的点(x,y),那么它与 B 的交集为非空。膨胀是将与某物体接触的所有背景点合并到该物体中的过程,结果是使物体的面积增加了相应数量的点。膨胀可以用于填补分割后物体中的空洞。

腐蚀与膨胀的对比见图 5-9。

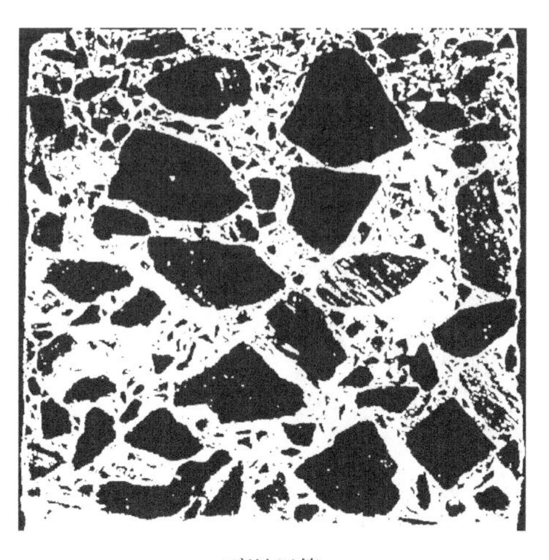

a)腐蚀运算　　b)膨胀运算

图 5-9 腐蚀与膨胀对比图

5.1.4.2 开运算、闭运算及图像形态学处理结果

开运算是先腐蚀后膨胀的过程,定义为 $B\circ S=(B\Theta S)\oplus S$。它具有消除细小物体、在纤细点处分离物体、平滑较大物体的边界时不明显改变其面积的作用。

闭运算是先膨胀后腐蚀的过程,定义为 $B \bullet S = (B \oplus S) \Theta S$。它具有填充物体内细小空洞、填补缝隙、连接邻近物体、在不明显改变物体面积的情况下平滑其边界的作用。

用数学形态学处理灰度图像的结果见图 5-10,可以看出灰度图像的数学形态学处理其实是对灰度图像进行图像增强的过程。由于沥青混凝土颗粒的数量多,而且图像分割后的图像颗粒粘连现象比较严重且不易分离,所以比较而言,采用数学形态学方法进行分别提取可以得到比较好的效果,具体实现方法就是对原始图像进行闭运算处理。形态学处理时使用面积滤波,除去细小颗粒,利用图像处理软件填充集料的空隙,完成沥青混合料的二值化(图 5-11)。

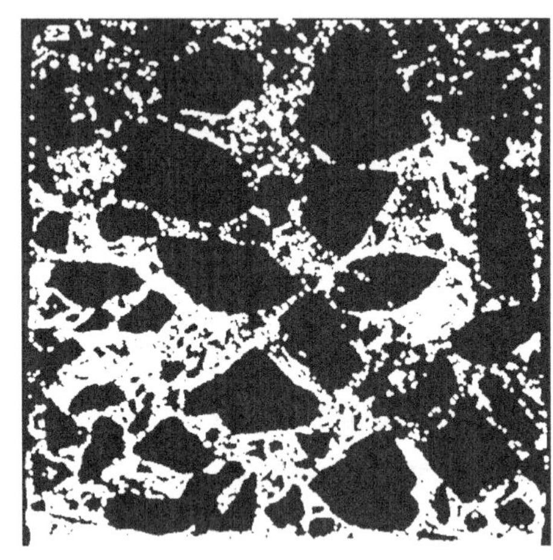

a)开运算

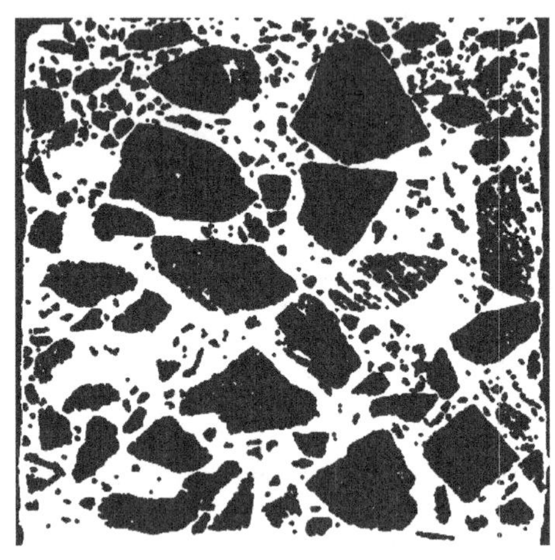

b)闭运算

图 5-10　开运算与闭运算对比

图 5-11　二值图像

沥青混合料数字图像集料参数采集主要是为了实现沥青、集料、空隙的细观结构构建和及分布特性量化。本研究将沥青混合料划分为两大组分,分别为 2.36mm 以上的粗集料以及

2.36mm以下的集料、矿粉、沥青形成的沥青砂浆。因此,集料的参数指的是粗集料的参数。本研究采用 AC-25、AC-30、ATB-25 三种级配的剖面图作为原材料,利用 IPP 软件提取粗集料的二维参数(周长、高度、宽度和面积)。

5.2　粗集料形貌及混合料骨架细观特征

5.2.1　粗集料轮廓起伏细观特征

采用 ICT 实现粗集料三维实体的虚拟化重构,相关试验设置如下:①粗集料粒径选用 26.5mm、19.0mm、16.0mm 及 13.2mm 共 4 种规格;②X 射线电压为 190kV,X 射线电流为 90μA;③几何放大比为 1.53,体素分辨率为 131.01μm;④360°旋转扫描采样 1000 次,单次采样存储 3 张原始图像并跳过第 1 张。

5.2.1.1　盒子分形维数

细观尺度下粗集料轮廓的起伏程度影响沥青混合料骨架的嵌挤效果,本研究采用盒子分形维数描述粗集料二维轮廓线与三维轮廓点阵的起伏程度(图 5-12)。基于 VGStudio Max 软件实现了粗集料 *xy*、*xz* 及 *yz* 投影面内的二维切片图提取,相邻两个切片的距离间隔为 0.13mm(体素分辨率)。粗集料的二维轮廓用轮廓线描述,粗集料的三维轮廓用表面点阵描述。为了满足三维轮廓描述精度的要求,三维点阵相邻顶点的间距设为 0.1mm。

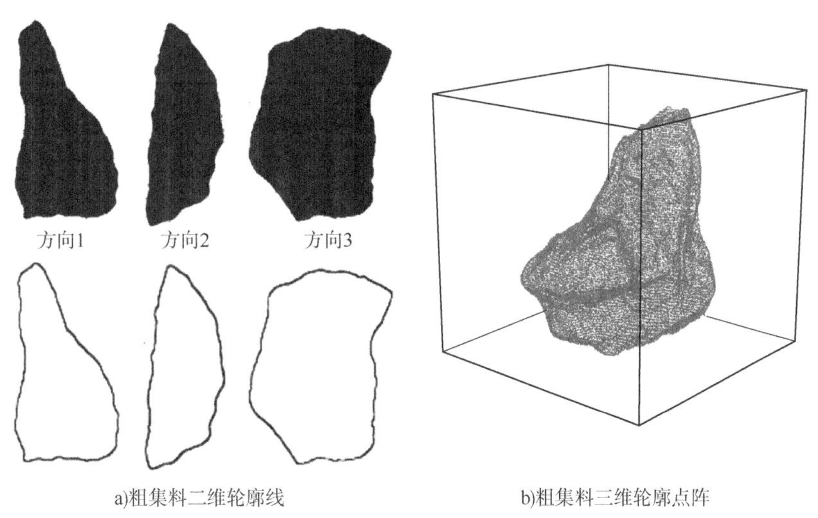

a)粗集料二维轮廓线　　b)粗集料三维轮廓点阵

图 5-12　粗集料二维轮廓线与三维轮廓点阵

5.2.1.2　二维轮廓

单颗粗集料二维轮廓的分形维数见图 5-13,横坐标为切片序号,越大表明集料粒径越大。整体来看,不同规格粗集料 3 个方向的二维轮廓分形维数基本呈现马鞍形分布:随着切片序号增大,分形维数出现第 1 个极值点;在切片序号中段,分形维数一直稳定在某一个值上下；当切片序号不断接近最大值时，分形维数达到第二个极值点，之后迅速减小。由此可见，粗集料的长轴、中轴、短轴端部皆存在轮廓起伏程度最大区域，间接表明粗集料细观表面轮廓较为复杂。由于集料顶部轮廓接近点分布，所以曲线端部的分形维数小于 1。对比来看，不同规格粗集料的分形维数分布存在一定的差异。13.2mm 粗集料的马鞍形分布最明显，其次为 16.0mm 粗集料、26.5mm 粗集料，最不明显的为 19.0mm 粗集料。13.2mm 粗集料与 16.0mm 粗集料在 3 个方向切片序号中段的分形维数差异较小。13.2mm 粗集料与 26.5mm 粗集料的 3 条分形维数曲线具有一定的波动性。其中，13.2mm 粗集料与 26.5mm 粗集料长轴方向切片的分形维数相对稳定，部分分形维数曲线均呈现一定的上升趋势。

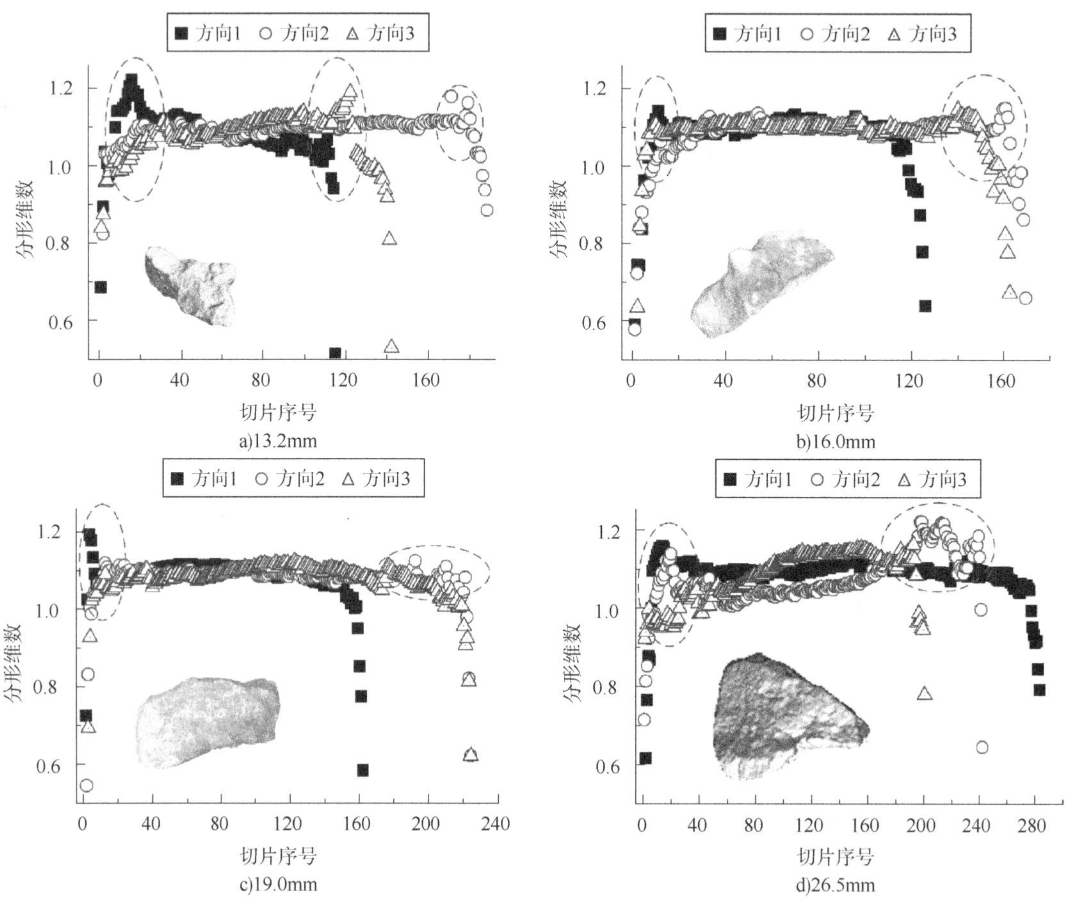

图 5-13 单颗集料二维轮廓分形维数

13.2mm 粗集料、16.0mm 粗集料、19.0mm 粗集料及 26.5mm 粗集料的 ICT 断层扫描试验样本数量分别为 12、8、10 及 7。由图 5-13 计算单颗集料在每个方向上的平均分形维数，所有样本 3 个方向二维轮廓平均分形维数见图 5-14。细观尺度下，粗集料表面轮廓分形维数随着平行件与投影方向的不同而波动。由此表明，粗集料表面轮廓的细观分布具有一定的随机性。箱形图中的端部点（99%分布点与 1%分布点）及竖线（标准差）表明 13.2mm 粗集料的分形维数离散性最大；26.5mm 粗集料的分形维数分布较为集中。

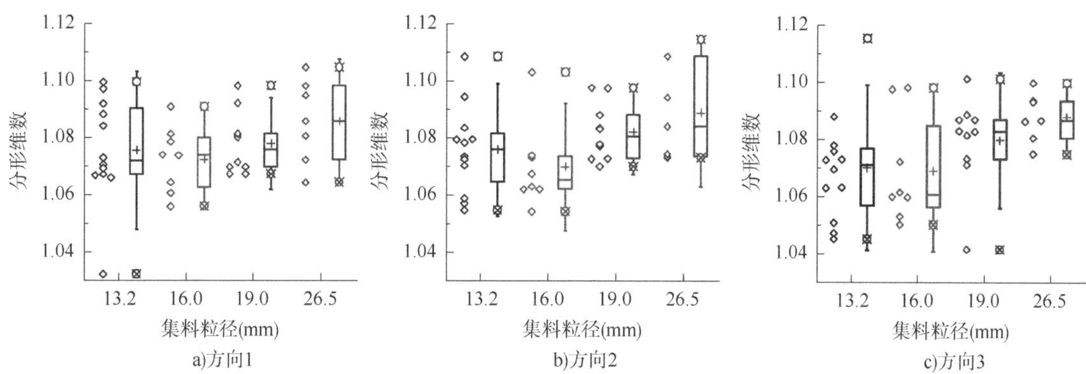

图 5-14　不同规格粗集料二维轮廓分形维数箱形图

所有试样分形维数的平均值见表 5-1。26.5mm 粗集料的平均分形维数最大,19.0mm 粗集料与 13.2mm 粗集料次之,16.0mm 粗集料最小。由此可见,26.5mm 粗集料表面轮廓起伏程度最大,16.0mm 粗集料表面轮廓起伏程度最小。因此,粗集料轮廓的起伏程度与粒径规格存在一定的关联。

不同规格粗集料二维轮廓分形维数平均值　　表 5-1

方向	13.2mm		16.0mm		19.0mm		26.5mm	
	平均值	标准差	平均值	标准差	平均值	标准差	平均值	标准差
方向 1	1.0755	0.0764	1.0724	0.0941	1.0778	0.0737	1.0857	0.0703
方向 2	1.0757	0.0772	1.0697	0.0945	1.0818	0.0802	1.0887	0.0587
方向 3	1.0709	0.0993	1.0698	0.1089	1.0804	0.0954	1.0886	0.0886

5.2.1.3　三维点阵

为了更真实地描述粗集料表面轮廓的起伏程度,以粗集料三维轮廓点阵为对象,本研究实现了粗集料三维轮廓盒子分形维数的计算。分形维数的计算步骤见图 5-15:①使用 VGS-tudio Max 软件,提取并导出单颗集料的 OBJ 格式文件;②读取 OBJ 文件顶点(Vertex)三维坐标并标记为 1;③将标记为 1 的盒子按三维坐标次序读入一定体积的空盒子内,构建三维目标矩阵 $\boldsymbol{P}$;④选择等分数($r=1,2,3,\cdots,60$)并计算相应的盒子尺寸,统计非空盒子总数量(N_r);⑤剔除离散数据点后,拟合直线并计算分形维数。

粗集料三维轮廓点阵分形维数分布如图 5-15 所示,与二维轮廓分形维数分布相比,二者既存在相同点也存在差异性。26.5mm 粗集料三维轮廓点阵分形维数离散性最大,其次为 13.2mm 粗集料,其他两组的分布则相对集中。此现象与二维轮廓分形维数所表现出来的离散程度存在一定的差异。此外,箱形图中的十字线代表平均值。如图 5-16 所示,4 种规格粗集料的三维轮廓点阵平均分形维数排序为:13.2mm 粗集料>19.0mm 粗集料>26.5mm 粗集料>16.0mm 粗集料。由此可见,无论是二维切片轮廓还是三维轮廓点阵,16.0mm 粗集料的轮廓起伏程度均最小,这与粗集料生产时的破碎方式有关。

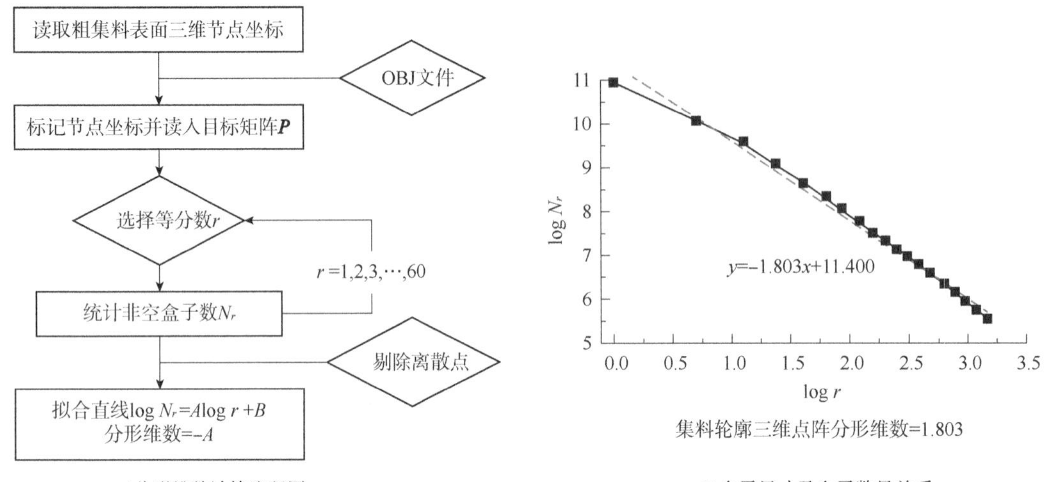

a)分形维数计算流程图　　b)盒子尺寸及盒子数量关系

图 5-15　集料三维轮廓点阵分形维数计算步骤

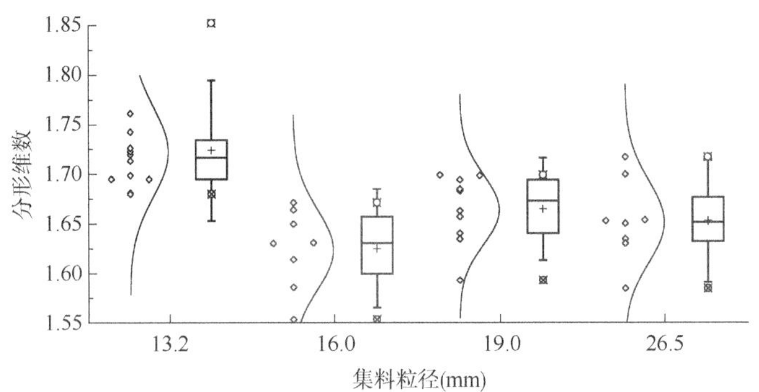

图 5-16　不同规格集料三维轮廓点阵分形维数箱形图

5.2.2　粗集料形状及棱角性

粗集料形状与棱角性决定了沥青混合料内粗集料间摩阻效果的优劣，因此采用形状指标[5]及棱角性指标[6]描述粗集料相关特征。

形状指标分为形状因子（Form Factor，F_f）、二维因子（2D Form Factor，$2D_f$）和球形因子（Spherical Factor，S_p）。

棱角性指标以半径法的棱角性因子（Radius Angularity，R_a）表征。

5.2.2.1　形状指标

F_f与$2D_f$属于二维指标，基于二维切片二值图的计算方法分别见式（5-8）及式（5-9）。S_p属于三维指标，基于ICT体素分析的计算方法见式（5-10）。

$$F_f=\frac{4\pi A}{P^2} \tag{5-8}$$

$$2D_f=\sum_{\theta=0}^{\theta=360-\Delta\theta}\frac{|R_{\theta+\Delta\theta}-R_\theta|}{R_\theta} \tag{5-9}$$

$$S_p = \sqrt[3]{\frac{d_s \times d_i}{d_l^{\,2}}} \tag{5-10}$$

式中：A、P——分别为粗集料颗粒面积、周长；

R_θ、$\Delta\theta$——分别为角度为 θ 时粗集料轮廓极坐标半径长度、角度增量；

d_s、d_i、d_l——分别为粗集料短轴长度、中轴长度、长轴长度。

F_f越接近 1，表明粗集料二维形状越接近圆形，相反则表明粗集料长、短轴间差值越大。$2D_f$等于 0，表明粗集料二维形状为圆形，$2D_f$越大表明形状越扁平。S_p越接近 1，表明粗集料三维形状越接近于球体，相反则表明粗集料针片状比例越高。相关指标的统计结果见图 5-17。

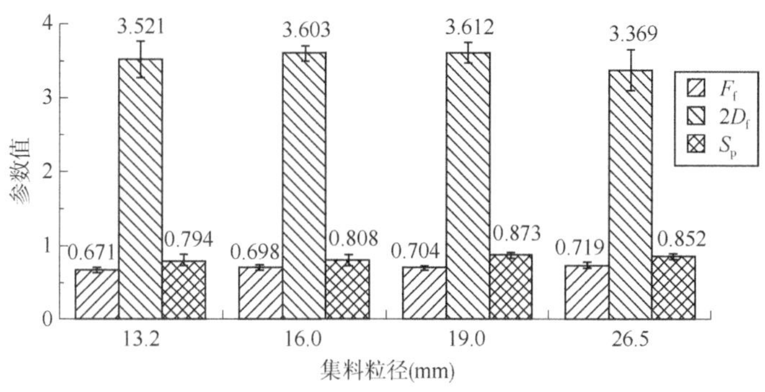

图 5-17　不同规格粗集料形状指标统计结果

可以看出，F_f与 S_p随着粗集料粒径的增大呈现一定的增大趋势：13.2mm 粗集料的 F_f与 S_p均为最小值，19.0mm 粗集料的 S_p与 26.5mm 粗集料的 F_f为最大值。由此表明，13.2mm 粗集料的针片状颗粒含量最高，随着粗集料粒径的增大，针片状比例有所降低。$2D_f$的最小值出现在 26.5mm 粗集料，其次是 13.2mm 粗集料。由此说明，25.6mm 集料的轮廓起伏程度最小，13.2mm 粗集料次之，16.0mm 粗集料与 19.0mm 粗集料轮廓起伏程度较大。

5.2.2.2　棱角性指标

粗集料棱角性可用粗集料轮廓偏离等效光滑轮廓的程度表征，其中，光滑轮廓指椭圆轮廓。该等效椭圆与粗集料区域具有相同的标准二阶中心矩，即面积、长轴长度、短轴长度、长轴倾角等指标皆相等（图 5-18）。在极坐标条件下，粗集料的棱角性指标（R_a）由式（5-11）得到。

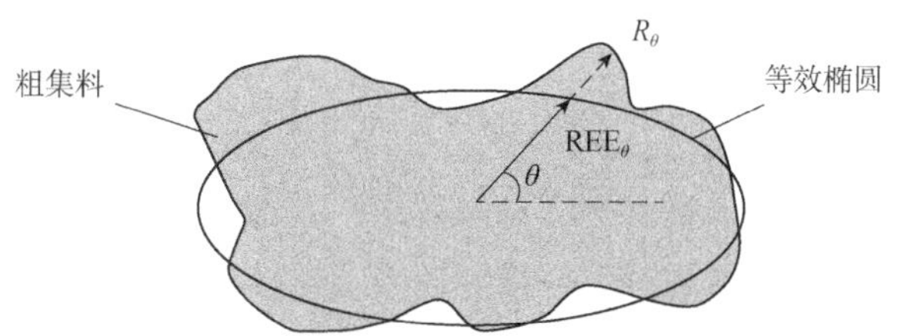

图 5-18　粗集料及等效椭圆极坐标示意图

$$R_a = \sum_{\theta=0}^{355} \frac{|R_\theta - \mathrm{REE}_\theta|}{\mathrm{REE}_\theta} \tag{5-11}$$

式中：R_θ——角度为 θ 时的粗集料轮廓极坐标半径长度；

REE_θ——角度为 θ 时的等效椭圆轮廓极坐标半径长度。

REE_θ的计算流程见图 5-19。计算过程中，角度离散为 0°～360°，增量为 1°。步骤如下：

①在等效椭圆长、短轴已知的条件下，基于椭圆极坐标公式计算以右焦点为原点的椭圆极坐标。在步骤①的效果图中，等效椭圆的右焦点与粗集料质心重合。

②由于等效椭圆与粗集料的质心坐标须重合，然而在极坐标下无法实现坐标点平移，因此将极坐标转换为直角坐标后，将原点移动至质心点。步骤②的效果图表明等效椭圆与粗集料质心已经重合。

③由于平移后极坐标角度值已经不满足整数值的要求，为了实现程序循环，用插值函数构建新的等效椭圆极坐标。步骤③的效果图表明等效椭圆形状已经恢复，且质心与粗集料质心重合。

④判断等效椭圆长轴倾角的正负，通过循环语句实现等效椭圆绕质心的旋转。步骤④效果图表明旋转后等效椭圆与粗集料长轴倾角一致。

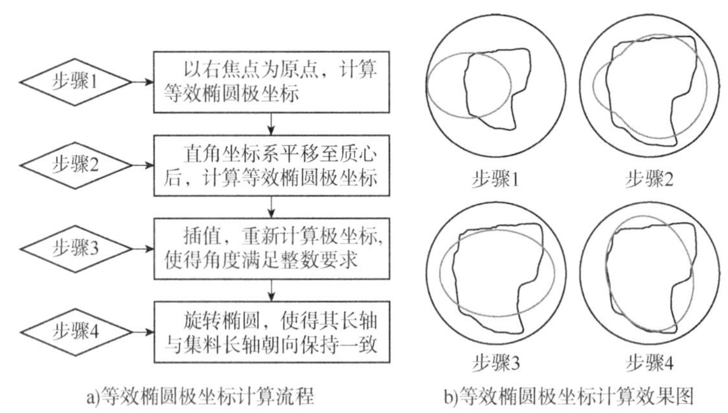

a)等效椭圆极坐标计算流程　　b)等效椭圆极坐标计算效果图

图 5-19　等效椭圆轮廓极坐标计算步骤

通过上述步骤，获得了等效椭圆的极坐标，棱角性指标计算结果见表 5-2。

粗集料棱角性指标计算结果　　表 5-2

棱角性指标	集料粒径(mm)			
	13.2	16.0	19.0	26.5
R_a	36.43	40.36	35.03	33.46
标准差	4.02	2.03	2.70	3.12

表 5-2 表明，R_a 由大到小的排序为：16.0mm 粗集料>13.2mm 粗集料>19.0mm 粗集料>26.5mm粗集料。由此可见，26.5mm 粗集料的棱角性最差，表面轮廓的起伏程度不如其他 3 组明显。16.0mm 粗集料的 R_a 最大，比最小值增加的幅度达 20.6%。虽然 26.5mm 粗集料及

19.0mm 粗集料的形状指标优于 16.0mm 粗集料及 13.2mm 粗集料，但 26.5mm 粗集料及 19.0mm粗集料的棱角性指标却相对较差。综上所述，粗集料细观形貌特征参数的变化十分复杂，表现为单一评价指标无法全面描述细观形貌参数差异，且粗集料细观形貌特征差异与沥青混合料力学性能间的关系仍待系统研究。

5.2.2.3　傅里叶级数评价指标

复杂曲线可分解为若干个周期的傅里叶级数的叠加，因此傅里叶级数适用于拟合粗集料的复杂轮廓曲线。以傅里叶级数表达的极坐标半径与角度的关系见式(5-12)，其系数 a_0、a_n及 b_n 分别由式(5-13)、式(5-14)及式(5-15)计算。数值积分后的 a_0、a_n 及 b_n 分别由式(5-16)、式(5-17)及式(5-18)计算。在粗集料轮廓极坐标已知的前提下，可求得傅里叶级数系数的数值积分近似解，将系数代入式(5-12)可得傅里叶级数拟合的粗集料轮廓。当 n 取不同值时，拟合轮廓与实际轮廓间的关系见图 5-20。n 值越大，拟合效果越佳。因此，本研究将 n 的值定为 180。

$$R(\theta) = a_0 + \sum_{n=1}^{\infty}\left[a_n\cos(n\theta) + b_n\sin(n\theta)\right] \tag{5-12}$$

$$a_0 = \frac{1}{2\pi}\int_0^{2\pi}R(\theta)\,\mathrm{d}\theta \tag{5-13}$$

$$a_n = \frac{1}{\pi}\int_0^{2\pi}R(\theta)\cos(n\theta)\,\mathrm{d}\theta \qquad n = 1,2,3,\cdots \tag{5-14}$$

$$b_n = \frac{1}{\pi}\int_0^{2\pi}R(\theta)\sin(n\theta)\,\mathrm{d}\theta \qquad n = 1,2,3,\cdots \tag{5-15}$$

$$a_0 = \frac{1}{2\pi}\sum_{\theta=0}^{2\pi-\Delta\theta}\left[\frac{R(\theta+\Delta\theta) + R(\theta)}{2}\right] \tag{5-16}$$

$$a_n = \frac{1}{\pi}\sum_{\theta=0}^{2\pi-\Delta\theta}\left[\frac{R(\theta+\Delta\theta) + R(\theta)}{2}\right]\times\left[\sin n(\theta+\Delta\theta) - \sin n\theta\right] \tag{5-17}$$

$$b_n = \frac{1}{\pi}\sum_{\theta=0}^{2\pi-\Delta\theta}\left[\frac{R(\theta+\Delta\theta) + R(\theta)}{2}\right]\times\left[-\cos n(\theta+\Delta\theta) + \cos n\theta\right] \tag{5-18}$$

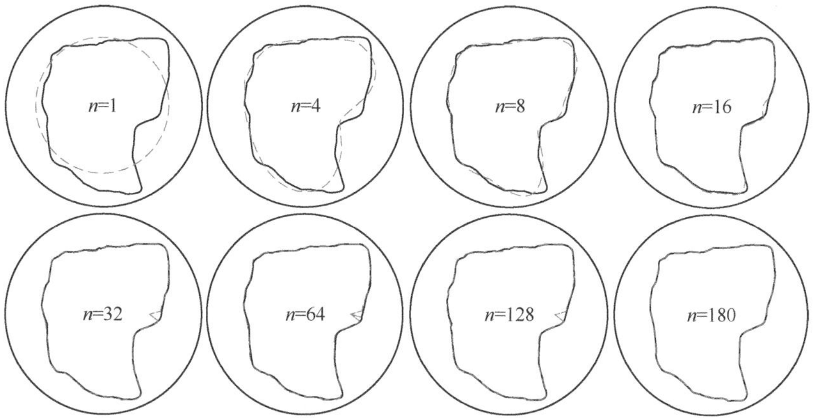

图 5-20　傅里叶级数拟合轮廓与 n 取值的关系

由傅里叶系数构成的傅里叶级数评价指标见式(5-19)。当 n 取 1~4 时,α_j 为形状指标(α_s);当 n 取 5~25 时,α_j 为棱角性指标(α_r);当 n 取 26~180 时,α_j 为纹理指标(α_t)。为了验证评价指标的合理性,Masade 等[6] 选取图 5-21 中的 A、B、C 三种相似图案进行分析。结果表明,傅里叶级数评价指标有效地区分了 A、B、C 的形状、棱角性及纹理差异。

$$\alpha_j = \sum_{n=1}^{180}\left[\left(\frac{a_n}{a_0}\right)^2 + \left(\frac{b_n}{a_0}\right)^2\right] \qquad j = s,r,t \tag{5-19}$$

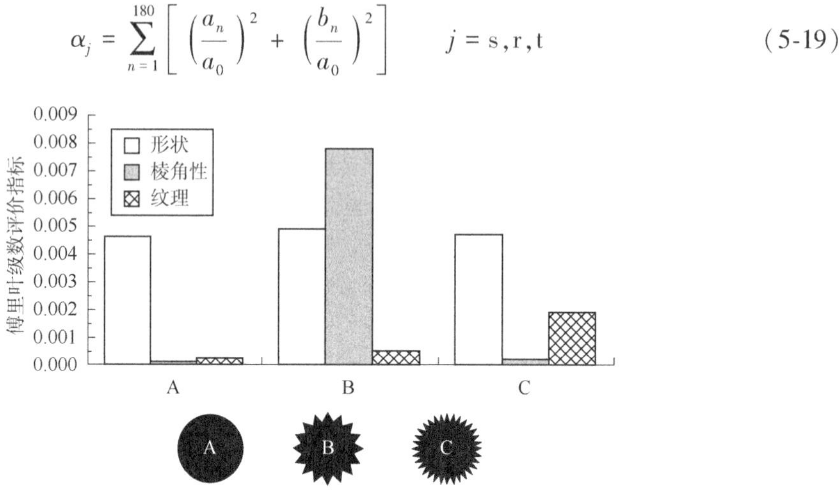

图 5-21 傅里叶级数评价指标有效性验证

图 5-22 表明,粗集料二维轮廓的傅里叶级数评价指标分布较为离散。由此可见,粗集料轮廓的起伏情况具有一定的离散性。Masad 等[6] 通过对比二维傅里叶级数与三维球调和级数的分析结果,认为当切片达到一定数量时傅里叶级数满足表征粗集料三维细观形貌的精度要求。因此,本研究采用容量较大的样本库来弥补数据离散性大的不足。3 个傅里叶级数指标的平均值见表 5-3。α_s 表明 16.0mm 粗集料与 19.0mm 粗集料的形状指标优于 13.2mm粗集料与 26.0mm 粗集料。α_r 表明 26.5mm 粗集料的棱角性指标最差,16.0mm 粗集料棱角性指标最佳,此现象与 R_a 所呈现的规律一致。α_t 表明 16.0mm 粗集料纹理指标最优,19.0mm 粗集料纹理指标最差。综上所述,粗集料细观形貌参数随粒径大小改变而波动,二者间存在着一定的关联。

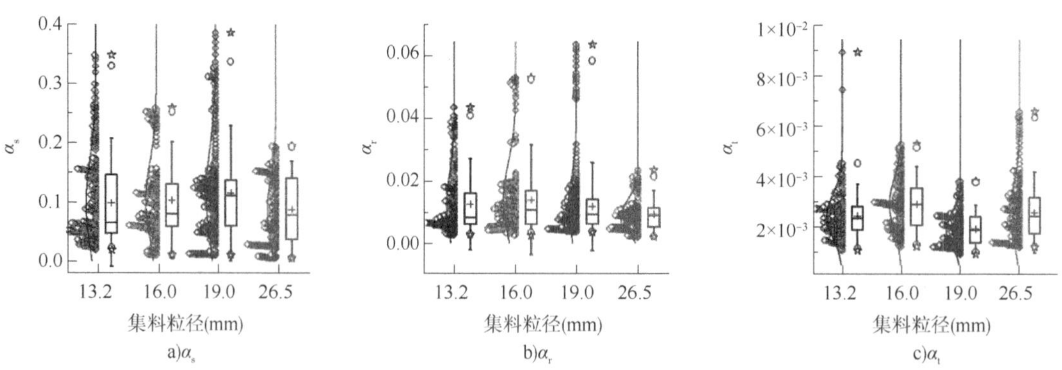

图 5-22 不同规格粗集料傅里叶级数评价指标箱形图

不同规格粗集料傅里叶级数评价指标平均值　　表 5-3

指标	13.2mm		16.0mm		19.0mm		26mm	
	平均值	标准差	平均值	标准差	平均值	标准差	平均值	标准差
α_s	0.0979	0.0723	0.1022	0.0660	0.1139	0.0763	0.0868	0.0546
α_r	0.0125	0.0098	0.0139	0.0119	0.0117	0.0095	0.0094	0.0050
α_t	0.00245	0.00085	0.00292	0.00100	0.00192	0.00064	0.00258	0.00108

5.2.3　混合料骨架细观结构特征

沥青混合料骨架结构是影响沥青路面材料极限强度与耐久性的关键指标之一,优良的粗集料骨架是沥青混合料材料设计的首要目标。本研究以沥青混合料数字虚拟化试件为基础,旨在探讨 6 种沥青混合料骨架结构分布的区别与联系。选用 6 种典型路用的沥青混合料级配,将其分别命名为 HMA-A、HMA-B、HMA-C、HMA-D、HMA-E 及 HMA-F,分别代表 AC-13、AC-20、AC-25、ATB-25、ATB-30 及 SMA-16,沥青混合料级配曲线见图 5-23。主要从以下三个方面开展研究:①粗集料骨架间隙率;②粗集料质心三维分布;③粗集料 Star Length Distribution(SLD)分布。

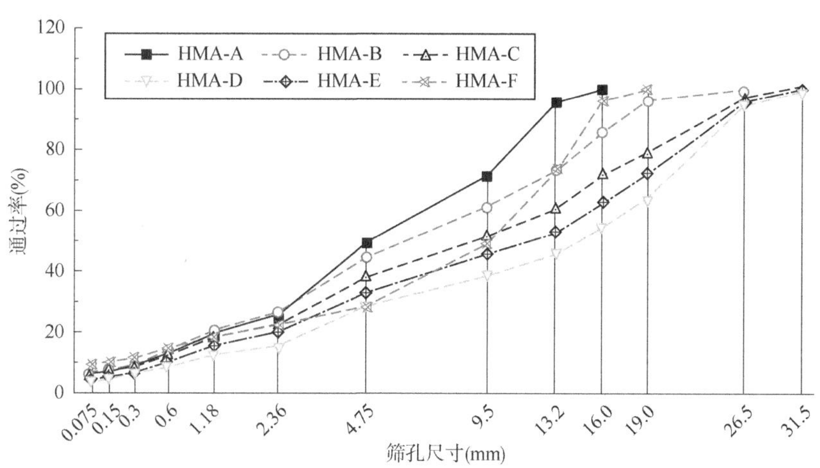

图 5-23　沥青混合料级配曲线

5.2.3.1　粗集料骨架间隙率

ICT 断层扫描所取的几何分辨率(体素分辨率)确定了沥青混合料内集料可被三维重构识别的最小粒径,因此本研究提出的粗集料骨架间隙率为剔除了所有空隙、沥青及 4.75mm 以下集料所占体积后的结果。以此法计算所得的骨架间隙的精度较高。骨架结构电子计算机断层扫描(Computed Tomography,CT)渲染效果见图 5-24。HMA-D 与 HMA-E 因最大公称粒径大于26.5mm,粗集料堆积现象明显。最大公称粒径小于或等于 19.5mm 的其他 4 组沥青混合料的粗集料骨架外观表现出一定的相似性。

粗集料骨架间隙率的分布图与统计结果分别见图 5-25、表 5-4。整体分析可知,粗集料骨架间隙率的波动性难以避免。造成此现象的原因在于试件尺寸代表性不足、捣实与插装离散性大、体积设计与质量控制矛盾等因素。除 HMA-A 之外,其他 5 组均满足变异系数小于 10%的要求。AC 类与 ATB 类的骨架间隙率与最大公称粒径成反比,骨架结构的形成同粗集料含量有一定的联系。AC 类混合料的粗集料间隙率波动相对较大,ATB 类及 SMA 类粗集料的间隙率相对较小。虽然 SMA 类粗集料的最大公称粒径(16mm)仅比 HMA-A 大,然而其粗集料骨架间隙率保持在一个中等水平。由此可见,SMA 类矿料级配所形成的骨架结构是其力学性能的有力保障。

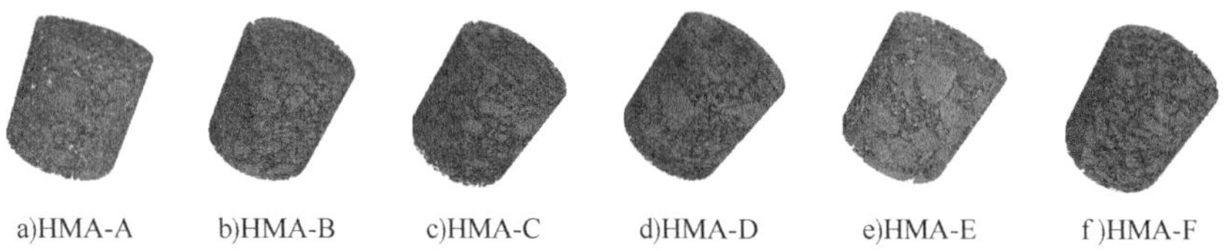

图 5-24　沥青混合料粗集料骨架 CT 渲染图

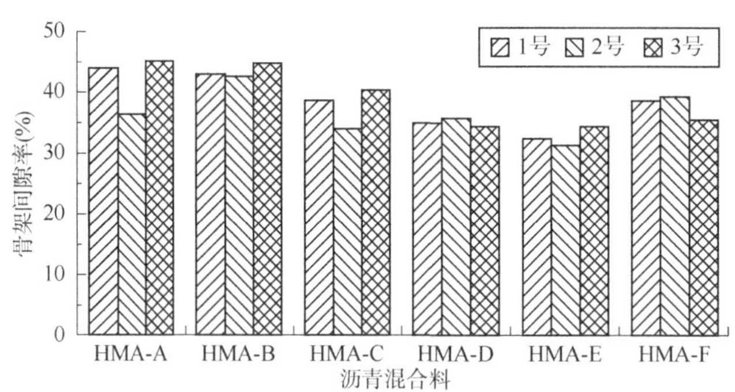

图 5-25　粗集料骨架间隙率分布图

粗集料骨架间隙率统计结果　　表 5-4

指　　标	沥青混合料					
	HMA-A	HMA-B	HMA-C	HMA-D	HMA-E	HMA-F
平均值(%)	41.8	43.4	37.7	35.1	32.7	37.8
标准差	4.7	1.1	3.3	0.7	1.6	2.1

5.2.3.2　粗集料质心三维分布

骨架结构的细观分布是描述沥青混合料细观结构的重要内容,尤其是三维结构方面的描述。如图 5-26 所示,本研究以粗集料质心三维走向为指标,分析 6 组沥青混合料粗集料骨架的三维分布,结果见图 5-27。三维质心走向由 ICT 径向切片图堆积而成,每张切片图取粗集料质心的平均坐标进行绘图。

图 5-27 中,节点表示该 xy 截面(水平)内所有粗集料(4.75mm 以上)质心的统计平均值,连接线表示 z 方向(竖向)相邻 xy 截面质心的走向趋势。z 方向相邻切片所代表的厚度

为0.12mm(体素分辨率)。图 5-27 表明,AC 类沥青混合料的粗集料质心三维分布离散程度明显大于 ATB 类与 SMA 类。其中,HMA-B 的质心偏移量最大,HMA-C 与 HMA-A 紧随其后。AC 为密级配类型,粗集料骨架受细集料挤压式填充的不利干涉,导致粗集料质心一定程度上产生了离散分布。除去个别截面,HMA-D 与 HMA-E 的质心分布比 AC 类更为集中。虽然 ATB 类的最大公称粒径大于 AC 类,但细集料的干涉程度低于 AC 类。值得一提的是,SMA 类的粗集料质心三维分布集中程度最高,基本分布于圆柱体试件竖向中心轴的附近。可见,SMA 类沥青混合料粗集料骨架结构的细观分布更为均匀。

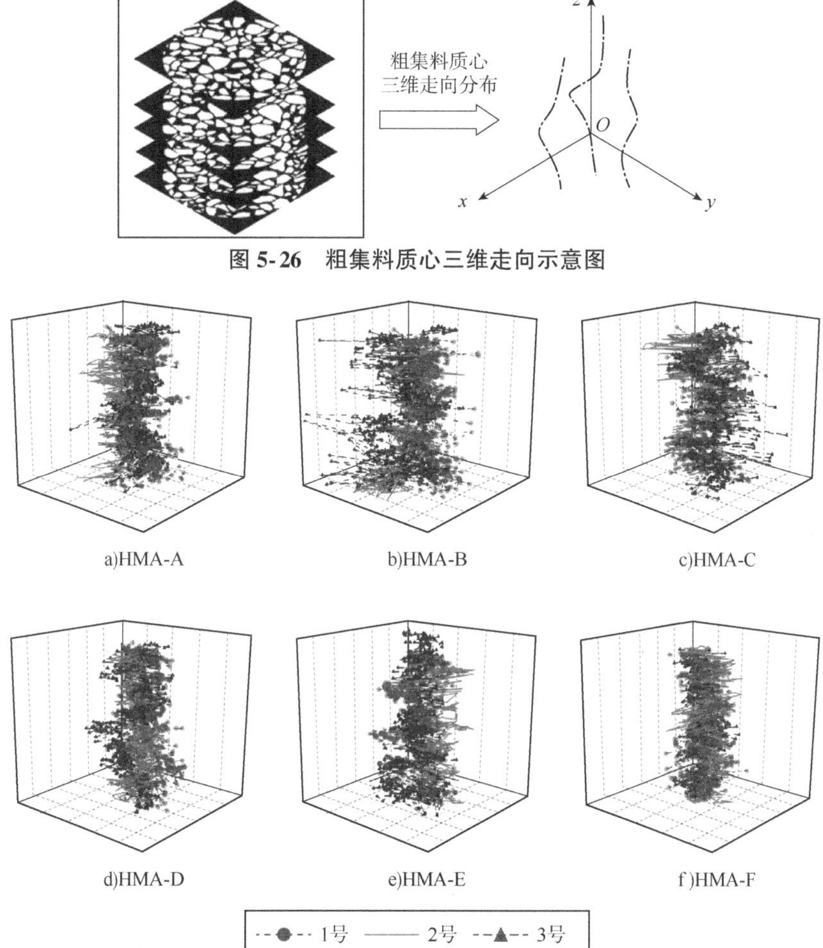

图 5-26　粗集料质心三维走向示意图

图 5-27　沥青混合料粗集料质心三维分布图(附彩图)

5.2.3.3　粗集料 SLD 分布

沥青混合料内部构造是揭示沥青混合料力学性能本质差异的突破口,粗集料骨架结构的三维分布是该领域重要的研究内容。由于粗集料的复杂轮廓与空间分布的随机性,刻画骨架结构的三维分布需要一个科学有效的评价方法。SLD 分布是评价复合材料两相乃至三相材料组分分布的手段,其选点的随机性满足描述骨架分布的要求。随着 ICT 断层扫描的引入,二维 SLD 分布方法被成功扩展为三维 SLD 分布方法。Odgaard 等[7]研究认为复合材料力学性能各向异性的方向与材料组成各向异性的方向一致,对比不同的分布计算结果认为 SLD 分布评价指标与复合材料各向异性的相关性最佳。Bhasin 等[8]采用 SLD 分布研究了沥青混合料中沥青胶浆的分布规律,认为粗集料的加入增大了沥青胶浆的各向异性度,细集料与沥青的加入使得沥青胶浆更接近均匀性材料。由此可见,三维 SLD 分布是评价复合材料组分细观分布特征的有效方法。

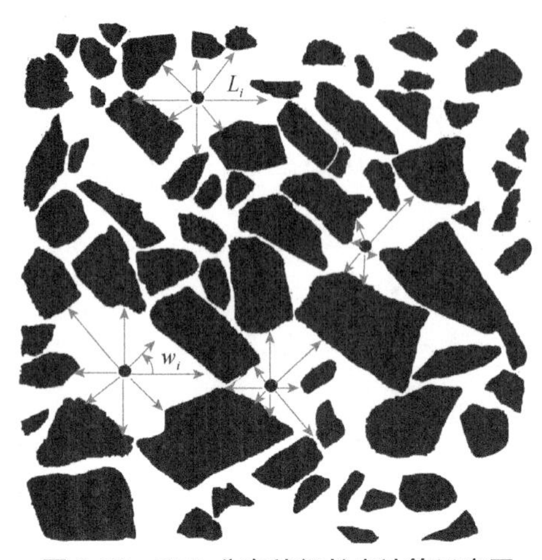

图 5-28　SLD 分布特征长度计算示意图

1)SLD 分布基本原理

SLD 分布的关键问题在于计算特征长度(Star Length),计算示意图见图 5-28。首先,对输入的截面图选取感兴趣区域并实现二值化,黑色粗集料轮廓为被识别对象;其次,在非粗集料的白色区随机选择 n 个节点;最后,以节点为原点投射方向为 w 的射线,当射线被粗集料轮廓截断时计算距离 L。特征长度 S 的计算方法见式(5-20)。当输入图片为 ICT 批量导出的切片堆积图时,w(rad)为球坐标,SLD 分布此时表现为三维形式。所有长度单位以像素点个数等效表征。

$$S_w = \frac{1}{n}\sum_{i=1}^{n} L_i(w) \tag{5-20}$$

式中:S_w——w 方向上特征长度的平均值;

$L_i(w)$——w 方向上节点 i 至集料轮廓的距离;

w、i、n——分别为取样方向、随机节点编号、随机节点总数。

Quant3D 程序由 Ketcham[9]编译,用于计算 SLD 分布特征长度随方向的分布结果,程序操作界面及计算结果见图 5-29。Quant3D 程序输入的是沥青混合料 xy 截面切片堆积图。本研究导入图片的体素分辨率为 0.12mm。Quant3D 程序给出特征长度的三维玫瑰图及相关评价指标的计算结果。

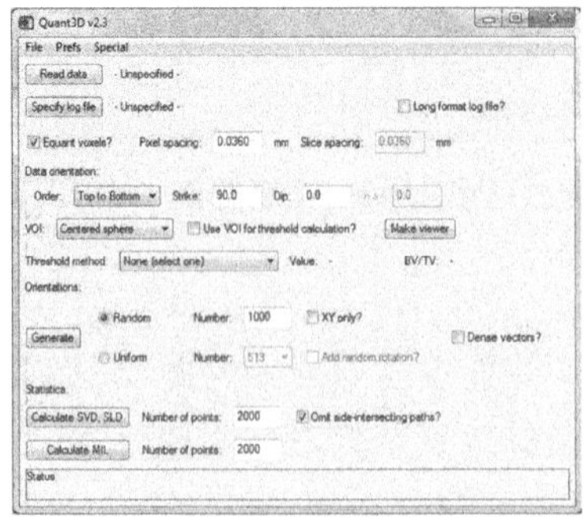

a)Quant3D程序界面

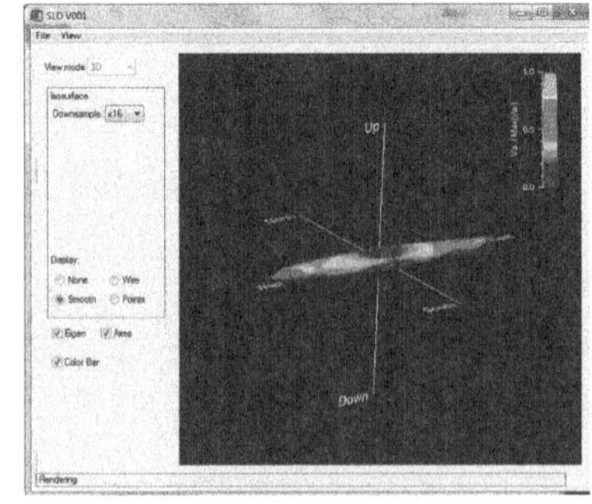

b)SLD分布特征长度玫瑰图

图 5-29　Quant3D 程序界面及计算结果示意图

2)SLD 分布评价指标

SLD 分布中的射线方向 w 可分别由极坐标与直角坐标定义。图 5-30 中,$\boldsymbol{a}_i$(单位向量)与 z 轴的夹角为余纬度 ϕ,$\boldsymbol{a}_i$ 在 xy 平面内的投影与 x 轴的夹角(逆时针)为经度 θ。由于只考虑半球方向,故 $0 \leqslant \theta \leqslant \pi/2$ 且 $0 \leqslant \phi < \pi$。方向为 w 的 $\boldsymbol{a}_i$ 在极坐标与直角坐标下的定义由式(5-21)给出。

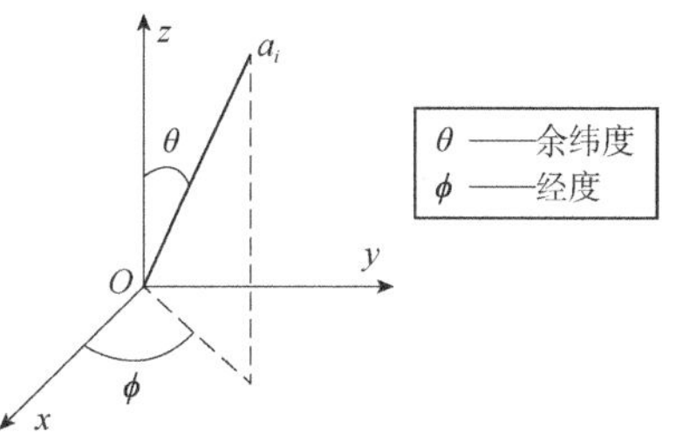

图 5-30　极坐标下的半球方向示意图

$$a_i = \begin{pmatrix} x_i \\ y_i \\ z_i \end{pmatrix} = \begin{pmatrix} \sin\theta \cdot \cos\varphi \\ \sin\theta \cdot \sin\varphi \\ \cos\theta \end{pmatrix} \tag{5-21}$$

虽然特征长度的三维玫瑰云图能可视化地描述 SLD 分布的形状信息,却无法定量对比与分析各组间的区别。因此,研究者提出了特征向量的概念。假设 N 个方向的 $\boldsymbol{a}_i$ 代表 N 个单位质量块的方向向量,对某条直线 Λ[直角坐标系下,方向为(λ,μ,ν)]的惯性二次矩 $\boldsymbol{I}_\Lambda$ 可由式(5-22)计算得到。

$$\boldsymbol{I}_\Lambda = \sum_{i=1}^{N} [\,|\Lambda(x_i \quad y_i \quad z_i)|\,]^2 = n - (\lambda \quad \mu \quad \nu)\boldsymbol{T}(\lambda \quad \mu \quad \nu)^{\mathrm{T}} \tag{5-22}$$

式中:$|\Lambda(x_i \quad y_i \quad z_i)|$——直线 Λ 到单位质量块(x_i,y_i,z_i)的距离;

(x_i,y_i,z_i)——单位质量块的坐标;

$\boldsymbol{T}$——方向矩阵,由式(5-23)定义。

$$\boldsymbol{T} = \sum_{i=1}^{N} \boldsymbol{a}_i \boldsymbol{a}_i^{\mathrm{T}} = \begin{vmatrix} \sum_{i=1}^{N} x_i^2 & \sum_{i=1}^{N} x_i y_i & \sum_{i=1}^{N} x_i z_i \\ \sum_{i=1}^{N} x_i y_i & \sum_{i=1}^{N} y_i^2 & \sum_{i=1}^{N} y_i z_i \\ \sum_{i=1}^{N} x_i z_i & \sum_{i=1}^{N} y_i z_i & \sum_{i=1}^{N} z_i^2 \end{vmatrix} \tag{5-23}$$

如果方向向量 $\boldsymbol{a}_i$ 的长度不为 1 而是 L_i,式(5-23)可替换为式(5-24),并称之为构造张量 $\boldsymbol{T}$。$\boldsymbol{T}$ 具有 3 个特征根及 3 个特征向量,特征向量方向及模长可间接表征复合材料的分布特性。沥青混合料颗粒状复合特性导致其各向异性不容忽视,由最大特征根($\hat{\tau}_1$)与最小特征根($\hat{\tau}_3$)比值定义的各向异性度(Degree of Anisotropy,D_{a})是评价沥青混合料各向异性的相关指标,计算方法见式(5-25)。

$$\boldsymbol{T} = \begin{vmatrix} \sum_{i=1}^{N} L_i^2 x_i^2 & \sum_{i=1}^{N} L_i^2 x_i y_i & \sum_{i=1}^{N} L_i^2 x_i z_i \\ \sum_{i=1}^{N} L_i^2 x_i y_i & \sum_{i=1}^{N} L_i^2 y_i^2 & \sum_{i=1}^{N} L_i^2 y_i z_i \\ \sum_{i=1}^{N} L_i^2 x_i z_i & \sum_{i=1}^{N} L_i^2 y_i z_i & \sum_{i=1}^{N} L_i^2 z_i^2 \end{vmatrix} \tag{5-24}$$

$$D_{\mathrm{a}} = \hat{\tau}_1 / \hat{\tau}_3 \tag{5-25}$$

5.2.3.4　分布评价指标分析

使用 Quant3D 程序计算了 6 种沥青混合料共计 18 个试件的构造张量、特征向量、特征值、各向异性度及特征长度玫瑰图。随机取样点数 $n = 1000$,射线方向 w 有 513 个。典型 SLD 分布评价指标的计算结果见表 5-5,6 种沥青混合料的特征长度玫瑰图见图 5-31。由表 5-5计算的 D_a 分布规律与统计结果分别见图 5-32、表 5-6。

典型 SLD 评价指标计算结果 表 5-5

构造张量	特征向量	特征值	各向异性度
$\begin{bmatrix} 0.3363 & -0.028 & 0.0312 \\ -0.028 & 0.3374 & -0.039 \\ 0.0315 & -0.039 & 0.3276 \end{bmatrix}$	(0.552 −0.608 0.571)	0.398	1.363
	(−0.810 −0.554 0.193)	0.310	
	(−0.199 0.569 0.798)	0.292	

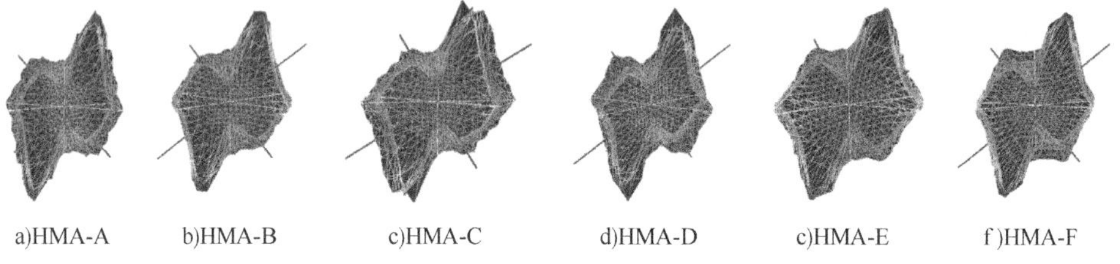

图 5-31 沥青混合料 SLD 特征长度玫瑰云图(附彩图)

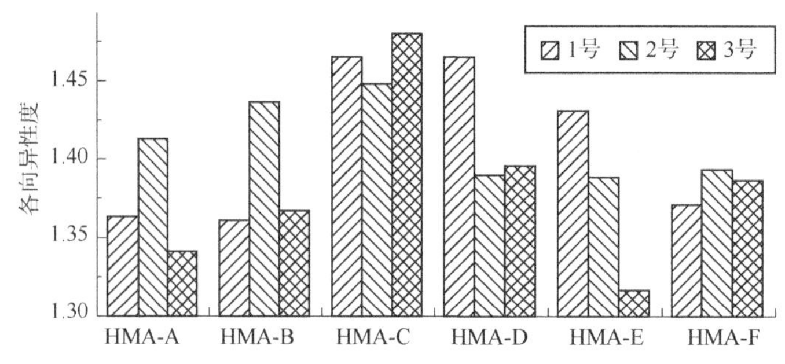

图 5-32 沥青混合料各向异性度分布图

沥青混合料各向异性度统计结果 表 5-6

指标	沥青混合料					
	HMA-A	HMA-B	HMA-C	HMA-D	HMA-E	HMA-F
平均值	1.372	1.388	1.464	1.417	1.378	1.384
标准差	0.037	0.042	0.016	0.042	0.058	0.012

整体分析,6 种沥青混合料粗集料骨架的特征长度玫瑰云图在形状上具有一定的相似性,皆表现为马鞍形分布。其中,中部为波谷,两侧为波峰。由此说明,空隙及细集料主要集中分布在试件的边缘。粗集料在试件的中部分布相对集中,使得该区域的特征长度较其他区域小。此外,特征长度也在一定程度上受级配类型的影响。HMA-C 与 HMA-E 的玫瑰云图较为狭长,HMA-A、HMA-B 及 HMA-D 如同 HMA-C 与 HMA-E 的缩小版,HMA-F 更为圆润。6 种沥青混合料玫瑰云图的区分度并不高,因此采用各向异性度(D_a)作为指标进一步对比分析 6 种沥青混合料的区别。

表 5-6 中 D_a 的标准差表明,所有对比组的变异系数均满足小于 10%的精度要求。从图 5-31 与表 5-6 可知,HMA-C 与 HMA-F 的分布离散程度最低。由此表明,SMA 类的骨架结构评价指标的波动程度最低。其他 4 组的波动程度明显高于前两组,标准差为最小值的 3 倍以上。对比组的 D_a 平均值排序如下:HMA-C>HMA-D>HMA-B>HMA-F>HMA-E>HMA-A。HMA-C 与 HMA-D 的 D_a 大于 1.400,其他 4 组的 D_a 在 1.380 附近浮动。随着粗集料粒径的增大,AC 类各向异性程度呈现明显的上升趋势。ATB 类的离散程度较大,因此其样本数量可适当增加。虽然 SMA 类级配粗集料含量高,但其粗集料骨架各向异性处于中等水平。

为了进一步理解各骨架结构评价指标间的关系,对比分析了 D_a 与其他骨架结构评价指标的对应关系,如图 5-33 所示。图 5-33 中,粗集料质心坐标为图 5-27 中 xy 截面内所有点的(x,y)坐标平均值。D_a 与骨架间隙率的关系可用多次项函数描述,存在某个 D_a 值使得其骨架间隙率达到极小值。D_a 与粗集料质心坐标的关系由气泡图表示,圆点半径越大表示其 D_a 值越大。结果表明,较大 D_a 值趋向于分布在 xy 截面的边缘。由此说明,D_a 与粗集料偏心式不均匀分布存在着明显的关联。

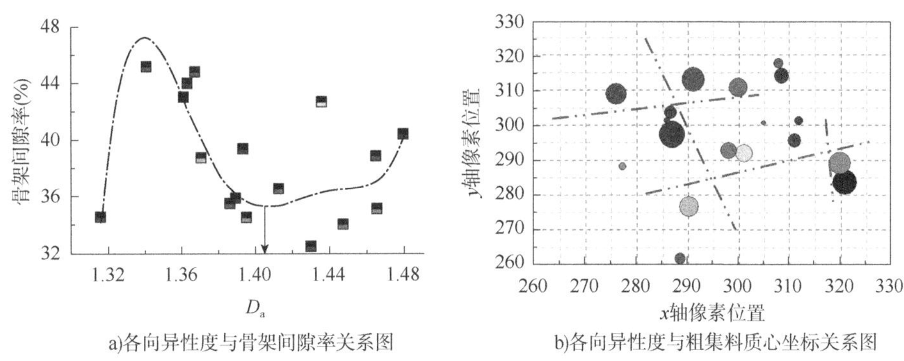

图 5-33　各向异性度、骨架间隙率及粗集料质心坐标间的关系

5.3　空隙细观形貌及空间分布

空隙细观结构特征是决定沥青路面使用性能与耐久性的重要因素。全方面地描述空隙体积、形状及空间分布是构建沥青混合料多尺度模型的关键步骤。通过对比分析沥青砂浆(Fine Aggregate Matrix,FAM)与沥青混合料空隙结构的区别与联系,提出了 6 种沥青混合料关键空隙尺寸的划分阈值——临界空隙尺寸。其中,沥青砂浆的最大集料粒径设定为 1.18mm,6 种沥青混合料级配相应的沥青砂浆级配通过保持细集料比例固定计算可得。12 组级配曲线见图 5-34,沥青砂浆按级配粗细的排序为:FAM-F<FAM-E<FAM-C<FAM-A<FAM-B<FAM-D。

5.3.1　临界空隙尺寸

沥青混合料及其相应的沥青砂浆空隙率分布见图 5-35。与沥青砂浆所呈现的规律相似，沥青混合料的空隙率大小同沥青含量、级配的关系密切。ATB类沥青混合料的空隙率与其沥青含量成反比，AC类沥青混合料的空隙率与其沥青含量成正比。由于AC类沥青混合料的沥青含量差异并不大，所以AC类空隙率受沥青用量的影响不明显。相关研究表明，2.36mm集料对骨架结构的紧密堆积具有一定的干扰。其中，2.36mm筛孔的分计筛余排序为：HMA-A>HMA-B>HMA-C。由此可见，过多的2.36mm集料将增大AC类沥青混合料的空隙率。由于大体积空隙的引入，沥青混合料的空隙率波动范围大于沥青砂浆。除B组与D组以外，沥青砂浆的空隙率基本维持在2%左右。沥青混合料的空隙率在4%~14%范围内波动，涵盖了典型路用沥青混合料的空隙率设计范围。沥青砂浆空隙率在B组与D组出现异常增加的现象，表明沥青含量是沥青砂浆空隙率的首要影响因素。由此可见，沥青含量越低，沥青混合料中的中小型空隙数量越多，沥青砂浆空隙率越大。

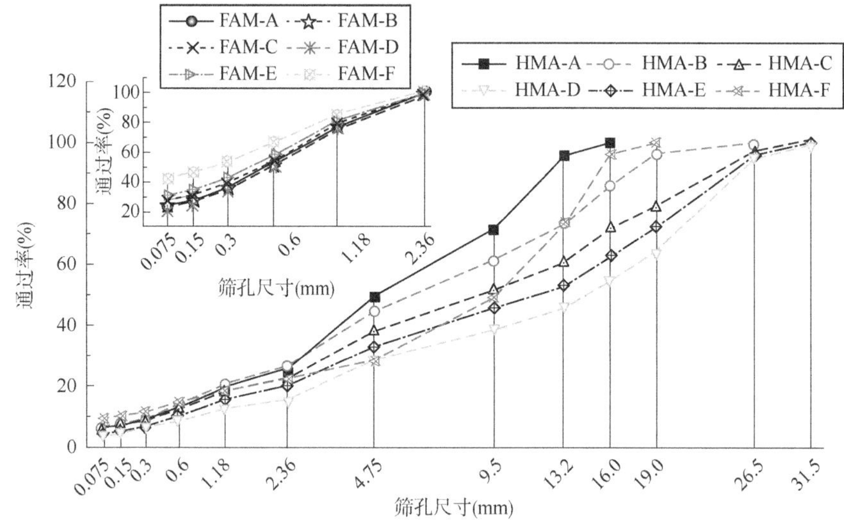

图 5-34　沥青混合料及沥青砂浆级配曲线

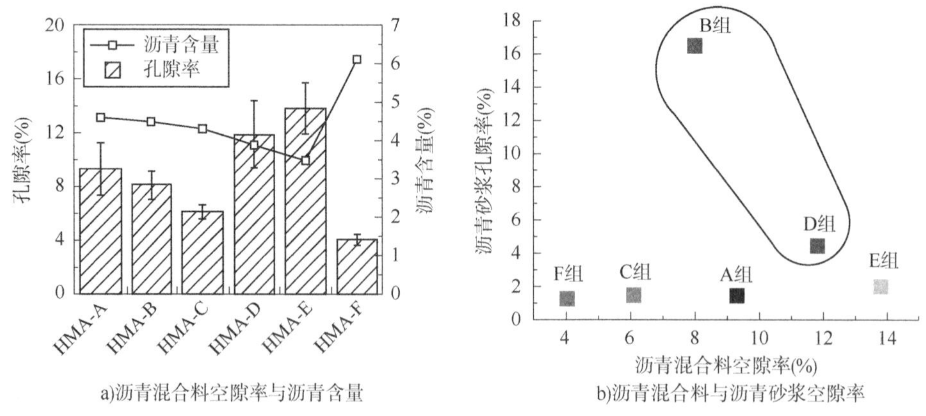

图 5-35　沥青混合料及沥青砂浆空隙率分布图

为了便于对比，以空隙体积为指标建立空隙体积序列组。沥青砂浆分为5组：0.2~

0.5mm³、0.5 ~ 1mm³、1 ~ 10mm³、10 ~ 50mm³ 及>50mm³。沥青混合料的空隙较大,分为 6 组:0.2 ~ 0.5mm³、0.5 ~ 1mm³、1 ~ 10mm³、10 ~ 50mm³、50 ~ 1000mm³ 及>1000mm³。以空隙数量及空隙体积百分比为统计指标,分布规律见图 5-35、图 5-36。ICT 测试电压为 190kV,电流为 100μA,体素分辨率为 119.14μm。

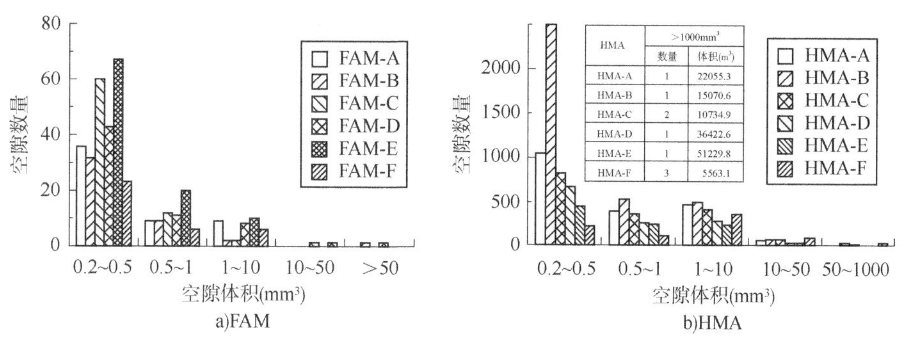

图 5-36　沥青砂浆及沥青混合料空隙数量分布图

图 5-36 表明,沥青砂浆与沥青混合料的空隙数量分布基本满足随空隙体积增大而递减的规律。沥青砂浆中的微型空隙(0.2 ~ 0.5mm³)数量较多,小型空隙(0.5 ~ 10mm³)与中型空隙(10 ~ 50mm³)次之,大型空隙(>50mm³)较少。其中,FAM-C、FAM-E 及 FAM-D 的微型空隙数量分列第 1 位、第 2 位及第 3 位。FAM-E 的小型空隙数量百分比最高,但 FAM-F 的微、小型空隙数量一直保持在一个相对较低的水平。此现象与 FAM-F 的高沥青含量有关。FAM-D 与 FAM-F 的中型空隙各有 1 个,FAM-B 与 FAM-D 的大型空隙各有 1 个。沥青混合料与沥青砂浆不同的是:大型空隙为 50 ~ 1000mm³,超大型空隙为>1000mm³。HMA-B 的微型空隙数量十分可观,且小型空隙的数量保持在第 1 位。与沥青砂浆相似,HMA-F 的微、小型空隙数量保持在一个较低的水平。沥青混合料中型空隙数量的排序为:HMA-F(108 个)>HMA-C(78 个)>HMA-B(68 个)>HMA-A(62 个)>HMA-E(28 个)>HMA-D(22 个)。沥青混合料大型空隙数量的排序为:HMA-F(31 个)>HMA-B(30 个)>HMA-C(22 个)>HMA-D(8 个)>HMA-A(6 个)= HMA-E(6 个)。SMA 类沥青混合料的中、大型空隙数量较多,其高沥青含量及级配特性造成了此现象。值得注意的是,SMA 类沥青砂浆也表现出相似的规律。HMA-F 的超大型空隙数量为 3,HMA-C 的超大型空隙数量为 2,其余全部为 1。就空隙体积而言,ATB 类沥青混合料的空隙连通性最明显,SMA 类则表现出相反的规律。

图 5-37 表明,沥青砂浆与沥青混合料的空隙体积百分比统计指标存在着显著的差异。由于粗集料的引入,沥青混合料的大型及超大型空隙体积占据主导地位。因此,材料组成差异导致沥青砂浆与沥青混合料间空隙体积百分比发生变化。此外,FAM-F 与 HMA-F 的中型空隙体积百分比分布相似,FAM-B 及 FAM-D、HAM-B 及 HMA-D 的大、超大型空隙体积百分比分布相似。由此表明,存在一个临界空隙尺寸使得 HMA 与 FAM 具有相似性。

综上所述,存在一个临界空隙尺寸使得沥青砂浆与沥青混合料的空隙在数量、体积百分比等统计指标上表现出较高的相似性。如图 5-38 所示,临界尺寸之上的空隙视为初始缺陷纳入沥青混合料组成中,临界尺寸之下的空隙等效为沥青砂浆材料属性的一部分。本研究涉及的6种沥青混合料的临界空隙尺寸及空隙等效面积见表5-7。

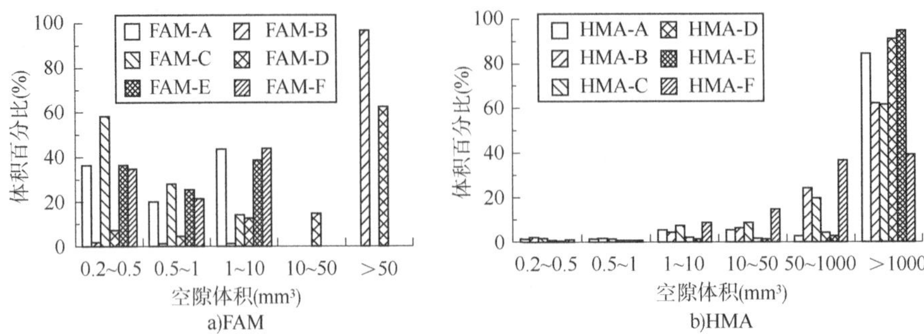

图5-37 沥青砂浆及沥青混合料空隙体积百分比分布图

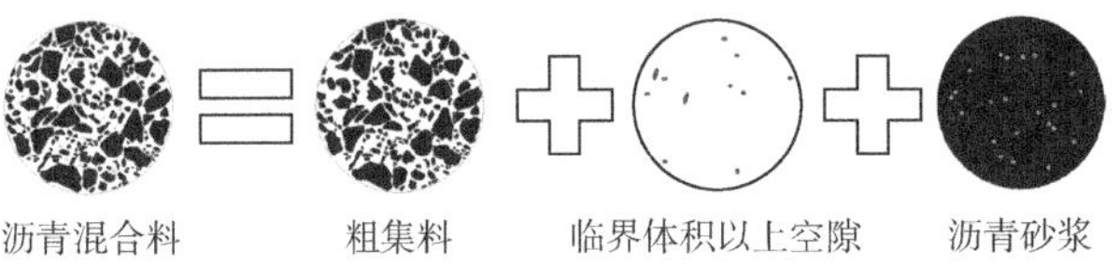

图5-38 沥青混合料细观结构组成划分示意图

沥青混合料的临界空隙尺寸 表5-7

临界空隙尺寸	HMA-A	HMA-B	HMA-C	HMA-D	HMA-E	HMA-F
临界体积(mm^3)	3.3	113.8	3.1	27.9	5.5	7.9
等效面积(mm^2)	6.96	73.78	6.68	28.90	9.79	12.46

为了验证临界空隙尺寸的合理性,以HMA-A及FAM-A对比组为例,空隙对比的结果见图5-39。由此可见,临界尺寸以下(<3.3mm^3),两者空隙十分相似。由此表明,FAM可代表HMA内沥青砂浆的真实存在。

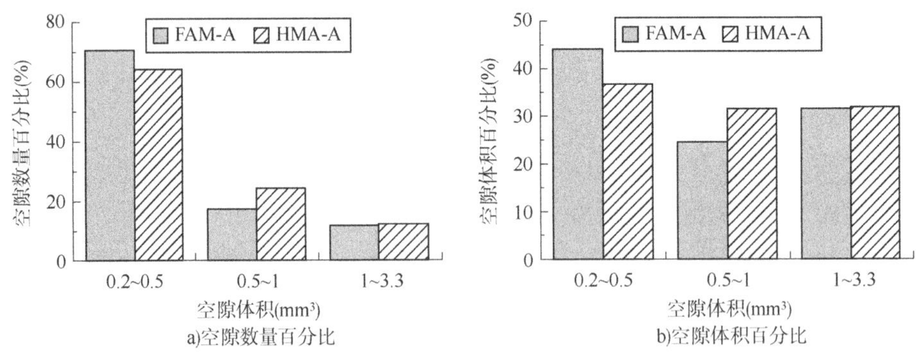

图5-39 临界尺寸以下沥青砂浆与沥青混合料空隙对比

5.3.2 空隙轮廓分形维数

空隙轮廓的起伏程度与沥青路面材料力学性能关系密切。本研究采用盒子分形维数来评价沥青砂浆及沥青混合料空隙轮廓的起伏程度。分形维数的计算流程同集料-沥青界面轮廓、粗集料轮廓的分形维数计算流程一致。

5.3.2.1　沥青砂浆空隙

由于沥青砂浆空隙轮廓沿竖向方向的分布起伏程度较大，本研究以分形维数平均值与标准差来对比不同沥青砂浆的空隙轮廓变化程度，统计结果见表 5-8。基于 ICT 断层扫描所提取的空隙切片图，沥青砂浆空隙轮廓的分形维数分布见图 5-40。图中相邻切片序号所代表的间距为 0.049mm，所取投影面的法向为试件竖向方向。

沥青砂浆空隙轮廓分形维数统计结果　　表 5-8

试件编号	指标	分形维数统计结果					
		FAM-A	FAM-B	FAM-C	FAM-D	FAM-E	FAM-F
1	平均值	0.929	1.188	1.018	1.055	0.908	0.737
	标准差	0.149	0.130	0.174	0.271	0.111	0.171
2	平均值	0.754	1.377	0.808	1.024	0.928	0.822
	标准差	0.171	0.177	0.108	0.296	0.129	0.142
3	平均值	0.795	1.381	1.073	1.364	0.942	0.552
	标准差	0.164	0.228	0.318	0.144	0.126	0.179
4	平均值	0.646	1.371	0.696	0.909	0.764	0.822
	标准差	0.146	0.228	0.256	0.248	0.106	0.136

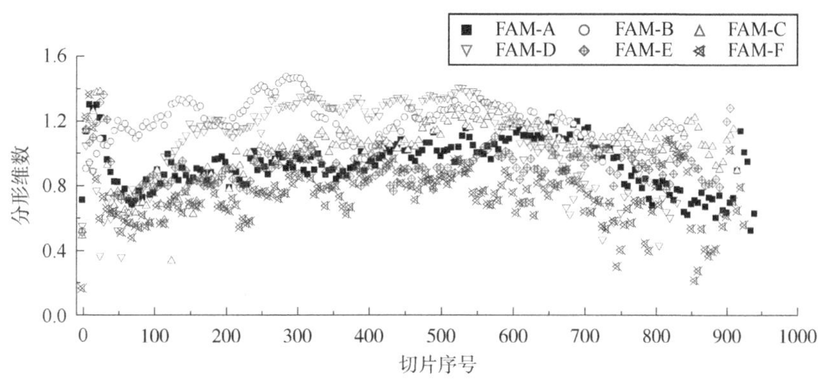

图 5-40　沥青砂浆空隙轮廓分形维数分布图

图 5-40 表明，空隙率较高的 FAM-B、FAM-D 空隙轮廓分形维数分布在一个较高的水平。其他 4 组分布较为相似，体现为试件端部分形维数较大的马鞍形分布规律。由此可见，复杂空隙多出现在试件的端部。此外，FAM-F 的空隙轮廓分形维数分布在一个较低的水平，与其高沥青含量所起到的润滑作用有关。表 5-8 表明，FAM-B 的分形维数最大，而 FAM-D 的分形维数紧随其后；FAM-C 与 FAM-E 的分形维数较为接近；FAM-A 与 FAM-F 的分形维数较为接近。从平均值与标准差可知，沥青砂浆空隙轮廓的分形维数具有一定的波动性，单个试件与多个试件均表现出一定程度的变异性。

5.3.2.2 沥青混合料空隙

沥青混合料空隙轮廓相邻切片间距为0.12mm,三维直角坐标系投影方向的分形维数见图5-41。其中,前视图与右视图的法向为圆柱体试件的径向方向,俯视图的法向为圆柱体试件的轴向方向。

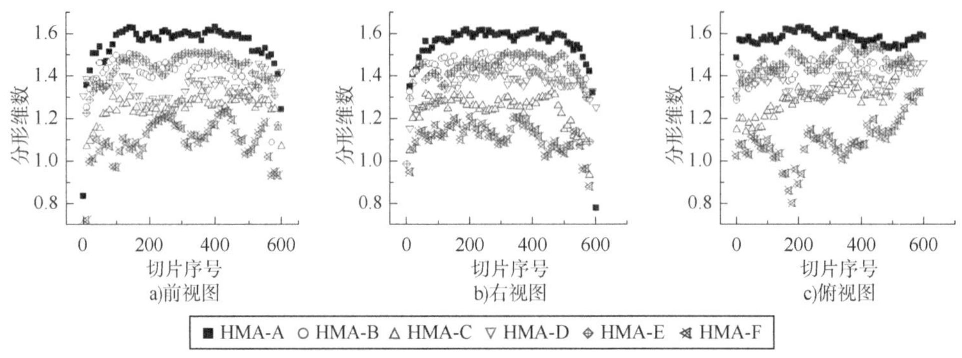

图5-41 沥青混合料空隙轮廓分形维数分布图

图5-41表明,沥青混合料空隙的分形维数分布波动程度小于沥青砂浆空隙。其中,前视图与右视图空隙轮廓分形维数的分布特征相似度较高。在前视图与右视图中,HMA-A呈现凸形分布,HMA-F呈现波浪分布。然而,在俯视图中,HMA-A与HMA-F的分布与前述分布不尽相同。由此说明,沥青混合料的空隙轮廓表现出一定的横观各向同性,即在径向方向上具有一定程度的相似性。AC类、ATB类沥青混合料空隙的分形维数同其空隙率大小成反比。SMA类的空隙轮廓起伏最为平缓,分形维数维持在最低水平。由此可见,大型空隙的轮廓起伏程度大于小型空隙,高沥青含量起到"平滑"空隙轮廓的作用。

表5-9~表5-11给出了3个方向上空隙分形维数的平均值与标准差。对比各组结果可知,统计指标呈现的规律与分布图所表现的规律一致。表5-9与表5-10表明前视图与右视图分形维数的统计结果较为接近。沥青混合料空隙轮廓分形维数与其空隙率成正比,HMA-F的分形维数最小,其标准差最大,但仍基本满足变异系数小于10%的要求。

沥青混合料空隙轮廓分形维数统计结果(前视图) 表5-9

试件编号	指标	分形维数统计结果					
		HMA-A	HMA-B	HMA-C	HMA-D	HMA-E	HMA-F
1	平均值	1.552	1.412	1.236	1.348	1.431	1.092
	标准差	0.090	0.088	0.090	0.052	0.090	0.120
2	平均值	1.454	1.481	1.304	1.479	1.408	1.066
	标准差	0.092	0.086	0.096	0.096	0.082	0.113
3	平均值	1.555	1.463	1.467	1.446	1.450	1.071
	标准差	0.074	0.092	0.107	0.083	0.082	0.080

沥青混合料空隙轮廓分形维数统计结果(右视图)　　表 5-10

试件编号	指标	分形维数统计结果					
		HMA-A	HMA-B	HMA-C	HMA-D	HMA-E	HMA-F
1	平均值	1.552	1.429	1.238	1.351	1.440	1.104
	标准差	0.095	0.082	0.095	0.083	0.069	0.088
2	平均值	1.460	1.479	1.307	1.477	1.407	1.071
	标准差	0.104	0.095	0.074	0.080	0.110	0.107
3	平均值	1.554	1.455	1.465	1.448	1.452	1.040
	标准差	0.108	0.101	0.102	0.076	0.098	0.099

沥青混合料空隙轮廓分形维数统计结果(俯视图)　　表 5-11

试件编号	指标	分形维数统计结果					
		HMA-A	HMA-B	HMA-C	HMA-D	HMA-E	HMA-F
1	平均值	1.579	1.430	1.300	1.377	1.470	1.093
	标准差	0.026	0.033	0.080	0.050	0.051	0.101
2	平均值	1.434	1.508	1.329	1.516	1.445	1.095
	标准差	0.094	0.032	0.071	0.028	0.031	0.106
3	平均值	1.571	1.486	1.469	1.479	1.479	1.077
	标准差	0.024	0.043	0.184	0.035	0.037	0.089

5.3.3　空隙细观结构表征

由于临界尺寸之下的空隙被计入沥青砂浆中,空隙细观结构参数仅统计临界尺寸之上的空隙。由于表征空隙的形状、尺寸及空间分布是描述其细观结构的主要目的,本研究开展了以下三个方面的讨论:①连通空隙分布;②表面积-体积比;③空隙三维分布。

5.3.3.1　连通空隙分布

经旋转压实仪成型的沥青混合料存在着一定数量的与外界空气相通的连通空隙,经过 VGStudio Max 软件的处理,6 种沥青混合料连通空隙(浅色部分)CT 渲染图见图 5-42。SMA 类沥青混合料的连通空隙数量明显少于 AC 类与 ATB 类。HMA-F 的空隙封闭性强,连通空隙所占比例最小。HMA-E 的空隙封闭性差,连通空隙所占比例高。AC 类与 ATB 类沥青混合料连通空隙的细观分布较为相似,连通空隙所占比例与空隙率成正比。

图 5-43 表明,HMA-A ~ HMA-E 的连通空隙体积分布范围跨越了近两个数量级,主要包含大型与超大型体积空隙。HMA-F 的连通空隙以大型体积空隙为主,分布相对较为集中;其他 5 组则以超大型空隙为主且分布较为离散。空隙体积百分比结果表明,部分试件(HMA-A 至 HMA-E)的连通空隙所占百分比高于 80%。HMA-F 的体积百分比为 6 组中最小的,且波动性最小。由此可见,沥青混合料的连通空隙体积及体积百分比差异同其

材料组成关系密切,连通空隙的特征差异导致沥青路面材料服役性能与抗损伤性能的不同。

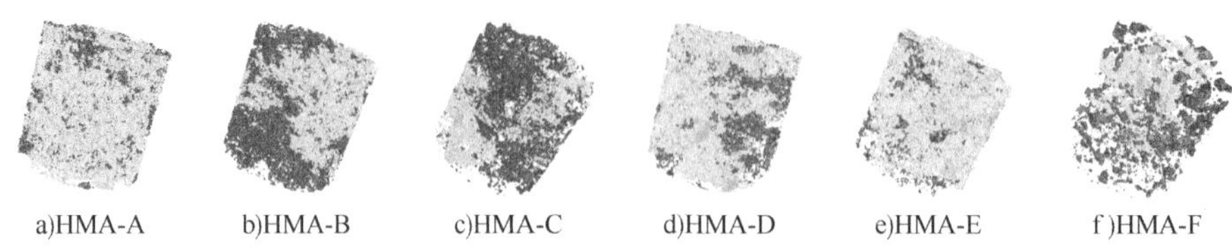

图 5-42 沥青混合料连通空隙 CT 渲染图(附彩图)

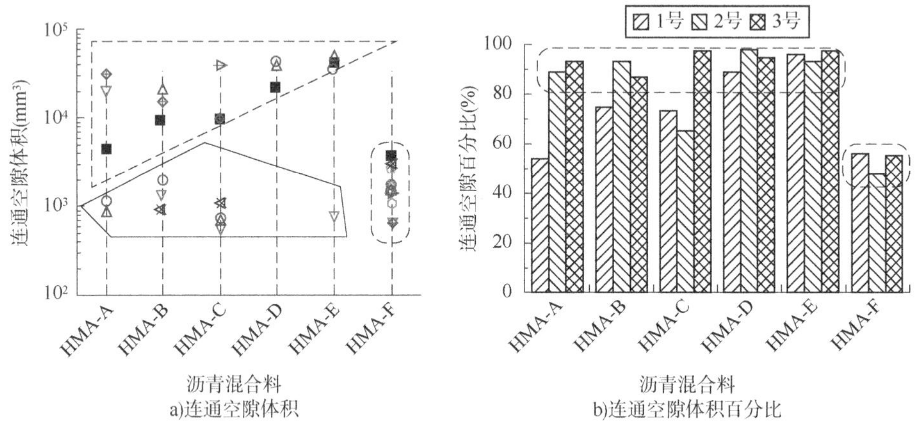

图 5-43 连通空隙体积及体积百分比分布图

5.3.3.2 表面积-体积比

表面积-体积比是单位体积材料表面积大小的度量,该指标反映材料表面轮廓的起伏程度,与内应力(冻胀力)分布有着直接的联系。因此,本研究以表面积-体积比来反映不同沥青混合料空隙表面的细观结构特征。以连通空隙与非连通空隙为对象,基于 ICT 空隙体积提取结果,表面积-体积比分布图见图 5-44,平均值、标准差见表 5-12。

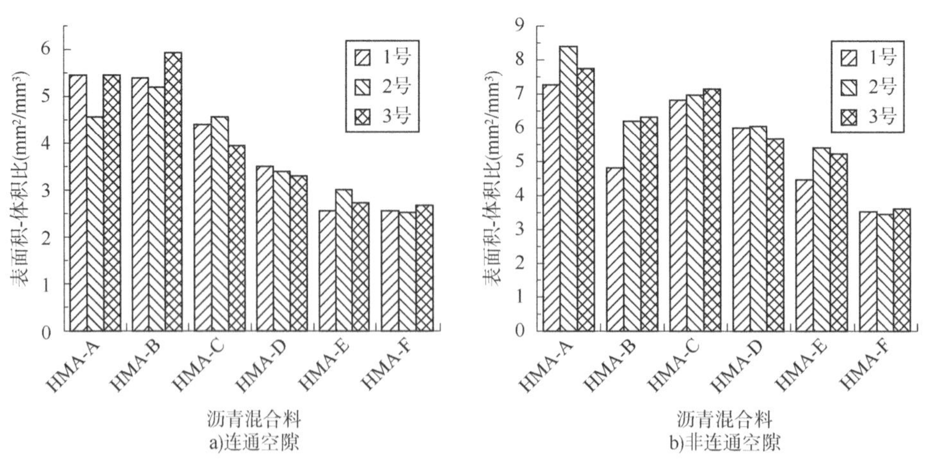

图 5-44 连通空隙与非连通空隙表面积-体积比分布图

连通空隙与非连通空隙表面积-体积比平均值及标准差　　表 5-12

空隙类型	指标	表面积-体积比(mm^2/mm^3)					
		HMA-A	HMA-B	HMA-C	HMA-D	HMA-E	HMA-F
连通空隙	平均值	5.166	5.500	4.296	3.386	2.754	2.583
	标准差	0.514	0.390	0.311	0.088	0.219	0.081
非连通空隙	平均值	7.812	5.758	6.994	5.912	5.056	3.540
	标准差	0.578	0.829	0.147	0.214	0.491	0.063

图 5-44 与表 5-12 表明,连通空隙与非连通空隙的表面积-体积比分布规律稍有差异,表现为 FAM-B 连通空隙排第 1 位、非连通空隙排第 3 位。整体来看,非连通空隙的表面起伏程度大于连通空隙。由此表明,当空隙饱水冻胀时,连通空隙的内应力将小于非连通空隙。此外,连通空隙还具有排水性能良好的优点。因此,就内应力而言,非连通空隙为较不利因素。SMA 类沥青混合料空隙壁最为圆滑,此结论同空隙渲染图及空隙轮廓分形维数分析结果一致。相较而言,AC 类沥青混合料空隙壁的起伏程度大于 ATB 类。由此可见,AC 类沥青混合料空隙内部冻胀应力分布更为复杂。

5.3.3.3　空隙三维分布

以体积百分比为加权系数计算连通空隙与非连通空隙 x 轴、y 轴及 z 轴的平均体素坐标,计算结果分别见图 5-45、图 5-46。体素的平均值越大或越小,表明空隙质心位置越靠近试件外沿。

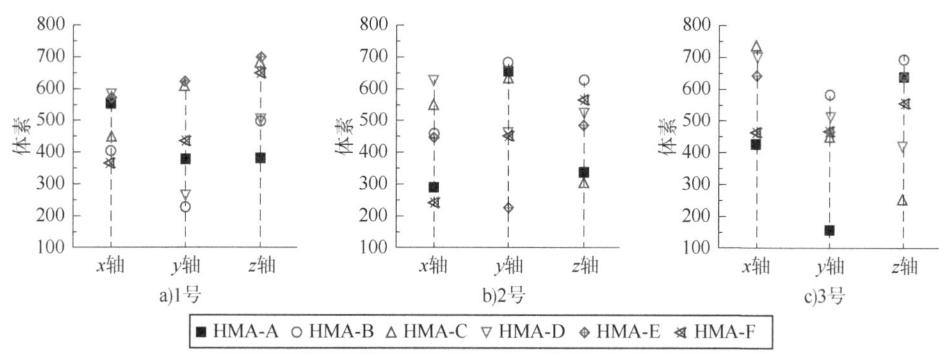

图 5-45　连通空隙三维平均体素坐标分布图

连通空隙的三维体素坐标离散程度大于非连通空隙,表明连通空隙的偏向性比非连通空隙明显。图 5-45 表明,HMA-B 的连通空隙靠试件边缘分布的倾向最显著,其次是 HMA-E 与 HMA-A。相较而言,HMA-F 的连通空隙分布更靠近试件内部。图 5-46 表明,HMA-F 的非连通空隙平均体素坐标浮动范围最小,可见 SMA 类沥青混合料空隙的空间分布较为集中。对比图 5-45 与图 5-46 可知,部分沥青混合料空隙的 x 轴与 y 轴平均体素坐标较为接近。由此可见,与空隙的前视图及右视图分形维数相似性分布规律一致,空隙的质心统计平均坐标表明沥青混合料空隙具有一定的横观各向同性。

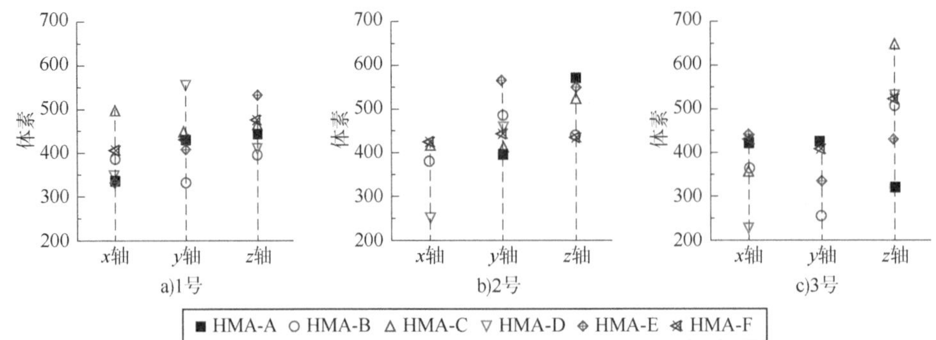

图 5-46 非连通空隙三维平均体素坐标分布图

5.4 沥青砂浆流变特性

作为桥接集料-沥青界面与粗集料骨架结构的过渡结构,沥青砂浆是细观尺度下沥青混合料的重要组分。胶浆理论认为沥青砂浆由填料、细集料、细集料界面区沥青、有效沥青及临界尺寸之下的空隙组成。与沥青混合料相似,沥青砂浆体积指标差异将导致其力学性能的变化。Underwood 等[10]设置不同空隙率与不同沥青含量的沥青砂浆对比组,研究认为沥青砂浆体积指标与其线黏弹性能及拉伸强度关系密切。

为了系统开展沥青砂浆基本材料性能研究,本研究完成了玄武岩类沥青砂浆剪切流变特性研究:①基于与沥青混合料马歇尔击实成型方法相似的原理,开发适用于 DSR 试验的小尺寸沥青砂浆无损成型装置,并提出相应的沥青砂浆击实成型方法;②基于 DSR 矩形夹具连接基座的精密加工,实现沥青砂浆在全温度/全频率范围内的流变性能测试与评价。

5.4.1 沥青砂浆 DSR 试验试件成型装置及测试方法

沥青砂浆级配由相应沥青混合料级配剔除粗集料含量后等效换算而得。沥青砂浆的一个特点是沥青含量通常为沥青混合料含量的 2 倍以上。沥青砂浆的高沥青含量导致传统的静压成型或旋转压实成型试件容易因尺寸过大产生高温流动变形。小尺寸沥青砂浆试件是解决高温变形的主要途径之一。研究者多采用取芯法制取 ϕ10mm 圆柱形试件[11-12]。然而,取芯法是一种有损的制件方法,尤其是对仅为 ϕ10mm 的小尺寸试件来说损害明显。因此,本研究以相似原理为基础,以马歇尔击实仪为蓝本,开发了适用于 DSR 试验的小尺寸沥青砂浆击实成型装置,实现了沥青砂浆的无损成型及 DSR 试验测试。

5.4.1.1 无损成型装置

标准马歇尔击实仪的构件尺寸如下:击实锤质量为 4536g±9g,击实锤自由下落高度为 457mm±1.5mm;试模直径为 101.3mm,马歇尔试件高度为 63.5mm±1.3mm;击实次数依据级配的不同,通常设置为 75 次或 50 次,双面击实。参照马歇尔击实仪的结构,沥青砂浆击实仪分为试模底座、试模、压实头、击实锤、导向杆及手持挡块(图 5-47)。小尺寸沥青砂浆试件尺寸为 ϕ12mm×45mm。击实锤自由下落高度以试件高度比进行缩放,击实锤质量以控制单位体积击实功一致为原则进行缩放。

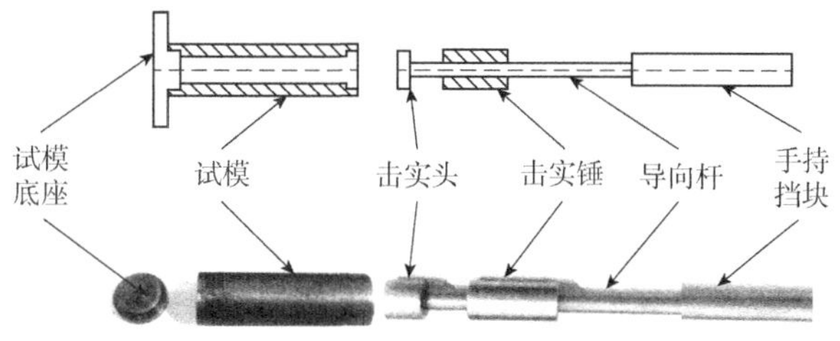

图 5-47　沥青砂浆击实仪

手持挡块、导向杆及击实头直径分别为 12mm、6mm 及 12mm,高度分别为 200mm、343mm 及 20mm。试模的卡槽和击实腔均为圆柱腔,卡槽的内径为 16mm,深度为 2mm。击实腔的内径为 12mm,深度为 56mm。试模底座由两个圆柱体连接而成,两个圆柱体的直径分别为 12mm 与 20mm,高度均为 2mm。击实锤为中空圆柱体,其高度为 19mm,外壁直径为 12mm,内壁直径为 6mm,自由下落高度为 323mm,质量为 63.27g。试模底座与试模匹配,击实头与试模击实腔插装。击实锤通过自由下落敲击击实腔内的击实头,达到击实沥青砂浆试件的目的。击实槽、击实头、击实锤、导向杆及手持挡块满足同心同轴要求,从而避免偏心受压。

5.4.1.2　击实成型方法

为确保本研究所制备的沥青砂浆可模拟沥青混合料中沥青砂浆的真实状况,以控制粉胶比一致为原则计算沥青砂浆中的等效沥青含量。沥青混合料与沥青砂浆配合比见图 5-34。对于沥青混合料各档细集料配比,沥青砂浆放大了细集料含量间的差异。因此,沥青砂浆的性能评价适用于沥青混合料细集料级配的优化设计。

在确定沥青砂浆级配之后,另一个重要步骤是计算其等效沥青含量。沥青混合料中的沥青可分为有效沥青、被矿料吸附的沥青。其中,沥青混合料中有效沥青百分比含量(P_{be})与矿料级配中 0.075mm 通过率($P_{0.075}$,水洗法)之比称为粉胶比(FB)。粉胶比的计算步骤为[13]:①按照式(5-26)、式(5-27)分别计算合成矿料的表观相对密度(γ_{sb})、合成矿料的有效相对密度(γ_{se});②将 γ_{sb} 及 γ_{se} 代入式(5-28)求得沥青混合料中被集料吸收的沥青含量(P_{ba}),将结果代入式(5-29)求得沥青混合料中的有效沥青含量(P_{be});③保持沥青混合料中的粉胶比(FB=$P_{0.075}/P_{be}$)不变,将 $P_{0.075}$ 替换为沥青砂浆中的 0.075mm 通过率,求得沥青砂浆的 P_{ba};④将沥青砂浆的 P_{ba} 代入式(5-29),变换后得到式(5-30),最终求解出沥青砂浆的等效沥青含量,见式(5-31)。

$$\gamma_{sb}=\frac{100}{\frac{P_1}{\gamma_1}+\frac{P_2}{\gamma_2}+\cdots+\frac{P_n}{\gamma_n}} \tag{5-26}$$

式中：γ_{sb}——合成矿料的表观相对密度；

P_n——各档矿料所占百分比(%)；

γ_n——各档矿料毛体积相对密度。

$$\gamma_{se}=\frac{100-P_b}{\frac{100}{\gamma_{mm}}-\frac{P_b}{\gamma_b}} \tag{5-27}$$

式中：γ_{se}——合成矿料的有效相对密度；

P_b——沥青混合料中的沥青含量(%)；

γ_b——25℃时沥青相对密度；

γ_{mm}——沥青混合料最大相对密度。

$$P_{ba}=100\,\frac{\gamma_{se}-\gamma_{sb}}{\gamma_{se}\gamma_{sb}}\gamma_b \tag{5-28}$$

$$P_{be}=P_b-\frac{P_{ba}}{100}P_s \tag{5-29}$$

式中：P_{ba}——沥青混合料中被集料吸收的沥青胶结料比例(%)；

P_{be}——沥青混合料中有效沥青含量(%)；

P_s——矿料占沥青混合料总质量的百分比之和(%)。

$$P_b'=\frac{\frac{P_f'}{FB}\left(1-\frac{P_b'}{100}\right)+P_{ba}\frac{P_{2.36}}{100}}{1+\frac{P_{ba}P_{2.36}}{10000}} \tag{5-30}$$

$$P_b'=\frac{10000P_f'+100P_{ba}P_{2.36}FB}{10000FB+P_{ba}P_{2.36}FB+100P_f'} \tag{5-31}$$

式中：P_b'——沥青砂浆等效沥青含量(%)；

P_f'——沥青砂浆级配中0.075mm筛孔通过率(%)；

$P_{2.36}$——沥青混合料中2.36mm筛孔通过率(%)。

上述计算过程所涉及的材料参数值见表5-13，沥青砂浆的等效沥青含量受沥青混合料细集料比例、沥青含量及粉胶比的影响显而易见。等效沥青含量由高到低的排序为：FAM-F>FAM-E>FAM-C>FAM-D>FAM-A>FAM-B。细集料比例较高的FAM-F、FAM-E、FAM-C的沥青含量也高于其他沥青砂浆，其中0.075mm筛孔通过率的影响最为显著。虽然FAM-A与FAM-B的0.075mm筛孔通过率高于FAM-D，然而FAM-D的粉胶比大幅度低于其他沥青砂浆，较大程度上提高了 FAM-D 的等效沥青含量。

沥青混合料及沥青砂浆材料参数表　　表 5-13

沥青混合料(HMA)									FB	沥青砂浆(FAM)		
HMA	P_b (%)	γ_{sb}	γ_{se}	γ_b	P_{ba} (%)	P_{be} (%)	$P_{2.36}$ (%)	P_s (%)		FAM	P'_f (%)	P'_b (%)
A	4.6	2.607	2.643	1.090	0.56	4.1	25.6	95.4	1.39	A	23.1	14.3
B	4.5	2.609	2.642		0.53	4.0	26.4	95.5	1.41	B	22.4	13.8
C	4.3	2.608	2.641		0.52	3.8	22.8	95.7	1.46	C	25.5	15.0
D	3.9	2.605	2.639		0.54	3.3	19.9	96.2	1.16	D	20.1	14.9
E	3.5	2.607	2.640		0.52	3.0	15.7	96.5	1.56	E	30.6	16.5
F	6.1	2.595	2.635		0.64	5.5	22.3	93.9	1.60	F	42.2	20.9

待沥青砂浆级配、沥青含量均确定之后，采用自行开发的无损沥青砂浆击实成型装置，完成小尺寸沥青砂浆试件的制备工作，流程见图 5-48，具体步骤如下：①将预热后的沥青与细集料倒入拌和锅，拌和 150s 后，加入矿粉，再拌和 150s。为了让细集料与沥青混合均匀，拌和时间从标准马歇尔试验的 90s 增加到 150s，沥青砂浆总质量为 1200g；②将拌和完成的沥青砂浆放入烘箱中，称取相应质量的沥青砂浆（读数至 0.01g），之后立即倒入预热后的成型模具中，击实槽、试模底座、击实头均涂抹黄油，防止脱模困难；③将试模底座放置于水平台面上并插装击实头，抬起击实锤，使其从一定的高度自由下落，锤击试件，除 FAM-F 击实 50 次外，其他组均击实 75 次，完成试件单面击实之后，将模具连同底座放入烘箱预热 5min，然后以同样的方式完成双面击实；④待双面击实结束，将试件连同基座再次放入烘箱中预热 2min。取出试模，使用手推击实头的方法将试件从击实槽缓缓推出，于水平台面静置 24h，完成沥青砂浆试件的击实成型。整个成型过程中，温度控制尤为重要。脱模后的试件见图 5-49。

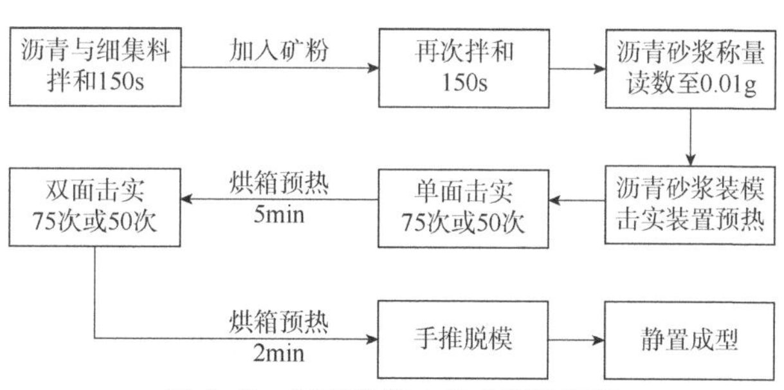

图 5-48　沥青砂浆击实成型流程图

图 5-49　脱模后的小尺寸沥青砂浆试件

5.4.1.3 DSR 试验方法

细观层次下,沥青混合料里的沥青除部分被粗集料吸附形成集料-沥青界面交互作用区以外,其他部分全部归入沥青砂浆中。因此,沥青混合料的黏弹性行为主要体现在沥青砂浆中[14]。与集料平行板改进 DSR 试验装置相似,本研究在 DSR 矩形夹具的基础上开发了小尺寸沥青砂浆 DSR 试验装置。实现了全温度/全频率范围内沥青砂浆流变特性测试方法,此外还进行了低温直接拉伸试验。

沥青砂浆 DSR 试验装置与击实成型装置配套使用,其中最关键的部件是连接基座,见图 5-50 连接基座由顶部圆柱槽与底部直角槽组成,圆柱槽用于粘接固定沥青砂浆试件,直角槽则与 DSR 矩形夹具嵌挤插装。连接基座顶部圆柱槽、矩形夹具底座、矩形夹具加载端及沥青砂浆试件必须同心同轴,以消除试验过程中偏心力的干扰。与集料平行板改进试验一致,通过螺栓、螺母与垫片将连接基座直角槽固定在矩形夹具中。

沥青砂浆 DSR 试验装置安装与测试方法(图 5-50)为:①将未粘接沥青砂浆的一对连接基座安装到矩形夹具中,进行归零、惯性矩校正与几何校正等一系列预设置操作,手动记录连接基座的惯性矩、摩擦系数;②将适量环氧树脂倒入圆柱槽,将沥青砂浆试件装入其中,放置于水平台面上静置 24h,待环氧树脂固化成型;③打开 DSR,将粘接沥青砂浆试件的连接基座下端装入矩形夹具并保证试件竖直,将矩形夹具加载端缓慢下降直至与连接基座上端完全接触,加装垫片并上紧螺母;④手动输入事先记录的惯性矩、摩擦系数,关闭环境箱仓门,待温度达到目标值并保温 30min 后便可进行沥青砂浆的 DSR 试验。

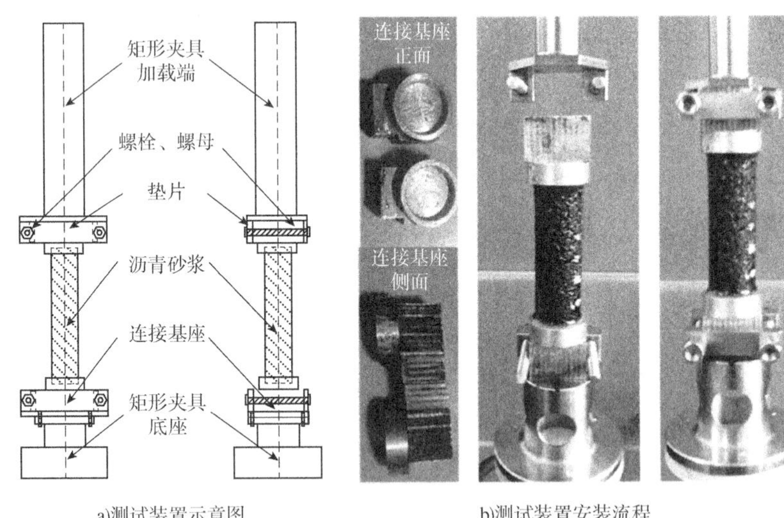

图 5-50 沥青砂浆 DSR 试验装置及安装流程

在系统开展沥青砂浆 DSR 试验分析之前,需要验证该试验装置的有效性。对同种沥青砂浆不同试件进行频率扫描试验,30℃时对比组剪切复数模量主曲线见图 5-51。两组试验的模量主曲线十分接近,沥青砂浆 DSR 试验的复现性良好,说明本研究开发的连接基座满足测试精度要求。

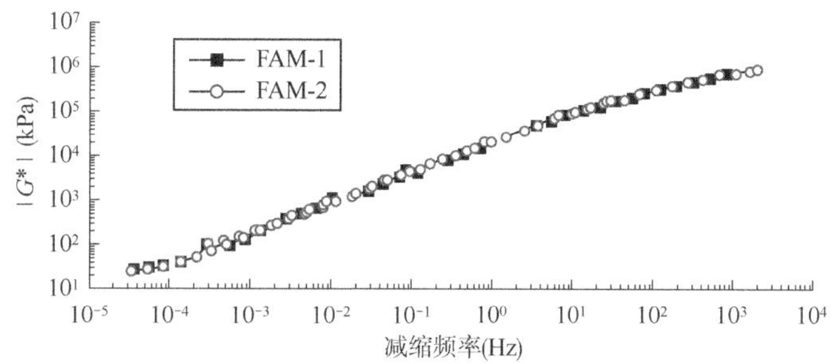

图 5-51　基于沥青砂浆频率扫描试验的复现性验证(30℃)

5.4.2　沥青砂浆剪切流变特性

5.4.2.1　体积指标测试及分析

6 种沥青砂浆的毛体积密度测试的样本数量为 5,对每个试件的高度、直径分别进行 4 次测量,质量读数至 0.01g。FAM-B、FAM-D 的毛体积密度均小于 2g/cm^3,分别为 1.913g/cm^3、1.972g/cm^3。FAM-F 的毛体积密度为 2.021g/cm^3。FAM-A、FAM-E、FAM-F 的密度相差不大,分别为 2.113g/cm^3、2.134g/cm^3、2.117g/cm^3。沥青砂浆毛体积密度的差异与其内部空隙含量直接相关,然而本研究制备的沥青砂浆尺寸较小,因此采用传统密度法计算空隙率的误差较大。针对上述问题,采用 ICT 断层扫描加以解决。

本研究使用的 ICT 为 Phoenix v|tome|xs 微焦点 ICT(图 5-52),设备参数如下:①最大管电压为 240kV,最大功率为 320W;②最小焦物距为 4.5mm,三维最大体素分辨率为 2μm;③三维几何放大比从 1.46 倍到 100 倍连续可调,二维几何放大比从 1.46 倍到 180 倍连续可调;④最大目标尺寸为 ϕ135mm×420mm,最大载质量为 10kg;⑤精密转台可实现稳定灵活的 5 轴(三向平动与两向转动)操作。沥青砂浆试件的扫描电压为 190kV,扫描电流为 100μA,几何放大比为 2.89 倍,体素分辨率为 69.09μm。360°旋转扫描采样 1000 次,单次采样存储 3 张原始图像并跳过第 1 张,每组沥青砂浆样本数量为 4。

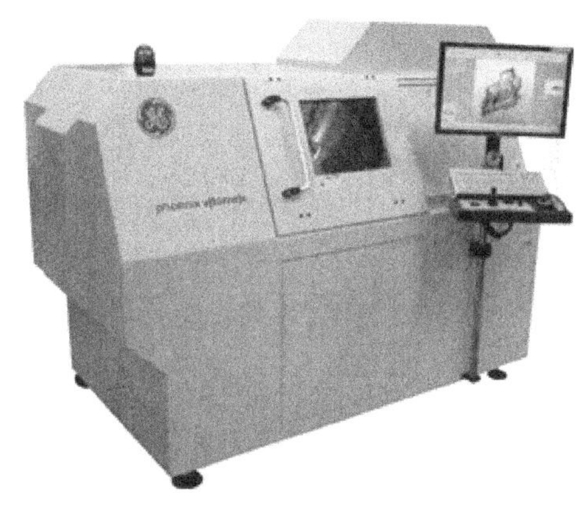

图 5-52　Phoenix v|tome|xs 微焦点 ICT

使用 VGStudio Max,获取沥青砂浆空隙的 ICT 渲染图与空隙率,见图 5-53。ICT 渲染图表明,FAM-B 空隙数量最多且空隙尺寸也最大,FAM-F 的空隙特征则完全相反。FAM-B 的空隙率表现出截然不同的规律,高达 16.59%。虽然 FAM-A 与 FAM-B 级配相似,但 FAM-A 的空隙率仅为 1.43%。上述差异由沥青含量的不同导致,FAM-B 沥青含量比 FAM-A 小 0.5%。对比 FAM-A 与 FAM-C 可知,二者沥青用量相差 0.7%,但空隙率仅相差 0.06%。由此可见,沥青砂浆空隙率对沥青含量的变化十分敏感,尤其当沥青含量低于 14%,其空隙率将出现大幅度增大。此现象的诱因可能为:①低沥青含量沥青砂浆颗粒间润滑性差;②低沥青含量沥青砂浆拌和与成型过程中,热老化程度高。FAM-D、FAM-E 的空隙率分列第二位、第三位,分别为 4.57%、2.15%。因此,细集料含量过多或者过少都有可能造成沥青砂浆空隙率的增大。FAM-F 的空隙率为 1.16%,因其沥青含量高达 20.9%,沥青流动性良好导致其压实致密度最高。综上所述,沥青砂浆空隙率受沥青混合料中沥青及细集料含量的影响显著,改变沥青混合料细集料比例与沥青含量可达到优化沥青砂浆空隙率的目的。

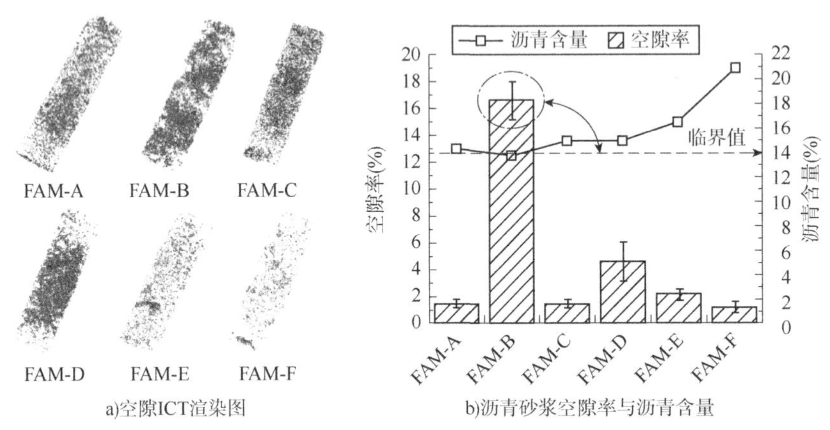

图 5-53 沥青砂浆体积参数分布

5.4.2.2 频率扫描试验及分析

小尺寸沥青砂浆试件的优势是减小了高温变形的影响,从而其频率扫描的温度范围变大。本研究实现了沥青砂浆全温度/全频率范围内的流变特性测试,试验设置如下:①6 种沥青砂浆分别命名为 FAM-A、FAM-B、FAM-C、FAM-D、FAM-E 及 FAM-F;②7 种试验温度分别为-5℃、0℃、15℃、30℃、45℃、60℃及 75℃;③6 种应力等级分别为 9kPa、8kPa、6kPa、4kPa、2kPa 及 1kPa;④振荡频率范围为 0.1~30Hz,使用对数采样,每个采样频率采 5 个点。以 WLF 为控制方程,30℃时沥青砂浆剪切复数模量及相位角主曲线见图 5-54。

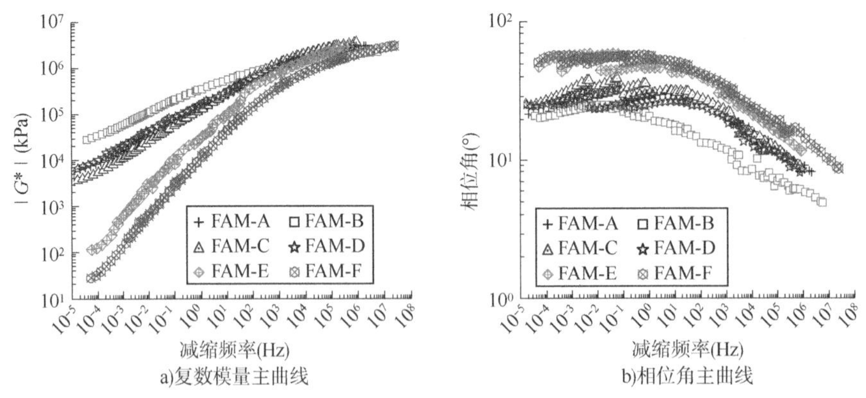

图 5-54 沥青砂浆复数模量与相位角主曲线(30℃)

从模量主曲线分布形式来看,FAM-B 的主曲线最平缓,即随频率的变化幅度最小,可见其黏性比例最小。FAM-A 与 FAM-D 主曲线形式十分相似且模量值较为接近，FAM-C 主曲线在中间段同 FAM-A、FAM-D 主曲线的重合度较高。然而，随着频率的升高与降低，FAM-C 主曲线的 S 形分布更为突出，即表现为高频抬起及低频下降的规律。FAM-E 与 FAM-F 主曲线形式相似，但 FAM-E 的复数模量大于 FAM-F。此外，在低频段，FAM-E 与 FAM-F 的模量下降趋势仍旧明显，高温软化现象比其他砂浆更为显著。整体而言，沥青含量决定了模量主曲线的幅值与走向。当沥青含量小于 14%时，沥青砂浆模量主曲线起伏较为平缓，整体模量值也较大；当沥青含量在 14%～15%范围内时，沥青砂浆模量主曲线的起伏程度较大，沥青含量越高，曲线的 S 形分布越明显；当沥青含量高于 16%时，沥青砂浆模量主曲线的跨越范围高达 5 个量级以上，沥青对沥青砂浆模量的软化作用开始突显。此外，沥青的软化作用具有时间-温度依赖性，高频/低温条件下 6 种沥青砂浆模量主曲线间最大差异不超过 1 个数量级，然而低频/高温条件下达到了 2 个数量级以上。相位角主曲线表明 FAM-E 与 FAM-F 的黏弹比例随频率分布较为相似，且黏性成分比例较高。与模量主曲线类似，FAM-A、FAM-C 及 FAM-D 的相位角主曲线可归为一类，而 FAM-B 的相位角最小（即弹性比例最高）。

选取 10^{-3}Hz、10^{1}Hz 及 10^{5}Hz 时复数模量与相位角为指标，讨论振荡频率对流变特性的影响。由于复数模量变化范围比较大，以 FAM-F 为参照组（倍数为 1）计算其他 5 组复数模量缩放倍数，见图 5-55。

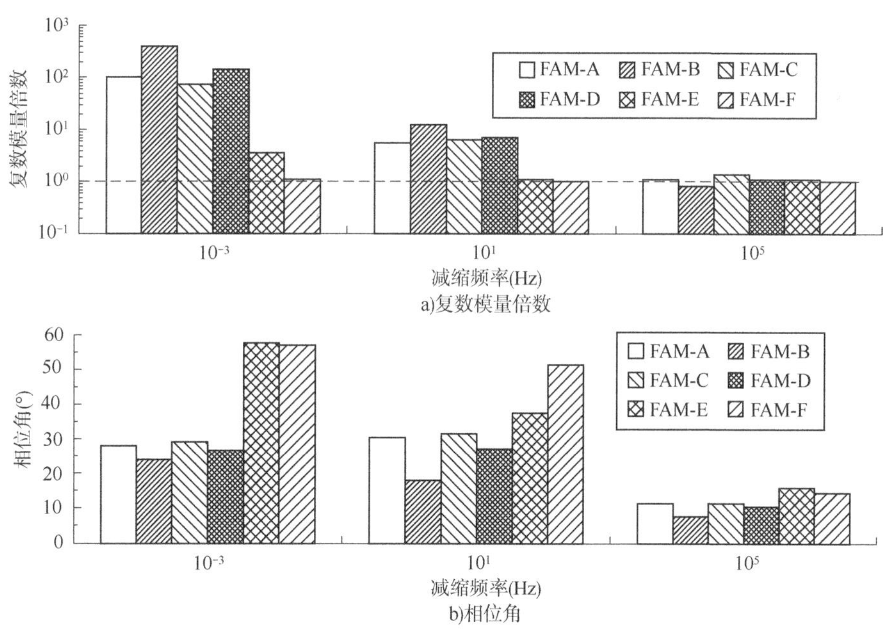

图 5-55 复数模量与相位角对比分析（30℃）

图 5-55 表明，6 种沥青砂浆低频区（10^{-3} Hz）、中频区（10^{1}Hz）的区分度高于高频区（10^{5}Hz）。低频区的最大倍数为 375.68 倍，中频区减小到 12.21 倍，高频区则仅有 1.35 倍。低频区的最大相位角为 57.75°，中频区小幅下降至 51.25°，高频区则仅有 15.53°。由此可

见,频率升高导致的沥青砂浆物理硬化程度呈现台阶式增长的趋势,且高沥青含量的沥青砂浆尤为明显。除高频区以外,相同频率条件下复数模量的分布规律与相位角成反比。在高频区,从 FAM-A 至 FAM-F,复数模量倍数分别为 1.11 倍、0.81 倍、1.34 倍、1.12 倍、1.03 倍及 1.00 倍,相位角分别为 10.94°、7.34°、11.12°、10.58°、15.53°及 14.19°。对比上述数据发现,FAM-B 与 FAM-D 在高频区的比值下降趋势明显,FAM-B 复数模量倍数甚至低于 FAM-F。由此可见,空隙含量高的沥青砂浆的低温稳定性弱于空隙含量低的沥青砂浆。空隙作为初始缺陷,对沥青砂浆的低温性能有一定程度的影响。此外,FAM-E 与 FAM-F 的相位角随频率升高的降幅较大。由高频区到中频区变化时,FAM-F 的相位角稳定性强于 FAM-E。此现象与 FAM-F 中纤维(0.3%)加筋性增强存在一定的关联。

5.4.2.3 应力松弛试验及分析

沥青砂浆的低温应力松弛能力可表征其抗低温收缩开裂性能,本研究依托 DSR 进行了 6 种沥青砂浆的应力松弛曲线对比分析。应力松弛试验温度设定为 0℃,施加恒定剪切应变值为 0.01%。松弛模量 $G(t)$ 曲线如图 5-56 所示,0.0108s 及 1730s 时松弛模量值见表 5-14。

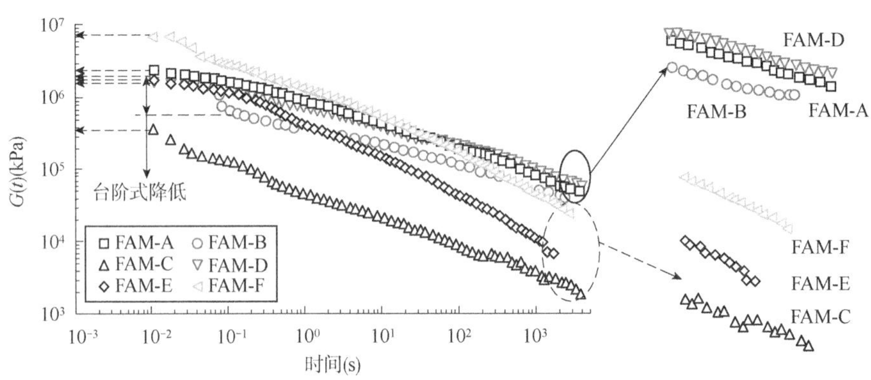

图 5-56 沥青砂浆松弛模量曲线(0℃)

松弛模量随时间分布(0℃) 表 5-14

时间(s)	$G(t)$(kPa)					
	FAM-A	FAM-B	FAM-C	FAM-D	FAM-E	FAM-F
0.0108	2.32×10^6	1.81×10^6	3.48×10^5	1.58×10^6	1.71×10^6	6.87×10^6
1730	7.32×10^4	4.60×10^4	3.67×10^3	8.59×10^4	7.76×10^3	3.42×10^4

图 5-56 表明,6 种沥青砂浆的松弛模量曲线差异主要体现在以下三个方面:初始松弛模量差异、松弛模量曲线斜率差异、终期松弛模量曲线走向差异。整体来看,最大初始 $G(t)$ 是最小初始 $G(t)$ 的 20 倍左右,数量级差异同中频区复数模量差异相近。沥青含量与初始 $G(t)$ 大小不存在确定性关系。然而,沥青砂浆的松弛能力与沥青含量关系密切,反映在曲线斜率的差异上。以表 5-14 所示时间段为基准,与初始 $G(t)$ 相比,FAM-A 至 FAM-B 的应力松

弛百分比分别为 96.84%、97.46%、98.95%、94.57%、99.55%、99.50%。由此分析，当沥青含量高于 16%时，沥青砂浆的应力松弛百分比高达 99%以上。FAM-C 与 FAM-D 的松弛程度差异表明空隙率过高将不利于沥青砂浆低温度收缩应力的松弛。图 5-56 表明 FAM-B 在松弛早期产生了模量的台阶式降低现象，导致 FAM-B 的松弛百分比高于 FAM-A 与 FAM-D。但是，该台阶式降低与剪切损伤有关，因为 FAM-B 的高空隙率容易产生剪切失稳。与松弛曲线斜率体现的规律一致，终期曲线走向趋向平缓的为 FAM-A、FAM-B 及 FAM-D，曲线走向保持下降的为 FAM-C、FAM-E 及 FAM-F。由此表明，沥青含量及空隙率决定了沥青砂浆低温收缩应力长期松弛能力的高低。

5.4.2.4　应力疲劳试验及分析

采用应力控制模式下的疲劳试验探究 6 种沥青砂浆抵抗疲劳能力的差异，试验温度设定为 25℃，应力等级为 10kPa。疲劳作用导致沥青砂浆复数模量与相位角的变化，采用归一化复数模量（$|G^*|/|G^*|_0$）与归一化相位角（δ/δ_0）来表征此变化趋势，采用储能模量-损耗模量曲线（Cole-Cole 曲线）、累积耗散能进一步讨论疲劳损伤的演化规律。

图 5-57 表明，疲劳损伤造成沥青砂浆的复数模量减小而相位角增大。其中，相位角的增大表明沥青砂浆中弹性成分比例呈现下降的趋势。FAM-A 的复数模量下降比例与相位角增大比例均最大，荷载的动态反复作用促使 FAM-A 内部产生大量疲劳损伤，且以弹性损伤为主。另外，与其他 5 种沥青砂浆截然不同的是，FAM-A 疲劳损伤累积随时间而减缓的趋势最弱。由此可见，FAM-A 抵抗疲劳损伤的长期稳定性最差。FAM-C 复数模量下降比例最小且归一化曲线最早达到稳定。无论是复数模量还是相位角，FAM-C 的归一化曲线在作用时间中期出现了小范围的加速阶段。FAM-D 与 FAM-C 的复数模量归一化曲线较为接近，有两个区别值得一提：①FAM-D 的疲劳损伤多发生在低荷载作用次数时；②FAM-D 的长期抗疲劳性能劣于 FAM-C。另外，FAM-D 的相位角归一化曲线同样发生了台阶式增长，而且其比值高于 FAM-C 的相位角曲线。此现象同 FAM-C 居中的材料组成有关（级配由粗到细排第 3 位、沥青含量由高到低排第 3 位、空隙率由大到小排第 4 位）。由此分析，沥青砂浆抗疲劳性能对细集料级配粗细、沥青含量高低及空隙率大小较为敏感。由于 FAM-B 弹性比例最高，其相位角增幅表示 FAM-B 的弹性比例损伤呈现较快的上升趋势并最终保持稳定。沥青含量高于 16%的 FAM-E 与 FAM-F 因疲劳导致的弹性损伤比例偏低，且 FAM-F 的复数模量降低比例低于 FAM-E。由此可见，SMA 类沥青砂浆具有 SMA 类沥青混合料高沥青含量、高稳定性的双重优势。

沥青砂浆的复数模量可分解为储能模量（Storage Modulus，G'）与损耗模量（Loss Modulus，G''）。疲劳损伤造成的复数模量、相位角变化可由储能模量-损伤模量曲线（Cole-Cole 曲线）表征。沥青砂浆的加载-卸载曲线所包围面积称为耗散能，代表沥青砂浆黏性滞后耗散的能量。随加载-卸载次数增大的累积耗散能反映了沥青砂浆内部应力与应变的变化情况。因此，累积耗散能与加载方式无关。耗散能的计算公式见式（5-32），累积耗散能[15]的计算公式见式（5-33），Cole-Cole 曲线与累积耗散能曲线见图 5-58。

$$w_i = \pi\tau\gamma\sin\delta = \pi\frac{\tau^2}{|G^*|}\sin\delta = \pi\gamma^2|G^*|\sin\delta \tag{5-32}$$

$$W_i = \sum_{i=1}^{n} w_i \tag{5-33}$$

式中：τ——应力(kPa)；

γ——应变；

δ——相位角(°)；

$|G^*|$——复数模量(kPa)；

w_i——第 i 次循环耗散能(MPa)；

W_i——累积耗散能(MPa)。

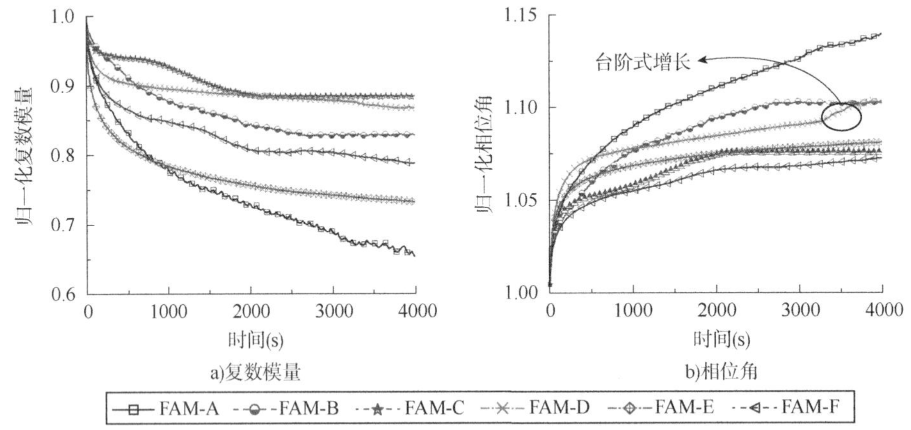

图 5-57　归一化复数模量与相位角曲线

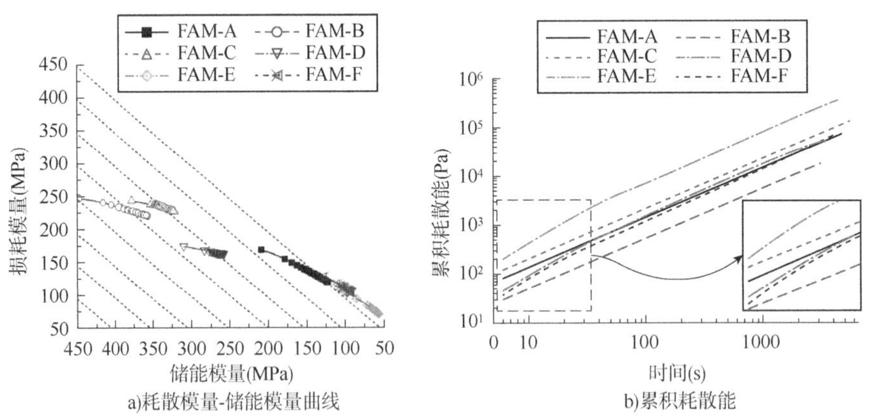

图 5-58　耗散模量-储能模量曲线与累积耗散能

为了直观对比损耗模量与储能模量的损伤趋势，将耗散模量-储能模量曲线横、纵坐标调为一致。当曲线趋向于平行 x 轴时，表明储能模量损伤程度高于损耗模量损伤程度；曲线趋向于平行 y 轴时相反。其中，虚线代表损耗模量与储能模量损伤量相等时的曲线。整体分析，6 种沥青砂浆耗散模量-储能模量曲线都偏向于平行于 x 轴，疲劳损伤导致沥青砂浆的储能模量损伤量大于损耗模量。根据沥青砂浆耗散模量-储能模量曲线倾斜程度的不同,可分为以下三类:①FAM-D;②FAM-B 及 FAM-C;③FAM-A、FAM-E 及 FAM-F。第一类曲线与 x 轴夹角最小,即储能模量的损伤程度最高,第二类曲线次之,第三类曲线则最大。沥青砂浆的黏弹比越小(相位角越小),复数模量疲劳损伤表现为以弹性损伤为主的可能性越大。

FAM-E 的累积耗散能最大,FAM-F 次之,FAM-B 的累积耗散能最小,其他 3 种沥青砂浆的累积耗散能则较为接近。由于耗散能反映了黏弹材料的滞后性,沥青砂浆黏弹比越大(相位角越大),耗散能越大。在疲劳荷载作用初期,FAM-C、FAM-D 及 FAM-E 的累积耗散能曲线呈现抛物线形式。由此可见,沥青含量最高的 FAM-F 抗疲劳稳定性优于沥青含量第二高的 FAM-E。

5.5　沥青混合料细观力学行为

基于沥青混合料剖面的二值图像,将其转换为 Abaqus 二维平面模型,有效保留了细观结构下二组分的分布特征。模型中坚韧的粗集料相互嵌挤,受力过程中会产生一定的应力集中现象,因此采用 CPS8R 单元类型来弥补;由于 AC-30 级配模型粗集料比例最大,砂浆组分存在薄面,因此采用了 CPS4I 单元类型防止单元畸形。边界条件为底部固定,其他三边自由。在顶部施加 0.25MPa 的均匀荷载,进行考虑全部细观结构信息的沥青混合料原始细观结构模型的有限元力学分析。

沥青混合料细观结构的不均匀性通常表现为应力、应变的不均匀分布,而且粗集料和沥青砂浆的模量相差巨大,这种非均质的多级结构力学行为与宏观均匀模型存在巨大的差异。本节探讨三种级配的竖向应力、应变场分布。

5.5.1　竖向应力场

在相同应力梯度水平,三种级配的二维模型竖向应力云图见图 5-59。

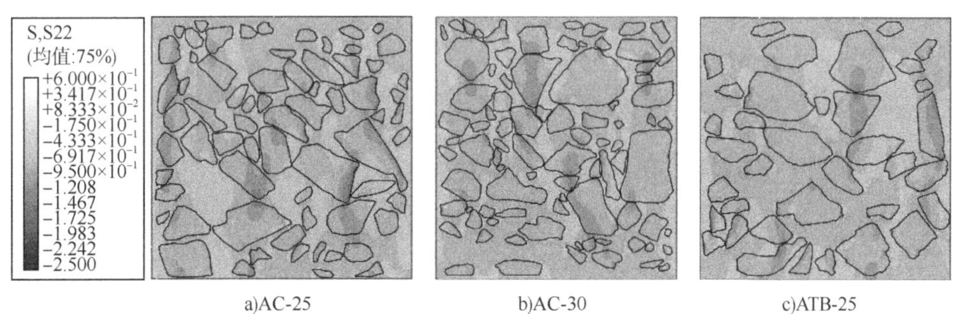

图 5-59　三种级配竖向应力云图

总体上看,细观结构的竖向应力分布有以下的规律:①应力的不均匀性主要由粗集料引起,而砂浆的应力分布整体上比较均匀,只是在粗集料部分嵌挤区域有突变,不过突变范围远远小于粗集料的变化范围;②粗集料存在应力集中的现象,且多出现在集料的棱角处,可见棱角性影响粗集料的受力特征,因而减少粗集料的针片状颗粒含量可以有效提高混合料的力学性能;③沿着荷载方向,细观结构应力云图具有纵向带状分布的特点,骨架结构抵抗外力荷载,砂浆具有均衡应力分布的作用;④相互嵌挤的粗集料在其接触区域受到一定的拉应力。

5.5.2 竖向应变场

在相同的应变梯度水平下,三种级配的二维模型竖向应变云图见图 5-60。总体上看,细观结构的竖向应变分布有以下规律:①由于二组分弹性模量间的巨大差异,应变的不均匀性主要体现在沥青砂浆相,然而粗集料的应变几乎为同一个值;②三个模型中,沥青砂浆都出现了拉应变、压应变交替存在的现象,部分位置还出现了应变集中的现象,由此推断沥青砂浆的拉、压应变局部集中是沥青混合料裂缝产生的主要原因;③沥青砂浆竖向应变表现为块状分布,通常在粗集料骨架之间形成块状的局部应变均匀区,可见粗集料轮廓、级配骨架及针片状等细观结构参数直接影响着沥青砂浆的应变分布规律,良好骨架结构对其周围砂浆区域具有保护作用;④材料的变形主要集中在沥青砂浆相。

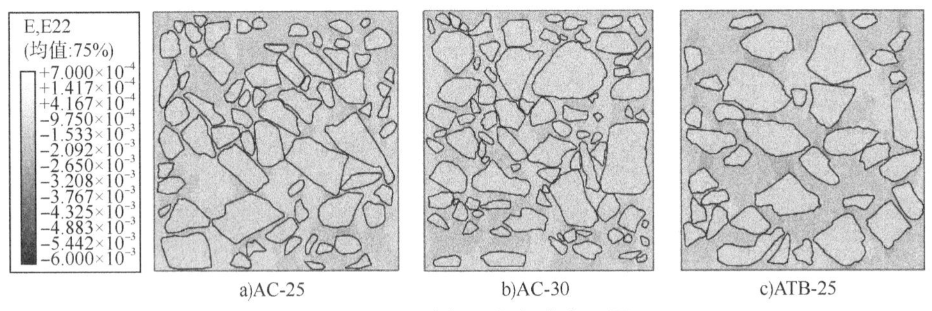

a)AC-25　　b)AC-30　　c)ATB-25

图 5-60　三种级配竖向应变云图

基于以上原始级配细观结构模型分析,考虑全部信息的细观结构模型具有应力、应变场分布不均匀的特征。应力场不均匀性体现在粗集料中,应变场的不均匀性体现在砂浆中,且不同级配的细观结构参数影响应变、应力场分布。虽然原始级配细观结构模型包含了数字图像全部信息,但是考虑过多细节分布导致细观尺度下的应力、应变场分布没有规律,而且二组分模量赋予过程也忽视了沥青混合料内部交互作用形成的整体强度。因此,仅通过原始细观结构模型无法建立细观结构参数和宏观性能间的联系,细观和宏观间尺度跨越方法须解决以上问题。

5.5.3 集料-沥青界面内聚力模型

内聚力模型(Cohesive Zone Model,CZM)避免了线弹性断裂力学需要预制裂纹及裂纹尖端存在奇异性的弊端,为解决集料-沥青界面的裂纹扩展问题提供了一种新的手段。针对沥青混合料Ⅰ型裂缝,采用基于能量原则的双线性 CZM 分析三种沥青混合料二维细观结构集料-沥青界面黏附作用和断裂特性。根据张力-位移关系图(或界面本构方程)可知,Abaqus 中的双线性 CZM 模型需要有以下三个参数:临界相对位移、临界内聚力和临界断裂能[16-17]。其中,临界相对位移和临界断裂能是两个非独立参数,二者选其一便可。

CZM 模型参数的获取方法各异。本研究为考虑细观尺度下集料棱角性、表面纹理等结构参数对界面模型的影响,设计并采用集料-沥青单轴拉拔试验装置(图 5-61)测试界面荷载-位移曲线(图 5-62)。以 AC-25 级配为例,其界面和材料参数见表 5-15。

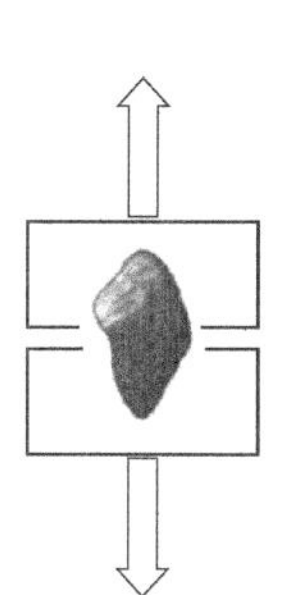

图 5-61　单轴拉拔试验装置示意图

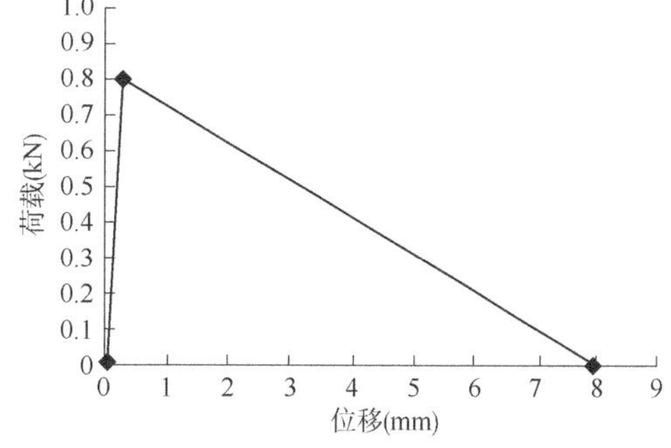

图 5-62　集料-沥青界面荷载位移曲线

AC-25 级配界面 CZM 模型材料参数表　　表 5-15

类别	集料		砂浆		内聚力模型	
	弹性模量(GPa)	泊松比	弹性模量(MPa)	泊松比	临界内聚力(MPa)	能量释放率(mJ/mm^2)
参数值	60	0.25	361	0.45	3.35	59.2

基于以上参数,进行三种沥青混合料细观结构 CZM 模型分析。

沥青混合料损伤无疑与集料-沥青微观界面特性有着密不可分的关系,大量研究表明集料-沥青的微观界面特性影响着沥青混合料的使用性能。通过数值模拟分析和试验对比的方法,很多研究提出了相应的界面模型[18-22]。基于 Abaqus 双线性 CZM 模型的原理,根据室内拉拔试验曲线,获得用于有限元模拟的 CZM 界面参数,并根据单轴抗压回弹模量试验,获得有限元模型中砂浆的弹性模量。粗集料采用相应的弹性模量。砂浆、粗集料的泊松比分别为 0.45、0.15。三种级配界面模型见图 5-63。由于 CZM 模型需要定义作用面法向方向,因此对于网格的划分方法有严格的要求,必须采用扫略(sweep)划分法,需要对界面模型进行小段分割处理。建立模型之后,对细观尺度下考虑微观界面特性的内聚力模型进行网格划分和属性匹配,集料、砂浆均采用二维线性四节点减缩积分(CPE4R)单元,界面模型采用二维线性四节点内聚(COH2D4)单元。考虑车辆在实际行驶过程中的纵向摩擦会使沥青路面面层产生一定数量级的纵向位移,在模型上表面施加 1mm 的水平位移,底部固定,其他边界完全自由。模型的网格和边界条件见图 5-64。

a)AC-25　　b)AC-30　　c)ATB-25

图 5-63　集料-沥青界面模型

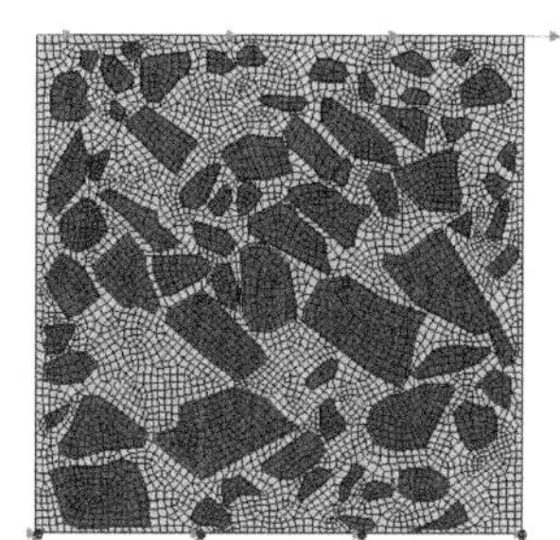

图 5-64　网格和边界条件示意图

5.5.3.1 SDEG 值曲线分析

针对 CZM 模型结果分析,定义变量 D 表征界面破坏状态。对于 I 型裂缝,D 的计算公式见式(5-34)。

$$D=\frac{\delta(\delta_n^f-\delta_n^0)}{\delta_n^f(\delta-\delta_n^0)} \tag{5-34}$$

式中:δ——位移(m);

δ_n^0——法向特征位移值(m);

δ_n^f——法向最终开裂位移值(m)。

当 $D=0$ 时,表示界面无损伤;当 $D=1$ 时,表示界面已完全断开,在 Abaqus 中对应的输出变量为 Stiffness Degradation(SDEG),[23] 三种级配细观结构内聚力模型在水平位移荷载下,部分点产生微裂缝,其 SDEG 值曲线见图 5-65。

AC-25、AC-30、ATB-25 三种级配内聚力模型的 SDEG 最值分别为 0.79、0.856、0.887,ATB-25 级配的 SDEG 值是 AC-30 级配的 1.04 倍、是 AC-25 级配的 1.12 倍(图 5-66)。说明在相同的外载条件下,ATB-25 级配最容易产生界面开裂,且微裂缝的不断产生和发育将导致裂缝扩展,演变成宏观损伤。

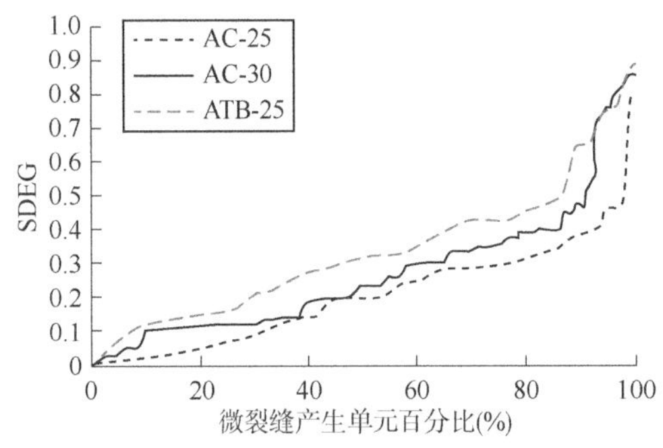

图 5-65 三种模型微裂缝产生单元 SDEG 图

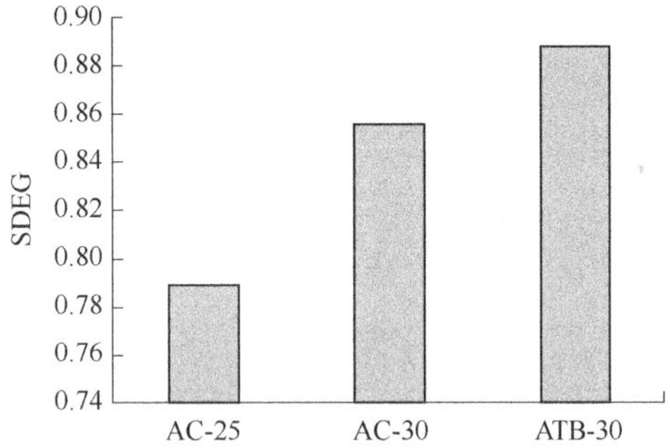

图 5-66 三种模型 SDEG 最值柱状图

SDEG 曲线表明 AC-25 级配界面抗裂性最强,其次为 AC-30 级配,最弱的为 ATB-25 级配。通过曲线对比可知,AC-25 级配、ATB-25 级配的 SDEG 曲线较为稳定;AC-30 级配同 AC-25 级配的 SDEG 值在曲线中部较为接近,末后段靠近 ATB-25 级配 SDEG 曲线,波动明显,曲线最为不稳定;ATB-25 级配的 SDEG 曲线比 AC-25 级配的 SDEG 曲线整体偏高约 0.15。

在相同加载条件下,产生以上界面性能差异的原因与沥青混合料细观结构参数的影响存在一定的关系。虽然 ATB-25 级配的粗集料轮廓与棱角性最佳,但是由于粗集料偏少、级配骨架形成不够充分,模型无法整体抵抗水平位移荷载,导致其细观结构界面模型抗裂性最差,界面的损伤状况最严重。对于 AC-25、AC-30 级配,虽然二者骨架结构形成充分,但是由于 AC-30 级配轮廓和形状指标最不合理,且粗集料随机分布导致部分区域界面损伤加剧,导致 AC-30 级配的 SDEG 曲线在不同分段内产生波动。可见沥青混合料细观结构参数(如骨架结构、集料轮廓、棱角性)影响着集料-沥青界面的抗裂性能。

5.5.3.2　SDEG 值分布

考虑细观尺度下集料、砂浆平面分布的差异，根据三种界面模型的 SDEG 云图，选取左下角受拉区获得 SDEG 值的分布规律（图 5-67）。AC-30 级配由于在左下角受拉区水平和竖向都有良好的骨架结构支撑，其 SDEG 值细观分布最为均匀。其次为 AC-25 级配，虽然右侧区域存在部分无粗集料区，但由于上、下部骨架结构良好且左下角受拉区外围形成整体骨架，有效地增强了界面的抗裂性能。然而 ATB-25 级配在左下角受拉区的各个方向都未形成良好的骨架嵌挤区，而且集料堆积区粗集料粒径过于单一，因此其 SDEG 值分布最不均匀。可见良好的骨架结构有利于混合料的整体受力，从而增强界面的抗裂性能。

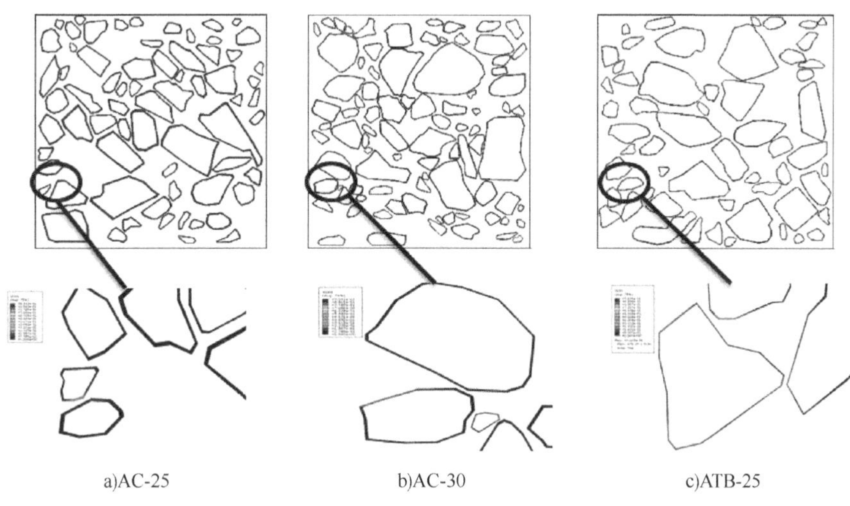

图 5-67　SDEG 云图细节分布图

5.5.3.3　界面损伤能量分析

基于 Abaqus 历史输出变量中的损伤耗散能，绘制三种级配细观结构界面损伤能量对比曲线，其结果见图 5-68。起始损伤产生时间 t_1、t_2、t_3 分别代表 ATB-25 级配、AC-30 级配和 AC-25 级配损伤产生的时间点。

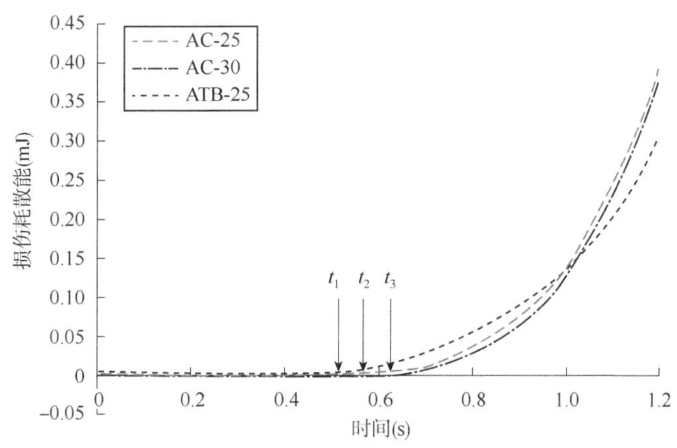

图 5-68　损伤耗散能曲线

对比损伤耗散能曲线可知,ATB-25 级配的界面模型最早产生微裂缝,然后是 AC-30 级配,最后是 AC-25 级配,表明 AC-25 级配界面抗裂性最强。

在整个损伤产生阶段,ATB-25 级配所需的耗散能最小,而 AC-30 级配和 AC-25 级配耗散能曲线相差无几,二者区别程度远不如 SDEG 值曲线。能量是一个宏观变量,无法体现二者间细观结构参数差异对界面抗裂性能的影响,这表明宏观指标忽视了混合料细观分布特性的影响,造成设计指标与实际性能脱节。

5.5.4 考虑界面虚拟裂纹闭合技术的扩展有限元(XFEM)分析

在荷载不断作用的条件下,沥青混合料集料-沥青界面损伤会一再扩展,界面开裂导致砂浆产生裂缝,最终使得混合料产生严重的材料损伤。本小节基于考虑了界面虚拟裂纹闭合技术(VCCT)的扩展有限元(XFEM)模拟[24],分析界面和砂浆抗裂特性。

5.5.4.1 XFEM 及 VCCT 参数获取

考虑沥青混合料 I 型裂缝,XFEM、VCCT 的模型参数均可以通过线弹性断裂力学理论公式获得,见式(5-35),计算示意图见图 5-69。

$$\frac{1}{2}\frac{\nu_{1,6}F_{\nu,2,5}}{bd}=G_1 \tag{5-35}$$

式中:$F_{\nu,2,5}$——即将开裂点所受竖向荷载大小(N);

$\nu_{1,6}$——开裂端两点间竖向位移(m);

b——裂缝开裂宽度(m);

d——裂缝开裂长度(m);

G_1——模型能量释放率(J/m²)。

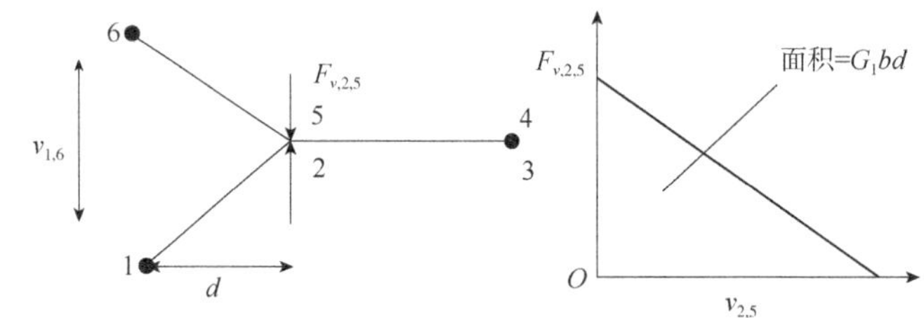

图 5-69 模型参数计算示意图

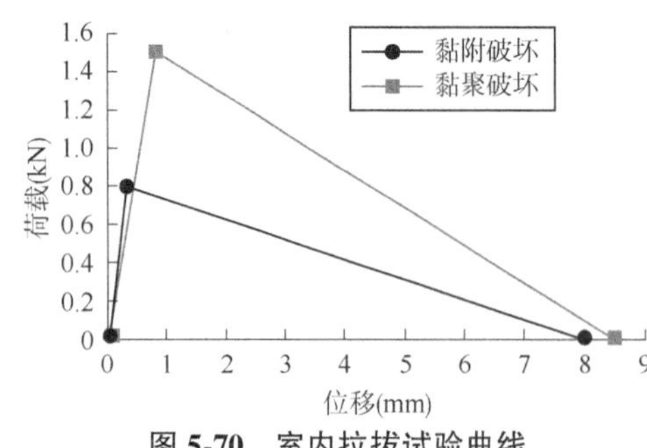

图 5-70 室内拉拔试验曲线

根据沥青混合料强度形成机理,采用 VCCT 模拟集料-沥青界面的交互作用,认为其破坏表现为黏附破坏;采用 XFEM 分析砂浆裂缝扩展,认为其破坏形式为黏聚破坏。基于室内简单拉拔试验,通过控制集料表面状态,实现黏聚破坏和黏附破坏试验,结果见图 5-70。根据式(5-35)计算出 VCCT(黏附破坏)和 XFEM(黏聚破坏)模型所需的参数,结果见表 5-16。

AC-25 级配细观结构模型材料参数表　　表 5-16

类别	集料		砂浆		黏附破坏		黏聚破坏	
	弹性模量	泊松比	弹性模量	泊松比	抗拉强度	临界断裂能	抗拉强度	临界断裂能
参数值	60GPa	0.25	361MPa	0.45	0.75MPa	59.2J/m^2	0.5MPa	2027.6J/m^2

三种级配界面采用 VCCT 模型,采用 BK 能量准则;沥青砂浆采用 XFEM 模型,考虑能量准则(Power Law)。均只考虑Ⅰ型裂缝。单元网格类型为 CPE4R 二维线性四节点平面应变单元,沥青砂浆和集料接触界面采用面对面的有限滑移形式,绑定二者共同节点。砂浆考虑裂缝扩展,不预先定义裂开路径。模型底部固定,其他三条边自由,于上表面施加 1mm 水平位移。在 Abaqus 的输出变量中,用于表征 XFEM 的输出变量主要为 PHILSM 和 STATUSXFEM,前者表示裂缝扩展宽度,后者表示单元的损伤情况(若其值为 0 表示未发生损伤,若其值为 1 表示此单元已经失效,介于二者之间表示发生了损伤)。进行三种模型的考虑 VCCT 的 XFEM 有限元模拟。

5.5.4.2　裂缝分布

从裂缝条数(图 5-71)来看,AC-25 产生 1 条裂缝,AC-30 没有产生裂缝,ATB-25 产生 2 条裂缝。从裂缝分布来看,ATB-25 级配的裂缝主要在边界区域产生,该区域为不利区域;AC-25 级配裂缝产生在中下部,左、右无良好骨架支撑;AC-30 级配骨架结构形成得比较充分,砂浆被嵌挤的粗集料包围起来,分散成一些小区域,不存在大面积的砂浆区,抗裂性较好。

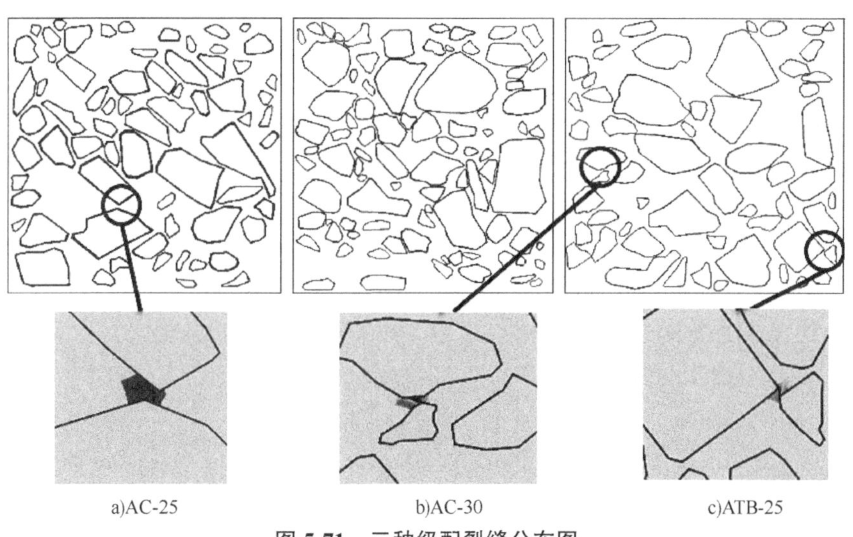

a)AC-25　　b)AC-30　　c)ATB-25

图 5-71　三种级配裂缝分布图

5.5.4.3　单元损伤程度分析

由于 AC-30 级配并未发生砂浆开裂的现象,因此仅对比 AC-25 级配、ATB-25 级配单元损伤程度。通过提取 Abaqus 后处理变量 STATUSXFEM 值,绘制对比曲线,见图 5-72。

通过对比可知,AC-25 级配裂缝单元的损伤比 ATB-25 更加严重。虽然两曲线的最大和最小值几乎在同一个水平上,但是整体而言,AC-25 级配的大部分损伤单元的 STATUSXFEM

值都比 ATB-25 级配大。从二者细观分布来看,虽然 AC-25 级配整体骨架比 ATB-25 形成得更加充分,但是由于开裂部分正好出现在 AC-25 级配骨架薄弱区,左、右都无粗集料给予嵌挤保护。因此,在沥青混合料抗裂性设计中应用整体宏观设计法存在着很多无法严格控制的因素,唯象设计指标也不能够完全体现不同级配混合料的抗裂性能差异。

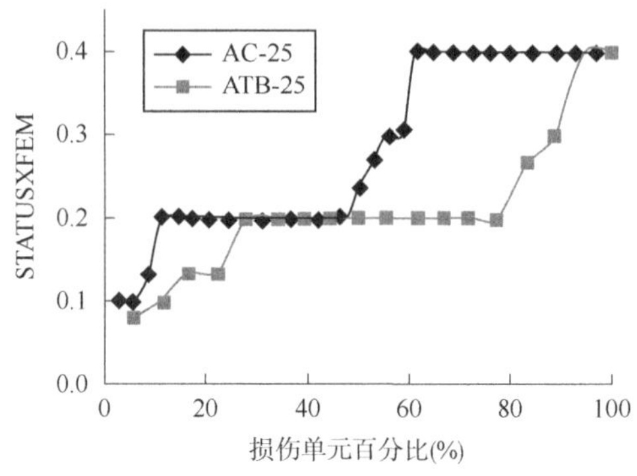

图 5-72　单元损伤状态曲线

参 考 文 献

[1] 龚湘兵.沥青路面材料多尺度域力学行为及统一模型[D].哈尔滨:哈尔滨工业大学,2017.

[2] 龚湘兵.基于局部等效材料参数的沥青混合料细微观力学行为研究[D].哈尔滨:哈尔滨工业大学,2012.

[3] LUTIF J S.Computational micromechanics modeling of damage-depended bituminous composition based on two-way coupled multisacle[D].Nebraska:University of Nebraska,2011.

[4] VELASQUEZ R A.On the representative volume element of asphalt concrete with applications to low temperature[D].Minnesota:University of Minnesota,2009.

[5] 王彦喆.粗集料细观结构特征对沥青混合料性能的影响研究[D].西安:长安大学,2012.

[6] MASAD E,SAADEH S,AL-ROUSAN T,et al.Computations of particle surface characteristics using optical and X-ray CT Images[J].Computational Materials Science,2005,34(4):406-424.

[7] ODGAARD A,KABEL J,VAN R B,et al.Fabric and elastic principal directions of cancellous bone are closely related[J].Journal of Biomechanics,1997,30(5):487-495.

[8] BHASIN A,IZADI A,BEDGAKER S.Three dimensional distribution of the mastic in asphalt composites[J].Construction and Building Materials,2011,25(10):4079-4087.

[9] KETCHAM R A.Computational methods for quantitative analysis of three-dimensional features in geological systems[J].Geosphere,2005,1(1):32-41.

[10] UNDERWOOD B S,KIM Y R.Effect of volumetric factors on the mechanical behavior of asphalt fine aggregate matrix and the relationship to asphalt mixture properties[J].Construction and Building Materials,2013,49:672-681.

[11] CASTELO BRANCO V, MASAD E, BHASIN A, et al. Fatigue analysis of asphalt mixtures independent of mode of loading[J]. Transportation Research Record: Journal of the Transportation Research Board, 2008, 2057(1): 149-156.

[12] IZAD A. Quantitative characterization of microstructure of asphalt mixtures to evaluate fatigue crack growth[D]. Austin: University of Texas at Austin, 2012.

[13] 交通部公路科学研究所. 公路沥青路面施工技术规范: JTG F40—2004[S]. 北京: 人民交通出版社, 2004.

[14] 李晓军, 江丽华. 沥青砂浆粘弹特性试验与模型参数分析[J]. 武汉理工大学学报, 2011, 33(3): 82-86.

[15] 王元. 集料-沥青胶浆界面粘结特性研究[D]. 哈尔滨工业大学, 2015.

[16] 陈记. 采用数字图像处理技术和内聚力模型模拟沥青混合料裂缝扩展[J]. 公路交通技术, 2010, 3: 47-51.

[17] 蔡荣坤, 张志定. 基于能量观点的半刚性基层裂缝扩展模拟及预裂缝技术研究[J]. 广东交通职业技术学院学报, 2011, 10(8): 1-5.

[18] American Association of State Highway and Transportation Officials. Method of test for resistance to plastic flow of bituminous mixtures using marshall apparatus: AASHTO T245[S]. Washington, D. C.: American Association of State Highway and Transportation Officials, 2013.

[19] American Association of State Highway and Transportation Officials. Practice for mixture conditioning of hot mix asphalt (HMA): AASHTO R30[S]. Washington, D. C.: American Association of State Highway and Transportation Officials, 2002.

[20] American Society for Testing Material. Standard test method for compaction and shear properties of bituminous mixtures by means of the U. S. Corps of Engineers gyratory testing machine (GTM): ASTM D3387[S]. West Conshohocken: American Society for Testing Material, 2011.

[21] 交通运输部公路科学研究所. 公路工程沥青及沥青混合料试验规程: JTG E20—2011[S]. 北京: 人民交通出版社, 2011.

[22] 交通部公路科学研究所. 公路沥青路面施工技术规范: JTG F40—2004[S]. 北京: 人民交通出版社, 2004.

[23] SEL I, YILDIRIM Y, OZHAN H B. Effect of test temperature on hamburg wheel-tracking device testing[J]. Journal of Materials in Civil Engineering, 2014, 26(8): 04014037.

[24] LIU Q, SCHLANGEN E, VAN D V M, et al. Evaluation of the induction healing effect of porous asphalt concrete through four point bending fatigue test[J]. Construction and Building Materials, 2012, 29: 403-409.

第6章　沥青混合料尺度跨越及统一模型

沥青路面材料的复杂组成导致多尺度特性成为影响其性能的关键因素。了解多个尺度下材料特征成分的基本性能、分布规律及损伤特性是深入理解沥青路面材料力学行为演变规律的突破口。然而,微、细观尺度下材料组成的随机性与离散性无疑造成了多尺度方法的应用具有一定局限性,引入均匀化材料参数、特征指标统计规律的多尺度统一模型是解决该局限性的突破口[1]。

本研究以实测材料参数为前提,开展了沥青路面材料多尺度统一模型研究:①基于细观单元等效化方法(Meso Element Equivalent Method,MEEM),实现了沥青混合料细观模型的材料均匀化,等效过程中引入了集料-沥青界面、初始空隙缺陷及材料损伤的影响;②基于材料参数实测与应变梯度理论,构建了沥青混合料细观单元等效模型,以室内性能试验为基准,验证该多尺度模型的有效性;③基于 Perzyna 黏弹塑性本构模型,建立沥青路面材料多尺度统一模型,引入等效材料参数、各向异性,对比集料类型、级配类型及细观结构参数对多尺度统一模型力学响应的影响规律。

6.1　材料均匀化方法

随机骨料模型是颗粒状复合材料细观力学研究的主要方法,然而可靠的试验结果需要划分一定数量的计算单元。对于高度非线性的力学问题而言,随机骨料模型的计算代价较高。研究者为了提高细观模型的计算效率,提出了细观单元等效化方法(MEEM)并在水泥混凝土的细观力学问题上进行了应用。金浏认为 MEEM 方法的应用需要解决以下两个问题:网格划分单元尺度,复合材料等效化方法。

本节借鉴金浏[2]的水泥混凝土等效化方法,提出了沥青路面材料的多尺度均匀化方法。细观尺度下,沥青混合料可划分为粗集料、沥青砂浆、集料-沥青界面区及临界体积之上的空隙。

MEEM 方法的基本原理如图 6-1 所示。首先,将细观模型划分为尺寸相同的若干个单元;然后,计算每个单元内材料组分所占的体积分数;最后,根据体积分数与复合材料等效化方法,获得每个单元的等效模量、等效泊松比及等效强度等均匀化参数。由于每个代表单元内材料成分各不相同,因此等效后的材料性质也表现各异。如图 6-1 所示,不同的单元颜色表示单元间等效材料属性存在一定的差异。因此,单元间材料参数的差异化分布一定程度上反映了沥青混合料细观尺度下材料组分分布的随机性与离散性。

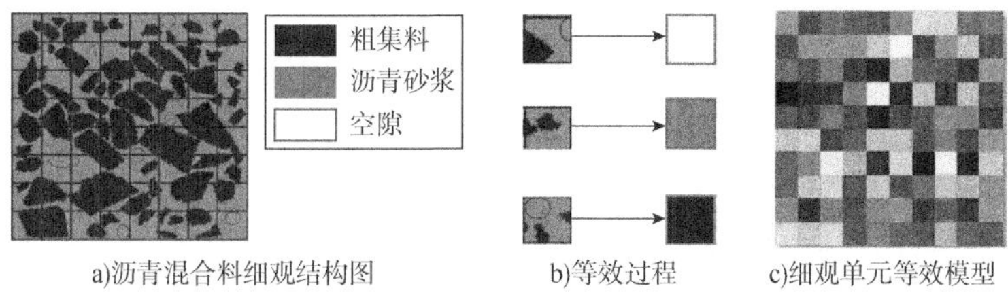

a)沥青混合料细观结构图　b)等效过程　c)细观单元等效模型

图 6-1　沥青混合料细观单元等效模型示意图

6.1.1　材料均匀化基本方法

复合材料多尺度均匀化过程所采用的材料均匀化基本方法分为并联模型(Voigt 模型)与串联模型(Reuss 模型),见图 6-2。在此基础上,研究者进一步提出了更多的经典复合材料细观力学模型,包含自洽理论、夹杂理论及 Mori-Tanaka 理论等。相较于串联模型,并联模型内相邻元件间变形协调性得到了保证。沥青路面在经受车辆荷载时,路面结构整体强度确保了材料内部形变的协调性。

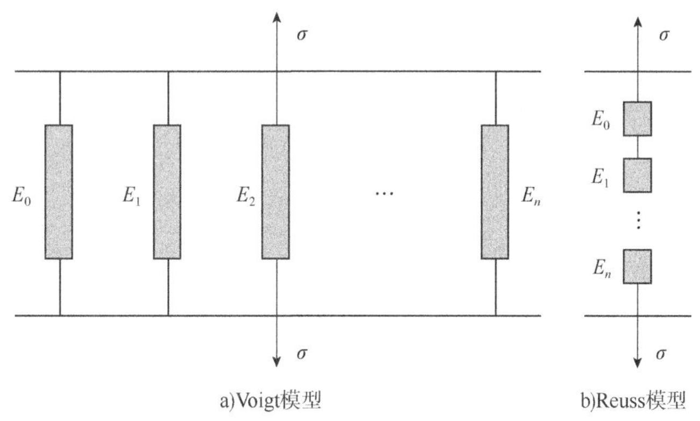

a)Voigt模型　b)Reuss模型

图 6-2　并联模型与串联模型示意图

本研究基于并联模型计算剔除空隙初始缺陷之后沥青混合料的等效弹性模量与等效泊松比。以粗集料及沥青砂浆两相介质为例,并联模型基本原理及等效方法如下。

粗集料相为夹杂体,沥青砂浆相为基体。由粗集料及沥青砂浆组成的沥青混合料细观模型所占空间域为 Ω。n 个夹杂体镶嵌在基体中,分别占据空间 $\Omega_1,\Omega_2,\Omega_3,\cdots,\Omega_n$。本研究认为夹杂体各向同性,其弹性模量分别为 $E_1,E_2,\cdots,E_n$,基体的弹性模量为 E_0。假设各夹杂体所占体积分数分别为 $C_1,C_2,\cdots,C_n$,基体所占体积分数为 C_0。显然,所有体积分数的总和等于 1,如式(6-1)所示。

$$\sum_{i=0}^{n} C_i = 1 \tag{6-1}$$

并联模型的特点为所有元件的应变相等且均等于复合体的应变,即 $\varepsilon_i = \varepsilon_m (i=0,1,2,\cdots,n)$,平均应力 σ^* 由式(6-2)表示。

$$\sigma^* = \sum_{i=0}^{n} C_i \sigma_i \tag{6-2}$$

式中：σ_i——单个元件的应力。

由胡克定律可知，单轴状态下的应力与应变的关系可由弹性模量表示。对于单个元件而言，可由式(6-3)定义。

$$\sigma_i = E_i \varepsilon_i \tag{6-3}$$

式中：E_i——单个元件的弹性模量。

对于复合体而言，由胡克定律可计算复合材料的等效弹性模量 E^*。同理，可求得等效体积模量 K^*、等效剪切模量 G^*，见式(6-4)。

$$\begin{cases} E^* = \sum_{i=0}^{n} C_i E_i = \{E\} \\ K^* = \sum_{i=0}^{n} C_i K_i = \{K\} \\ G^* = \sum_{i=0}^{n} C_i G_i = \{G\} \end{cases} \tag{6-4}$$

式中：K——体积模量；

G——剪切模量。

由 $G=\dfrac{E}{2(1+\nu)}$，解 $G^* = \sum_{i=0}^{n} C_i G_i = \sum_{i=0}^{n} C_i \dfrac{E_i}{2(1+\nu_i)}$ 可得单个元件的等效泊松比 ν^* 为：

$$\nu^* = \frac{E^*}{2G^*} - 1 = \frac{\sum_{i=0}^{n} C_i E_i}{2\sum_{i=0}^{n} C_i \dfrac{E_i}{1+\nu_i}} - 1 \tag{6-5}$$

而串联模型中各元件应力相等，等效材料参数见式(6-6)。

$$\frac{1}{E^*} = \sum_{i=o}^{n} \frac{C_i}{E_i} = \left\{\frac{1}{E}\right\}, \quad \frac{1}{K^*} = \sum_{i=o}^{n} \frac{C_i}{K_i} = \left\{\frac{1}{K}\right\}, \quad \frac{1}{G^*} = \sum_{i=o}^{n} \frac{C_i}{G_i} = \left\{\frac{1}{G}\right\} \tag{6-6}$$

6.1.2 界面区引入

沥青混合料具有典型的黏弹特性，在确定了等效弹性常数之后，其均匀化黏性参数是下一步的研究内容。沥青混合料细观结构组分中除粗集料、空隙以外，其他均为黏弹体。沥青混合料组分划分见图 6-3，相关组分的材料参数测试已在前文提及，在此不再复述。由于粗集料被界面区沥青层包裹，可将粗集料-沥青看成一种等效介质。由于界面区沥青的引入，等效介质可被视为黏弹体。在粗集料-沥青材料等效方法中，粗集料被近似为圆形，如图 6-4 所示。Zhu 等[3]建立了双层微观力学模型，通过在基体外缘施加法向应力、切向应力，计算粗集料-沥青等效介质的剪切模量。推导过程中，假设等效介质的半径为无穷大，等效剪切模量 G^{e} 可由式(6-7)计算[4]。

$$A\left(\frac{G^{\mathrm{e}}}{G_{\mathrm{m}}}\right)^2 + 2B\left(\frac{G^{\mathrm{e}}}{G_{\mathrm{m}}}\right) + C = 0 \tag{6-7}$$

$$A=8\left(\frac{G_{\mathrm{i}}}{G_{\mathrm{m}}}-1\right)(4-5\nu_{\mathrm{m}})\eta_1 c^{\frac{10}{3}}-2\left[63\left(\frac{G_{\mathrm{i}}}{G_{\mathrm{m}}}-1\right)\eta_2+2\eta_1\eta_3\right]c^{\frac{7}{3}}+252\left(\frac{G_{\mathrm{i}}}{G_{\mathrm{m}}}-1\right)\eta_2 c^{\frac{5}{3}}$$
$$-50\left(\frac{G_{\mathrm{i}}}{G_{\mathrm{m}}}-1\right)(7-12\nu_{\mathrm{m}}+8\nu_{\mathrm{m}}^2)\eta_2 c+4(7-10\nu_{\mathrm{m}})\eta_2\eta_3 \tag{6-8}$$

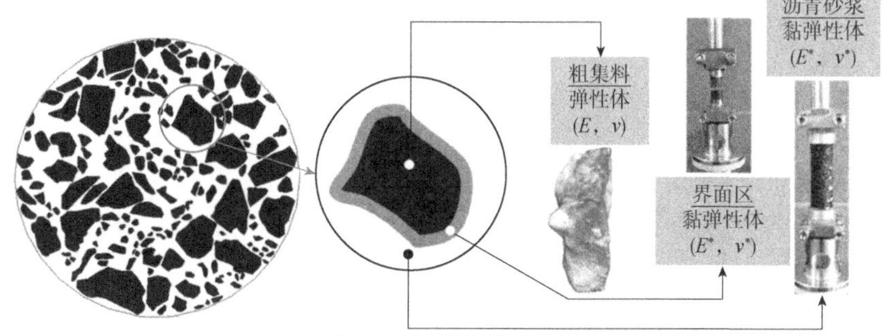

图 6-3　细观尺度下沥青混合料组分划分及材料参数

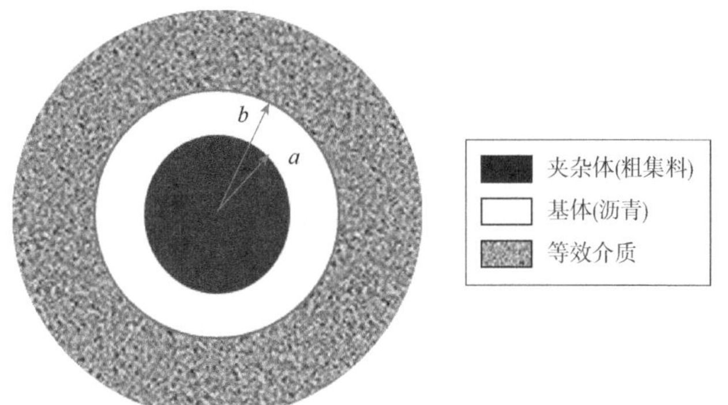

图 6-4　等效介质剪切模量均匀化示意图

$$B=-4\left(\frac{G_{\mathrm{i}}}{G_{\mathrm{m}}}-1\right)(1-5\nu_{\mathrm{m}})\eta_1 c^{\frac{10}{3}}+4\left[63\left(\frac{G_{\mathrm{i}}}{G_{\mathrm{m}}}-1\right)\eta_2+2\eta_1\eta_3\right]c^{\frac{7}{3}}-504\left(\frac{G_{\mathrm{i}}}{G_{\mathrm{m}}}-1\right)\eta_2 c^{\frac{5}{3}}$$
$$+150\left(\frac{G_{\mathrm{i}}}{G_{\mathrm{m}}}-1\right)(3-\nu_{\mathrm{m}})\nu_{\mathrm{m}}\eta_2 c+3(15\nu_{\mathrm{m}}-7)\eta_2\eta_3 \tag{6-9}$$

$$C=4\left(\frac{G_{\mathrm{i}}}{G_{\mathrm{m}}}-1\right)(5\nu_{\mathrm{m}}-7)\eta_1 c^{\frac{10}{3}}-2\left[63\left(\frac{G_{\mathrm{i}}}{G_{\mathrm{m}}}-1\right)\eta_2+2\eta_1\eta_3\right]c^{\frac{7}{3}}+252\left(\frac{G_{\mathrm{i}}}{G_{\mathrm{m}}}-1\right)\eta_2 c^{\frac{5}{3}}$$
$$+25\left(\frac{G_{\mathrm{i}}}{G_{\mathrm{m}}}-1\right)(\nu_{\mathrm{m}}^2-7)\eta_2 c-(7+5\nu_{\mathrm{m}})\eta_2\eta_3 \tag{6-10}$$

$$\eta_1=\left(\frac{G_{\mathrm{i}}}{G_{\mathrm{m}}}-1\right)(49-50\nu_{\mathrm{i}}\nu_{\mathrm{m}})+35\left(\frac{G_{\mathrm{i}}}{G_{\mathrm{m}}}\right)(\nu_{\mathrm{i}}-2\nu_{\mathrm{m}})+35(2\nu_{\mathrm{i}}-\nu_{\mathrm{m}}) \tag{6-11}$$

$$\eta_2=5\nu_i\left(\frac{G_{\mathrm{i}}}{G_{\mathrm{m}}}-8\right)+7\left(\frac{G_{\mathrm{i}}}{G_{\mathrm{m}}}+4\right) \tag{6-12}$$

$$\eta_3=\left(\frac{G_{\mathrm{i}}}{G_{\mathrm{m}}}\right)(8-10\nu_{\mathrm{m}})+(7-5\nu_{\mathrm{m}}) \tag{6-13}$$

式中：G_{i}、G_{m}——分别为夹杂体剪切模量、基体剪切模量；

ν_{i}、ν_{m}——分别为夹杂体泊松比、基体泊松比；

G^{e}——含界面区等效介质的剪切模量；

c——夹杂体体积百分比。

本研究以两步法（图6-5）实现界面区的引入：第一步，粗集料与界面区沥青等效为黏弹体；第二步，等效介质作为夹杂体分散在沥青砂浆基体中，夹杂体与基体均为黏弹体，采用并联模型计算沥青混合料的瞬时弹性模量及等效黏性参数。最终，将第二步等效后计算所得的松弛模量表示成Prony级数形式，用于Abaqus有限元分析。

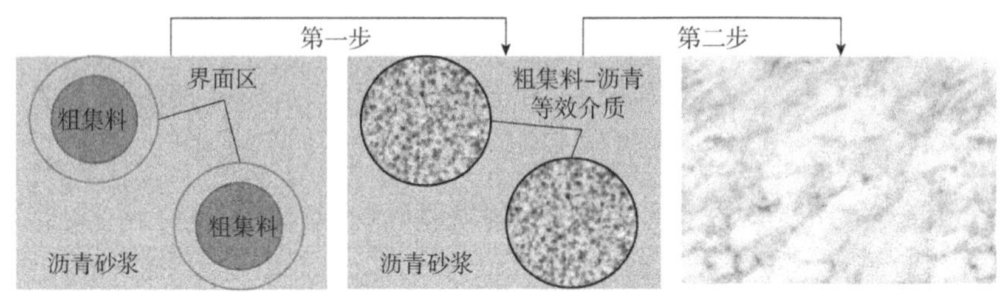

图6-5　细观尺度下沥青混合料材料均匀化等效过程

6.1.3　初始空隙缺陷引入

沥青混合料属于多孔介质，内部空隙的含量存在一个最优区间。沥青混合料的空隙率既不能太小，以防止沥青材料的高温不稳定性流动；也不能太大，以保证沥青混合料整体强度满足设计要求。空隙的引入对沥青混合料基本材料性能及耐久性有显著的影响。在进行沥青混合料材料均匀化等效时，将其视为由空隙率为0的沥青混合料基体相与空隙夹杂相组成的夹杂体。本研究借鉴引入空隙的水泥混凝土材料等效方法[3]，提出了等效体积模量、等效剪切模量及等效弹性模量等材料参数的计算方法。

6.1.3.1　等效体积模量

空隙相为气体相，因此其相关模量均为0。为了便于理论推导，将夹杂模型假设为中空球体（图6-6）。在无穷远处施加拉应力F。在基体中取一个六面体微元。微元受径向正应力（σ_r）与切向正应力（σ_θ）。由于微元的轴对称性，其微元剪切应力应当为0。f^{b}为体力，方向为沿着直径方向朝外。

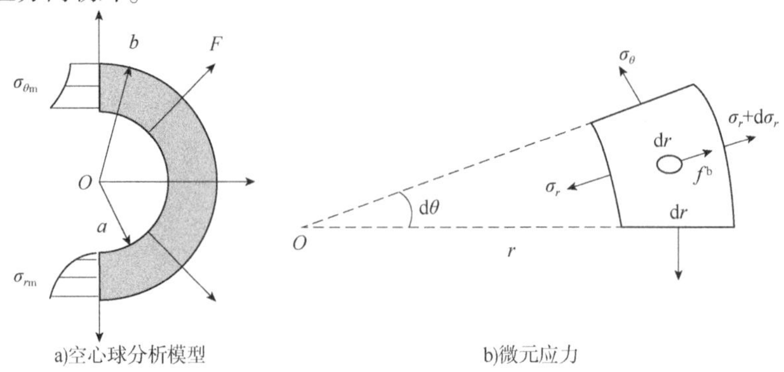

图6-6　等效体积模量计算原理图

因为微元的轴对称性,可忽略体力,其微分方程见式(6-14)。

$$\frac{\mathrm{d}^2u_r}{\mathrm{d}r^2}+\frac{2}{r}\frac{\mathrm{d}u_r}{\mathrm{d}r}-\frac{2}{r^2}u_r=0 \tag{6-14}$$

外力 F 所引起的位移场见式(6-15),所引起的应力场见式(6-16)、式(6-17)。

$$\begin{cases}u_{rm}=A_{m}r+B_{m}/r^2\\ u_r^*=A^*r+B^*/r^2\end{cases} \tag{6-15}$$

$$\begin{cases}\sigma_{rm}=3K_{m}A_{m}-4G^{e}B_{m}/r^3\\ \sigma_r^*=3K^*A^*-4G^*B^*/r^3\end{cases} \tag{6-16}$$

$$\begin{cases}\sigma_{\theta m}=3K_{m}A_{m}+2G^{e}B_{m}/r^3\\ \sigma_\theta^*=3K^*A^*+2G^*B^*/r^3\end{cases} \tag{6-17}$$

式中:m、* ——分别代表基体、等效介质;

r——半径;

K、G——分别表示体积模量与剪切模量;

A、B——待定参数。

微元的边界条件见式(6-18)。

$$\begin{cases}\tau_{r\theta}\mid_{r=a}=0,\quad \tau_{r\theta}\mid_{r=b}=0\\ \sigma_{rm}\mid_{r=a}=0,\quad \sigma_{rm}\mid_{r=b}=\sigma_r^*\mid_{r=b}=F\end{cases} \tag{6-18}$$

将式(6-18)代入式(6-16),求得的待定参数如下:

$$\begin{cases}A_{m}=F/[3K_{m}(1-p)]\\ B_{m}=Fb^3p/[4G^{e}(1-p)]\end{cases} \tag{6-19}$$

式中:p——空隙率,$p=a^3/b^3$。

根据位移连续条件 $u_{rm}\mid_{r=b}=u_r^*\mid_{r=b}=Fb/(3K^*)$ 可计算得到引入空隙后的等效体积模量 K^*,见式(6-20)。

$$K^*=4K_{m}G^{e}(1-p)/(4G^{e}+3K_{m}p) \tag{6-20}$$

6.1.3.2 等效剪切模量

对于等效剪切模量的求解,如果继续采用三相球体模型,其系数为变量相关的函数。因此,采用中空管子扭转模型(图 6-7)进行简化。圆柱形管两端受扭矩 T,中空圆柱形基体内径为 j,外径为 b,空隙率 p 为 j^2/b^2。以极坐标为坐标系,中空圆柱内距离圆心为 r 点的剪应力 τ_r 采用式(6-21)计算。

$$\tau_r=\frac{T}{I_{P}}r \tag{6-21}$$

式中:I_{p}——惯性矩。实心截面惯性矩采用式(6-22)计算,空心截面惯性矩采用式(6-23)计算。

$$I_{P}=\frac{\pi b^4}{2} \tag{6-22}$$

$$I_{\mathrm{p}}=\frac{\pi b^4}{2}(1-\beta^4),\quad \beta=\frac{j}{b} \tag{6-23}$$

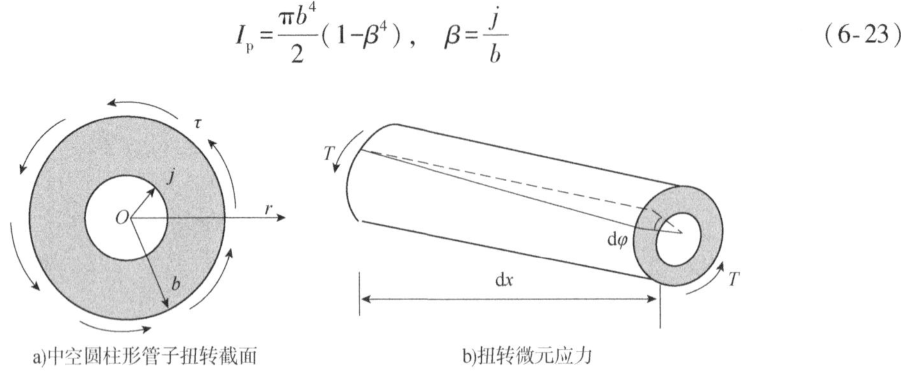

图 6-7 等效剪切模量计算原理图

采用本模型计算等效剪切模量的原则为:当中空圆柱截面受到扭矩 T 作用时,单位长度圆管产生的相对转角 φ_1 与实心截面在相同扭矩作用之下产生的相对转角 φ_2 相等,见式(6-24)。

$$\begin{cases}\varphi_1=\dfrac{2T}{G^{\mathrm{e}}\pi b^4(1-\beta^4)}\\[2ex]\varphi_2=\dfrac{T}{G^*\pi b^4}\end{cases} \tag{6-24}$$

令中空球体与中空圆柱的空隙率相等,求解可得 $j=a(a/b)^{0.5}$,将 j 代入式(6-24),联立求解方程组,计算等效剪切模量 G^*,结果见式(6-25)。

$$G^*=G^{\mathrm{e}}(1-p^2) \tag{6-25}$$

6.1.3.3 等效弹性模量

基于上述推导,引入初始空隙缺陷的等效体积模量 K^*、等效剪切模量 G^* 均已求得。假设无空隙的沥青混合料基体为各向同性,将空隙等效为各向同性的球体。因此,可将包含空隙的沥青混合料复合材料等效介质假设为各向同性材料。对于各向同性材料,独立的弹性常数仅有 2 个。因此,基于等效体积模量 K^*、等效剪切模量 G^*,可求得包含初始空隙的等效弹性模量 E^*、等效泊松比 ν^*,见式(6-26)。值得一提的是,此时的等效材料参数包含了界面区及初始空隙的影响,在此基础上进一步引入损伤的影响。

$$E^*=\frac{9K^*G^*}{3K^*+G^*},\quad \nu^*=\frac{3K^*-2G^*}{6K^*+2G^*} \tag{6-26}$$

6.1.3.4 材料损伤引入

沥青混合料的材料损伤通常发生在沥青砂浆相与集料-沥青界面相。这里认为粗集料的强度高于沥青混合料的复合强度,因此不考虑粗集料内部损伤的影响,尤其是在低温条件下。在材料损伤的引入过程中,将沥青砂浆相作为基体,而将界面相与空隙相作为薄弱区,进行等效介质力学参数求解。如图 6-8 所示,等效过程中,临界体积之上空隙的引入将降低沥青砂浆基体的强度与临界拉应变。等效介质的拉伸强度计算公式见式(6-27),临界拉应变计算公式见式(6-28)。界面区的引入体现在损伤系数中,如图 6-8 所示。其中,损伤系数的定义见式(6-29)。损伤系数的引入将进一步降低等效介质的拉伸强度与临界拉应变。

$$\varepsilon_0^* = \frac{E_S(1-p^{2/3})}{E^*}\varepsilon_0^S \tag{6-27}$$

$$\sigma_0^* = \sigma_0^S(1-p^{2/3}) \tag{6-28}$$

$$\zeta = \frac{2+p-p\nu^*}{2(1-p^2)}(1-p^{2/3}) \tag{6-29}$$

式中:σ_0^*、σ_0^S——分别为等效介质拉伸强度、沥青砂浆拉伸强度;

ε_0^*、ε_0^S——分别为等效介质临界拉应变、沥青砂浆临界拉应变;

E_S——沥青砂浆弹性模量;

ζ——衰减系数。

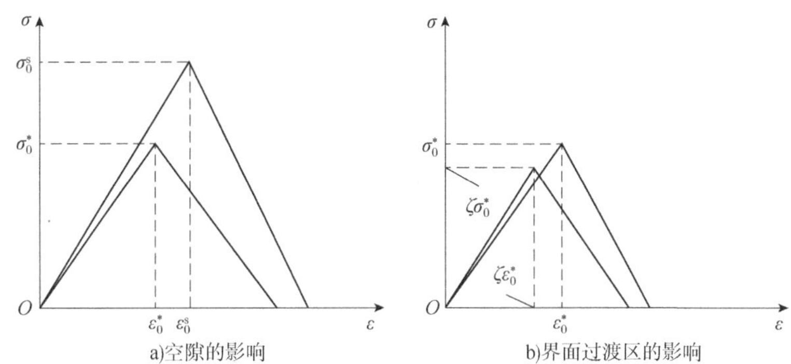

图 6-8　沥青混合料材料损伤等效示意图

6.1.4　材料参数全局等效

宏观尺度下,沥青混合料的等效材料参数(-10℃)见表 6-1、表 6-2,所述参数为局部等效 MEEM 模型中 64 个单元材料参数的全局等效值。宏观尺度下,沥青混合料的劈裂强度与各向异性见表 6-3,屈服准则由基于 J_2 流动理论的 Drucker-Prager(D-P)屈服函数来描述。相关材料参数由 MEEM 模型计算结果全局等效而来(图 6-9),旨在构建多尺度统一模型。

沥青混合料宏观尺度等效材料参数(石灰岩)　　表 6-1

等效材料参数	HMA-A	HMA-B	HMA-C	HMA-D	HMA-E	HMA-F
瞬时弹性模量(MPa)	9676	12180	12213	13137	11739	11503
泊松比	0.107	0.112	0.121	0.125	0.078	0.123

沥青混合料宏观尺度等效材料参数(玄武岩)　　表 6-2

等效材料参数	HMA-A	HMA-B	HMA-C	HMA-D	HMA-E	HMA-F
瞬时弹性模量(MPa)	17350	21861	21912	23578	21166	20639
泊松比	0.105	0.111	0.120	0.124	0.079	0.122

沥青混合料屈服强度及各向异性(玄武岩) 表 6-3

指标	HMA-A	HMA-B	HMA-C	HMA-D	HMA-E	HMA-F
劈裂强度(MPa)	1.79	0.88	3.38	1.43	3.83	4.44
各向异性 Δ	0.364	0.360	0.341	0.353	0.363	0.361

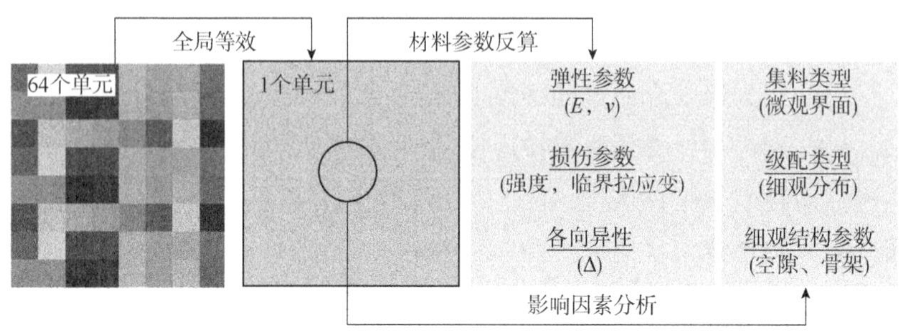

图 6-9 多尺度统一模型材料参数等效过程示意图

对于有关尺度跨越方法的建立问题,图 6-9 示意了由微观到细观再到宏观的跨越流程(Upscale)。详细步骤如下:①细观单元等效模型考虑了集料-沥青界面区及微观应变梯度的影响,64 个单元包含了细观组分的材料参数、分布特性,由此建立微观到细观的跨越方法;②以 64 个单元模型的模拟结果为基础,采用全局等效方法构建 1 个单元的多尺度统一模型;③多尺度统一模型的弹性参数、损伤参数与各向异性均由细观单元等效模型反算而得,对比集料类型、级配类型及细观结构参数的影响;④建立多尺度统一模型同细观单元等效模型的联系,由此实现沥青路面材料的微-细-宏观尺度跨越。

所采用的黏弹塑性本构模型计算程序(UMAT)包含 5 个状态变量及 17 个材料常数。材料常数中,8 个为弹塑性参数(表 6-4),3 个为黏塑性参数(表 6-5),6 个为迭代计算参数(表 6-6)。本研究建立了沥青混合料平面应变单元的二维模型,试件顶部施加 10mm/min 的位移荷载(-10℃)。为了对比沥青混合料多尺度统一模型力学行为的差异,本研究以集料类型、级配类型为变量,设置对比组,并展开相关讨论。

沥青混合料 UMAT 程序材料常数(弹塑性参数) 表 6-4

常数	PROPS(1)	PROPS(2)	PROPS(3)	PROPS(4)
含义	泊松比	膨胀曲线斜率	压缩曲线斜率	损伤参数
常数	PROPS(5)	PROPS(6)	PROPS(7)	PROPS(8)
含义	D-P 极限状态线斜率	D-P 临界状态线斜率	D-P 临界状态线截距	椭圆形屈服面长宽比

沥青混合料 UMAT 程序材料常数(黏塑性参数) 表 6-5

常数	PROPS(9)	PROPS(10)	PROPS(11)
含义	初始 D-P 屈服面	流动理论常数	应变率敏感性参数

沥青混合料 UMAT 程序材料常数(迭代计算参数)　　表 6-6

常数	PROPS(12)	PROPS(13)	PROPS(14)	PROPS(15)	PROPS(16)	PROPS(17)
含义	积分常数		几何非线性	时间增量步	增量步比值	初始增量步

6.2　微观应变梯度引入

单个材料组分的力学参数获取是实现沥青混合料材料均匀化的基本前提。因此,本研究以参数实测为目标,通过试验完成集料-沥青界面区沥青及沥青砂浆材料参数的实测。在微、细观尺度下,材料内部应变计算过程中高阶项的影响不容忽视。因此,本研究尝试引入应变梯度并分析其对沥青混合料力学性能的影响。基于考虑材料参数均匀化的有限元方法,进行沥青路面材料的 MEEM 模型力学行为对比分析。

6.2.1　材料参数获取与局部等效

细观尺度下,沥青混合料由粗集料、沥青砂浆、集料-沥青界面区及临界体积之上的空隙组成。粗集料被视为不产生损伤的纯弹性体,界面区与沥青砂浆被视为黏弹体,界面区、空隙作为薄弱相被等效为材料均匀化介质。基于材料参数试验测试结果,材料参数局部等效过程如下。

材料参数包含瞬时弹性模量、动态弹性模量,均基于动态剪切流变仪试验获取。Abaqus 计算材料黏弹性响应时,需要输入的材料参数是松弛模量,所以采用近似法将动态模量$|E^*|$转换成松弛模量 $E(t)$[5],步骤如下:

①在已知沥青路面材料动态模量$|E^*|$及相位角 φ 之后,计算得到储存模量 $E'(f)=|E^*|\cos\varphi$。

②拟合 $E'(f)$,并计算每个频率点在双对数坐标下的斜率值 k;

$$k=\frac{\mathrm{d}\log[E'(f)]}{\mathrm{d}\log f} \tag{6-30}$$

③计算调整函数 $\lambda'=\Gamma(1-k)\cos\left(\frac{k\pi}{2}\right)$,其中 $\Gamma(1-k)$ 为 Gamma 函数。

④计算松弛模量 $E(t)=\frac{E'(f)}{\lambda'}$,其中 $t=\frac{1}{f}$,f 为频率,t 为时间。

剪切模量与松弛模量间的关系见式(6-31)。

$$G(t)=\frac{E(t)}{2(1+\nu)} \tag{6-31}$$

式中:$G(t)$、$E(t)$、ν——分别为剪切模量、松弛模量、泊松比。

在 Abaqus 材料参数定义中,采用归一化 Prony 级数来表示剪切模量,详见式(6-32)。其中,$g(t)$曲线为 $G(t)$ 对初始松弛模量的归一化曲线。

$$g(t)=1-\sum_{i=1}^{N}g_i(1-\mathrm{e}^{-t/\tau_i}) \tag{6-32}$$

式中：N、g_i、τ_i——分别为 Prony 级数项、Prony 级数、延迟时间。

Abaqus 采用 WLF 方程来定义黏弹性材料的温度依赖性，如式(6-33)所示。

$$\log\ \alpha_T=\frac{-C_1(T-T_{\mathrm{ref}})}{C_2+(T-T_{\mathrm{ref}})} \tag{6-33}$$

式中：α_{T}、T、T_{ref}——分别为时温等效的移位因子、测试温度、参考温度；

C_1、C_2——回归常数。

为了求解 C_1 及 C_2，将松弛模量曲线拟合成 S 形曲线，曲线形式如式(6-34)所示。

$$\log\left[E(\zeta)\right]=\delta+\frac{\alpha}{1+\exp(\beta+\gamma\log\zeta)} \tag{6-34}$$

式中：α、β、γ、δ——回归常数；

ζ——松弛时间。

以厚度为 500μm 的 LS-AAA 频率扫描试验结果为例，基于式(6-34)拟合的模量主曲线及基于式(6-32)拟合的 Prony 级数见图 6-10。结果表明拟合效果良好，基于模量主曲线拟合参数可计算 WLF 方程的回归常数。最终，通过移位因子得到-10℃时 LS-AAA 的松弛模量曲线及其 Prony 级数。

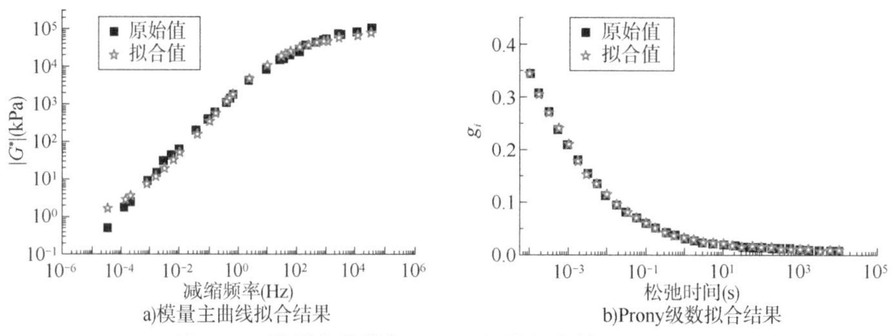

图 6-10　模量主曲线与 Prony 级数拟合结果(-10℃)

基于集料平行板改进 DSR 试验、小尺寸沥青砂浆 DSR 试验，界面区与沥青砂浆在-10℃时的材料参数及松弛模量 Prony 级数拟合结果见表 6-7～表 6-10。

集料-沥青界面区材料参数表(-10℃)　　表 6-7

集料类型	弹性参数		主曲线拟合参数				WLF 方程参数	
	瞬时弹性模量(MPa)	泊松比	δ	α	β	γ	C_1	C_2
石灰岩	651.4	0.45	0.601	7.782	-2.731	-0.443	24.8	187.2
玄武岩	1168.4		-0.984	9.589	-2.815	-0.374	11.8	116.2

集料-沥青界面区松弛模量 Prony 级数表(-10℃)　　表 6-8

级数	集料类型	延迟时间								
		1000s	100s	10s	1s	0.1s	0.01s	0.001s	0.0001s	0.00001s
g_i	石灰岩	0.0504	0.0901	0.1414	0.1583	0.1478	0.1202	0.0904	0.0634	0.1276
	玄武岩	0.0497	0.0743	0.1146	0.1317	0.1322	0.1172	0.0970	0.0743	0.1955

沥青砂浆材料参数表(-10℃)　　表 6-9

砂浆类型	弹性参数		主曲线拟合参数				WLF 方程参数	
	瞬时弹性模量(GPa)	泊松比	δ	α	β	γ	C_1	C_2
FAM-A	1.163	0.35	7.069	2.566	-2.520	-0.407	21.5	132.5
FAM-B	1.124		3.067	6.553	-3.162	-0.183	16.1	89.3
FAM-C	1.579		6.566	3.201	-2.415	-0.346	35.6	209.3
FAM-D	1.411		6.876	2.842	-2.126	-0.324	109.3	682.7
FAM-E	1.408		5.545	4.173	-2.507	-0.405	22.3	144.3
FAM-F	1.406		5.546	4.170	-3.284	-0.405	17.7	92.4

沥青砂浆松弛模量 Prony 级数表(-10℃)　　表 6-10

级数	砂浆类型	延迟时间								
		1000s	100s	10s	1s	0.1s	0.01s	0.001s	0.0001s	0.00001s
g_i	FAM-A	0.1818	0.1037	0.1311	0.0985	0.0820	0.0593	0.0434	0.0297	0.0640
	FAM-B	0.1037	0.0462	0.0676	0.0550	0.0545	0.0482	0.0442	0.0378	0.2308
	FAM-C	0.1473	0.0907	0.1199	0.1000	0.0898	0.0716	0.0569	0.0423	0.1160
	FAM-D	0.1273	0.0813	0.1106	0.0972	0.0910	0.0760	0.0630	0.0486	0.1492
	FAM-E	0.1260	0.1095	0.1427	0.1287	0.1126	0.0877	0.0661	0.0469	0.1041
	FAM-F	0.2141	0.0999	0.1263	0.0851	0.0695	0.0479	0.0346	0.0232	0.0495

6.2.2 材料参数均匀化

材料参数均匀化过程须解决的一个重要问题是 MEEM 单元的尺寸选择。本研究以粗、细两种沥青混合料级配的截面图为载体,采用移动窗口技术来确定合适的单元尺寸,如图 6-11所示。将图像分别划分为 25 份、64 份、100 份、144 份、225 份,窗口内粗集料百分比的变异系数表征了该单元尺寸内材料的均匀程度。由图 6-11 中的柱状图可知,单元尺寸越小变异系数越大,且随着粗集料的增加,此现象更加明显。基于材料取样代表性及数值模拟计算精度的要求,本研究选用等分 64 份为 MEEM 单元尺寸划分依据。

在确定了合理的单元尺寸后,单个窗口内沥青混合料细观组分(粗集料、沥青砂浆、集料-沥青界面区及临界体积之上空隙)的体积分数计算是材料参数等效过程的重要步骤。基于沥青混合料切片的 8bit 灰度直方分布图,完成细观组分的灰度区间阈值划分,结果见表 6-11。虽然 ICT 断层扫描过程中所有测试参数保持不变,但各沥青混合料的细观组分灰度区间却不尽相同。由此可见,ICT 切片图灰度分布与材料组成差异的关系较为密切。

沥青混合料细观结构组分灰度区间阈值划分　　表 6-11

细观组分	灰度区间阈值划分					
	HMA-A	HMA-B	HMA-C	HMA-D	HMA-E	HMA-F
空隙	0~109	0~109	0~111	0~113	0~111	0~98
沥青砂浆	110~185	110~180	112~190	114~190	112~175	99~159
粗集料	186~255	181~255	191~255	191~255	176~255	160~255

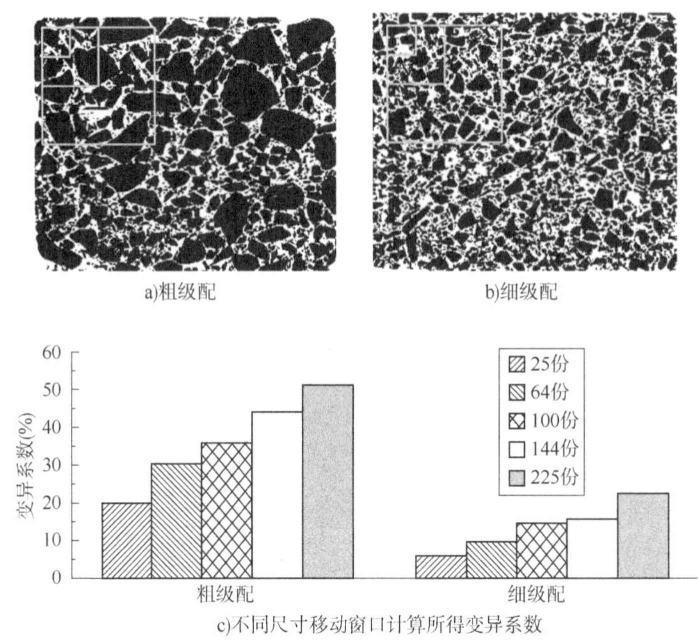

图 6-11　单元尺寸合理尺寸确定过程

在已知各组分灰度区间阈值之后,计算单个窗口内粗集料、沥青砂浆、集料-沥青界面区及临界体积之上空隙的体积分数。本研究设定集料-沥青界面区厚度为 250μm,在圆形粗集料表面视为圆环形结构,以此计算其体积分数。为了涵盖沥青混合料细观组分的三维特征,统计了试件中段 45mm 厚切片堆积图的平均体积分数。以 HMA-D 为例,64 份单元模型的细观组分体积分数见图 6-12。HMA-D 内出现了高沥青砂浆含量区与高空隙含量区,二者均靠端部分布。上述规律与 HMA-D 的各向异性度(D_a)及空隙质心外围分布相符。由此可见,统计意义上的细观单元体积分数成功表征了细观组分的分布特性。

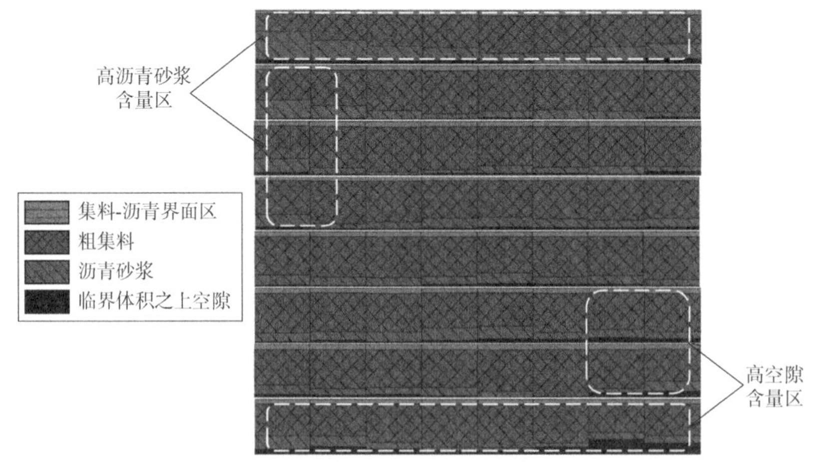

图 6-12　沥青混合料细观组分体积分数示意图(HMA-D)(附彩图)

材料参数等效过程如下:①将沥青混合料的初始空隙缺陷设为 0,计算 MEEM 单元的等效泊松比;②将粗集料与界面区等效为黏弹介质之后,基于并联模型对等效介质与沥青砂浆进行黏弹介质的二次等效;③计算 MEEM 单元的瞬时弹性模量及 Prony 级数项;④引入初始空隙缺陷及材料损伤的影响。

本研究涉及的集料种类为石灰岩、玄武岩。石灰岩的弹性模量取 50GPa,玄武岩的弹性模量取90GPa。集料的泊松比取 0.15。以第 1 个单元为例,各类等效材料参数见表 6-12~表 6-16。

第 1 个单元细观组分体积分数　　表 6-12

细观组分	HMA-A	HMA-B	HMA-C	HMA-D	HMA-E	HMA-F
临界体积之上的空隙	12.00	15.00	6.96	6.97	13.07	6.39
沥青砂浆	40.97	36.13	47.33	53.94	33.42	35.23
粗集料	39.51	41.20	38.30	32.29	45.47	49.98
集料-沥青界面区	7.51	7.67	7.40	6.80	8.04	8.41

第 1 个单元等效弹性参数　　表 6-13

集料类型	等 效 参 数	沥青混合料					
		HMA-A	HMA-B	HMA-C	HMA-D	HMA-E	HMA-F
石灰岩	弹性模量(MPa)	6198.5	6386.7	6148.1	4957.4	7363.2	8678.4
	泊松比	0.100	0.083	0.125	0.126	0.092	0.124
玄武岩	弹性模量(MPa)	11095.5	11444.5	11005.0	8868.8	13193.8	15557.5
	泊松比	0.097	0.080	0.121	0.122	0.090	0.122

第 1 个单元松弛模量 Prony 级数(石灰岩)　　表 6-14

级数项	沥青混合料	延 迟 时 间								
		1000s	100s	10s	1s	0.1s	0.01s	0.001s	0.0001s	0.00001s
g_i	HMA-A	0.1299	0.0983	0.1222	0.1222	0.1080	0.0833	0.0619	0.0430	0.0891
	HMA-B	0.0817	0.0643	0.0976	0.0976	0.0930	0.0778	0.0632	0.0483	0.1883
	HMA-C	0.1101	0.0905	0.1223	0.1223	0.1121	0.0902	0.0697	0.0504	0.1204
	HMA-D	0.1025	0.0842	0.1170	0.1170	0.1094	0.0903	0.0718	0.0534	0.1422
	HMA-E	0.0916	0.1007	0.1422	0.1422	0.1286	0.1024	0.0771	0.0544	0.1148
	HMA-F	0.1322	0.0950	0.1217	0.1217	0.1086	0.0840	0.0625	0.0433	0.0885

第 1 个单元松弛模量 Prony 级数(玄武岩)　　表 6-15

级数项	沥青混合料	延 迟 时 间								
		1000s	100s	10s	1s	0.1s	0.01s	0.001s	0.0001s	0.00001s
g_i	HMA-A	0.1296	0.0921	0.1116	0.1116	0.1018	0.0822	0.0646	0.0473	0.1160
	HMA-B	0.0814	0.0577	0.0866	0.0866	0.0865	0.0766	0.0659	0.0528	0.2163
	HMA-C	0.1099	0.0844	0.1121	0.1121	0.1061	0.0891	0.0723	0.0546	0.1464
	HMA-D	0.1022	0.0790	0.1084	0.1084	0.1043	0.0893	0.0740	0.0569	0.1642
	HMA-E	0.0913	0.0935	0.1300	0.1300	0.1215	0.1011	0.0801	0.0593	0.1457
	HMA-F	0.1319	0.0871	0.1084	0.1084	0.1008	0.0825	0.0658	0.0487	0.1224

第 1 个单元等效损伤参数(低温拉伸) 表 6-16

集料类型	等效损伤参数	沥青混合料					
		HMA-A	HMA-B	HMA-C	HMA-D	HMA-E	HMA-F
石灰岩	拉伸强度(MPa)	0.588	0.076	1.576	0.641	3.211	2.028
	临界拉应变(με)	32793.7	7768.0	9090.2	10052.3	29144.4	25925.9
玄武岩	拉伸强度(MPa)	0.592	0.076	1.585	0.645	3.225	2.034
	临界拉应变(με)	18429.9	4353.3	5107.2	5655.6	16334.6	14508.8

上述等效材料参数的波动同集料类型的选择有关,原因在于石灰岩与玄武岩的弹性参数的差异、石灰岩-沥青界面区与玄武岩-沥青界面区黏弹性参数的差异。为了更直观地表征集料类型的影响趋势,将表 6-13 与表 6-16 绘制成图 6-13。玄武岩弹性模量比石灰岩弹性模量高了 0.8 倍,导致玄武岩类等效单元的弹性模量高出石灰岩类约 50%。相反,石灰岩类的泊松比略大于玄武岩类。由于低温断裂受界面、空隙的影响显著,集料类型对 -10℃ 等效单元的拉伸强度影响相对较小。虽然集料类型对拉伸强度的影响不明显,但集料类型对临界拉应变的影响不可忽视,表现为石灰岩类临界拉应变大于玄武岩类临界拉应变。由此可见,集料类型是影响沥青混合料多尺度力学行为的关键指标。

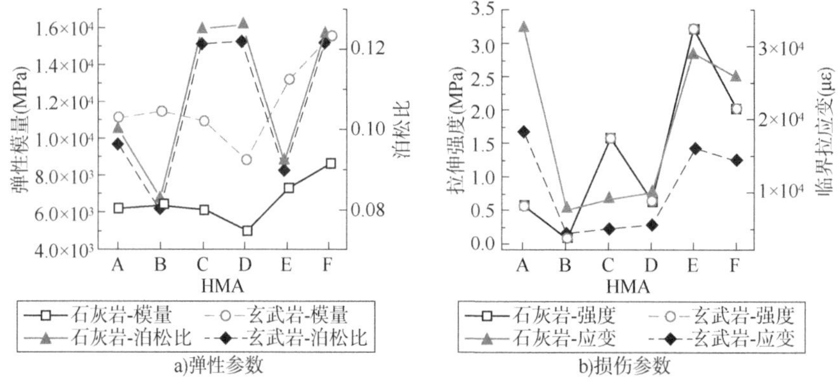

a)弹性参数 b)损伤参数

图 6-13 集料类型同弹性参数、损伤参数的关系

为探讨沥青混合料细观等效材料参数与细观结构参数的关系,以 HMA-F 的 4 组指标为例对比分析了细观材料与细观结构参数间的对应关系。图 6-14 中,等效弹性模量与等效临界拉应变属于等效材料参数,粗集料质心及空隙质心属于细观结构参数。基于细观结构特征参数的相关结论(低温性能),认为模量与骨架结构直接相关,应变与空隙直接相关。柱状图的高低代表相关指标的数值大小。整体来看,HAM-F 的等效材料参数表现出一定程度的不均匀分布。虽然细观单元等效模型采用了均匀化的材料参数,但是局部均匀化并未完全掩盖沥青混合料的非均匀特性。对比来看,等效弹性模量均匀分布体现在①号区域。相对而言,HAM-F 的粗集料质心在①号区域内堆积较为紧密。等效临界拉应变分布存在 3 个相对薄弱区域(②号区域、③号区域及④号区域),与之对应的是 HMA-F 在②号区域、③号区域及④号区域附近均出现了大体积空隙分布。由此可见,粗集料质心分布的紧密程度决定了细观单元等效弹性模量分布的均匀程度,大体积空隙分布对细观单元的抗拉伸形变能力起到了局部弱化的作用。综上所述,均匀化等效单元一定程度上反映了沥青混合料的各向异性,间接证明 64 单元满足细观分布特征描述精度的尺寸要求。

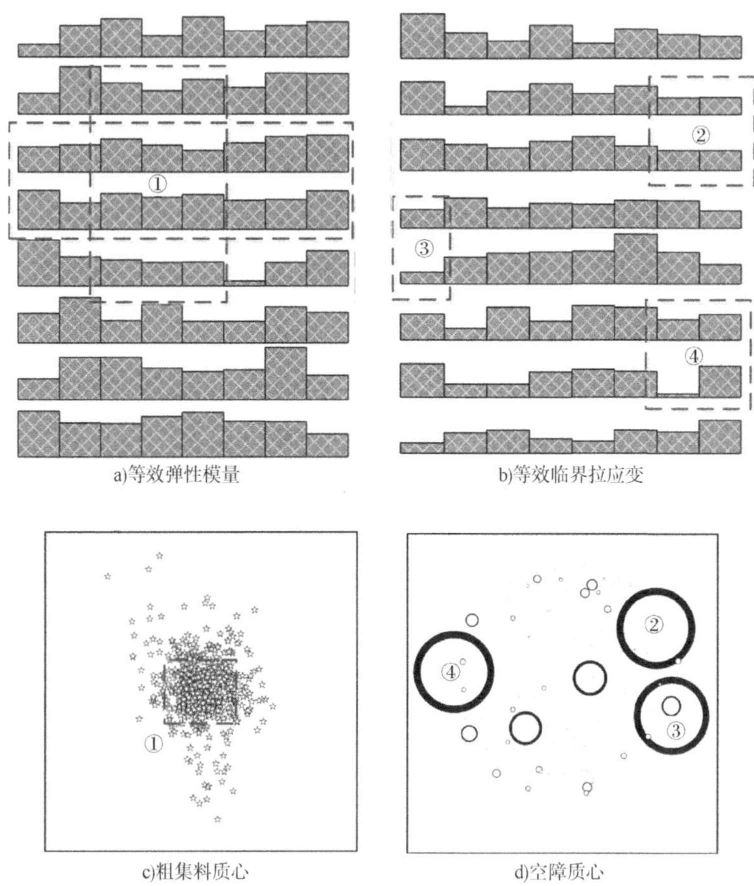

图 6-14　等效材料参数与细观结构参数的关系(HMA-F)

6.2.3　引入微观应变梯度

在微、细观尺度下,描述复合材料的局部特性是现代固体力学发展的一大方向。与尺寸相关的应变梯度理论是表征复合材料微观力学性能的重要理论。应变梯度数值化算法的通常做法并不是把位移场的高阶梯度项直接引入本构方程中,而是通过构建位移梯度场与高阶应力场的关系后进行计算。Dessouky[6] 提出了沥青混合料的应变梯度算法,旨在探讨应变梯度对材料性能的影响及对集料粒径、网格尺寸的适应性。

6.2.3.1　应变梯度基础理论

假设位置向量 $\vec{x}$ 的弹性应变仅线性依赖于单元移动($\vec{x}-\vec{r}$)时的相对应变,且该移动产生在 $\vec{x}$ 附近有限体积范围内。因此,代表体积单元(RVE)内局部应变分布的体积平均值等于该位置的平均应变,见式(6-35)。

$$\bar{\varepsilon} = \frac{1}{V} \int_{V_{\mathrm{RVE}}} \varepsilon(\vec{x} - \vec{r}) \mathrm{d}V \tag{6-35}$$

式中：$\bar{\varepsilon}$——平均应变；

ε——应变；

V——体积。

$\varepsilon(\vec{x}-\vec{r})$ 在 $\vec{x}$ 邻域内的泰勒级数二阶展开式见式(6-36)。

$$\bar{\varepsilon} = \varepsilon(x) + l_{\mathrm{c}}^2 \nabla^2 \varepsilon \tag{6-36}$$

式中：l_{c}——材料微观结构的特征长度。

由胡克定律与式(6-36)可得应力与应变的关系，见式(6-37)。

$$\boldsymbol{\sigma} = \boldsymbol{A}\boldsymbol{\varepsilon} + l_{\mathrm{c}}^2 \boldsymbol{A} \nabla^2 \boldsymbol{\varepsilon} \tag{6-37}$$

式中：$\boldsymbol{\sigma}$、$\boldsymbol{\varepsilon}$——应力与应变张量；

$\boldsymbol{A}$——四阶弹性张量。

基于伽辽金方法(Galerkin Method)，平衡方程的弱形式见式(6-38)。

$$\int_V \mathrm{grad}[\boldsymbol{N}] \sigma \mathrm{d}V = \int_S [\boldsymbol{N}](\sigma \cdot \vec{n}) \mathrm{d}S \tag{6-38}$$

式中：$[\boldsymbol{N}]$——包含形状函数的矩阵；

$\vec{n}$——物体表面的单位法向向量；

S——面域、面积。

将式(6-37)代入式(6-38)，可得式(6-39)。

$$\int_V [\boldsymbol{B}]^{\mathrm{T}} \boldsymbol{A} [\boldsymbol{B}] \boldsymbol{u} \mathrm{d}V + l_{\mathrm{c}}^2 \int_V [\boldsymbol{B}]^{\mathrm{T}} \boldsymbol{A} \nabla^2 \varepsilon \mathrm{d}V = \boldsymbol{f}^{\mathrm{s}} \tag{6-39}$$

式中：$\boldsymbol{f}^{\mathrm{s}}$——表面力；

$\boldsymbol{u}$——位移向量；

$[\boldsymbol{B}]$——应变位移矩阵，即$[\boldsymbol{N}]$的一阶偏导数。

将梯度项作为体力引入式(6-40)。

$$[\boldsymbol{K}]\boldsymbol{u} = \boldsymbol{f}^{\mathrm{s}} - \boldsymbol{f}^{\mathrm{b}} \tag{6-40}$$

式中：$[\boldsymbol{K}]$——刚度矩阵；

$\boldsymbol{f}^{\mathrm{b}}$——体力项，即 $l_{\mathrm{c}}^2 \int_V [\boldsymbol{B}] \boldsymbol{A} \nabla^2 \boldsymbol{\varepsilon} \mathrm{d}V$。

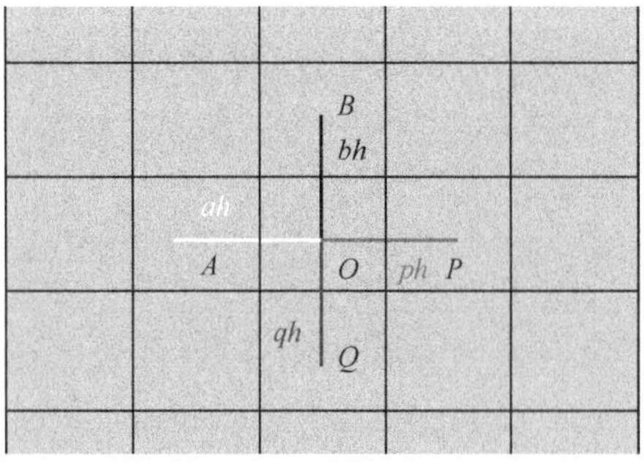

图 6-15　中心积分点与相邻积分点示意图

每个积分点的应变由等参单元计算方法确定，中心积分点的应变梯度值大小依赖于自身点及相邻节点。此外，相邻积分点至中心积分点的距离也是影响梯度值的一个关键因素。如图 6-15 所示，该平面应变单元的 A、P、B、Q 点到中心积分点 O 的距离分别为 ah、ph、bh、qh。h 是一个距离常数，a、p、b、h 为放缩常数。其中，A 点与 P 点的连线方向与 x 方向平行，B 点与 Q 点的连线方向

与 y 方向平行。以 x 方向为例，A 点与 P 点应变的展开式见式(6-41)。

$$\begin{cases}\varepsilon_A=\varepsilon_0+ah\dfrac{\partial\varepsilon_0}{\partial x}+\dfrac{1}{2}(ah)^2\dfrac{\partial^2\varepsilon_0}{\partial x^2}+\cdots\\ \varepsilon_P=\varepsilon_0+ph\dfrac{\partial\varepsilon_0}{\partial x}+\dfrac{1}{2}(ph)^2\dfrac{\partial^2\varepsilon_0}{\partial x^2}+\cdots\end{cases}\tag{6-41}$$

式中：ε——中心-积分点应变。

忽略奇数阶导数与三阶导数之上的高阶项后，可近似求得二阶导数，见式(6-42)。

$$\begin{cases}\dfrac{\partial^2\varepsilon_0}{\partial x^2}\cong\dfrac{2(\varepsilon_A-\varepsilon_0)}{a^2h^2}\\ \dfrac{\partial^2\varepsilon_0}{\partial x^2}\cong\dfrac{2(\varepsilon_P-\varepsilon_0)}{p^2h^2}\end{cases}\tag{6-42}$$

经过长度百分比加权后，x 方向的应变二阶导数可近似为式(6-43)。其中，A 点加权项为 $a/(a+p)$，P 点加权项为 $p/(a+p)$。

$$\frac{\partial^2\varepsilon_0}{\partial x^2}\cong\frac{2}{h^2}\left[\frac{\varepsilon_A}{a(a+p)}+\frac{\varepsilon_P}{p(a+p)}-\frac{1}{ap}\varepsilon_0\right]\tag{6-43}$$

与 x 方向处理方式一致，y 方向的应变二阶导数见式(6-44)。

$$\frac{\partial^2\varepsilon_0}{\partial y^2}\cong\frac{2}{h^2}\left[\frac{\varepsilon_B}{b(b+q)}+\frac{\varepsilon_Q}{q(b+q)}-\frac{1}{bq}\varepsilon_0\right]\tag{6-44}$$

因此，中心积分点的梯度项等于 x 方向及 y 方向的应变二阶导数之和，见式(6-45)、式(6-46)。

$$\nabla^2\varepsilon_0=\frac{\partial^2\varepsilon_0}{\partial x^2}+\frac{\partial^2\varepsilon_0}{\partial y^2}\tag{6-45}$$

$$\nabla^2\varepsilon_0=\frac{2}{h^2}\left[\frac{\varepsilon_A}{a(a+p)}+\frac{\varepsilon_B}{b(b+q)}+\frac{\varepsilon_P}{q(a+p)}+\frac{\varepsilon_Q}{b(b+q)}-\frac{ap+bq}{abpq}\varepsilon_0\right]\tag{6-46}$$

对于模型边界上的积分点，自由边界处无完整的 4 个相邻点。因此，边界点的应变梯度仅考虑可用相邻点的影响。由于本研究构建的是平面应变单元，中心积分点的应变梯度包含 3 个分量(水平、竖向及剪切)。应变梯度项将用于计算式(6-40)中的体力项，从而实现微观应变梯度影响的引入。

6.2.3.2　UEL(User-defined elements)程序基本流程

有限元分析软件 Abaqus 用户子程序平台是一个强大的计算辅助工具，为复杂力学问题的研究提供了灵活的途径[7]。在原有 Abaqus 程序库不满足研究要求时，用户子程序的优势则得到了体现。用户子程序采用 Fortran 语言进行编译。其中，UEL 是用于定义单元类型的用户子程序，主要用于实现非线性单元的计算。UEL 程序必须定义的变量为：①右手端(Right Hand Side)矢量数组(RHS)，该数组定义了单元对总体系统方程右手端矢量的贡献；②刚度矩阵数组(AMATRX)，该数组包含了用户单元对雅克比刚度矩阵或其他的总体系统方程矩阵的贡献；

③依赖于数值解的状态变量(SVARS),由用户定义依赖与数值解状态变量的意义。UEL 程序可以定义的变量包含单元能量(应变能、动能、塑性耗散能等)、建议的新时间增量步。

考虑应变梯度影响的 UEL 程序流程见图 6-16,程序的核心思想是将梯度的影响等效到体力 $\boldsymbol{f}^{\mathrm{b}}$ 中。流程为:①UEL 程序计算无应变梯度时的位移场 $\boldsymbol{\mu}^0$;②由位移场 $\boldsymbol{\mu}^0$ 及[$\boldsymbol{B}$]矩阵,求解无梯度影响的初始应变场 $\boldsymbol{\varepsilon}$;③在初始应变场 $\boldsymbol{\varepsilon}$ 的基础上计算应变梯度项 $\nabla^2\boldsymbol{\varepsilon}$ 并引入体力项 $\boldsymbol{f}^{\mathrm{b}}$;④更新应力后计算新位移场 $\boldsymbol{\mu}^i$ 的误差;⑤若计算误差大于容许误差(10^{-6}),则令 $\boldsymbol{\mu}^0=\boldsymbol{\mu}^i$,重复应变场计算,若计算误差小于容许误差则跳出循环并结束计算。

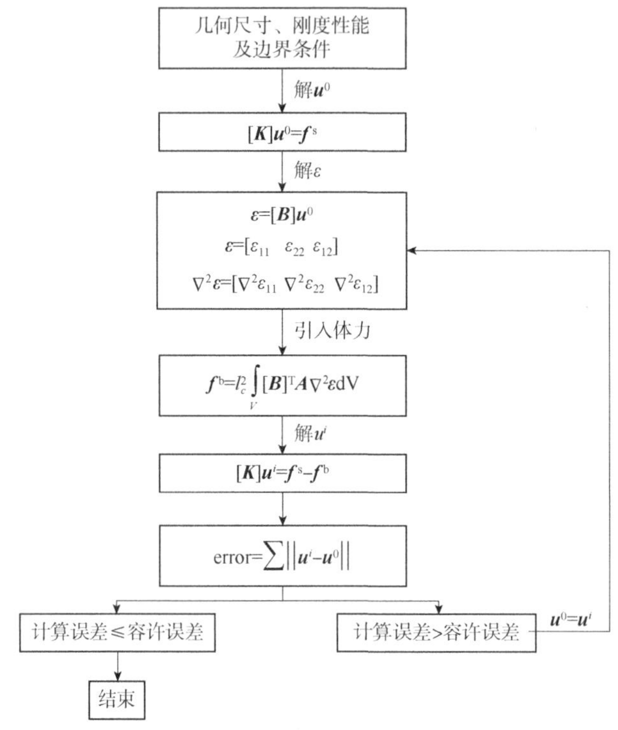

图 6-16　考虑应变梯度影响的 UEL 程序流程图

由于 UEL 编译过程中仅要求用户输入单元内力,因此由应变高阶梯度项导致的体力项需要分配到节点才可实现程序的兼容性。单元体力[式(6-47)]的等效节点荷载分配见式(6-48)。式中,下脚标 x 与 y 分别表示节点荷载在实体单元 x 与 y 方向上的分量。

$$\{\boldsymbol{f}^{\mathrm{b}}\}=[p_x\quad p_y]^{\mathrm{T}} \tag{6-47}$$

$$\{\boldsymbol{p}_i\}^{\mathrm{e}}=[p_{ix}^{\mathrm{e}}\quad p_{iy}^{\mathrm{e}}]=\iint N_i\{\boldsymbol{f}^{\mathrm{b}}\}T_{\mathrm{h}}\mathrm{d}x\mathrm{d}y \tag{6-48}$$

式中:$\{\boldsymbol{f}^{\mathrm{b}}\}$——单元体上承受的体力;

$\{\boldsymbol{p}_i\}^{\mathrm{e}}$——体力分配后的等效节点荷载;

T_{h}——单元厚度;

N_i——形函数;

i——自由度。

本研究采用等参单元来描述平面应变单元,节点数为4,自由度总数为8。在等参单元的母体单元坐标系(ξ,η)下,式(6-48)可等效为式(6-49),进而采用高斯数值积分实现双重积分的近似逼近。等参单元的位置坐标与形函数有关,因此在求解应变矩阵($\boldsymbol{B}$矩阵)时引入Jacobi矩阵($\boldsymbol{J}$矩阵)。结合弹性矩阵($\boldsymbol{D}$矩阵)与应力矩阵($\boldsymbol{S}$矩阵)实现UEL的RHS数组与AMATRX数组的编译,最终实现位移求解。

$$\iint N_i \left\{ \boldsymbol{f}^{\mathrm{b}} \right\} t \mathrm{d}x \mathrm{d}y = \int_{-1}^{1} \int_{-1}^{1} N_i \left\{ \boldsymbol{f}^{\mathrm{b}} \right\} T_{\mathrm{h}} \, |\boldsymbol{J}| \, \mathrm{d}\xi \mathrm{d}\eta \tag{6-49}$$

式中:$|\boldsymbol{J}|$——Jacobi矩阵模;

ξ、η——母体单元坐标。

6.2.4 MEEM模型对比分析

MEEM模型的材料参数等效过程考虑了沥青混合料细观结构参数的分布、初始空隙及界面区的软化效应,微观应变梯度则将微、细观尺寸效应引入MEEM模型中。因此,本研究构建的MEEM模型旨在纳入沥青混合料细、微观尺度下特征组分材料特性的影响。

6.2.4.1 应变梯度的影响

有限元软件Abaqus的UEL程序调用须在INP文件中以关键字读入的形式实现。*USER ELEMENT为调用UEL的关键字,NODES为节点数量,TYPE为单元类型,PROPERIES为材料参数个数,COORDINATES为坐标体系变量个数,VARIABLES为状态变量的个数,*UEL PROPERTY为材料参数输入关键字,*ELEMENT与*ELGEN分别为单元定义、单元分配关键字。针对UEL程序计算结果后处理存在无法表明单元应力与应变输出的问题,采用UVARM子程序实现单元计算结果云图的输出。UVARM子程序必须定义USER_VARIABLE数组用于临时存储应力与应变分量,UVAR数组存储后处理中涉及的单元场变量。

为了探究微观应变梯度对有限元计算结果的影响规律,本研究以5cm×5cm二维模型为例,对比分析了边长等分为1份、4份、16份、36份、64份及100份时的模型有限元计算结果收敛情况。在二维模型顶部施加1mm的竖向位移荷载,有、无应变梯度条件下的对比见图6-17。结果表明,未引入与引入应变梯度的应力值收敛数量级接近。然而,应变梯度对收敛临界网格尺寸有显著的影响。未引入应变梯度时,36份为临界网格尺寸;引入应变梯度后,16份为满足要求的最大网格尺寸。综上分析,应变梯度的引入在不改变计算精度的前提下可减少有限元模型单元个数,即达到优化计算效率的目的。基于上述分析结果,本研究中单个MEEM单元长度方向与宽度方向各均等分成16份。

6.2.4.2 MEEM模型验证

以玄武岩类HMA-D的MEEM为例,基于室内试验的数字散斑观测结果,进行了MEEM模型合理性验证。如图6-18所示,64单元MEEM模型中不同颜色的方块代表不同的材料参数。基于参数实测的原则,每个单元被赋予了三类材料属性。瞬时弹性模量及泊松比描述单元在瞬时加载时的弹性行为,松弛模量Prony级数模拟了单元的黏弹特性,扩展有限元(Extended Finite Element Method,XFEM)则刻画了单元的拉伸断裂行为。此外,上述所有材料参数均为等效后的结果，模型顶部施加速率为 10mm/min 的竖向位移荷载。所有材料参数均由-10℃时的实测值换算得来。

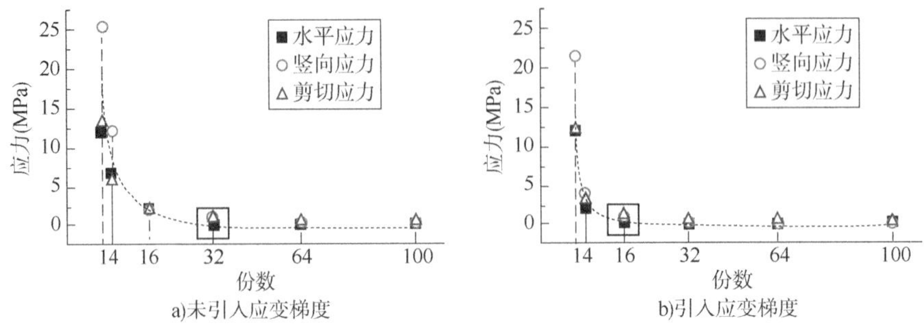

图 6-17　变梯度对有限元计算结果的影响

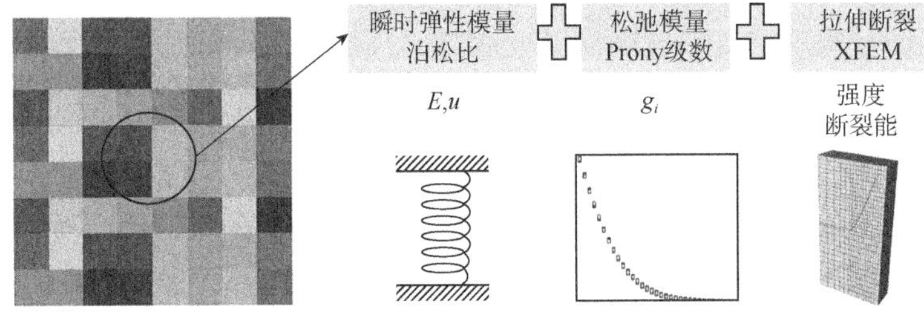

图 6-18　沥青混合料 MEEM 模型示意图(HMA-D)

间接拉伸试验(IDT)与 MEEM 模型的轴向力-时间曲线见图 6-19。其中，MEEM 模型的轴向力由截面反力反算。MEEM-A 模型设为黏弹性模型且引入了微观应变梯度的影响，MEEM-B 模型设定为弹性模型。与 IDT 试验实测结果相比，MEEM-A 的模拟结果比 MEEM-B 更接近 IDT 试验实测结果。MEEM-A 与 MEEM-B 轴向力峰值(分别为 f_2、f_1)同 IDT(f_3)的误差均在 20%以内。值得注意的是，MEEM-B 轴向力峰值出现时间 t_1 同 MEEM-A 轴向力峰值出现时间 t_2、IDT 轴向力峰值出现时间 t_3 差异明显。由此可见，基于参数实测原则的细观单元等效模型具有一定的合理性。黏弹性材料参数的输入及微观应变梯度的引入是提高模型计算精确度的关键步骤。

以 IDT 试验的数字散斑(DIC)观测结果为基础，采用水平应变及裂缝扩展评价 MEEM 模拟结果的合理性。图 6-20 表明，3 类云图均出现了高应变分布带，且集中于模型的中部。MEEM-A 与 IDT-DIC 水平应变的数值差异较小，表明 MEEM-A 模拟结果比 MEEM-B 更为合理。

图 6-21 表明，虽然 IDT-DIC 试验裂缝产生的位置与 MEEM 模型的模拟结果稍有出入，但数值模拟与数字散斑测试的裂缝位置差异满足模拟精度的要求。此外，MEEM-B 模型的裂缝扩展区域为长条状，MEEM-A 的三角形裂缝扩展区域同 IDT 的圆形裂缝扩展区域更为接近。综上所述，考虑了黏弹性材料参数及微观应变梯度影响的细观单元等效模型(MEEM-A)满足沥青混合料低温抗裂性能模拟精度的基本要求。

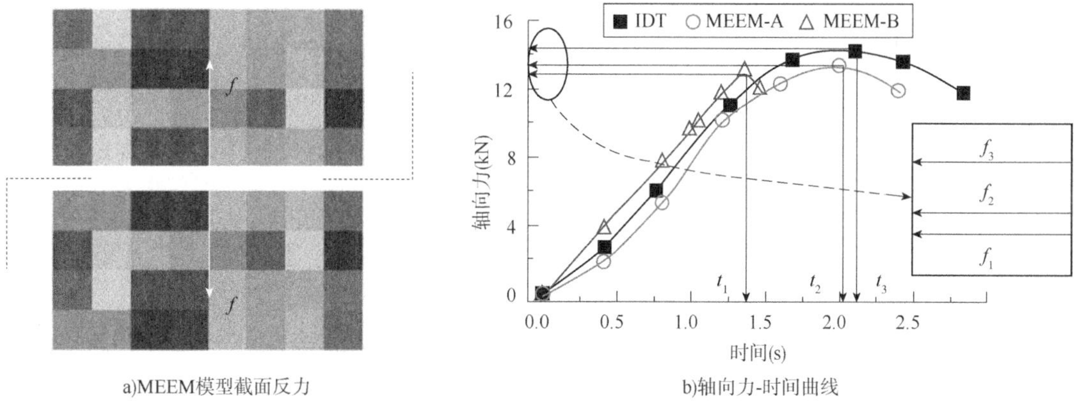

a)MEEM模型截面反力　　b)轴向力-时间曲线

图 6-19　MEEM 模型有效性验证(轴向力-时间曲线)

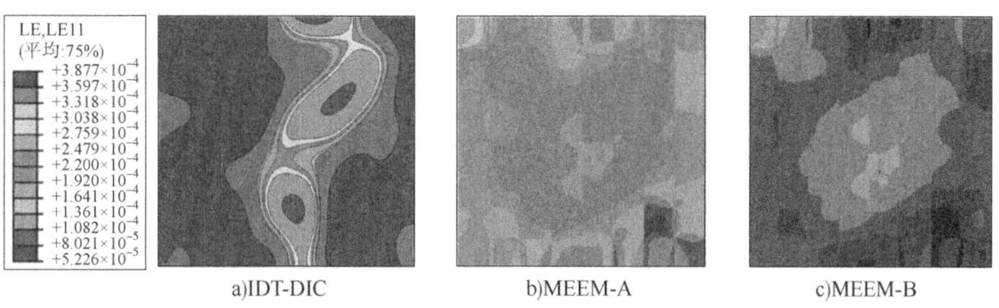

a)IDT-DIC　　b)MEEM-A　　c)MEEM-B

图 6-20　MEEM 模型有效性验证(水平应变)(附彩图)

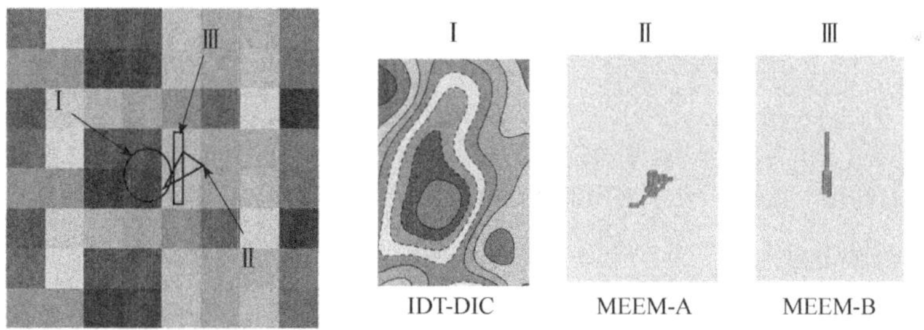

图 6-21　MEEM 模型有效性验证(裂缝,扩展阶段)(附彩图)

6.2.4.3　模拟结果影响因素分析

以石灰岩类与玄武岩类的 MEEM 模拟结果(HMA-F)为例,对比分析集料类型对沥青混合料 MEEM 模型力学响应的影响规律。

1)集料类型的影响

石灰岩类与玄武岩类 MEEM 模型的水平应变分布相似度较高,见图 6-22。由此表明,上述两类岩石对水平应变的影响并不明显。石灰岩的引入导致 MEEM 模型单元的等效弹性模量比玄武岩有所下降,使石灰岩类的水平应变最值比玄武岩类提升约 4%。与水平应变指标截然不同,裂缝指标受集料类型的影响较为显著。裂缝产生与扩展均体现出一定的集料类型依赖性,见图 6-23。石灰岩类 MEEM 模型的起裂时间晚且起裂荷载大,玄武岩类 MEEM

模型则表现出相反的规律。石灰岩类 MEEM 模型的裂缝以长条状形式扩展,玄武岩类 MEEM 模型则表现为网状式扩展。PHILSM 表示裂缝两端位置等值面,PHILSM 云图所占面积越大表示裂缝扩张区间越大。由此可见,玄武岩类 MEEM 模型裂缝扩张程度比石灰岩类更大。低模量石灰岩的引入对沥青混合料弹性模量起到软化的作用,石灰岩类 MEEM 模型表现出抗拉强度高及抗拉伸变形能力强的优势。值得注意的是,上述结论与前述 LS-AAA 低温性能优于 BS-AAA 的试验结论相契合。

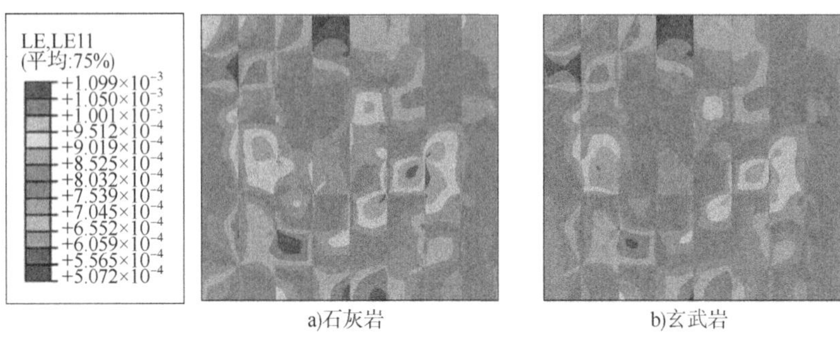

图 6-22 集料类型对 MEEM 计算结果的影响(水平应变,t=2.7s)(附彩图)

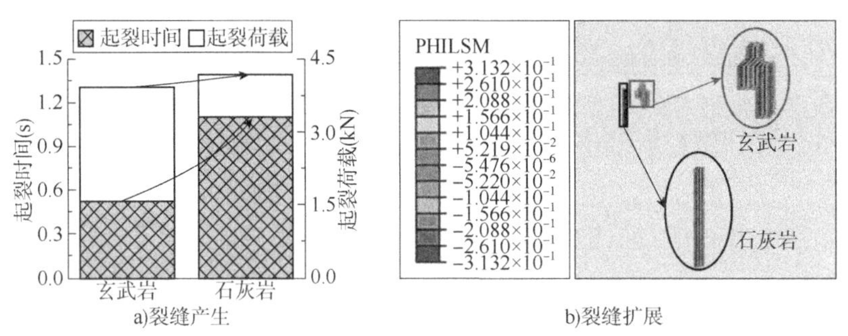

图 6-23 集料类型对 MEEM 计算结果的影响(裂缝,扩展阶段)(附彩图)

2)混合料级配的影响

起裂时 6 种沥青混合料 MEEM 模型的水平应变场见图 6-24,水平应变数量级越大说明沥青混合料的抗裂性能越强。为了便于对比云图的分布规律,相关对比组的云图等级均调为一致。由于 6 种 MEEM 模型水平应变差异较大,将其分为大应变组与小应变组。其中,小应变组包含 HMA-A、HMA-B 及 HMA-D。大应变组包含 HMA-C、HMA-E 及 HMA-F。大应变组的最大应变值是小应变组的 2.4 倍。HMA-B 的抗裂性能最弱,其起裂水平应变与其他 5 组相差约 1 个数量级。HMA-B 的沥青砂浆力学性能差及骨架结构离散程度高是其抗裂性能弱的主导因素。虽然 HMA-D 的起裂应变不如 HMA-A 大,然而其应变场的均匀性高于 HMA-A。由此可见,HMA-A 的高离散性骨架结构导致了材料响应的不均匀分布。HMA-F 的抗裂性能最强且应变分布较为均匀,与其优良的沥青砂浆力学性能及分布相对集中的骨架结构有关。由此可见,沥青混合料材料多尺度力学特性及分布规律是其力学性能优劣的决定性因素之一。

6 种沥青混合料 MEEM 模型裂缝产生位置与扩展趋势见图 6-25；HMA-A、HMA-D 及 HMA-E 表现为网状扩展；HMA-B、HMA-C 及 HMA-F 表现为带状扩张。HMA-D 的裂缝扩展区域面积最大，其次是 HMA-E。由于临界体积之上的空隙被视为初始缺陷，空隙对沥青混合料的低温强度起到了弱化作用。对比 HMA-D 与 HMA-E 的空隙质心分布可知，大体积连通空隙是导致裂缝大面积扩展的主要原因。就裂缝分布来看，HMA-C 的裂缝趋向于朝试件端部扩展。由此可见，沥青混合料空隙分布的边缘化将增大裂缝贯穿试件的出现概率。HMA-F 抵抗裂缝扩展的能力较强，表明 SMA 类沥青混合料路用性能较好。由此可见，集料类型、微观界面交互作用、沥青砂浆力学性能及细观结构参数分布特征是沥青路面材料多尺度优化设计的关键指标。

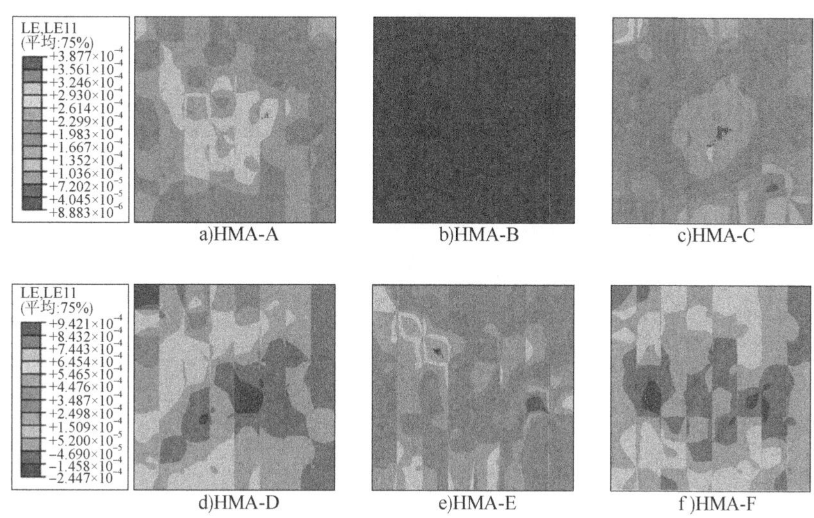

图 6-24　混合料级配对 MEEM 计算结果的影响(水平应变,起裂阶段)(附彩图)

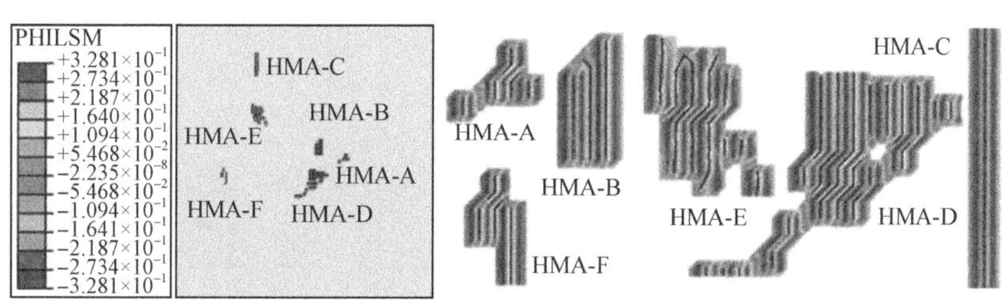

图 6-25　混合料级配对 MEEM 计算结果的影响(裂缝,扩展阶段)(附彩图)

6.3　多尺度统一模型的建立

6.3.1　多尺度统一模型简介

为了构建沥青混合料宏观性能与其微、细观结构参数间的关系，提出多尺度统一模型，旨在构建沥青路面材料微-细-宏观尺度间的跨越机制。以 Perzyna 黏弹塑性本构理论[8]为基础,在引入 MEEM 模型等效参数及沥青混合料各向异性的前提下进行多尺度统一模型力学行为对比分析。

6.3.2 Perzyna 黏弹塑性本构模型

在小变形理论中,黏弹塑性材料的总应变率($\dot{\varepsilon}$)可分解为弹性应变率($\dot{\varepsilon}^{el}$)与黏塑性应变率($\dot{\varepsilon}^{vp}$),见式(6-50)。

$$\dot{\varepsilon} = \dot{\varepsilon}^{el} + \dot{\varepsilon}^{vp} \tag{6-50}$$

由胡克定律可推得黏弹塑性材料的总应力变化率,见式(6-51)。

$$\dot{\sigma} = \boldsymbol{D}^{el} : \dot{\varepsilon}^{el} \tag{6-51}$$

式中:$\boldsymbol{D}^{el}$——四阶割线弹性模量张量。

黏塑性应变率($\dot{\varepsilon}^{vp}$)由流动理论定义,见式(6-52)。

$$\dot{\varepsilon}^{vp} = \dot{\lambda}\boldsymbol{m} \tag{6-52}$$

式中:$\dot{\lambda}$——非负相容性参数,该参数定义了黏塑性应变率的幅值;

$\boldsymbol{m}$——二阶张量 $\boldsymbol{m}(\sigma,\boldsymbol{\Phi})$,定义了黏塑性应变率的方向。其中,二阶张量 $\boldsymbol{\Phi}$ 反映了各向同性或各向异性内部变量的影响。内部变量的变化率则由依赖于变化率的张量 $\boldsymbol{p}(\sigma,\boldsymbol{\Phi})$ 及相容性参数 $\dot{\lambda}$ 定义,见式(6-53)。

$$\dot{\boldsymbol{\Phi}} = \boldsymbol{p}\dot{\gamma} \tag{6-53}$$

通常来说,$\boldsymbol{m}$ 由势函数 g 求导而来,见式(6-54)。

$$\boldsymbol{m} = \frac{\partial g}{\partial \sigma} \tag{6-54}$$

在 Perzyna 黏弹塑模型中,黏塑性应变率由式(6-55)表示。

$$\dot{\varepsilon}^{vp} = \frac{\langle \phi(f) \rangle}{\eta}\boldsymbol{m} \tag{6-55}$$

式中:η——黏性参数;

ϕ——与屈服面相关的过应力函数;

f——即 $f(\sigma,\boldsymbol{\Phi})$,与变化率相关的屈服函数。

综合式(6-52)与式(6-55),Perzyna 黏弹塑性应变相容性参数 $\dot{\gamma}$ 的计算使用式(6-56)。

$$\dot{\gamma} = \frac{\langle \phi(f) \rangle}{\eta} \tag{6-56}$$

式(6-55)、式(6-56)中,“〈 · 〉”为麦考利(MaCaulay)括号,见式(6-57)。

$$\langle \phi(f) \rangle = \begin{cases} \phi(f) & \phi(f) \geqslant 0 \\ 0 & \phi(f) < 0 \end{cases} \tag{6-57}$$

过应力函数 ϕ 必须为[0,+∞]内连续的凸面函数,$\phi(0)=0$。因此,过应力函数 ϕ 通常采用式(6-58)的形式。所以,α 通常取初始屈服应力,且 $N \geqslant 1$,以保证该函数为凸形式。

$$\phi(f)=\left(\frac{f}{\alpha}\right)^N \tag{6-58}$$

6.3.3　沥青混合料各向异性的引入

沥青混合料各向异性是由粗集料的长轴取向随机分布导致的。沥青混合料中粗集料取向夹角如图 6-26 所示。基于沥青混合料 ICT 切片图，粗集料颗粒的取向分布可由指标 Δ(%)表示。Δ 的定义见式(6-59)，该指标可用于描述沥青混合料各向异性度。

$$\Delta=\frac{100}{N_c}\sqrt{\left(\sum\sin2\theta_k\right)^2+\left(\sum\cos2\theta_k\right)^2} \tag{6-59}$$

式中：N_c——沥青混合料 ICT 切片图数量；

θ_k——粗集料长轴与水平向的夹角，范围为 $-90°\sim90°$。

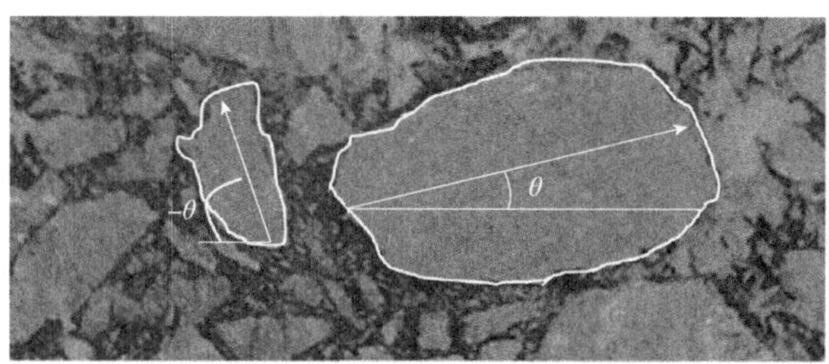

图 6-26　沥青混合料各向异性示意图

夹角的方向定义为逆时针方向，超过 90°后取负值。Δ 的理论取值范围为 0~1，对于沥青混合料而言通常取 0~0.5。当 Δ 取 0 时，代表沥青混合料内粗集料为完全随机分布，即沥青混合料表现为各向同性。当 Δ 取 1 时，代表所有粗集料的取向均相等。为了将材料各向异性的影响引入力学响应中，Oda 等[9]构造了微观结构张量 F_{ij}，见式(6-60)。

$$F_{ij}=\int_{\Omega}m_i m_j E(\boldsymbol{m})\,\mathrm{d}\Omega \qquad i,j=1,2 \tag{6-60}$$

式中：m_i——单位向量在直角坐标系 i 方向上的投影分量；

Ω——相对于二维平面($\Omega=2\pi$)的多面角；

$E(\boldsymbol{m})$——描述向量 $\boldsymbol{m}$ 球形分布的概率函数。

最终，微观结构张量 F_{ij} 可表示为三角阵，见式(6-61)。

$$[F]=\begin{bmatrix}F_1&0&0\\0&F_2&0\\0&0&F_3\end{bmatrix}=\frac{1}{3+\Delta}\begin{bmatrix}1-\Delta&0&0\\0&1-\Delta&0\\0&0&1-\Delta\end{bmatrix} \tag{6-61}$$

各向异性将导致材料应力场的重新分布，更新后的等效应力场见式(6-62)。

$$\overline{\sigma}_{ij}=\frac{3}{2}\left[\sigma_{ik}F_{kj}+F_{ik}\sigma_{kj}\right] \quad i,j,k=1,2,3 \tag{6-62}$$

6.3.4　多尺度统一模型数值化方法

基于 Abaqus 中的 UMAT(User-defined Mechanical Material Behavior)子程序平台实现 Perzyna

黏弹塑性本构模型的数值化。将细观结构参数及各向异性引入 UMAT 本构编译中,进而对比不同沥青混合料的多尺度统一模型力学行为。

6.3.4.1 UMAT 程序简介

Abaqus 自身材料库不包含 Perzyna 黏弹塑性本构模型,因此利用 UMAT 程序实现自定义材料本构模型。UMAT 具有以下特点:①可定义复杂材料本构模型,扩充 Abaqus 分析功能,尤其是对于非线性分析问题;②UMAT 适用于绝大多数分析过程,同样适用于大多数单元类型;③UMAT 必须定义材料本构模型的雅克比(Jacobian)矩阵,即应力增量对应变增量的变化率。

UMAT 程序[7](Abaqus 6.14 版本)中关于本构模型定义的主要变量解释如下:①DDSDDE 为雅克比矩阵,定义了应变增量与应力增量间的关系,通常为对称矩阵;②STRESS 为应力矩阵,对应 NDI 个直接分量和 NSHR 个剪切分量,UMAT 中应力张量度量为柯西应力张量;③STATEV为状态变量数组,用于存储与数值解有关的数组,在增量步开始时将数值传递到 UMAT 中,增量步结束时必须更新状态变量数组的值。

UMAT 程序计算流程见图 6-27,程序编译过程的难点在于屈服函数、流动法则的数值化过程及各向异性引起的应力重分布。

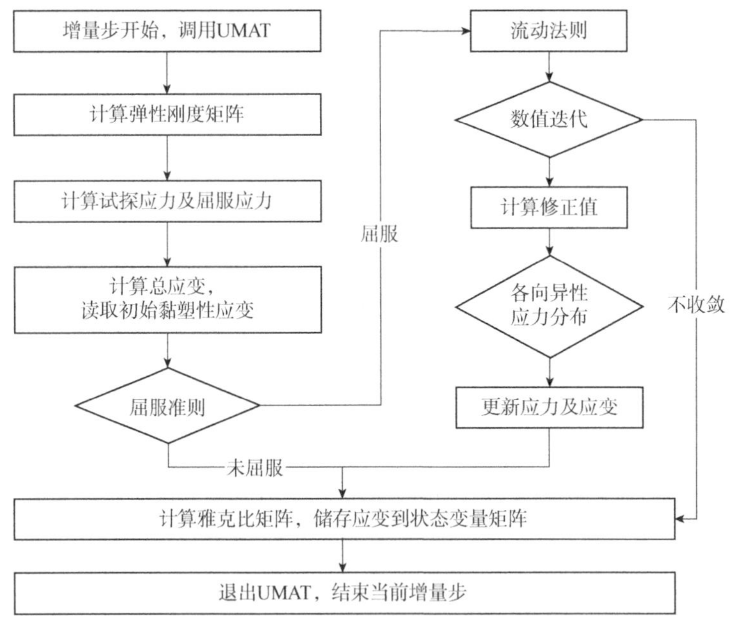

图 6-27 UMAT 程序计算流程图

6.3.4.2 数值化方法流程

Perzyna 黏弹塑性本构模型的 UMAT 程序实现需要解决两个主要问题:①本构方程编译及雅克比矩阵的求解;②黏塑性应变的逼近求解。

关于以上两个问题,Dessouky[6]提出了推导过程,步骤如下:

1) 问题 1

本构方程、雅克比矩阵编译步骤如下：

①调用单元应变值并计算试探应力：

$$\boldsymbol{\varepsilon}_{n+1}^{\mathrm{vp}}=\boldsymbol{\varepsilon}_{n}^{\mathrm{vp}},\quad \varepsilon_{\mathrm{vp}}=0,\quad \boldsymbol{\sigma}_{n+1}^{t}=\boldsymbol{D}:(\boldsymbol{\varepsilon}_{n+1}-\boldsymbol{\varepsilon}_{n}^{\mathrm{vp}}) \tag{6-63}$$

②检查应力状态是否达到屈服状态：

$$f_{n+1}^{t}=F\boldsymbol{\sigma}_{n+1}^{t}-\boldsymbol{\kappa}\,(\varepsilon_{\mathrm{vp}}^{t})_{n+1} \tag{6-64}$$

如果 $f_{n+1}^{t}\leqslant 0$，则令 $\boldsymbol{\sigma}_{n+1}=\boldsymbol{\sigma}_{n+1}^{t}$ 及 $\boldsymbol{\varepsilon}_{n+1}^{\mathrm{vp}}=(\boldsymbol{\varepsilon}_{n+1}^{\mathrm{vp}})^{t}=\boldsymbol{\varepsilon}_{n}^{\mathrm{vp}}$，并返回第①步。

③采用牛顿迭代法预估黏塑性应变相容性参数 $\dot{\gamma}$。

④更新黏塑性应变、等效黏塑性应变及应力：

$$\boldsymbol{\sigma}_{n+1}=\boldsymbol{D}:(\boldsymbol{\varepsilon}_{n+1}-\boldsymbol{\varepsilon}_{n+1}^{\mathrm{vp}}) \tag{6-65}$$

$$\boldsymbol{\varepsilon}_{n+1}^{\mathrm{vp}}=\boldsymbol{\varepsilon}_{n}^{\mathrm{vp}}+\dot{\gamma}\,n_{n+1} \tag{6-66}$$

$$(\varepsilon_{\mathrm{vp}})_{n+1}=(\varepsilon_{\mathrm{vp}})_{n}+\lambda\,\dot{\gamma} \tag{6-67}$$

⑤计算 Perzyna 黏弹塑性割线模量矩阵 Ξ_{n+1}，并跳出循环：

$$\Xi_{n+1}=\left[\boldsymbol{D}^{-1}+\mathrm{d}\,\dot{\gamma}\,\frac{\partial g_{n+1}}{\partial \boldsymbol{\sigma}_{n+1}}\right]^{-1} \tag{6-68}$$

2) 问题 2

问题 1 中第③步的相容性参数 $\dot{\gamma}$ 迭代步骤如下：

①对变量赋初值：

$$(\dot{\gamma})^{0}=|\mathrm{Tol}|,\quad (\varepsilon_{\mathrm{vp}})_{n+1}^{0}=(\varepsilon_{\mathrm{vp}})_{n} \tag{6-69}$$

②使用牛顿迭代法求解 $\dot{\gamma}$，直至满足容许误差要求：

$$\chi\,(\dot{\gamma})^{k}=\frac{1}{1-\xi}(\bar{\tau}-\alpha\bar{I}_{1})-\boldsymbol{\kappa}\,(\varepsilon_{\mathrm{vp}})_{n+1}^{k}-\left[\frac{(\dot{\gamma})^{k}}{\Gamma\Delta t}\right]^{\frac{1}{N}} \tag{6-70}$$

$$\frac{\partial\chi}{\partial(\dot{\gamma})^{k}}=\frac{\partial\varepsilon_{\mathrm{vp}}}{\partial(\dot{\gamma})^{k}}\left[\frac{\partial F}{\partial(\varepsilon_{\mathrm{vp}})_{n+1}^{k}}-\frac{\partial\boldsymbol{\kappa}}{\partial(\varepsilon_{\mathrm{vp}})_{n+1}^{k}}\right]-\left[\frac{(\dot{\gamma})^{k}}{\Gamma\Delta t}\right]^{\frac{1}{N}}\frac{1}{(\dot{\gamma})^{k}N} \tag{6-71}$$

$$(\dot{\gamma})^{k+1}=(\dot{\gamma})^{k}-\frac{\chi\,(\dot{\gamma})^{k}}{\dfrac{\partial\chi}{\partial(\dot{\gamma})^{k}}} \tag{6-72}$$

③更新等效黏塑性应变：

$$(\varepsilon_{\mathrm{vp}})_{n+1}^{k}=(\varepsilon_{\mathrm{vp}})_{n}+\lambda(\dot{\gamma})^{k+1} \tag{6-73}$$

数值化流程中所采用的变量的解释如下：$n+1$ 为已知 n 步收敛结果后的第 $n+1$ 步迭代过程；$\varepsilon_{\mathrm{vp}}$为等效黏塑性应变；$\boldsymbol{\sigma}_{n+1}^{t}$为 t 时刻的试探应力；$\boldsymbol{D}$ 为弹性刚度矩阵；f 为屈服函数；F 及 $\boldsymbol{\kappa}$ 为与屈服函数相关的状态变量；λ 为加载时间相关变量；n_{n+1}为迭代时间增量；ξ 为损伤参数；χ 为牛顿迭代逼近的构造函数；$\bar{\tau}$、$\bar{I}_{1}$ 为牛顿迭代相关系数；k 为牛顿迭代次数；α 与 N

为过应力函数相关系数;Γ 为黏弹性相关参数;Tol 为容差。

6.4 统一模型力学行为及跨越机制

6.4.1 集料及混合料类型的影响

以 HMA-A 为例,对比分析集料类型的影响。由图 6-28 可知,对于最大轴向应力出现的时刻及轴向应力峰值而言,玄武岩集料制备的混合料均大于石灰岩集料制备的混合料。此现象与 MEEM 模拟结果一致,即石灰岩的引入提高了沥青混合料的拉伸强度与抗变性能力(韧性)。考虑了各向异性、MEEM 等效材料参数的多尺度统一模型的劈裂强度同 MEEM 模型的劈裂强度差异较小,表明多尺度统一模型的模拟结果具有一定的合理性。与 HMA-C、HMA-E、HMA-F 相比,HMA-A、HMA-B 及 HMA-D 表现出明显的强度、韧性下降趋势。其中,HMA-B 的整体力学性能最差,HMA-F 的整体力学性能最优。与 MEEM 模型模拟结果相似,HMA-F 的特征组分材料性能优势及细观结构参数的集中分布提升了其抵抗外界荷载的能力。

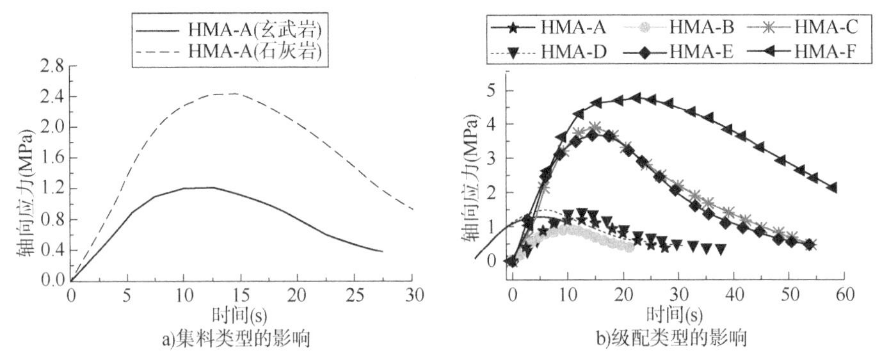

图 6-28 多尺度统一模型轴向应力-时间曲线对比分析

综上所述,多尺度统一模型从多尺度角度合理地描述了沥青混合料的黏弹塑性力学响应。以材料强度为评价指标,多尺度统一模型同考虑了微观应变梯度、实测材料参数影响的 MEEM 模型具有显著的对应关系,如石灰岩类低温性能优于玄武岩类。由此可见,本研究初步实现了沥青路面材料微-细-宏观间尺度跨越机制的建立。

6.4.2 细观结构参数的影响

多尺度统一模型力学行为与细观结构参数的关系见图 6-29~图 6-32。图 6-29 与图 6-30 表征了空隙结构的影响,图 6-31 及图 6-32 表征了骨架结构的影响。其中,临界时间代表轴向力达到最大值所对应的时间。图 6-30 及图 6-32 中,气泡直径大小代表沥青混合料劈裂强度的大小,空隙质心与粗集料质心为平均质心坐标。

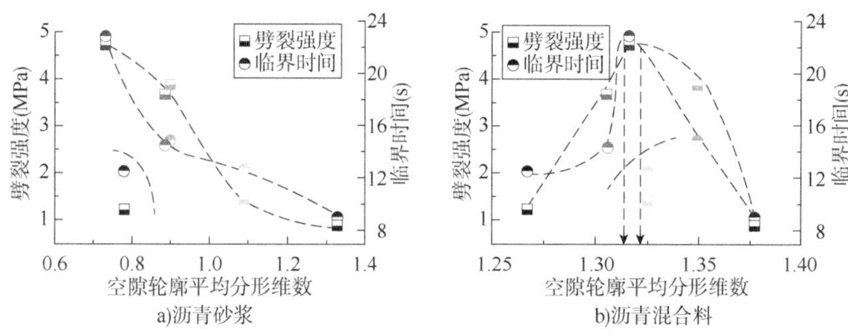

图 6-29 细观结构参数的影响(空隙分形维数)

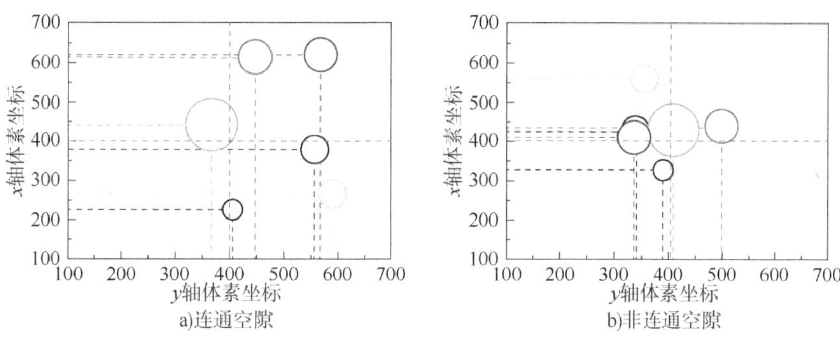

图 6-30 细观结构参数的影响(空隙质心位置)

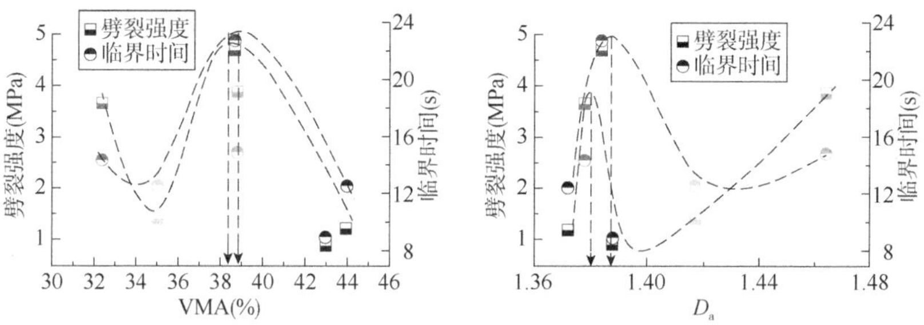

图 6-31 细观结构参数的影响(骨架间隙率与各向异性度)

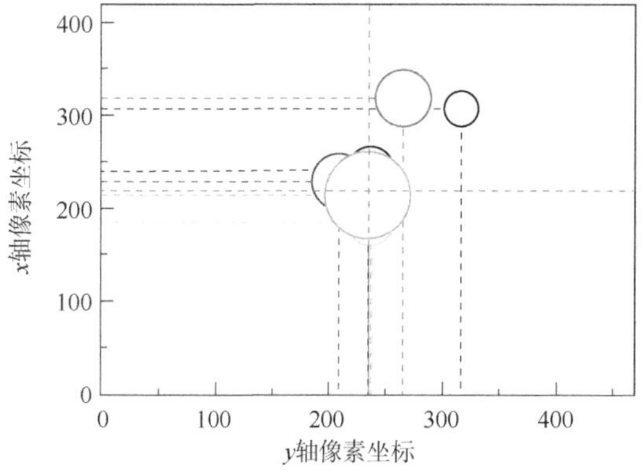

图 6-32 细观结构参数的影响(粗集料质心)

图 6-29 表明,沥青砂浆与沥青混合料的空隙分形维数对力学行为的作用规律有所不同。沥青砂浆空隙轮廓的复杂程度同沥青混合料的劈裂强度、临界时间成反比。然而,沥青混合料的关系曲线则呈现出抛物线的形式,表明存在一个中等大小的分形维数使得沥青混合料的劈裂强度与临界时间达到极大值。由此可见,空隙细观结构差异与沥青路面材料的力学性能优劣直接相关。因此,从多尺度角度出发优化沥青砂浆及沥青混合料空隙结构有利于精确控制沥青路面材料的力学性能。

图 6-30 表明,空隙的径向分布(xy 截面)对沥青混合料劈裂强度的影响不可忽视。此外,图 6-30 直接证明连通空隙比非连通空隙更趋近于边缘型分布。无论是连通空隙还是非连通空隙,空隙质心越靠近 xy 截面中心点,沥青混合料的劈裂强度越大。由此可见,空隙在试件对称中心两侧分布的集中程度是影响沥青路面材料力学性能的重要指标之一。

图 6-31 表明,骨架间隙率、各向异性度对沥青混合料力学行为的影响较为相似。具体表现为中等程度的骨架间隙率、较低程度的各向异性度使得沥青混合料的劈裂强度与临界时间达到最优值。由此可见,粗集料含量及骨架分布的各向异性程度存在一个合理的取值区间。

图 6-32 表明,粗集料质心越靠近 xy 截面的中心点,沥青混合料的劈裂强度越大。由此可见,粗集料在试件对称中心两侧分布的集中程度是影响沥青路面材料力学性能的重要指标之一。

综上所述,细观结构参数对沥青混合料力学行为的影响较为明显。空隙表面轮廓起伏程度及粗集料含量是决定沥青路面材料低温性能的重要指标,空隙及粗集料分布的集中程度是影响沥青路面材料低温性能的重要因素。从多尺度角度出发,通过控制空隙及粗集料细观结构参数可优化沥青路面材料力学性能。

参考文献

[1] 龚湘兵.沥青路面材料多尺度域力学行为及统一模型[D].哈尔滨:哈尔滨工业大学,2017.

[2] 金浏.细观混凝土分析模型与方法研究[D].北京工业大学,2014.

[3] ZHU X Y,YANG Z X,GUO X M,et al.Modulus prediction of asphalt concrete with imperfect bonding between aggregate-asphalt mastic[J].Composites Part B:Engineering,2011,42(6):1404-1411.

[4] BUTTLAR W,BOZKURT D,AL-KHATEEB G,et al.Understanding asphalt mastic behavior through micromechanics[J].Transportation Research Record:Journal of the Transportation Research Board,1999,1681(1):157-169.

[5] 董泽蛟.基于智能监测技术及非线性动力仿真的沥青路面结构行为研究[R].哈尔滨工业大学,2010.

[6] DESSOUKY S H.Multiscale approach for modeling hot mix asphalt[D].College Station,TX,U.S.:Texas A&M University,2005:8-30.

[7] Dassault Systemes. Abaqus analysis user's guide [EB/OL]. http://abaqus.software.polimi.it/v6.14/index.html.

[8] HEERES O M, SUIKER A S J, BORST R D. A comparison between the Perzyna viscoplastic model and the consistency viscoplastic model[J]. European Journal of Mechanics A: Solids, 2002, 21(1): 1-12.

[9] ODA M, NEMAT-NASSER S, KONISHI J. Stress-induced anisotropy in granular masses[J]. Soils Foundation, 1985, 25(3): 85-97.

第7章　沥青混合料多尺度损伤行为

沥青混合料性能在重复荷载及复杂环境作用下将逐渐衰减。沥青混合料由沥青、集料、空隙多相介质组成,各相介质之间的交互作用特性直接影响了沥青混合料的损伤行为。本章考虑各相介质之间的交互作用,探讨了集料-沥青界面疲劳特性、集料-沥青胶浆界面疲劳特性、沥青砂浆损伤行为(松弛、蠕变、疲劳、低温性能、冻融损伤)、沥青混合料温度稳定性与细观结构参数关联性,为阐明沥青混合料多尺度损伤行为提供指导。

7.1　集料-沥青界面疲劳特性

7.1.1　线性振幅扫描简介

线性振幅扫描(Linear Amplitude Sweep,LAS)是一种基于 DSR 的测试方法,在破坏过程中对沥青施加线性变形以获得沥青流变特性,并通过黏弹连续介质损伤模型进行数据拟合,预测不同应变条件下的疲劳寿命。依据 AASHTO TP-101-14 规范,试验采用的温度为25℃。选用8mm 平行板,上集料板与下集料板间距设置为2mm。LAS 试验步骤如下:首先在1%的应变下,进行4种平行板-沥青界面频率扫描,频率为0.1~30Hz;然后进行线性振幅扫描,扫描时间为5min。振幅是从0.1%线性增长到30%。测试数据的处理步骤如下[1]:

1)参数 α 的计算过程

①根据式(7-1),将动态模量 $|G^*|(\omega)$、相位角 $\delta(\omega)$ 转换为存储模量 $G'(\omega)$。

$$G'(\omega)=|G^*|(\omega)\times\cos\delta(\omega) \tag{7-1}$$

②以 $\log\omega$ 为自变量、$\log G'(\omega)$ 为因变量进行线性拟合,得到了以下拟合方程:

$$\log G'(\omega)=\mathrm{m}\log\omega+b \tag{7-2}$$

③参数 α 是参数 m 的倒数,即 $\alpha=1/m$。

2)疲劳寿命的计算过程

①结合料的累积损伤 $D(t)$ 按式(7-3)计算:

$$D(t)\cong\sum_{i=1}^{n}[\pi\gamma_0^2(C_{i-1}-C_i)]^{\frac{\alpha}{1+\alpha}}(t_i-t_{i-1})^{\frac{1}{1+\alpha}} \tag{7-3}$$

式中:$C(t)=\dfrac{|G^*|(t)}{|G^*|_{\mathrm{initial}}}$——$t$ 时刻复数剪切模量与没有发生损伤时复数剪切模量的比值,其中 $|G^*|$ 为复数剪切模量(MPa),$|G^*|_{\mathrm{initial}}$ 为样品预加载后的第2个数据点;

γ_0——加载应变(%);

α——频率扫描测试得到的参数；

t——测试时间(s)。

②损伤累积总和的计算始于第一个数据点。每个后续数据点的 $D(t)$ 增量值与前一数据点 $D(t)$ 值相叠加，一直执行至测试的最后一个数据点。

③假设 $t=0$ 时 C 的值为 1，$D(0)$ 为 0。可以采用式(7-4)对 t 时刻的数据进行 $D(t)$ 与 $C(t)$ 的拟合。

$$C(t)=C_0-C_1D^{C_2} \tag{7-4}$$

式中：C_0——C 的初始值，设置 $C_0=1$；

C_1，C_2——采用式(7-5)线性拟合所得到的系数。

$$\log\left[C_0-C(t)\right]=\log C_1+C_2\log D(t) \tag{7-5}$$

在计算 C_1 和 C_2 时，损伤值低于 10 的数据不参与计算。

④D_f 为结合料失效时的 $D(t)$ 值，按照式(7-6)计算：

$$D_f=\left(\frac{C_0-C_{\text{PeakStress}}}{C_1}\right)^{\frac{1}{C_2}} \tag{7-6}$$

⑤参数 A 和 B 根据式(7-7)计算。

$$A=\frac{f\,(D_f)^k}{k\,(\pi C_1C_2)^{\alpha}},B=2\alpha \tag{7-7}$$

式中：f——加载频率，采用 10Hz 进行试验；

k——系数，$k=1+(1-C_2)\alpha$。

⑥结合料疲劳寿命参数 N_f 根据式(7-8)计算：

$$N_f=A\,(\gamma_{max})^{-B} \tag{7-8}$$

式中：γ_{max}——道路中沥青混合料应变的最大期望值。

7.1.2　集料-沥青界面疲劳损伤

采用 LAS 试验分析沥青在不同黏附条件下的疲劳性能的差异。LAS 试验固定夹层厚度为 2000μm，试验温度为 25℃，施加 1%的剪切应变，试验期间加载的正弦波荷载振幅从 0.1%线性增加到 30%，选择花岗岩、玄武岩、石灰岩和金属作为黏结基板。

图 7-1 为 25℃时，不同集料-沥青-集料夹层以及金属-沥青-金属夹层试样的应力-应变试验结果。在 LAS 试验中，集料-沥青及金属-沥青试样的剪切应力存在峰值，且剪切应力产生拐点而降低是由于剪切应变增大，使集料-沥青和金属-沥青试样出现了破坏。当应变达到约 10%时，集料-沥青试样已经表现出明显的损伤。金属-沥青对应变的依赖性较低，其起始破坏发生在比其他试样更高的应变水平。

利用黏弹性连续损伤(Viscoelastic Continuum Damage，VECD)模型绘制集料-沥青以及金属-沥青样品疲劳损伤曲线(图 7-2)。当 $|G^*|\sin\delta=1$ 时，试样处于未损伤状态；当 $|G^*|\sin\delta=0$

时，试样已经完全破坏。当累积损伤参数给定时，$|G^*|\sin\delta$ 越大，则材料抵抗损伤的能力越强。由图 7-2 可知，石灰岩-沥青抵抗损伤的能力优于玄武岩-沥青、花岗岩-沥青抵抗损伤的能力。

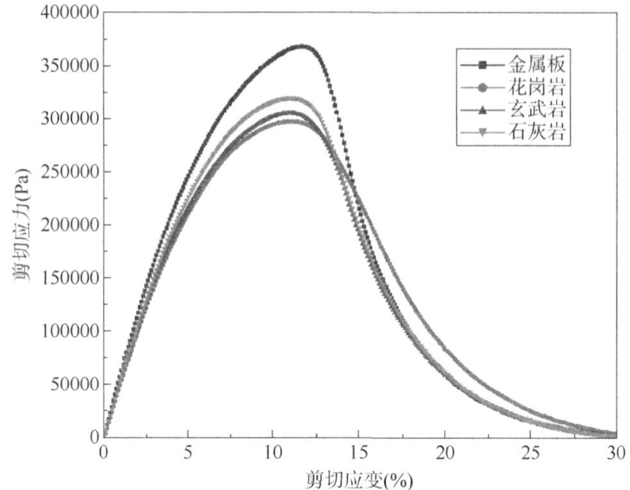

图 7-1　25℃时不同集料-沥青-集料夹层的应力-应变曲线

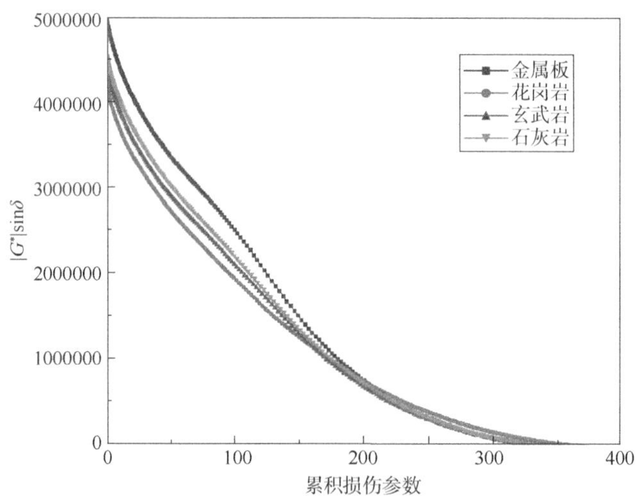

图 7-2　不同黏附条件下的样品疲劳损伤曲线

在计算沥青疲劳寿命时，强度低的路面采用 5%应变，强度较高的路面采用 2.5%应变。为探究集料类型对集料-沥青-集料夹层疲劳寿命的影响，计算了 25℃时不同集料-沥青-集料夹层在 2.5%和 5%应变下的疲劳寿命，见图 7-3。可以看出，随着应变的增大，集料-沥青及金属-沥青的疲劳寿命显著降低。在相同应力下，石灰岩-沥青的疲劳寿命最长，玄武岩-沥青和花岗岩-沥青的疲劳寿命比较接近，玄武岩-沥青的疲劳寿命略长于花岗岩-沥青的疲劳寿命，金属板-沥青的疲劳寿命最短。此现象可能与集料的矿物成分有关，集料与沥青之间的化学吸附提高了石灰岩-沥青的疲劳性能。

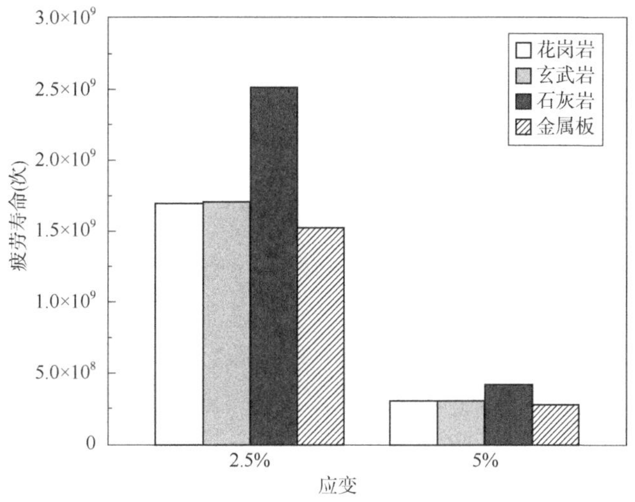

图7-3 不同黏附条件下的沥青疲劳寿命

7.2 集料-沥青胶浆界面疲劳特性

集料-沥青胶浆界面是薄弱环节,疲劳破坏最先从界面处开始。因此,研究集料-沥青胶浆界面疲劳特性是很有必要的。本节借助动态剪切流变仪进行应变扫描试验,确定沥青胶浆线黏弹范围,进行沥青胶浆在不同集料转子条件下的疲劳试验,得到集料-沥青胶浆界面疲劳特性并提出疲劳评价指标,最后借助原子力显微镜(AFM)得到界面纳观结构,优选集料-沥青胶浆界面。

7.2.1 试验方案

7.2.1.1 试验温度、频率的选择

沥青胶浆在10~30℃时最容易破坏,因此沥青胶浆疲劳室内试验也在此范围内进行。此外,较高的温度可以缩短沥青胶浆发生疲劳破坏所需时间且有利于试验,因此选取20℃和25℃两个温度。疲劳试验中选取的正弦波频率为10Hz,约相当于60km/h的行车速度。

7.2.1.2 试验荷载选取

疲劳试验时,一般采用应力控制、应变控制两种控制方式。采用应力控制时,把沥青胶浆完全破坏时所需循环作用次数作为疲劳寿命。采用应变控制时,把沥青胶浆复数模量衰减到初始模量的50%时所需循环作用次数作为疲劳寿命。由于50%的定义有一定随意性,在试验条件允许的情况下,应使其复数模量下降到更低。根据林添坂等[2]人的研究可知,应变控制模式下沥青胶浆疲劳寿命的区分度比应力控制模式下的明显,因此应变控制模式可以更好地评价沥青胶浆的疲劳寿命。

沥青胶浆是黏弹性体,通常可分为线性、非线性两类。沥青胶浆在黏弹范围内时,可用

服从胡克定律的弹簧和服从牛顿定律的黏壶组成所需的模型,此时得到的应力-应变本构关系仅为时间的函数,与应力、应变值无关。在非线性区域内,不能通过这样简单的模型来表示黏弹特性。本研究的疲劳试验过程中,复数模量被定义在线黏弹范围内,因此有必要确定沥青胶浆在不同接触条件下的线黏弹范围。

沥青胶浆线黏弹范围可通过使用动态剪切流变仪(DSR)进行应变扫描试验来确定。SHRP 认为,随着应变的增大,沥青胶浆的复数模量将从初始模量逐渐减小。从低频开始加载,以复数模量降低到初始模量 90%时对应的应变变化范围为沥青胶浆的线黏弹范围。为了与疲劳试验对应,分别进行了粉胶比为 0.9、1.0、1.1 的沥青胶浆在石灰岩、玄武岩和钢板接触条件下的应变扫描试验,试验结果见图 7-4 ~ 图 7-6。图中,“钢板”指 DSR 转子为钢板材质,“石灰岩”指 DSR 转子为石灰岩材质,“玄武岩”指 DSR 转子为玄武岩材质。

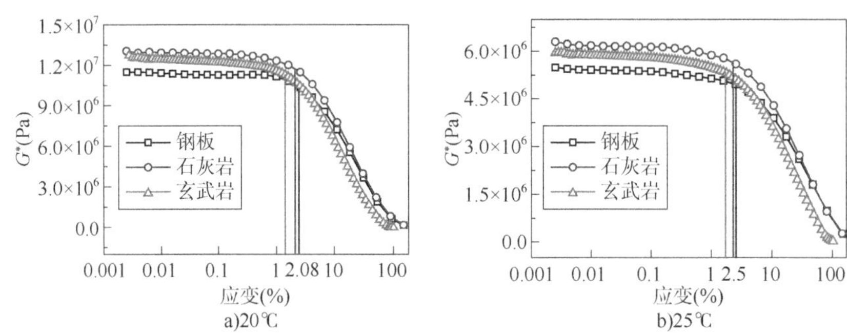

图 7-4 粉胶比为 0.9 时应变扫描试验结果

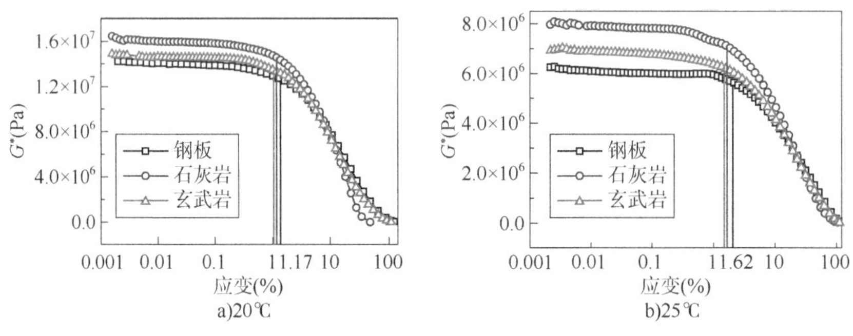

图 7-5 粉胶比为 1.0 时应变扫描试验结果

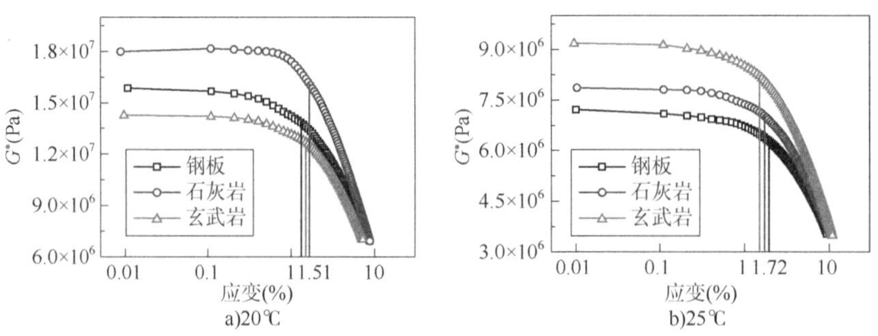

图 7-6 粉胶比为 1.1 时应变扫描试验结果

上图中，横坐标中所标刻度为三条垂线中的中间垂线对应的横坐标值。可以看出，沥青胶浆在 25℃时的线黏弹范围大于 20℃时的线黏弹范围，说明温度越高沥青胶浆的黏弹性越好。粉胶比为 0.9 时，沥青胶浆在不同接触条件下的初始复数模量按由大到小的排序为石灰岩>玄武岩>钢板，粉胶比为 1.0 时亦是如此，说明在粉胶比为 0.9 和 1.0 时，沥青胶浆在石灰岩处产生的分子定向运动更剧烈，玄武岩处次之，钢板处最弱。粉胶比为 1.1 时的复数模量变化规律与之前不同。温度为 20℃时，复数模量值从大到小的排序为：石灰岩>钢板>玄武岩；温度为 25℃时，复数模量值从大到小的排序为：玄武岩>石灰岩>钢板。其原因主要是：沥青胶浆为沥青和矿粉的混合物，20℃时矿粉的岩性同玄武岩近似，沥青胶浆在玄武岩处的分子定向运动并不剧烈，甚至可能产生排斥作用；25℃时，矿粉活性相对增强，其与玄武岩接触分子定向移动的剧烈程度比石灰岩大，且温度敏感性较大。

随着粉胶比的变化，沥青胶浆的初始复数模量不仅受接触条件影响，还与温度及粉胶比有关。上述结果表明，沥青胶浆与不同集料在不同温度条件下的接触存在一个最佳粉胶比，该最佳粉胶比须通过后续试验获取。粉胶比为 0.9 和 1.0 时，钢板线黏弹范围>石灰岩线黏弹范围>玄武岩线黏弹范围；粉胶比为 1.1 时，20℃时石灰岩线黏弹范围>玄武岩线黏弹范围>钢板线黏弹范围，25℃时钢板线黏弹范围>石灰岩线黏弹范围>玄武岩线黏弹范围。当矿粉占比较大时，沥青的作用显得尤为重要，当温度升高时，沥青流动性较大，沥青胶浆的均匀性越好。25℃时，不同粉胶比条件下，不同接触条件对应的线黏弹范围的排序相同，而 20℃时沥青胶浆内部会由于矿粉比例比较高而产生线黏弹范围奇异的现象。粉胶比为 0.9 时，线黏弹范围均大于 2%。粉胶比为 1.0、1.1 时，线黏弹范围小于 2%。经过计算，当应变为 2%时，线黏弹范围内的最小复数模量达到了初始模量的 85%，因此选取 2%作为疲劳试验的荷载条件。

7.2.2　界面疲劳过程中黏弹参数变化规律分析

沥青胶浆疲劳试验中，动态剪切流变仪（DSR）上、下两转子与沥青胶浆黏结，转子对沥青胶浆施加正弦力，这会导致 DSR 转子与沥青胶浆样品界面黏结不牢，造成“假疲劳”现象，从而不能准确地反映沥青胶浆的真实疲劳性能。但可以利用这一点，加工不同集料的转子进行沥青胶浆疲劳试验，间接反映集料-沥青胶浆界面疲劳性能。

7.2.2.1　复数模量变化规律分析

研究复数模量随着荷载作用次数的变化规律是分析沥青胶浆疲劳过程较常用的方法。由于沥青胶浆种类、接触条件的不同，在相同试验温度下，其初始复数模量不同。为了更好地分析沥青胶浆的疲劳特性，本研究对沥青胶浆复数模量进行归一化处理，得到疲劳过程中复数模量与初始模量的比值同荷载作用次数的关系，试验结果见图 7-7～图 7-9。

从图中可以看出，复数模量在开始阶段短时间内迅速减小，随着荷载作用次数的增加，复数模量的下降速度逐渐减小；三种接触条件下，复数模量随荷载作用次数的变化出现分离，开始阶段是否即出现分离需通过进一步分析才能得到。出现分离的原因是：疲劳试验过程中，不仅沥青胶浆产生疲劳，转子-沥青胶浆界面也产生疲劳，界面处出现脱粘，三条曲线出现分离。

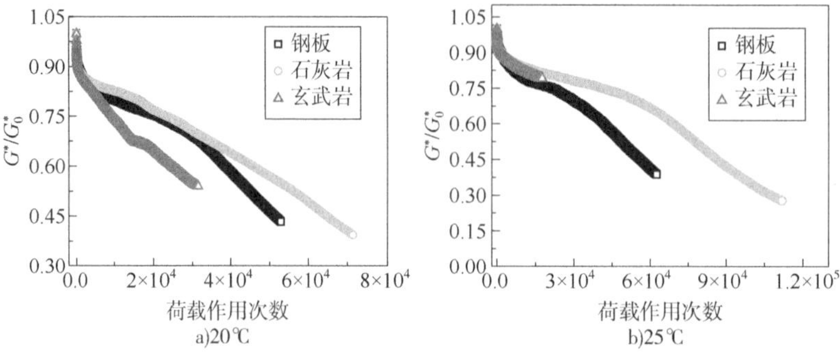

a)20℃ b)25℃

图 7-7 粉胶比为 0.9 时复数模量随荷载作用次数的变化

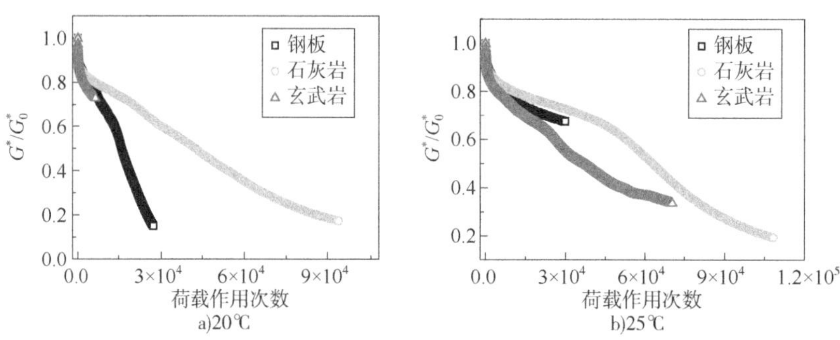

a)20℃ b)25℃

图 7-8 粉胶比为 1.0 时复数模量随荷载作用次数的变化

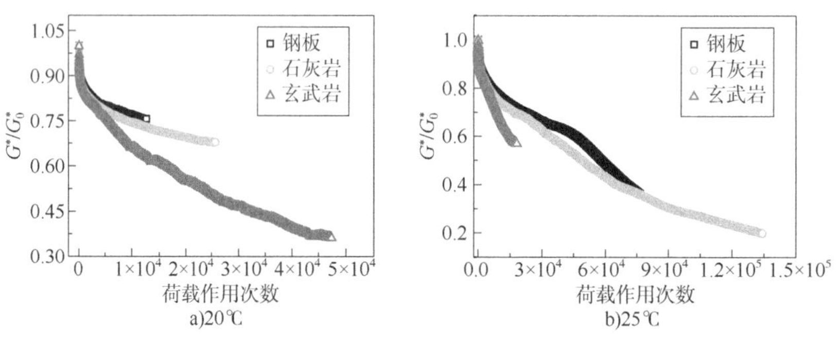

a)20℃ b)25℃

图 7-9 粉胶比为 1.1 时复模数量随荷载作用次数的变化

玄武岩接触条件下，沥青胶浆复数模量下降到 50%甚至 20%时的疲劳寿命均小于石灰岩接触条件下的疲劳寿命，说明石灰岩-沥青胶浆界面疲劳特性优于玄武岩-沥青胶浆界面疲劳特性。通过对比同一接触条件下不同沥青胶浆复数模量的变化可得到不同界面沥青胶浆最佳粉胶比，见图 7-10～图 7-12。

从图中可以看出，在钢板、石灰岩、玄武岩接触条件下，当粉胶比为 0.9 时沥青胶浆疲劳寿命最大，在 20℃、石灰岩接触条件下和 25℃、钢板接触条件下，粉胶比为 1.1 的沥青胶浆的疲劳寿命曲线与粉胶比为 0.9 的曲线相交。综合考虑，沥青胶浆的粉胶比在 0.9 左右为宜。

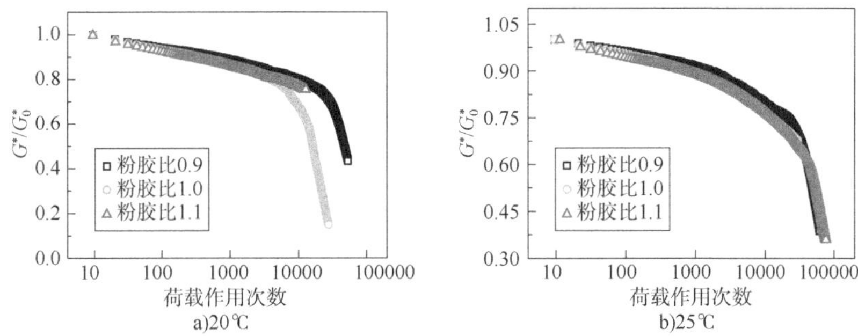

图 7-10　钢板接触条件下复数模量随荷载作用次数的变化

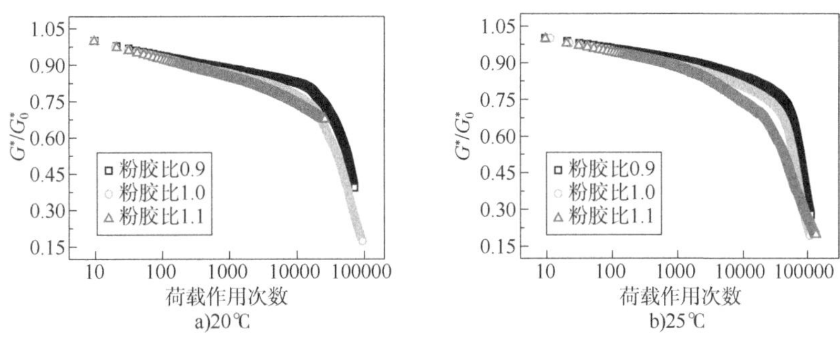

图 7-11　石灰岩接触条件下复数模量随荷载作用次数的变化

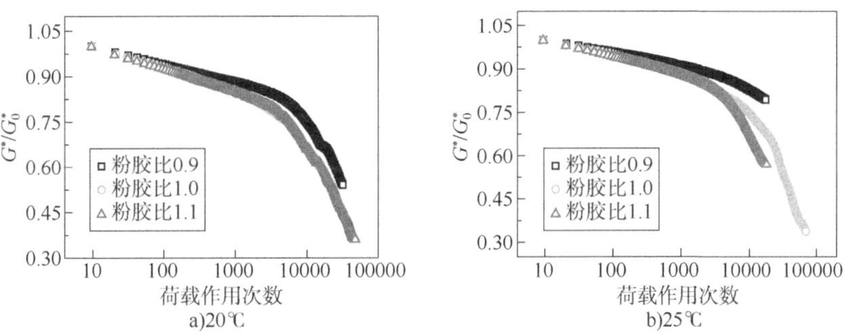

图 7-12　玄武岩接触条件下复数模量随荷载作用次数的变化

7.2.2.2　累积耗散能变化规律分析

基于能量的黏弹参数在疲劳过程中的变化可以较好地反映沥青胶浆内部结构的变化情况，且累积耗散能可以消除应力、应变的影响，因此研究累积耗散能随荷载作用次数的变化规律是很有必要的。

动态荷载作用下，沥青胶浆存在滞后性，即应变与应力的关系会产生延迟，应力加载、卸载过程并不沿原曲线变化，而是形成滞后圈；滞后圈的面积代表沥青胶浆在整个过程中由于自身黏性所耗散的能量，即耗散能 w_i，见式(7-9)，累积耗散能 W 的计算公式见式(7-10)。

$$w_i = \pi\sigma\varepsilon\sin\delta = \pi\frac{\sigma^2}{E^*}\sin\delta = \pi\varepsilon^2 E^*\sin\delta \tag{7-9}$$

$$W=\sum_{i=1}^{n}w_i \tag{7-10}$$

式中：w_i——第 i 次循环荷载消耗的耗散能（Pa）；

σ——应力值（Pa）；

ε——应变值（%）；

δ——相位角（°）；

E^*——复数模量（Pa）；

W——累积耗散能（Pa）。

沥青胶浆疲劳试验中，荷载作用次数增加到一定值时，沥青胶浆内部才产生损伤，之后沥青胶浆累积耗散能随时间的变化规律符合式（7-11）。

$$W_{分离}=A(1-e^{-Bt}) \tag{7-11}$$

式中：$W_{分离}$——应变控制模式下，沥青产生损伤时的累积耗散能（Pa）；

A,B——材料参数。

将不同接触条件下沥青胶浆未产生损伤的部分剔除，即用实际疲劳试验中的荷载作用时间减去产生损伤的分界点（产生损伤之前累积耗散能与时间呈线性关系，分界点在直线外取即可）处的荷载作用时间。累积耗散能由实际疲劳过程中所消耗的累积耗散能减去分界点处的累积耗散能得到。应用式（7-11）拟合损伤疲劳试验数据，所得结果见图 7-13～图 7-15。

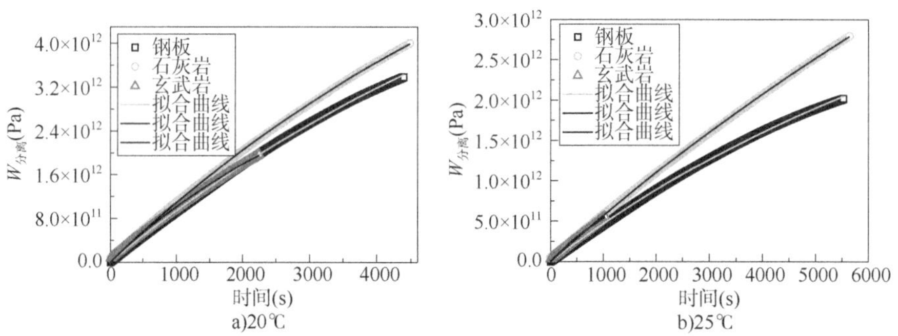

图 7-13　粉胶比为 0.9 时累积耗散能拟合结果

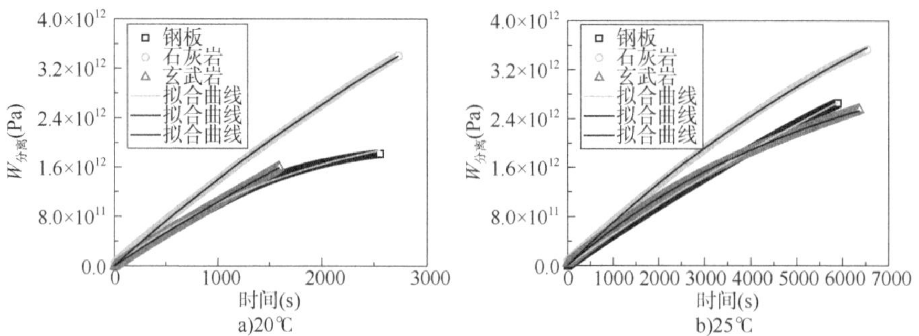

图 7-14　粉胶比为 1.0 时累积耗散能拟合结果

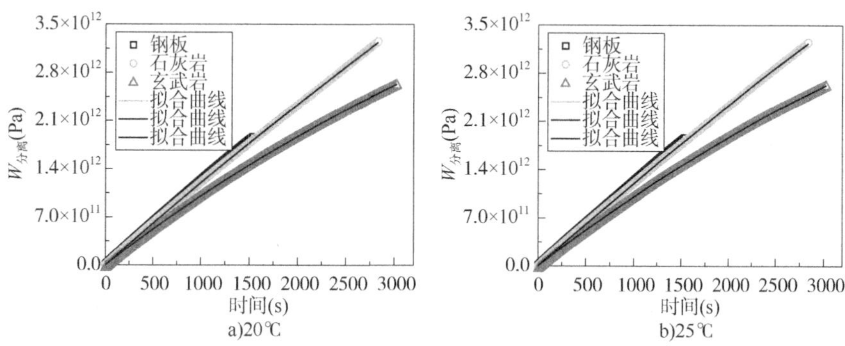

图 7-15　粉胶比为 1.1 时累积耗散能拟合结果

式(7-11)可以较好地描述实测的累积耗散能随时间变化的规律；在三种粉胶比下，累积耗散能增长斜率随着时间而减小。石灰岩接触条件下的累积耗散能大于玄武岩接触条件下的累积耗散能，说明在石灰岩接触条件下沥青胶浆损伤较大，玄武岩接触条件下沥青胶浆损伤较小，这在 25℃和 20℃均得到了验证。累积耗散能随时间变化的拟合参数见表 7-1。

累积耗散能拟合结果　　表 7-1

粉胶比	温度(℃)	接触条件	A	B
0.9	20	钢板	8.61×10^{12}	1.16×10^{-4}
		石灰岩	9.55×10^{12}	1.21×10^{-4}
		玄武岩	4.45×10^{12}	2.57×10^{-4}
	25	钢板	4.52×10^{12}	1.09×10^{-4}
		石灰岩	9.60×10^{12}	6.08×10^{-5}
		玄武岩	1.36×10^{12}	5.02×10^{-4}
1.0	20	钢板	2.64×10^{12}	4.84×10^{-4}
		石灰岩	1.08×10^{13}	1.39×10^{-4}
		玄武岩	8.54×10^{12}	1.29×10^{-4}
	25	钢板	1.08×10^{13}	4.80×10^{-5}
		石灰岩	7.54×10^{12}	9.79×10^{-5}
		玄武岩	3.85×10^{12}	1.69×10^{-4}
1.1	20	钢板	1.92×10^{13}	6.61×10^{-5}
		石灰岩	2.38×10^{13}	5.17×10^{-5}
		玄武岩	7.22×10^{12}	1.50×10^{-4}
	25	钢板	7.09×10^{12}	8.75×10^{-5}
		石灰岩	5.74×10^{12}	1.12×10^{-4}
		玄武岩	2.23×10^{12}	3.36×10^{-4}

7.2.3 集料-沥青胶浆界面疲劳评价指标

理论上,同一种沥青胶浆在同一温度下,复数模量和累积耗散能随时间的变化应相同。但根据前述分析得到,由于接触条件不同,复数模量、累积耗散能随时间的变化规律不同。复数模量随荷载作用次数变化的斜率仅与此次荷载下界面性能有关,不能将之前产生的界面疲劳考虑在内。鉴于累积耗散能可消除疲劳试验荷载方式的影响,因此从累积耗散能出发,认为如果界面疲劳特性较差则累积耗散能随时间的降低速率较小。累积耗散能随时间变化的斜率见式(7-12)。

$$W'_{分离} = ABe^{-Bt} \tag{7-12}$$

将 $W'_{分离}$ 作为集料-沥青胶浆界面疲劳的评价指标,其随时间的变化见图 7-16~图 7-18。

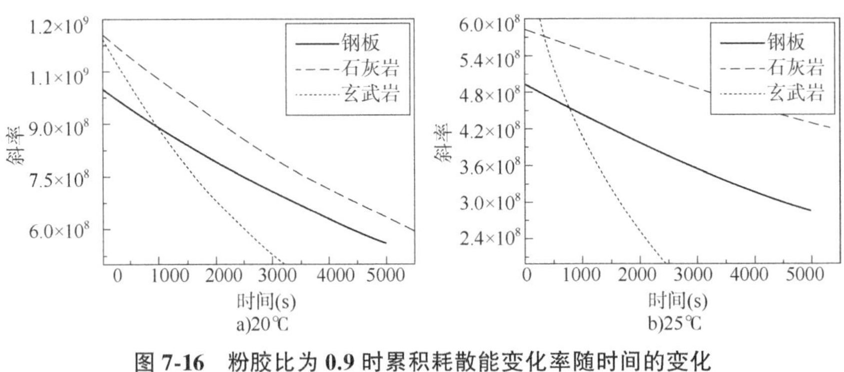

图 7-16 粉胶比为 0.9 时累积耗散能变化率随时间的变化

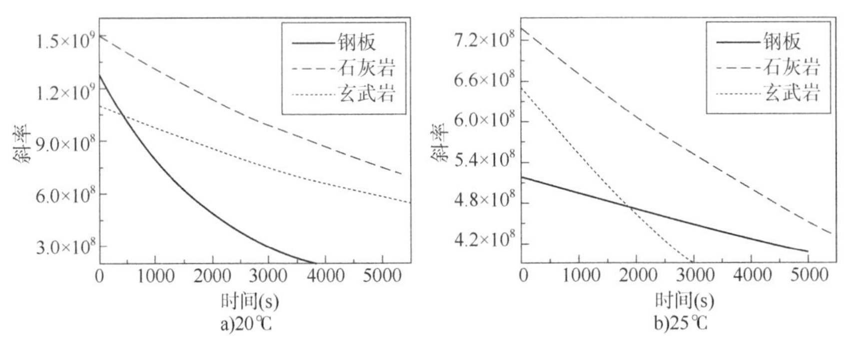

图 7-17 粉胶比为 1.0 时累积耗散能变化率随时间的变化

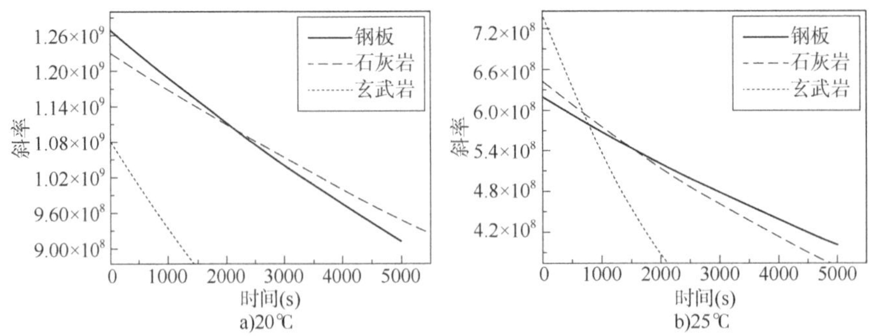

图 7-18 粉胶比为 1.1 时累积耗散能变化率随时间的变化

在较大的循环荷载作用次数后,石灰岩接触条件下的累积耗散能随时间变化的斜率均大于玄武岩,说明石灰岩-沥青胶浆界面疲劳性能优于玄武岩-沥青胶浆界面疲劳性能;由钢板、石灰岩和玄武岩三条曲线的交点可以得到,沥青胶浆在开始即与转子脱粘,虽然沥青胶浆在开始阶段未产生损伤,累积耗散能随时间呈直线关系,但三条直线的斜率是不同的。仅在 25℃、粉胶比为 1.1 情况下,初始阶段玄武岩-沥青胶浆界面性能优于石灰岩,在接近 10000 次循环荷载后,石灰岩-沥青胶浆界面又优于玄武岩;在其他情况下,初始阶段石灰岩-沥青胶浆界面性能优于玄武岩-沥青胶浆界面。在 20℃、粉胶比为 1.0 时,石灰岩、玄武岩两种接触条件下,随着荷载作用次数的增加,两者界面性能趋于相同,说明此种情况下两者并没有表现出很大的差异性;在其他情况下,随着荷载作用次数的增加,当累积耗散能随时间变化的斜率减小到初始的 50% 时,石灰岩-沥青胶浆界面疲劳寿命为玄武岩-沥青胶浆界面疲劳寿命的 2 倍以上。根据斜率的表达式,可得到任意荷载作用次数后石灰岩、玄武岩两种接触条件下界面疲劳性能的量化指标,可用于后续评价两者的界面疲劳。

7.2.4　集料-沥青胶浆界面纳观行为表征

为了表征集料-沥青胶浆界面纳观行为,本研究借助原子力显微镜(AFM)扫描集料-沥青胶浆过渡区形貌,通过三维形貌及相态分布间接评价集料-沥青胶浆界面行为。原子力显微镜要求试件的构造深度≤12μm,因此将沥青覆盖在集料表面时,沥青厚度应足够小。将 1.5g 沥青溶于 100mL 三氯乙烯中(浓度为 0.015g/mL),用胶头滴管将溶有沥青的三氯乙烯滴在集料表面(图 7-19),待三氯乙烯在常温下完全挥发,沥青均匀地裹覆在集料表面(大约为一半面积),集料表面积为 350mm^2。经测试,滴管中 20 滴液体的总体积约为 1mL,沥青密度按 1.04g/cm^{3}计算,沥青在集料表面的厚度为 0.00412mm,即 4.12μm,集料-沥青高度落差满足原子力试验的要求。

a)滴沥青前

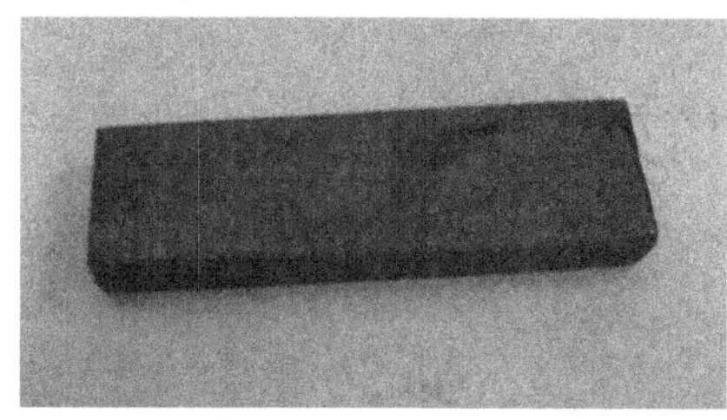
b)滴沥青后

图 7-19　玄武岩滴沥青前、后

按照上述试件制备过程分别制作了石灰岩-沥青、玄武岩-沥青和花岗岩-沥青三种试样,在过渡区选择 20μm×20μm 的范围进行扫描,得到过渡区的粗糙度,见图 7-20,相图见图 7-21。

经计算,石灰岩-沥青过渡区平均粗糙度为 699.26nm,玄武岩过渡区平均粗糙度为 903.12nm,花岗岩过渡区平均粗糙度为 975.54nm,因此平均粗糙度的排序为石灰岩<玄武岩<花岗岩。因沥青表面较光滑,最终得到的平均粗糙度均小于岩石本身的粗糙度。不同岩石对沥青的吸附程度不同,吸附性越好,集料-沥青平均粗糙度越小。因此,石灰岩与沥青的

吸附性最好,花岗岩的吸附性最差,玄武岩的吸附性介于两者之间。

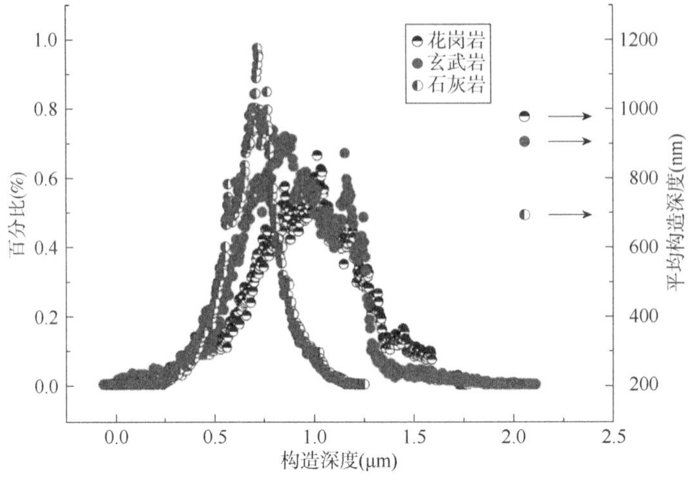

图 7-20　过渡区粗糙度

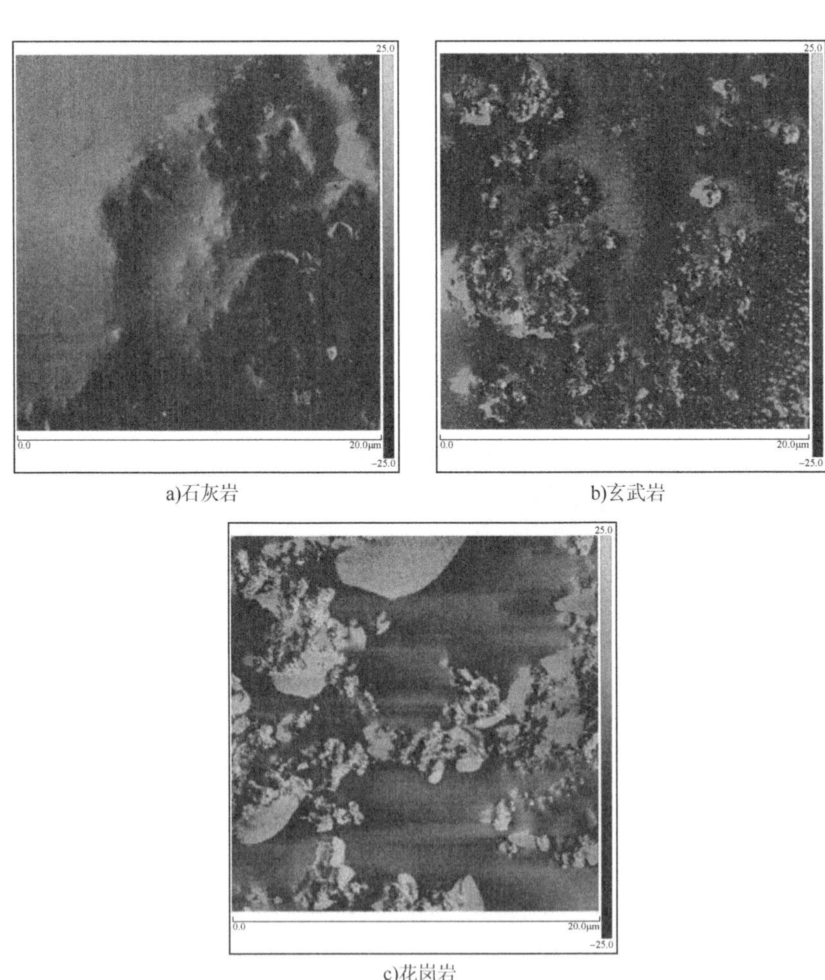

a)石灰岩　　b)玄武岩　　c)花岗岩

图 7-21　过渡区 AFM 相图

从图7-21可以看出,沥青裹覆在石灰岩表面时沥青分布比较均匀,裹覆在玄武岩、花岗岩表面时出现了岩石、沥青交替出现的情况,说明沥青在石灰岩表面裹覆情况较好。和花岗岩相比,玄武岩在沥青中分布较均匀,因此沥青与玄武岩的裹覆性优于花岗岩。综上,石灰岩-沥青界面性能最好,玄武岩-沥青界面性能次之,花岗岩-沥青界面性能最差,这与分析集料-沥青胶浆界面疲劳指标得出的结论是一致的。

7.3 沥青砂浆损伤行为

7.3.1 沥青砂浆疲劳性能研究

分别取未老化、紫外老化(Ultraviolet,UV)老化(老化时间4d、8d、12d)的沥青砂浆进行试验,沥青砂浆试验结果见图7-22。

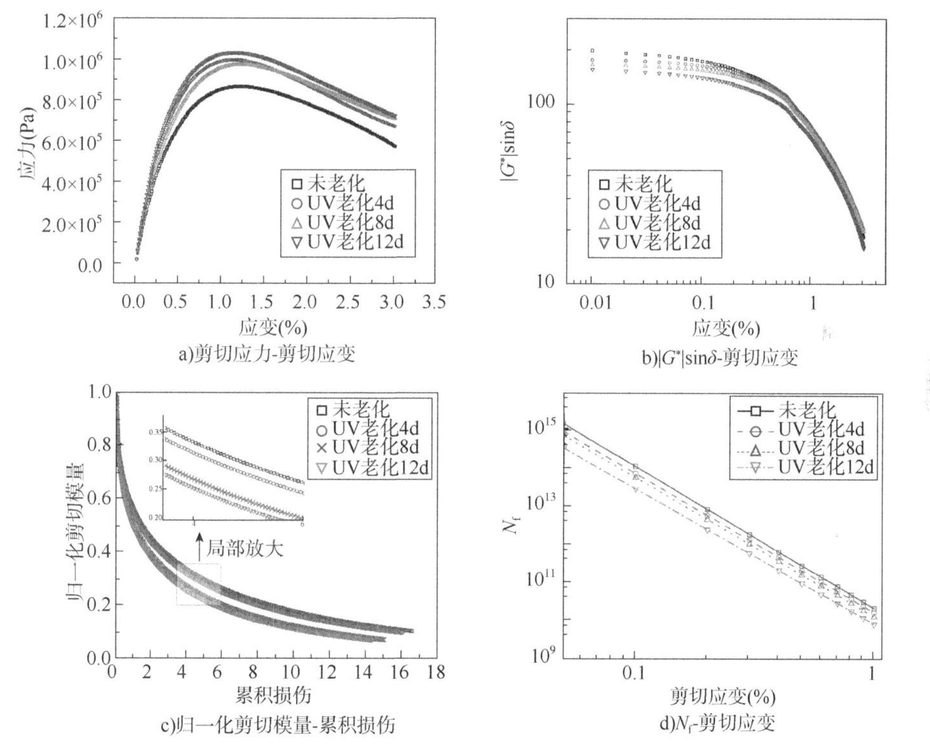

图7-22 沥青砂浆LAS试验结果

由图7-22a)可以看出:在未老化、UV老化4d、UV老化8d、UV老化12d时,沥青砂浆的峰值应变出现在3%应变范围内,UV老化12d沥青砂浆的峰值应力最大;UV老化4d后沥青砂浆的峰值应力增幅较大;随着UV老化时间的增加,沥青砂浆的峰值应力增幅将减小;沥青砂浆未老化时,应力-应变曲线所包围的面积最小,随着老化时间的增加,应力-应变曲线所包围的面积逐渐增大,原因是随着UV老化时间的增加,沥青砂浆的老化越来越严重,沥青逐渐变硬。

由图 7-22c)可知:随着 UV 老化时间的增加,沥青砂浆损伤速率逐渐增大;不论老化与否,沥青砂浆的归一化剪切模量值下降速率先快后慢,最后出现一个平台;由局部放大图可知,未老化沥青砂浆的损伤速率低于经 UV 老化的沥青砂浆,并且损伤速率在 4~8d 变化明显。

由图 7-22d)可知:未老化沥青砂浆的疲劳寿命长于老化的沥青砂浆,随着老化时间的增加,沥青砂浆疲劳寿命逐渐缩短,UV 老化 12d 沥青砂浆的疲劳寿命最短,这是因为随着室内 UV 老化时间的增加,沥青砂浆中的沥青产生了不同程度的老化,老化开裂现象随着老化时间的增加而越来越严重。

分别选取低应变(0.05%)、高应变(0.5%)作为加载条件,开展 LAS 试验,对未老化沥青砂浆及室内 UV 老化后的沥青砂浆进行疲劳寿命评价,见表 7-2。

室内加速紫外老化下沥青砂浆的 LAS 试验结果拟合参数及疲劳寿命 表 7-2

老化天数(d)	数值类别	损伤模型参数				疲劳方程参数		设定应变下的 N_f	
		α	C_0	C_1	C_2	A	B	0.05%	0.50%
0	均值	1.88	1.00	0.47	0.29	613.63	−3.76	1.63×10^{15}	2.79×10^{11}
	变异数(%)	0.80	—	3.92	3.33	8.38	0.80	17.16	10.46
4	均值	1.82	1.00	0.42	0.32	740.83	−3.64	7.56×10^{14}	1.73×10^{11}
	变异系数(%)	1.07	—	1.08	2.23	8.93	1.07	19.65	11.44
8	均值	1.79	1.00	0.43	0.32	596.56	−3.57	3.61×10^{14}	9.68×10^{10}
	变异系数(%)	0.95	—	4.90	3.46	15.63	0.95	9.98	2.21
12	均值	1.76	1.00	0.43	0.32	593.38	−3.52	2.49×10^{14}	7.48×10^{10}
	变异系数(%)	0.62	—	2.73	2.45	1.28	0.62	14.87	10.30

由表 7-2 可以看出各拟合参数的变异系数都较小,在低应变(0.05%)和高应变(0. 5%)情况下,沥青砂浆的疲劳寿命都随着沥青砂浆室内 UV 老化时间的增加而缩短,说明老化会影响沥青砂浆的中温疲劳寿命。

7.3.2 沥青砂浆低温性能研究

由于间接拉伸试验、半圆弯曲试验、约束试件温度应力试验等沥青混合料低温性能试验的流程复杂,对试件制备、数据采集有较高的要求,王元[3]提出采用简易的 BBR 试验评价沥青混合料低温性能,将旋转压实制成的沥青混合料切割成适合 BBR 尺寸要求的小梁(6. 25mm×12.5mm×127mm),持续施加蠕变荷载 240s,并采用 60s 蠕变劲度及 m 值作为评价指标。Zofka 等[4]以沥青混合料蠕变柔量为评价指标证明 BBR 试验与 IDT 试验相关性显著。BBR 分析的一个优点是使用同一个设备同时评价沥青、沥青混合料的低温性能[5]。为验证沥青混合料 BBR 梁的尺寸代表性,Velasquez 等[6]通过对比不同尺寸混合料梁(1 倍、2 倍、3 倍 BBR 梁尺寸)的蠕变劲度曲线,发现当试验温度比 PG(Peformance Grade)分级最低限高 10℃时,尺寸对蠕变劲度的影响可忽略。此外,Romero 等[7]基于代表体积单元(Representative Volume Element,RVE)法分析了试件尺寸对测试结果的影响,认为当最大公称粒径超过 25mm 时尺寸效应不容忽视。Weissan 等[8]提出低温条件下可降低对混合料 RVE 大小的要求,因为集料与胶结料的模量差异减小。由于剔除了粗集料骨架,沥青砂浆的 RVE 较混合料而言必然会减小。由此可见,BBR 的尺寸可以满足沥青砂浆低温性能测试的要求。

本研究采用沥青砂浆 BBR 试验研究其低温收缩开裂的影响因素,并引入冻融循环作用与自然环境老化的影响,旨在全面分析沥青砂浆的低温抗裂性能。此外,为了获得用于引入材料损伤参数的沥青砂浆低温拉伸强度,进行了沥青砂浆低温单轴拉伸试验。

7.3.2.1　单轴拉伸

沥青混合料的低温裂缝产生、扩展主要发生在集料-沥青界面相与沥青砂浆相[9-11]。沥青砂浆低温单轴拉伸试验可探究沥青砂浆低温抗拉强度的决定性因素,从多尺度角度实现沥青混合料的细集料配比优化设计。沥青砂浆直接拉伸试验的试件成型方法与 DSR 试验一致。直接拉伸试验设置如下:①试验温度设定为-10℃,控温时间设定为 30min;②加载速率为 5mm/min,采样间隔为 0.05s。单轴拉伸试验装置见图 7-23,下端为螺纹锚固端,上端为插销活动端,开槽直径为 12mm,深度为 2mm。沥青砂浆通过环氧树脂同拉伸装置连接。圆柱槽内涂抹适量的环氧树脂,以免端部出现应力集中现象,确保沥青砂浆的断裂面出现在试件的中部,进而保证试验结果的有效性。

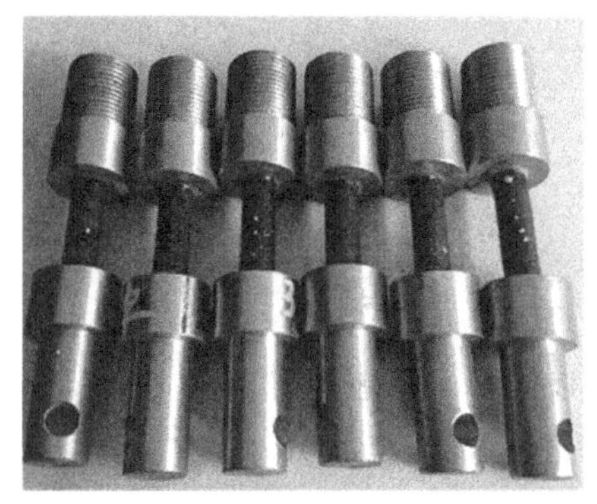

a)单轴拉伸试验夹具

b)单轴拉伸试验断裂面

图 7-23　沥青砂浆直接拉伸试验装置

5mm/min 拉伸速率时的沥青砂浆应力-位移曲线见图 7-24,6 种沥青砂浆的拉伸强度、韧性差异明显。图 7-24 表明,沥青砂浆的强度、韧性同沥青含量成正比,同空隙含量成反比。为了直观地分析上述规律,以单轴拉伸试验相关参数作为评价指标(表 7-3)。在 5mm/min 加载速率时,FAM-E 与 FAM-F 的拉伸强度与断裂能均分别位于第 1 位与第 2 位。FAM-F 的抗变形能力十分突出,其高沥青含量起到了决定性作用。FAM-B 的低温抗拉伸性能最弱,拉伸强度与断裂能都远小于其他 5 组。FAM-A 与 FAM-B 细集料级配相近,但前者抗裂性能达到后者的 10 倍左右,由此可见,FAM-B 的低沥青含量无法提供足够的黏结力,且数量众多的空隙亦为裂缝的产生与扩展提供了先天条件。FAM-A 与 FAM-D 的拉伸强度十分相近,然而前者的极限荷载对应位移、断裂能是后者的约 3 倍。FAM-C 与 FAM-D 沥青含量相近,但前者的强度、断裂能是后者的约 2 倍。由此可见,FAM-D 的高空隙率削弱了其低温拉伸变形能力。

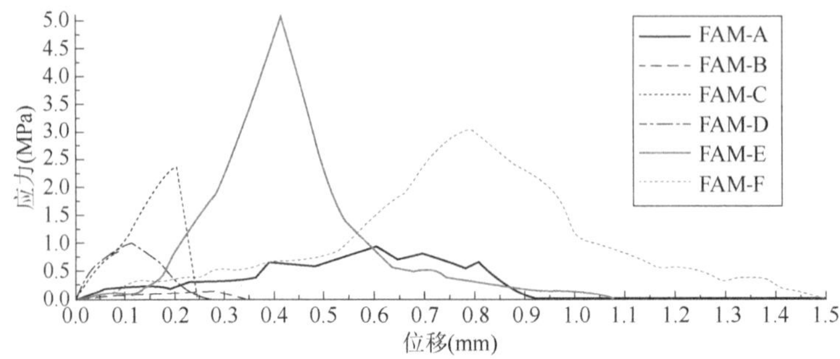

图 7-24 沥青砂浆应力-位移曲线(5mm/min,-10℃)

沥青砂浆单轴拉伸试验参数(5mm/min,-10℃) 表 7-3

单轴拉伸试验参数	FAM-A	FAM-B	FAM-C	FAM-D	FAM-E	FAM-F
拉伸强度(MPa)	0.93	0.12	2.42	0.98	5.09	3.08
极限荷载对应位移(mm)	0.90	0.32	0.24	0.24	1.09	1.09
断裂能(N·mm)	46.34	2.61	32.84	15.72	136.00	167.83

7.3.2.2 BBR 梁制备及试验设计

依托犹他大学土木与环境工程学院 Romero 的沥青混合料低温 BBR 试验平台,开展沥青砂浆低温性能评价的相关研究。沥青混合料 BBR 梁切割过程见图 7-25。

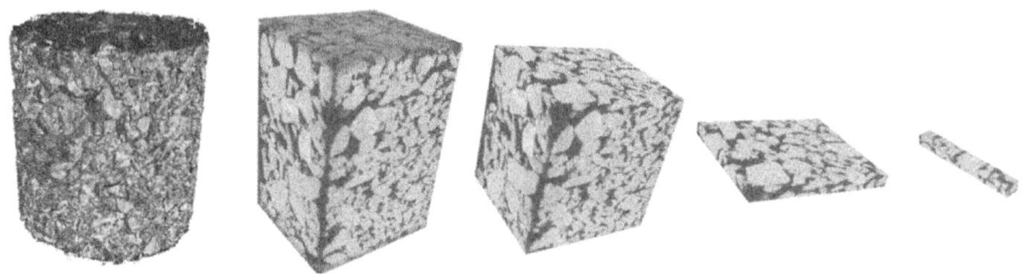

图 7-25 沥青混合料 BBR 梁切割过程示意图(ICT)

沥青混合料 BBR 梁制备过程(图 7-26)为:①采用旋转压实成型仪制备沥青砂浆圆柱体试件,为了剔除边界区域的影响,试件尺寸为 ϕ150mm×150mm;②待圆柱体试件静置成型后,将其固定在大型切割机上,切出内接矩形的长度边界;③重复第②步直至内接矩形切割完毕;④将内接矩形在宽度方向上一分为二,便于在小型切割机上安装;⑤采用手推式小型切割机切除长方体深度方向两端处约 2cm 厚度的部分,随后将长方体修剪成宽度为 12.5mm±0.25mm 的长方块;⑥将长方块修剪成厚度为 6.25mm±0.25mm、长度为 127mm±0.25mm 的 BBR 梁;⑦待 BBR 梁完全干燥后,放入 BBR 恒温浴中控温;⑧将沥青砂浆 BBR 梁安放在支架上,完成 BBR 试验的试件安装工作。

①旋转压实试件

②内接矩形切割-1

③内接矩形切割-2

④内接矩形分割

⑤BBR梁宽度修剪

⑥BBR梁厚度修剪

⑦BBR梁控温

⑧BBR梁安装

图7-26 沥青混合料BBR梁制备过程

切割沥青砂浆试件时的一大阻碍是其高沥青含量导致锯片与试件表面易粘接，切割时应适当降低推进速率。为了充分探究材料变量的影响，本研究设置了3种BBR梁，级配类型分别为FAM-2.36、FAM-1.18及AC-13。切割完成后的BBR梁实物见图7-27。

图7-27 切割完成后的BBR梁

本研究设计的沥青砂浆BBR试验引入的变量参数为细集料级配、最大细集料粒径、沥青含量、空隙率。为了建立沥青砂浆与沥青混合料间的联系，增加了沥青混合料BBR试验对比组。此外，考虑到季冻区冻融循环、自然环境老化对沥青路面低温开裂的影响规律有待系统探究，增加了冻融与老化试验对比组。

沥青混合料、沥青砂浆级配曲线见图7-28。HMA-Ⅰ与HMA-Ⅱ的最大工程粒径均为13.2mm，相应等效沥青砂浆级配FAM-Ⅰ与FAM-Ⅱ的最大细集料粒径均为2.36mm。与HMA-Ⅱ相比，HMA-Ⅰ粗集料较少而细集料较多，即HMA-Ⅰ级配比HMA-Ⅱ级配细密。FAM-Ⅰ与FAM-Ⅱ相比，2.36mm档、0.3mm档及0.15mm档的分计筛余相差不超过0.5%。FAM-Ⅰ的1.18mm档与<0.075mm档的分计筛余多于FAM-Ⅱ，FAM-Ⅱ的0.6mm档与0.075mm档的分计筛余多于FAM-Ⅰ。总体而言，FAM-Ⅰ级配比FAM-Ⅱ级配细密，与沥青混合料级配规律一致。对比组2中，FAM-Ⅲ-1的级配及油量计算以HMA-Ⅰ-2级配为基础，但区别在于FAM-Ⅲ-1的最大细集料粒径为1.18mm。设置对比组2的目的是探究沥青砂浆最大粒径划分差异对其低温性能的影响趋势。

沥青砂浆的等效沥青含量计算方法见第5.4.1.2节，材料参数见表7-4。HMA-Ⅰ与FAM-Ⅰ对比组关注沥青含量的影响，HMA-Ⅱ与FAM-Ⅱ对比组关注压实次数n的影响，HMA-Ⅰ、FAM-Ⅰ及FAM-Ⅲ对比组关注沥青砂浆最大集料粒径划分原则的影响。由于沥青砂浆剔除了粗集料骨架,压实功等效的情况下,沥青砂浆的压实次数比沥青混合料少20次。

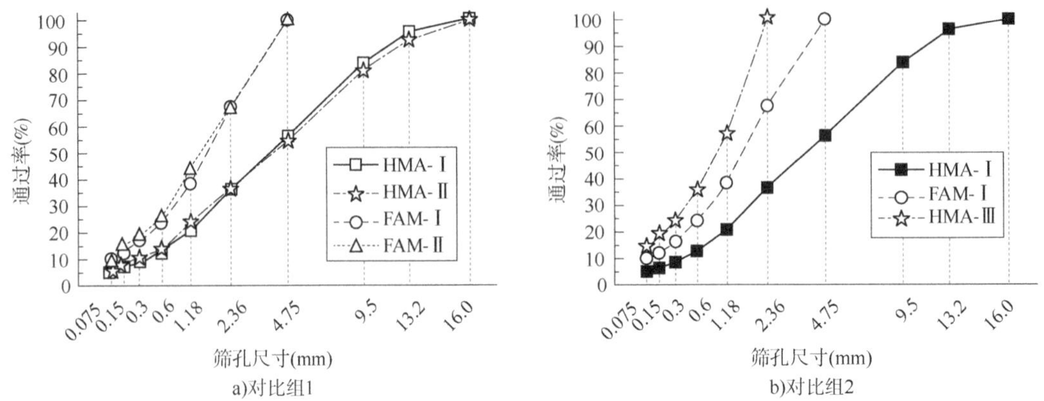

图 7-28 沥青混合料及沥青砂浆级配曲线

沥青混合料及沥青砂浆材料参数表 表 7-4

沥青混合料(HMA)								FB	沥青砂浆(FAM)			
HMA	P_b	γ_{sb}	γ_{se}	γ_b	P_{ba}	P_{be}	n		FAM	P'_f	P'_b	n
Ⅰ-1	3.80	2.636	2.665	1.000	0.41	3.4	70	1.50	Ⅰ-1	9.9	6.4	50
Ⅰ-2	4.10		2.650		0.20	3.9		1.30	Ⅰ-2		7.1	
Ⅰ-3	4.40		2.651		0.22	4.2		1.21	Ⅰ-2		7.7	
Ⅱ-1	4.15	2.634	2.658		0.34	3.8	30	1.25	Ⅱ-1	9.1	6.9	30
Ⅱ-2							50		Ⅱ-2			50
Ⅱ-3							70		Ⅱ-3			70
Ⅰ-2	4.10	2.636	2.650		0.20	3.9	70	1.30	Ⅲ-1	14.5	10.2	50

沥青混合料与沥青砂浆 BBR 试验除了将荷载更改为 4400mN±100mN 以外,其他操作流程均与沥青胶结料 BBR 试验保持一致。冻融循环试验的温度设置见图 7-29。冻融循环试验流程为:待 BBR 梁在 15℃±0.25℃条件下自然干燥后,称取干重 m_0,浸入 25℃±0.25℃的恒温水浴饱水 24h;将 BBR 梁从水浴箱依次取出,擦拭至饱和面干状态,称取表干重 m_i后,立即放入-20℃±0.25℃的空气浴冻胀 24h;将 BBR 梁再次置于 25℃±0.25℃的恒温水浴饱水融化 24h,从而完成一次冻融循环。由于 BBR 梁的质量较小,上述质量称量时均要求读取至 0.01g。将 BBR 梁直接暴露于自然环境中,模拟沥青路面所经受的自然环境老化作用,60d 内自然环境气温分布见图 7-32。试验在美国盐湖城进行。盐湖城 2015 年 2 月与 3 月的平均最低气温均高于 0℃,排除了自然环境冻融循环因素的影响。另外,平均最高气温在 20℃以内,削弱了自然环境高温氧化的影响。综上所述,本研究关注的自然环境老化以紫外老化作用为主。

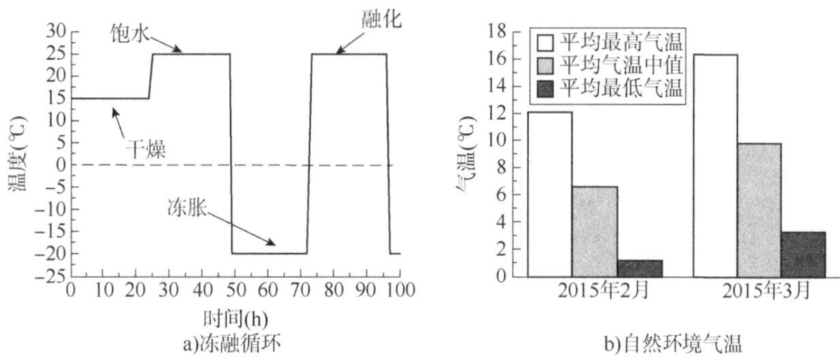

图7-29　冻融循环与自然环境老化试验描述

7.3.2.3　BBR试验及分析

原样沥青砂浆指的是未经过任何冻融循环与自然环境老化的试件,用于分析沥青砂浆抵抗低温开裂的能力。BBR试验采集并给出位移随时间的增长曲线,基于式(7-13)计算蠕变劲度。6种沥青砂浆在-18℃时的蠕变劲度-时间曲线见图7-30,该对数坐标下的蠕变劲度曲线可用式(7-14)拟合。将式(7-14)对 $\log t$ 求导得到式(7-15),即 m 的表达式。待测得蠕变劲度-时间曲线后,按照式(7-14)拟合并求解参数 A、B、C。最终,代入式(7-15)求得 m 值。与沥青胶结料的BBR试验评价指标一致,采用60s的蠕变劲度、m 值来表征其低温性能。

$$S(t)=Pl^3/[4bh^3\delta(t)] \tag{7-13}$$

$$\log S(t)=A+B(\log t)+C(\log t)^2 \tag{7-14}$$

$$|m(t)|=d[\log S(t)]/d(\log t)=B+2C(\log t) \tag{7-15}$$

式中:P、l、b、h、δ——分别为荷载(mN)、试件跨径(mm)、试件宽度(mm)、试件高度(mm)、试件变形(mm);

A、B、C——拟合参数;

S、m——蠕变劲度(MPa)。

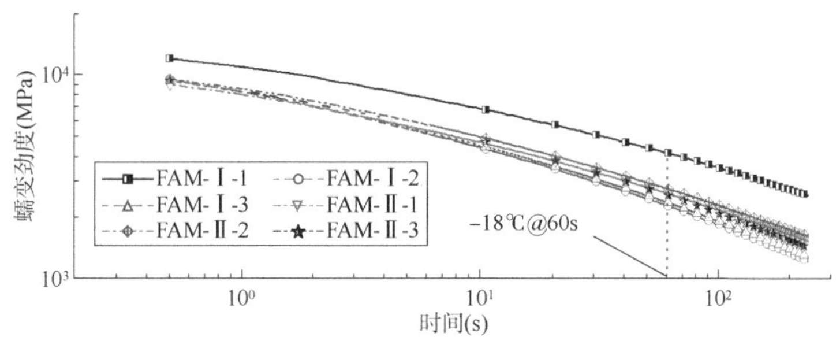

图7-30　6种原样沥青砂浆蠕变劲度-时间曲线(-18℃)

1)60s蠕变劲度及 m 值

三种测试温度条件下,FAM-Ⅰ与FAM-Ⅱ对比组的60s蠕变劲度分布情况见图7-31,每组试验样本数量为5。总体来看,沥青砂浆的蠕变劲度随沥青含量、细集料级配及压实次数的变化而波动。由于FAM-Ⅰ-2与FAM-Ⅱ-2的压实次数均为50次,且FAM-Ⅱ-2的沥青含量仅比前者高0.05%。因此,对比以上两组试验结果可分析细集料级配的影响。

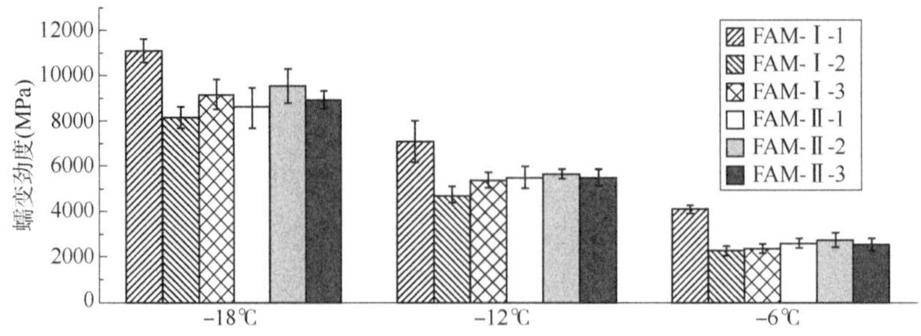

图 7-31　不同温度原样沥青砂浆 60s 蠕变劲度分布

图 7-31 中的误差线表明沥青砂浆的低温 BBR 试验结果满足变异系数小于 10%的要求。其中,与压实次数相比,沥青砂浆低温蠕变劲度受沥青含量的影响更为显著。沥青含量最低(6.4%)的 FAM-Ⅰ-1 是所有对比组里蠕变劲度最大的沥青砂浆。随着温度的升高,其他 5 组的蠕变劲度差异不断缩小,尤其是当温度达到-6℃时。然而,低沥青含量导致的沥青砂浆物理硬化在 3 个测试温度下都显而易见。由此可见,当温度低于某个极限值时,沥青含量及压实次数导致的沥青砂浆物理硬化程度差异将造成其低温抗裂性差异达到最大。与 FAM-Ⅰ-1 相反,FAM-Ⅰ-2 的蠕变劲度是 6 组里最小的,在 3 个温度下分别为 8128MPa、4722MPa 及 2266MPa。60s 蠕变劲度随沥青含量的变化趋势为凹形曲线,由此可确定 FAM-Ⅰ的最佳沥青含量为 7.10%。60s 蠕变劲度随压实次数的变化趋势为凸形曲线,且随着温度的升高,测试数据的变异程度有所降低。应当注意的是,过压实(70 次)与欠压实(30 次)时的规律相似,可能与高沥青含量沥青砂浆过压实导致的泛油、离析有关。对比 FAM-Ⅰ-2 与 FAM-Ⅱ-2 发现,二者间 60s 蠕变劲度最大差值为 1421MPa(-18℃),表明同等条件下 FAM-Ⅰ的低温收缩应力小于 FAM-Ⅱ,级配Ⅰ较级配Ⅱ更适用于高寒地区。

m 值可表征沥青路面材料低温收缩应力松弛能力的大小,60s 蠕变劲度-*m* 值曲线见图 7-32。其中,椭圆突显区域依次代表-18℃、-12℃及-6℃。整体分析,温度越低,蠕变劲度的分布越离散;反之,*m* 值的分布则越集中。由此可见,沥青含量、压实次数及级配对松弛能力的影响具有一个最低温度极限,而对收缩应力的影响则具有一个最高温度极限。当试验温度相同时,FAM-Ⅰ-1 与 FAM-Ⅰ-2 分布在椭圆区域的两端,其他 4 组则分布在中间。因此,沥青含量是决定沥青砂浆低温开裂能力的重要指标。矩形突显区域内 FAM-Ⅰ-1 与 FAM-Ⅰ-2 的蠕变劲度-*m* 值分布较为接近。FAM-Ⅰ-1 的低温抗裂温度等级比 FAM-Ⅰ-2 低约 6℃,沥青含量不足无疑增加了沥青砂浆低温开裂的可能性。

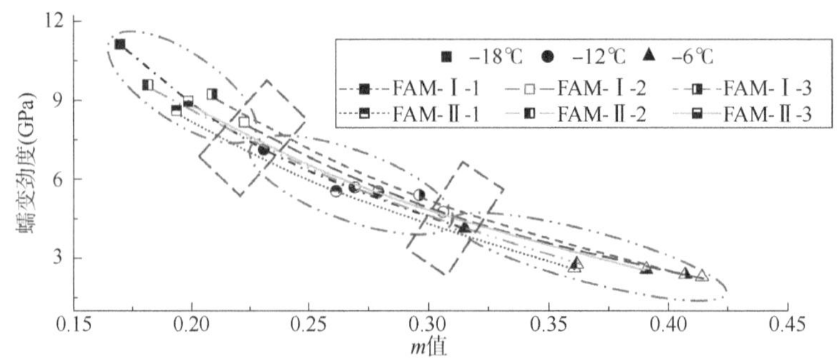

图 7-32　不同温度原样沥青砂浆蠕变劲度-*m* 值曲线(60s)

2)原样沥青混合料对比分析

以-18℃为例,原样沥青混合料对比组的 BBR 试验结果见表 7-5,标准差表明沥青混合料的 BBR 试验变异系数满足小于 10%的要求。与沥青砂浆 60s 蠕变劲度呈现的规律截然不同,HMA-Ⅰ表现为凸形分布而 HMA-Ⅱ表现为上升型分布。对于级配Ⅰ组而言,当沥青含量为最佳值(4.10%)时,HMA-Ⅰ-2 的 60s 蠕变劲度达到最大值。然而,m 值的最小值出现在 HMA-Ⅰ-1 中。对级配Ⅱ组而言,当压实次数为 70 次时,60s 蠕变劲度与 m 值分别达到最大值与最小值。研究发现沥青混合料 BBR 蠕变劲度同 IDT 劈裂强度的相关性较高[8]。因此,本研究认为对于沥青混合料而言,BBR 试验指标表征的是其低温强度变化趋势。上述试验结果表明沥青混合料低温弯拉强度同最佳沥青含量、最佳压实功密不可分。

原样沥青混合料 BBR 试验结果(-18℃)　　表 7-5

BBR 试验结果(60s)	沥青混合料(HMA)					
	Ⅰ-1	Ⅰ-2	Ⅰ-3	Ⅱ-1	Ⅱ-2	Ⅱ-3
蠕变劲度(MPa)	11827	18920	16771	12918	15377	18238
蠕变劲度标准差(MPa)	92.6	742.5	614.0	498.9	609.2	185.0
m 值	0.118	0.124	0.135	0.147	0.134	0.129
m 值标准差	0.0052	0.0031	0.0086	0.0121	0.0126	0.0073

沥青混合料与沥青砂浆 BBR 试验评价指标间的关系见图 7-33。由于Ⅰ-1 组与Ⅰ-2 组的 60s 蠕变劲度分别贴近 y 轴、x 轴,沥青含量对沥青砂浆、沥青混合料的低温弯曲蠕变特性的作用机理截然不同。由此可见,沥青含量对沥青混合料的低温强度影响显著。对沥青砂浆而言,沥青含量决定了其温度收缩应力的大小(蠕变劲度)。图 7-33 中 60s 时的 m 值表明高沥青含量与适宜的压实功有助于提高沥青砂浆的松弛能力。

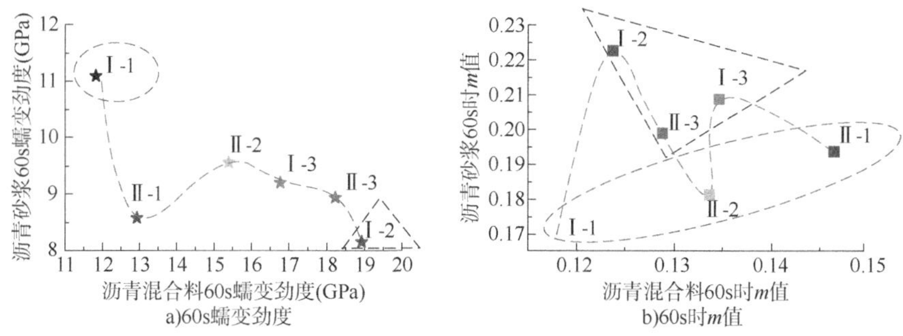

图 7-33　原样沥青混合料与原样沥青砂浆 BBR 试验结果(-18℃)

3)冻融循环的影响

由于季冻区沥青路面时常经受冻融循环的作用,因此将冻融循环因素引入沥青砂浆 BBR 试验中。通过对比冻融循环作用对沥青砂浆吸水率、60s 蠕变劲度及 m 值的变化趋势,分析了冻融损伤的决定性因素。吸水率的计算公式见式(7-16),沥青砂浆的吸水率分布见图 7-34。

$$W_i=\frac{m_{\mathrm{i}}-m_0}{m_0}\times 100 \tag{7-16}$$

式中：W_i、m_{i}、m_0——分别为吸水率(%)、表干重(g)、干重(g)；

i——冻融循环次数，取4、8、16、32及48。

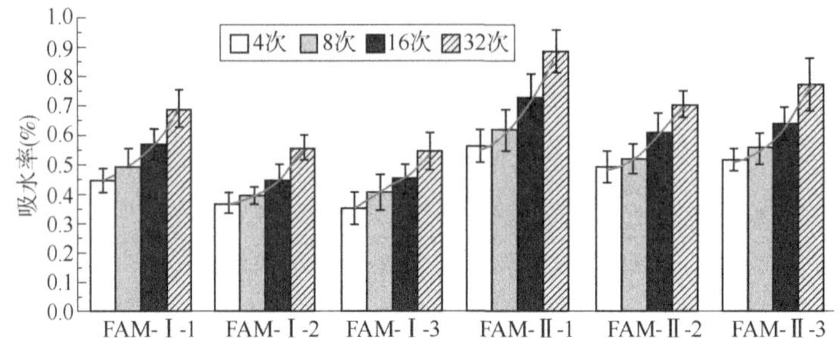

图7-34 沥青砂浆经冻融循环后吸水率分布

初期(4次)吸水率的分布表明低沥青含量(6.4%)与低压实功(30次)都将导致初期吸水率高于其他试验组。此时，FAM-Ⅰ-2与FAM-Ⅰ-3的吸水率差值仅为0.016%，FAM-Ⅱ-2与FAM-Ⅱ-3的吸水率差值仅为0.022%。由此表明，当沥青含量与压实次数超过某个临界值时，冻融初期的吸水率将达到平衡。随着冻融循环次数的增加，各组沥青砂浆的吸水率呈现出不同程度的增长趋势，该趋势可用于表征沥青砂浆冻胀损伤程度。整体来看，相同冻融循环条件下FAM-Ⅱ的吸水率高于FAM-Ⅰ，可见较细密的细集料级配有助于减少沥青砂浆的初始空隙数量。此外，低沥青含量与低压实功不利于沥青砂浆的长期抗冻融损伤性能，FAM-Ⅰ-1与FAM-Ⅱ-1的吸水率随冻融次数增加的增幅均大于同等条件下其他对比组。值得注意的是，高沥青含量与高压实功导致沥青砂浆的吸水率出现了一定程度的加速增长，此现象与材料的离析有关。

7.3.3 沥青砂浆冻融损伤特性分析

-18℃、-12℃及-6℃时的60s蠕变劲度变化百分比见图7-35。

以原样沥青砂浆60s蠕变劲度与m值为参照组，计算BBR试验参数的变化百分比，正值表示降低。除-6℃以外，早期冻融循环作用(4次)时FAM-Ⅰ-1与FAM-Ⅱ-1的蠕变劲度降低百分比相对较小。然而，FAM-Ⅱ-3的蠕变劲度降低百分比相对较大。尤其是当温度为-12℃时，FAM-Ⅱ-3的蠕变劲度降低百分比一直是所有对比组的最大值。随着冻融循环次数的增加，沥青砂浆的冻融损伤分布与早期有所不同。当温度为-18℃、循环次数为32次时，FAM-Ⅰ-1与FAM-Ⅱ-1的损伤程度分列第1位与第3位。当温度为-12℃、循环次数为32次时，FAM-Ⅰ-1与FAM-Ⅱ-1的损伤程度分列第3位与第4位。FAM-Ⅰ-1的沥青含量最低而FAM-Ⅱ-1的压实次数最少，由此可见沥青砂浆的高空隙率有助于提高其早期抗冻融性能。在冻融循环的早期，空隙越多，提供的冻胀空间越大。随着冻融次数的增加，空隙冻胀更趋向于完全饱水冻胀。当温度为-6℃时，不论何种冻融循环次数，FAM-Ⅰ-2与FAM-Ⅰ-3

的降低百分比均分列第 6 位与第 5 位。在其他温度条件下,FAM-Ⅰ-2 与 FAM-Ⅰ-3 的长期抗冻融循环性能均优于其他对比组。由此可见,沥青含量有助于提高沥青砂浆的抗冻融损伤性能,尤其是当温度越高、循环次数越大时上述增强越明显。此外,沥青含量的作用存在一个最佳值(7.1%)。对比 FAM-Ⅰ-2 与 FAM-Ⅱ-2 的试验结果,表明级配Ⅰ的抗冻融性能优于级配Ⅱ。以 FAM-Ⅱ为对比组,欠压实(30 次)与过压实(70 次)不同程度上加剧了沥青砂浆冻融损伤程度,由此可见,FAM-Ⅱ的最佳压实次数为 50 次。长期冻融循环作用时,高空隙含量的沥青砂浆冻融损伤呈现增长的趋势。整体而言,当试验温度升高,蠕变劲度的降低幅度增大,此现象同沥青路面冻融损伤发生在春季的调查规律相符。

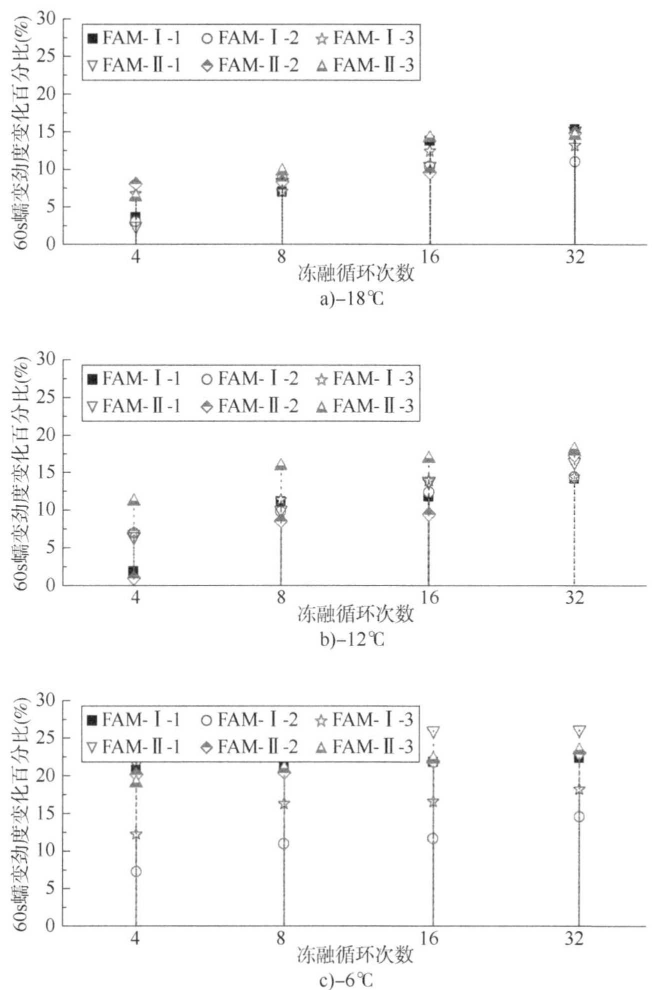

图 7-35　不同温度条件下沥青砂浆 60s 蠕变劲度变化百分比

与 60s 蠕变劲度变化百分比呈现出明显降低的规律不同,60s 时 m 值随温度与冻融循环次数的波动更为复杂,如图 7-36 所示。图中的正值百分比表示增加。FAM-Ⅰ-1 的 m 值增加百分比较大,而 FAM-Ⅰ-2 与 FAM-Ⅰ-3 的 m 值增加百分比较小。总体来看,m 值大体呈现先降低后增加的趋势。冻融损伤造成沥青砂浆蠕变劲度降低,理论上推测沥青砂浆因损伤软化,其 m 值将会保持增加的趋势。然而,当冻融次数达到 32 次时,大部分对比组的 m 值变化百分比出现了下降的趋势。尤其是当温度升高到-6℃时,此下降趋势最为明显。因此,长期冻融循环不仅对沥青砂浆低温强度起到软化作用,对其应力松弛能力也起到了弱化作用。此类软化作用与沥青砂浆的沥青含量的关系密切。

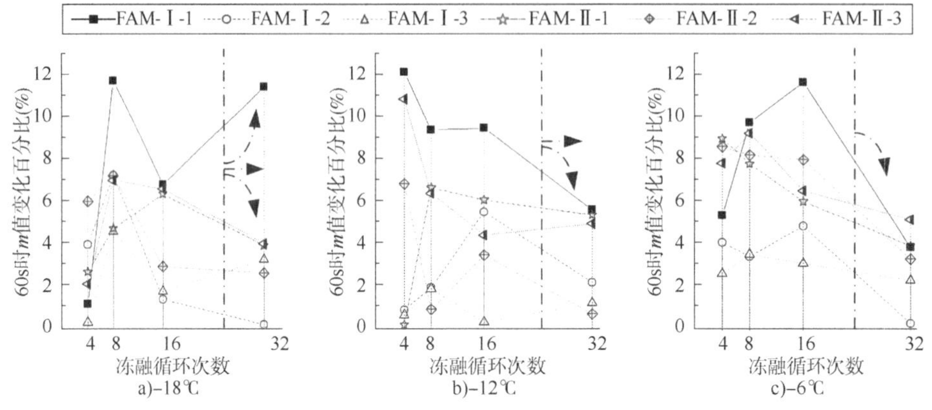

图 7-36 不同温度条件下沥青砂浆 60s 时 m 值变化百分比

7.3.3.1 沥青混合料对比分析

以-18℃为例,采用吸水率与 60s 蠕变劲度变化百分比为指标分析沥青混合料的冻融损伤变化规律。沥青混合料吸水率的分布与沥青砂浆相似,如图 7-37 所示。相同条件下,HMA-Ⅰ-2 的吸水率小于 HMA-Ⅱ-2,可见级配Ⅰ的致密性高于级配Ⅱ。低沥青含量与低压实功造成的高空隙含量无疑增大了沥青混合料的吸水率,而且 HMA-Ⅰ-1 与 HMA-Ⅱ-1 吸水率增幅对冻融循环最为敏感。此外,高沥青含量与高压实功对吸水率的降低作用存在一个临界区间。

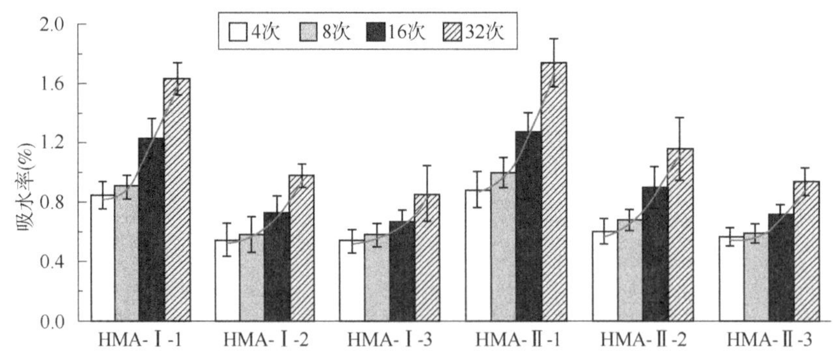

图 7-37 沥青混合料经冻融循环后吸水率分布

沥青混合料吸水率高于沥青砂浆吸水率,此现象与空隙结构差异有关。采用 ICT 分析沥青砂浆与沥青混合料空隙结构特性的区别,完成了材料内部空隙的三维数字化重构及数据分析。图 7-38 表明,沥青混合料空隙率(7.31%)是沥青砂浆空隙率(1.44%)的 5 倍左右。使用 VGStudio Max 2.2 提取并计算空隙的体积,并将其分成 5 个序列组。沥青砂浆的小型空隙(0.2~0.5mm³)数量占据主导地位,所占百分比累计超过75%且无大型孔(>50mm³)。沥青砂浆中空隙数量比例随着空隙体积的增大呈现台阶式递减的趋势。相对而言,沥青混合料的小型孔(0.2~5mm³和0.5~1mm³)及中型孔(1~50mm³)所占比例较为均衡,且存在一定比例的大型孔。由此可见,沥青砂浆中数量众多的小型空隙对其抵抗冻融损伤是一个不容忽视的重要因素。

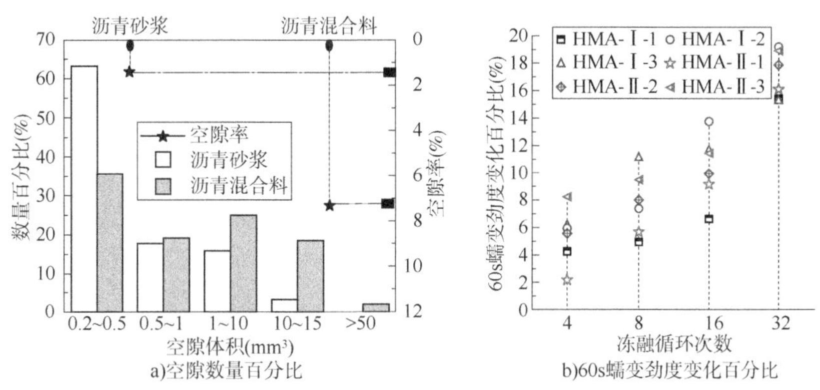

图7-38 空隙结构与沥青混合料60s蠕变劲度变化

分析60s蠕变劲度百分比的变化,得出沥青混合料与沥青砂浆的冻融损伤特性差异十分明显。HMA-Ⅰ-1与HMA-Ⅱ-1的蠕变劲度降低百分比一直处在较低的水平,表明沥青混合料的大型空隙在某种程度上缓释了冻胀力的剥蚀能力。相比之下,沥青砂浆的小型空隙的冻胀机制同水泥类材料微孔类似[12],水分难以疏散导致饱水空隙的冻胀力无法及时消除。因此,沥青砂浆表现出来的规律是空隙越多,冻融损伤越重。HMA-Ⅰ-3的长期抗冻融性能较突出,与其高沥青含量的增强作用有关。然而,HMA-Ⅰ-2、HMA-Ⅱ-2及HMA-Ⅱ-3表现出明显的冻融损伤抵抗力不足。由此可见,沥青混合料中的大型空隙较少将不利于空隙冻胀力的疏散。沥青混合料与沥青砂浆空隙结构的显著差异导致了冻融损伤主导因素的不同,优化沥青砂浆与沥青混合料空隙结构可从多尺度角度控制沥青路面材料的冻融损伤。

7.3.3.2 细集料粒径划分的影响

沥青砂浆材料组成中,最大细集料粒径的划分阈值是关键指标,不同的沥青混合料的等效沥青砂浆粒径将影响其力学性能。为了探究细集料粒径划分的影响,本研究以FAM-Ⅱ-2与FAM-Ⅲ-1为对照组。FAM-Ⅱ-2的最大细集料粒径为2.36mm,FAM-Ⅲ-1的最大细集料粒径为1.18mm。为了直观对比二者的区别,分别定名为FAM-2.36与FAM-1.18。原样沥青砂浆的BBR试验结果与内部空隙见图7-39,可见与FAM-1.18相比,FAM-2.36的空隙不仅数量更多,而且单个体积更大。此外,随着试验温度的升高,60s蠕变劲度表现出等比例递减的规律,递减比例约为2。60s时m值则表现出线性递增的规律,等差增幅约为0.1。在三种测试温度下,BBR评价指标表明FAM-1.18的低温收缩应力均比砂浆FAM-2.36弱,且松弛能力均比FAM-2.36强。由此可见,FAM-1.18的低温开裂概率小于FAM-2.36。基于上述分析,沥青混合料级配中的细集料比例、沥青含量同沥青路面中沥青砂浆抵抗低温开裂能力的关系密切。

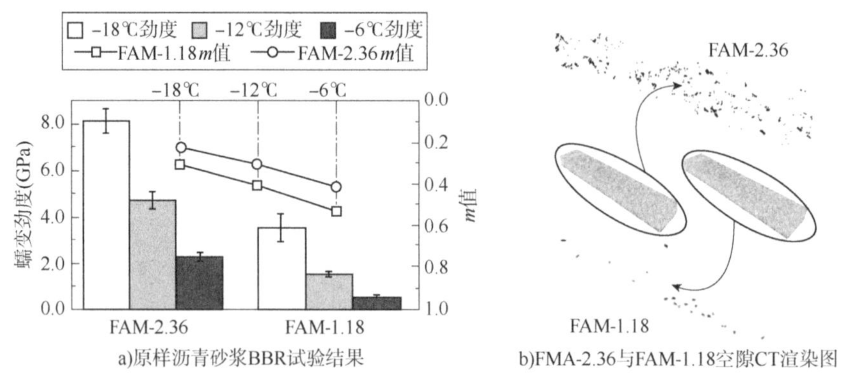

a)原样沥青砂浆BBR试验结果

b)FMA-2.36与FAM-1.18空隙CT渲染图

图 7-39 原样 FAM-2.36 与 FAM-1.18 的 BBR 试验结果与空隙 CT 渲染图

FAM-2.36 的蠕变劲度随着冻融循环次数的增加呈现一定的降低趋势(图 7-40),FAM-2. 36 蠕变劲度的降低与其小型空隙中的冻胀损伤有一定的关联。而且,FAM-2.36 蠕变劲度的降低百分比随着测试温度的升高而增加。与 FAM-2.36 所展现的冻融损伤规律不同的是,FAM-1.18 的蠕变劲度呈现出先降低后增加的现象,该转折点出现在 32 次冻融循环之后。FAM-1.18 的最大蠕变劲度降低百分比发生在-18℃,对 FAM-2.36 而言则发生在-6℃。在早期冻融循环作用下,FAM-1.18 饱水小型空隙内的冻胀力仍然是其冻融损伤的主导因素。由此可见,FAM-1.18 的高含量沥青对砂浆抵抗冻胀损伤起到一定程度的增强作用。此外,FAM-1.18 在经受长期饱水融化作用后产生蠕变劲度增加的现象,可认为其发生了饱水硬化作用,与 FAM-1.18 的高沥青含量(14.5%)有关。图 7-40 表明 FAM-2.36 的冻融损伤分布与其吸水率随冻融循环次数的增加趋势类似。吸水率增幅表明,与 FAM-2.36 相比,FAM-1.18 冻融损伤程度并未出现大幅加剧。

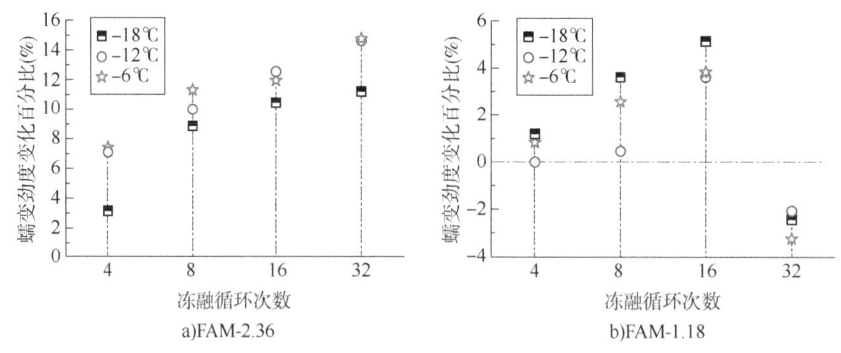

a)FAM-2.36

b)FAM-1.18

图 7-40 FAM-2.36 及 FAM-1.18 的 60s 蠕变劲度变化百分比

为了进一步验证饱水硬化的存在,本研究将 FAM-1.18 的冻融循环次数增加到 48 次。图 7-41 中吸水率的增加说明 FAM-1.18 中饱水硬化与冻胀损伤间的竞争关系发生了逆转。首先,冻融循环次数越多,FAM-1.18 蠕变劲度增加与 m 值减小趋势越明显,这表明长期冻融循环作用后 FAM-1.18 低温收缩应力增长、松弛能力降低更加明显。因此,饱水硬化增加了

FAM-1.18低温开裂的概率。其次,蠕变劲度与m值的最大变化百分比均出现在-18℃。由此可见,饱水硬化作用具有一定的温度依赖性。因此,温度越低,FAM-1.18开裂的可能性越大。针对沥青砂浆饱水硬化的诱发因素,基于沥青材料相关方面的研究基础,本研究认为饱水乳化机制[13]与饱水老化机制[14]是可能的解释。然而,准确的饱水硬化机理仍需大量研究予以验证。

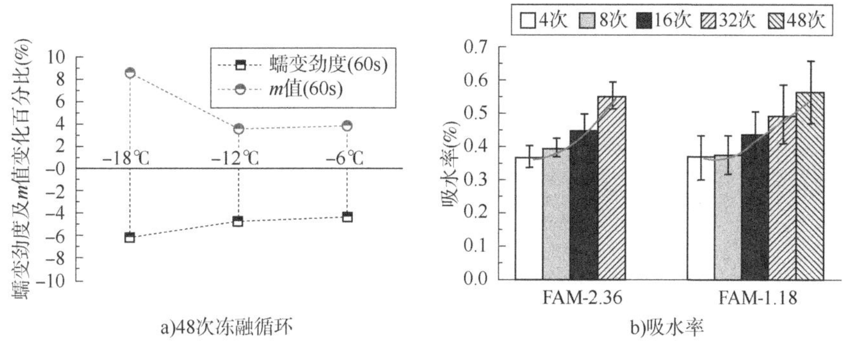

图7-41　FAM-1.18的48次冻融循环试验结果及吸水率

7.3.3.3　自然环境老化的影响

沥青路面服役期间经受外界自然环境因素的作用,导致沥青路面老化、性能衰减。本研究将级配Ⅱ的沥青砂浆与沥青混合料放置在自然环境中,经受紫外线老化。以原样试件BBR试验结果为参照组(-18℃),FAM-Ⅱ及HMA-Ⅱ的7d与60d的BBR指标的变化百分比见图7-42。

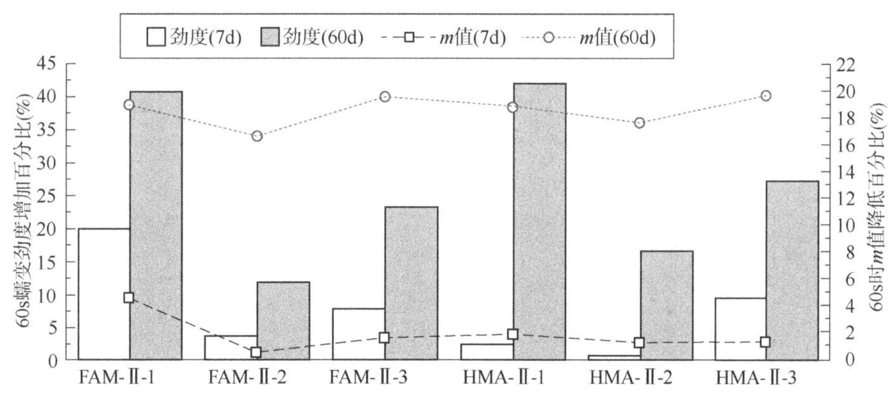

图7-42　老化后FAM-Ⅱ及HMA-Ⅱ的BBR指标变化百分比

图7-42表明,自然环境老化作用增大了60s蠕变劲度,减小了60s时的m值。而且,随着老化时间的增加,沥青路面材料的硬化程度越明显。老化增大沥青路面材料的低温收缩应力,同时降低其低温松弛能力,增大沥青路面低温开裂的概率。无论是沥青砂浆还是沥青混合料,欠压实与过压实皆导致沥青路面材料的抗老化性能降低。相比而言,欠压实的老化程度高于过压实。此外,随着老化时间的增加,欠压实与过压实的负面作用更为显著。其

中,FAM-Ⅱ-2 与 HMA-Ⅱ-2 的蠕变劲度增加百分比、m 值降低百分比均为同对比组中的最小值。由此可见,合理的压实次数可优化沥青路面材料的抗老化性能。对比 FAM-Ⅱ与 HMA-Ⅱ可知,沥青砂浆的早期老化损伤比沥青混合料严重。然而,沥青混合料的抗老化长期稳定性不如沥青砂浆,此现象与混合料中相对较多的集料-沥青黏附界面因老化而产生的性能衰减有关。

基于黏弹材料的时间-温度等效原理,本研究提出 BBR 蠕变劲度曲线的时间-老化等效原理。时间-温度等效原理认为低频加载与高温等效、高频加载与低温等效。与此类似,长老化周期与短时间 BBR 加载等效,即移位因子小于 1;短老化周期与长时间 BBR 加载等效,即移位因子大于 1。以老化 7d 为参考老化周期,以双对数坐标下抛物线形式为目标函数,蠕变劲度主曲线拟合参数及 0d、60d 的移位因子见表 7-6。蠕变劲度及 m 值的时间-老化等效主曲线见图 7-43。

蠕变劲度主曲线拟合参数及移位因子 表 7-6

蠕变劲度主曲线拟合参数				FAM	移位因子		
A	B	C	R^2		0d	7d	60d
4.254	−0.110	−0.015	0.992	FAM-Ⅱ-1	3.25	1.00	0.20
4.205	−0.067	−0.030	0.996	FAM-Ⅱ-2	1.20	1.00	0.58
4.220	−0.069	−0.035	0.985	FAM-Ⅱ-3	1.45	1.00	0.50
4.206	−0.090	−0.015	0.997	HMA-Ⅱ-1	1.15	1.00	0.07
4.262	−0.067	−0.018	0.995	HMA-Ⅱ-2	1.10	1.00	0.27
4.375	−0.066	−0.015	0.994	HMA-Ⅱ-3	2.30	1.00	0.25

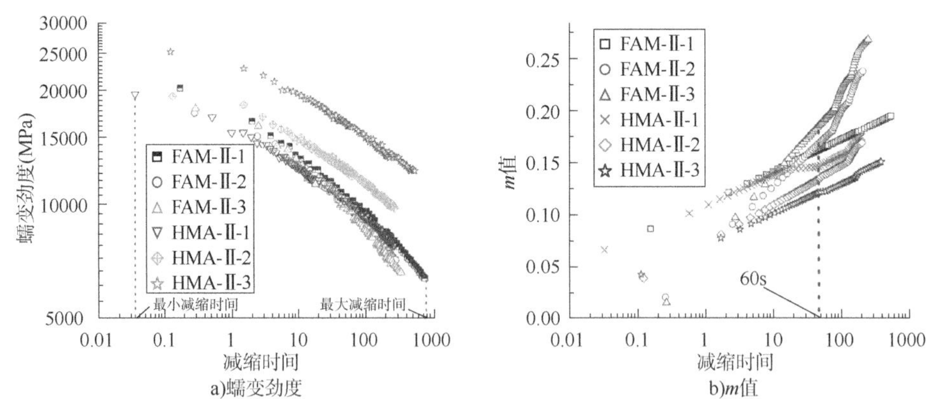

图 7-43 蠕变劲度及 m 值的时间-老化等效主曲线

表 7-6 中,0d 与 60d 的移位因子可分别表征 7d 及 60d 老化后 60s 蠕变劲度增幅的分布。图 7-42 中,7d 的 60s 蠕变劲度增幅排序为:FAM-Ⅱ-1>HAM-Ⅱ-3>FAM-Ⅱ-3>FAM-Ⅱ-2>HMA-Ⅱ-1>HMA-Ⅱ-2。表 7-6 中,0d 的移位因子大小排序为:FAM-Ⅱ-1>HAM-Ⅱ-3>FAM-Ⅱ-3>FAM-Ⅱ-2>HMA-Ⅱ-1>HMA-Ⅱ-2。由此可见,0d 老化周期的移位因子与 7d 时 60s 蠕

变劲度硬化程度成正比。60d 比 7d 时的 60s 蠕变劲度增幅的排序为：HMA-Ⅱ-1>FAM-Ⅱ-1>HMA-Ⅱ-3>HMA-Ⅱ-2>FAM-Ⅱ-3>FAM-Ⅱ-2。60d 老化周期的移位因子排序为：FAM-Ⅱ-2>FAM-Ⅱ-3>HMA-Ⅱ-2>HMA-Ⅱ-3>FAM-Ⅱ-1>HMA-Ⅱ-1。由此可见，60d 的移位因子与 53d 的 60s 蠕变劲度增幅成反比。0d 的移位因子越大，早期老化越明显。60d 的移位因子越小，长期老化越明显。因此，时间-老化等效原理物理意义明确，评价指标直观。

图 7-43 中，最大减缩时间出现在 FAM-Ⅱ-1，最小减缩时间出现在 HMA-Ⅱ-1。最大减缩时间越晚表明早期老化越严重，最小减缩时间越早表明长期老化越严重。沥青混合料的蠕变劲度主曲线因压实次数的不同而变化显著，沥青砂浆的蠕变劲度主曲线分布较为集中。7d 老化周期的 m 值主曲线（图 7-43）表明合理的压实次数可优化沥青路面材料抵抗老化硬化所带来的低温松弛能力下降问题。因为沥青砂浆的沥青含量高，其 m 值高于沥青混合料。FAM-Ⅱ-1 与 HMA-Ⅱ-3 的 m 值大小及增幅均为同类对比组的最小值，应避免过压实与欠压实。

7.4 沥青混合料温度稳定性与细观结构参数关联性

7.4.1 混合料细观结构特征参数

沥青混合料细观结构特征参数指的是对沥青路面材料路用性能影响显著的细观结构参数。按照评价对象分类，上述细观结构参数可分为空隙结构评价指标、粗集料骨架结构评价指标。按照评价功能分类，又可分为离散程度描述指标、分布特性描述指标。本研究以间接拉伸、单轴压缩试验评价指标探究空隙与粗集料骨架结构离散程度的影响，以数字散斑试验探究空隙与粗集料骨架结构分布特性的影响。

7.4.2 间接拉伸试验特征参数

间接拉伸试验温度设置为-10℃，加载速率为 10mm/min。以编号为 1、2 的两组沥青混合料共 12 件为试验样本，综合对比细观结构参数对劈裂拉伸强度、临界拉应变的影响规律。图 7-44 与表 7-7 表明，沥青混合料的劈裂拉伸强度、破坏拉伸应变随级配类型的变化而改变。试验评价指标的波动与样本个体细观结构参数的差异有关。

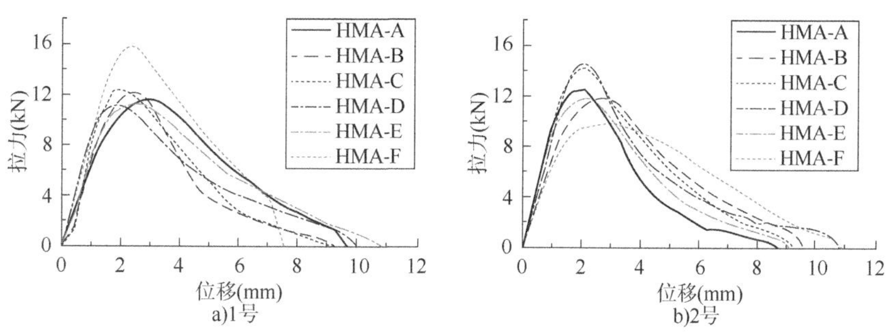

图 7-44 沥青混合料间接拉伸试验力-位移曲线

劈裂拉伸强度、破坏拉伸应变统计结果　　表 7-7

试件编号	指　标	沥青混合料					
		HMA-A	HMA-B	HMA-C	HMA-D	HMA-E	HMA-F
1	劈裂拉伸强度(MPa)	1.63	1.72	2.20	1.56	1.57	1.74
	破坏拉伸应变	15336	12952	12923	8223	13003	9144
2	劈裂拉伸强度(MPa)	1.70	1.60	1.94	1.99	1.61	1.32
	破坏拉伸应变	15336	12971	10781	10954	10400	15162

7.4.2.1　空隙细观结构的影响

图 7-45 表明,空隙及空隙分形维数对强度及破坏应变的影响不同。强度与空隙率呈现负指数关系,低空隙率的沥青混合料往往具有较高的劈裂拉伸强度。强度与分形维数呈现抛物线关系,分形维数为 1.3 左右时劈裂拉伸强度达到最大值。破坏拉伸应变同空隙率、空隙分形维数的关系为抛物线形,存在一个中等水平的空隙率与分形维数使得沥青混合料的破坏拉伸应变达到最小值。

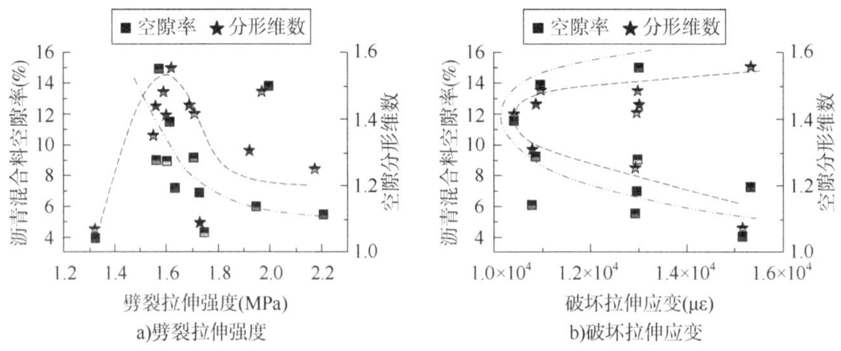

图 7-45　间接拉伸试验结果与空隙细观结构的关系

7.4.2.2　骨架细观结构的影响

劈裂拉伸强度及破坏拉伸应变与骨架细观结构的关系如图 7-46 所示。

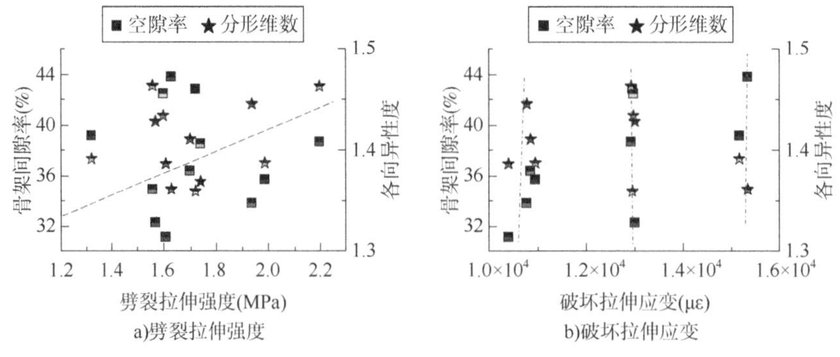

图 7-46　间接拉伸试验结果与骨架细观结构的关系

图 7-46 表明,不论是劈裂强度还是破坏拉伸应变,间接拉伸试验结果与骨架结构均无确定性关系。劈裂强度为全范围离散分布,破坏拉伸应变为单向直线分布。由于间接拉伸试验温度为-10℃,此时,沥青胶结料的强度同骨架结构的强度接近。因此,除去空隙,其他组分形成了整体强度。换言之,骨架结构的差异性被低温整体强度掩盖了。然而,作为初始缺陷的空隙在低温拉伸时的不利影响依然存在。

综上所述,空隙率、空隙分形维数是影响沥青混合料低温抗裂性能优劣的细观结构特征参数。

7.4.3 单轴压缩试验特征参数

单轴压缩试验的温度设定为 45℃,加载速率为 50mm/min,结果见表 7-8。单轴抗压强度同空隙、骨架结构分布特性的关系见图 7-47。结果表明,空隙率-单轴抗压强度图与骨架间隙率-单轴抗压强度图均出现了若干个离散数据点。此外,单轴抗压强度与空隙分形维数关系不明显,空隙率与单轴抗压强度成负指数关系,即存在某个空隙率使得其抗压强达到最大值。骨架间隙率、各向异性度同单轴抗压程度的关系均呈现抛物线形式,且右端趋向水平。由此可见,良好的单轴抗压强度同低骨架间隙率、低各向异性度具有一定的正相关性。

单轴抗压强度统计结果 表 7-8

指标	沥青混合料					
	HMA-A	HMA-B	HMA-C	HMA-D	HMA-E	HMA-F
单轴抗压强度(MPa)	2.4	2.8	1.6	2.4	2.1	1.8

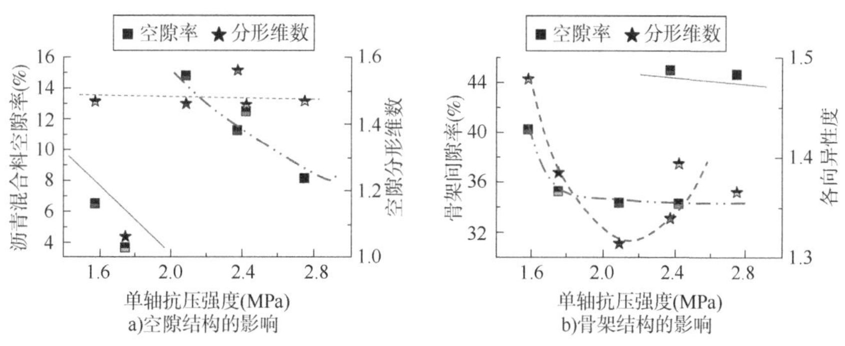

图 7-47 单轴压缩试验结果与细观结构参数的关系

7.4.4 数字散斑试验特征参数

间接拉伸试验的数字散斑观测结果见图 7-48。空隙质心分布见图 7-49,图中的气泡大小同空隙体积成正比。

对比图 7-48 与图 7-49 发现,劈裂拉伸裂缝(深色高应变区域)的起裂及扩展同空隙的空间分布有关。HMA-A 的起裂区域集中在试件加载区的一侧,且 2 个较大空隙分布在试件端部。HMA-B 的高应变区集中在试件加载区的两侧,且 2 个较大空隙也分布在试件的试件端部。HMA-C 的两端起裂区域则出现了一定的偏移,且 4 个较大空隙的质心连线也出现了一定的偏移。HMA-D 的断裂出现在加载区的一侧,且最大空隙分布在试件端部。HMA-E 出现了 3 个高应变区域,且 3 个较大空隙的位置分布与之相似。HMA-F 的起裂区出现在试件加载区的一侧,且 2 个较大空隙分布在试件端部。综上所述,间接拉伸试验应变分布同大型空隙分布呈现相似关系,空隙空间分布是间接拉伸应变场分布的特征参数。

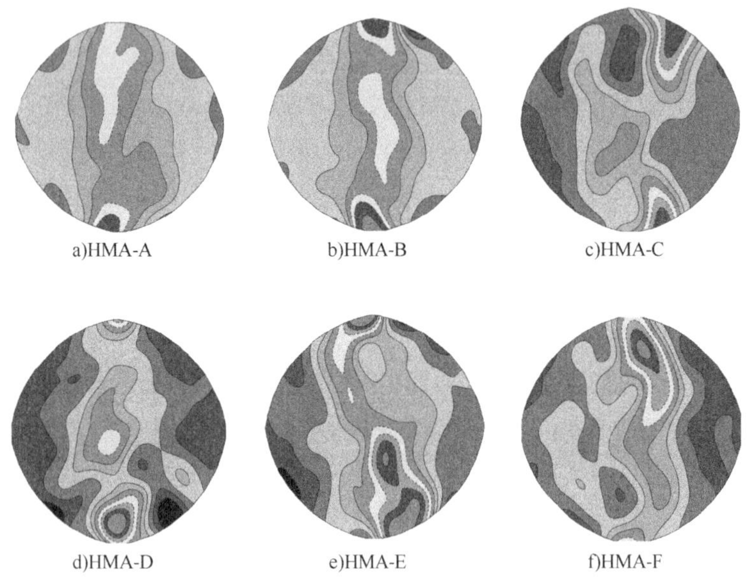

图 7-48　沥青混合料数字散斑水平应变云图(附彩图)

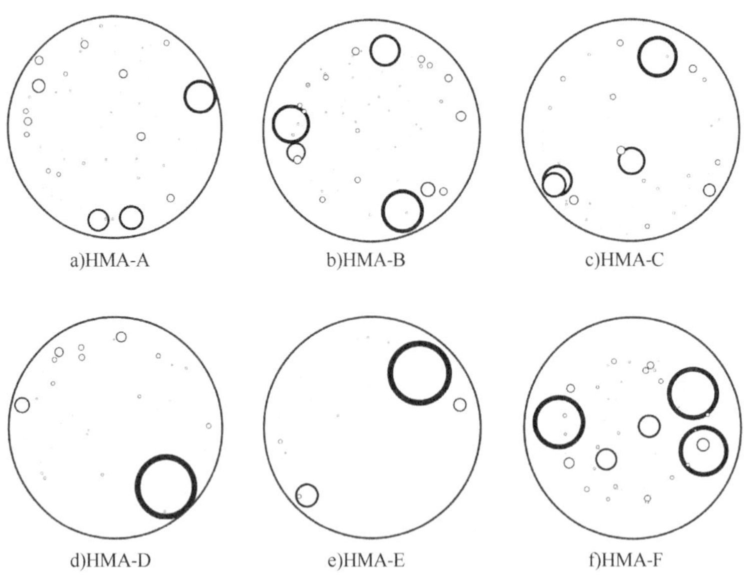

图 7-49　空隙质心水平面投影气泡图

粗集料质心分布见图 7-50,表明 HMA-F 的粗集料质心分布最为集中,其他 5 组均表现出一定的离散性。虽然 HMA-F 的大型空隙数量较多,但骨架结构的均匀性起到了一定的弥补作用,因此 HMA-F 的起裂区域数量并非最多。整体来看,粗集料质心分布较离散的区域容易产生裂缝的起裂与扩展。相对于空隙分布而言,粗集料质心分布同水平应变云图分布的对应性有所减弱,与低温条件下沥青混合料整体强度增强有关。因此,骨架结构对间接拉伸试验的敏感程度有所降低。

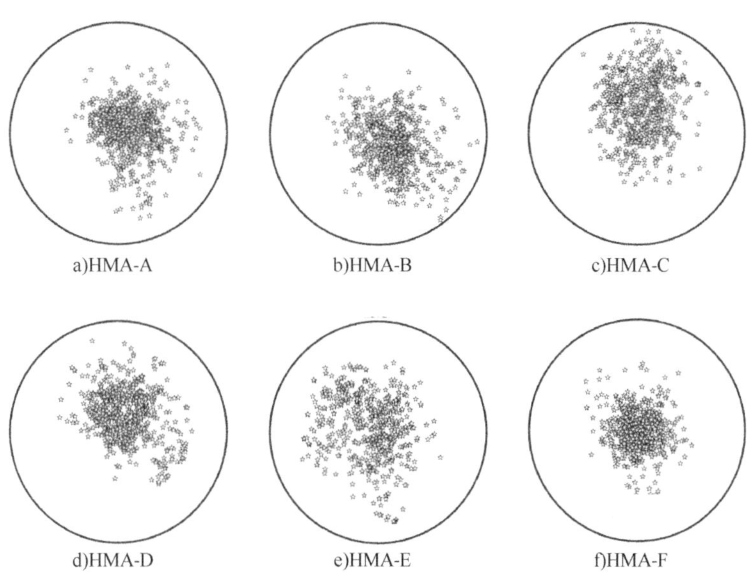

a)HMA-A　b)HMA-B　c)HMA-C

d)HMA-D　e)HMA-E　f)HMA-F

图 7-50　粗集料质心水平面投影分布图

参 考 文 献

[1] 龚湘兵.沥青路面材料多尺度域力学行为及统一模型[D].哈尔滨:哈尔滨工业大学,2017.

[2] 林添坂,孙大权,曹林辉.不同加载模式下对沥青疲劳寿命的研究[J].石油沥青,2015,29(1):4.

[3] 王元.集料-沥青胶浆界面粘结特性研究[D].哈尔滨:哈尔滨工业大学,2015.

[4] ZOFKA A, MARASTEANU M O, TUROS M. Determination of asphalt mixture creep compliance at low temperatures by using thin beam specimens[J].Transportation Research Record:Journal of the Transportation Research Board,2008,2057:134-139.

[5] MOON K H, MARASTEANU M O, TUROS M. Comparison of thermal stresses calculated from asphalt binder and asphalt mixture creep tests[J]. Journal of Materials in Civil Engineering,2012,25(8):1059-1067.

[6] VELASQUEZ R, MARASTEANU M, TUROS M, et al. Effect of beam size on the creep stiffness of asphalt mixtures at low temperatures[J].Advanced Testing and Characterization

of Bituminous Materials,2009,1:313-322.

[7] ROMERO P, MASAD E. Relationship between the representative volume element and mechanical properties of asphalt concrete [J]. Journal of Materials in Civil Engineering, 2001,13(1):77-84.

[8] WEISSMAN S L, HARVEY J, SACKMAN J L, et al. Selection of laboratory test specimen dimension for permanent deformation of asphalt concrete pavements [J]. Transportation Research Record: Journal of the Transportation Research Board, 1998, 1681: 113-120.

[9] KIM H, WAGONER M P, BUTTLAR W G. Simulation of fracture behavior in asphalt concrete using a heterogeneous cohesive zone discrete element model [J]. Journal of Materials in Civil Engineering, 2008, 20(8):552-563.

[10] YIN A, YANG X, YANG S, et al. Multiscale fracture simulation of three-point bending asphalt mixture beam considering material heterogeneity [J]. Engineering Fracture Mechanics, 2011, 78(12):2414-2428.

[11] YIN A, YANG X, GAO H, et al. Tensile fracture simulation of random heterogeneous asphalt mixture with cohesive crack mode[J]. Engineering Fracture Mechanics, 2012, 92:40-55.

[12] ESKIŞAR T, ALTUN S, KALIPCILAR I. Assessment of strength development and freeze-thaw performance of cement treated clays at various water contents [J]. Cold Region Science Technology, 2015, 111:50-59.

[13] TAYLOR M A, KHOSLA P N. Stripping of asphalt pavements: state of the art [J]. Transportation Research Record: Journal of the Transportation Research Board, 1983, 911: 150-158.

[14] THOMAS K P. Impact of water during the laboratory aging of asphalt[J]. Road Materials and Pavement Design, 2002, 3(3):299-315.

第8章　沥青混合料多尺度水损伤行为

服役于自然环境中的沥青路面材料不可避免地经受自然环境中水分的长期作用,由此造成的沥青混合料力学性能劣化和耐久性衰减问题不可忽略。水是一种具有很强物化活性的小分子,在不同环境条件、不同尺度域下以冰晶、水流、水蒸气及水膜等状态存在,可以同沥青混合料产生物理、化学、力学耦合作用。单一尺度研究方法无法深刻理解尺度间水分扩散损伤演化的关联性,而干燥条件下材料多尺度力学方法很难直接应用于表征不同水分作用下的材料性能演化规律[1]。因此,本章关注广泛存在的水分扩散及渗流诱发的沥青混合料多尺度损伤行为,从纳观水分子作用下沥青-集料分子黏附劣化、微观胶浆及界面流变损伤、细观水分-荷载耦合下混合料力学行为方面,研究多尺度下混合料水损伤的发生机制及演化行为,初步建立不同尺度间水损伤的关联性。

8.1　含水沥青-集料静态体系纳观结构变异及水损伤

8.1.1　含水沥青-集料静态体系纳观结构演化

沥青-集料交互作用形成了沥青-集料体系纳观结构,保证了沥青与集料微观界面良好的黏结与荷载传递功能。当水分侵入沥青-集料纳观体系后,引起沥青-集料分子交互环境的改变,造成干燥体系纳观胶体结构破坏,削弱沥青-集料黏结及荷载传递功能。重组的含水体系纳观结构导致集料表面沥青力学性质及黏附特性劣化,诱发纳观沥青-集料水损伤的产生。

基于已建立的沥青-集料体系纳观结构,为模拟水分与沥青-集料体系长期作用,向沥青-集料层状体系引入占沥青质量10%的水分子薄层,以沥青-水分-集料“三明治”体系表征含水沥青-集料体系。按照干燥沥青-集料体系分子模拟过程进行分子体系能量最小化,以1fs为时间步在298K温度NVT系综下进行2ns分子动力学模拟,分析体系纳观结构演化及分子交互行为。

8.1.1.1　含水沥青-石英静态体系纳观结构

能量平衡后的沥青-水分-石英分子体系纳观结构见图8-1,在水分、集料与沥青组分分子共存体系中,强极性的沥青质、胶质与水分、集料间强交互作用主导纳观结构,因而隐藏油分分子并着重分析极性分子空间排布特征。可看到石英表面蓝色水分子沿平面单一方向聚集,占据大量石英表面,形成明显的水分输运通道。沥青质分子占据水分输运通道间隙,沥青质较大的分子尺寸及复杂的短脂肪链阻止了极性芳香环平铺接触石英表面。放大局部结构可发现,沥青质强极性的芳香环平铺接触水分子聚集体,其短脂肪链一端接触石英基板表面,另一端伸入沥青体相。沥青质在石英表面的倾斜排列,使其芳香环平面与石英表面形成夹角,形成沥青质-石英-水分“三边”排布结构。与干燥沥青-石英体系纳观结构相比,石英表面水分聚集破坏了干燥石英表面沥青质芳香环的平铺黏附状态,削弱了强极性芳香环与石英表面的强相互吸引作用,导致了沥青-石英体系的纳观黏附缺陷。

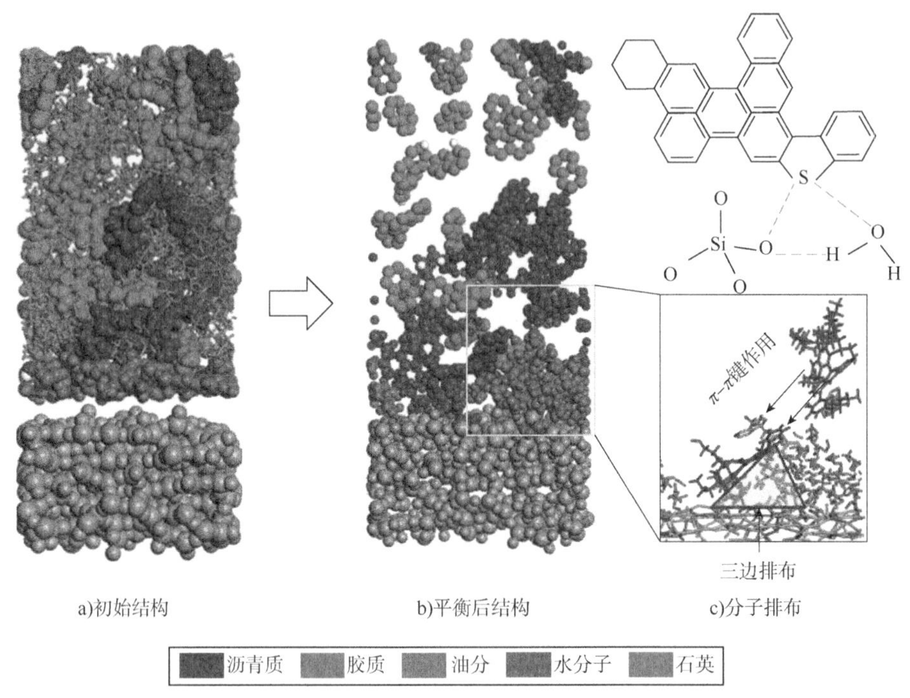

图 8-1 含水沥青-石英体系纳观结构演化及分子交互行为(隐藏油分)(附彩图)

从分子间作用力角度,分析含水沥青-石英体系纳观黏附水损伤机理,可看到形成的沥青质-石英-水分子“三边”排布结构中,沥青质的芳香环、杂原子同水分氧原子发生作用,水分氢原子同石英表面氧原子发生作用,石英表面氧原子同沥青质芳香环、杂原子发生作用,形成三组分分子三角相互作用模式。相比于干燥条件下沥青质分子极性基团平铺直接作用于石英基板,水分作用下的三角作用模式大大增大活性基团间的距离。从 Lennard-Jones 范德华分子作用力模型可知,分子间交互作用被增大的分子间距大大削弱。此外,该三角作用模式中的活性基团芳香环、非金属杂原子和氧原子均为强电负性元素,难以产生分子间强静电作用,三者间的作用主要由分子色散力和诱导力提供,导致水分侵入后的沥青-石英体系易产生脱粘。

8.1.1.2 含水沥青-方解石静态体系纳观结构

水分侵入沥青-方解石体系后的纳观结构见图 8-2,可看到水分子平铺于方解石表面,形成一层很薄的水分子薄膜,水分子薄膜紧贴方解石表面,并部分扩散进入方解石晶体。沥青质和胶质分子交错平铺于水分薄膜上,沥青质相互聚集,空间分布上以平行于基板表面的方式排列,而小分子胶质紧贴于水分薄膜上平行排列。与干燥沥青-方解石体系纳观结构相比，沥青质仍保持基板表面平行排列和体相沥青中聚集的分布方式，此时胶质具有其在干燥体系中呈现的相似排列的行为，主要差异在于水分隔离了沥青和方解石基板。整体来看，水分薄膜增大了沥青与方解石表面距离，但未显著破坏干燥沥青-方解石体系组分分子排布方式。

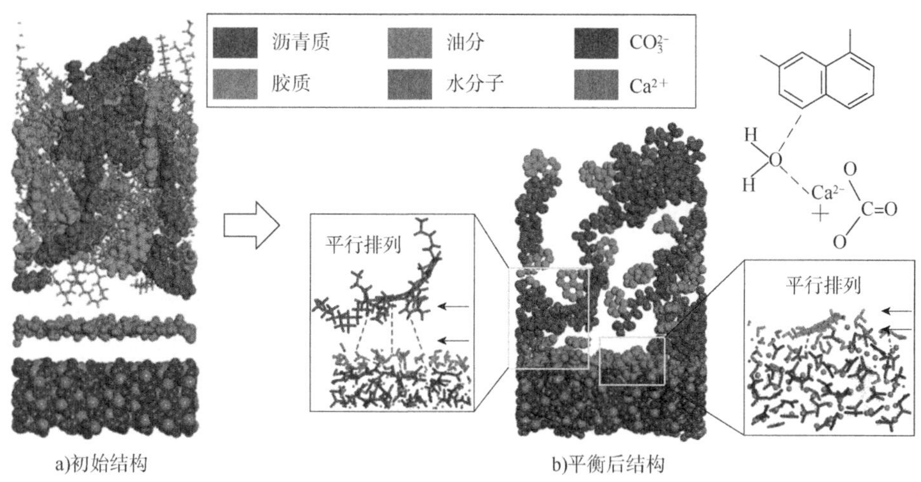

图 8-2　含水沥青-方解石体系纳观结构演化及分子交互行为(隐藏油分)(附彩图)

从分子间作用力角度，分析含水沥青-方解石体系纳观结构形成机制，从右侧的局部放大图看出，水分子进入方解石晶体内，方解石中的 Ca^{2+} 游离于水分子薄膜。游离 Ca^{2+} 带有的正电荷会与水分子中强电负性的氧原子产生强静电作用，且 Ca^{2+} 的正电荷会诱导胶质分子产生诱导偶极矩，使得胶质、水分子及 Ca^{2+} 间产生色散力、诱导力和静电力多重交互作用，因而形成胶质分子平铺于水膜表面的结构。从左侧的沥青质-水分-方解石交互作用放大图可看到，间隔在胶质上方的沥青质芳香环平行于方解石表面排列，而分子饱和支链向体相沥青延展，沥青质中的极性芳香环在 Ca^{2+} 正电荷的诱导下，出现诱导偶极矩而产生微弱的诱导力。

从沥青-集料酸碱黏附理论角度分析，水分子和方解石形成了 Ca^{2+} 和水分子的融合层。方解石中的 $CaCO_3$ 是一种弱酸强碱盐，在水分子可逆的电离作用下可分解出少量 CO_3^{2-} 和游离的 Ca^{2+}，此时水分子薄膜可视为局部纳观 $CaCO_3$"溶液"体系。纳观"溶液"体系中 Ca^{2+} 与水分子产生的可逆弱电解反应为：

$$CO_3^{2-}(aq)+2H_2O(l) \rightleftharpoons H_2CO_3(aq)+2OH^-(aq) \tag{8-1}$$

反应产物中游离的 OH^- 提供了弱碱性环境。以往研究证实沥青质分子表现出阴离子表面活性剂特性[2-3]，在碱性环境中阴离子表面活性剂的活性会显著加强。综上所述，尽管存在水分子薄膜对沥青-方解石基板的交互作用产生隔离作用，但水分子薄膜厚度较小，使得沥青质和胶质分子仍可与方解石产生相互作用。另外，水分子薄膜促进了 Ca^{2+} 向体相沥青的扩散并产生弱碱环境，使沥青质、胶质与方解石间的诱导力和静电作用加强。与含水沥青-石英体系相比，含水沥青-方解石体系中沥青和方解石仍保持更好的黏结能力，其原因在

于方解石带有 Ca^{2+}，加强了沥青与基板间的静电作用、诱导力和取向力，解释了实际工程应用中石灰岩混合料水稳定性较好的原因，并为改善混合料水稳定性提供了纳观分子理论依据。

8.1.1.3 含水沥青静态体系纳观结构演化

考虑到孔隙壁表面沥青与水分直接接触，为模拟大量水分子作用下沥青体系纳观结构演化，在沥青体系中引入2倍沥青质量的水分子，按照前述干燥的沥青-集料体系模拟过程对含水沥青体系进行能量最小化，而后以1fs为时间步在298K温度NVT系综下进行2ns分子动力学模拟，分析含水沥青体系纳观结构演化。含水沥青体系纳观结构演化见图8-3。纳观结构演化过程大致划分为四个阶段：

①阶段Ⅰ：沥青稳定结构破坏。如图8-3b）所示，经过25ps的动力学模拟后，沥青稳定胶体结构被水分子破坏，沥青分子难以与水分子均匀分散并稳定相溶，红色沥青质被直接暴露并接触水分，干燥沥青体系中包裹于沥青质外侧作为“类表面活性剂”的部分胶质包裹油分并暴露于水分中，部分胶质仍处于沥青质与胶质间，灰色油分开始聚集。

②阶段Ⅱ：弱极性胶核形成。如图8-3c）所示，经过500ps动力学模拟后，含水沥青体系中的弱极性油分分子初步形成不规则聚集胶团，油分胶团外围覆盖胶质分子并紧邻沥青质，沥青质分不再暴露于水分子中，而在胶质包裹下向油分胶团内迁移。

③阶段Ⅲ：极性分子迁移。如图8-3d）所示，经过1000ps动力学模拟后，含水沥青体系中的油分胶团继续向内收缩聚集，减少与水分接触面积，邻近油分胶团间仍存在少数油分分子交联，此时沥青质已埋入油分胶团外表面。部分胶质分子分布于沥青质-油分中间，部分胶质分布于水-油分胶团边界。

④阶段Ⅳ：含水沥青结构形成。如图8-3e）所示，经过1500ps动力学模拟后，含水沥青体系中原干燥沥青稳定的胶体结构在水的作用下完全破坏，形成分布于水分子中的由极性分子包裹的椭球形油分胶团。

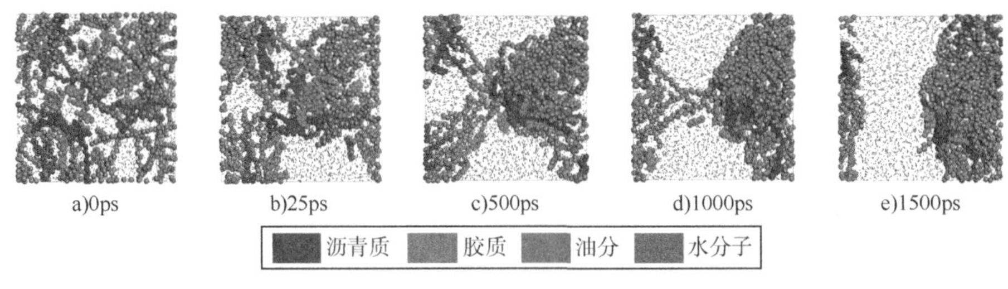

图8-3 含水体相沥青纳观结构演化（附彩图）

含水沥青体系纳观结构中弱极性油分分子形成胶核，沥青质、胶质强极性分子为胶团边界，此时沥青质与胶质分子充当表面活性剂，稳定弱极性胶核，其中胶质分子需同时平衡沥青质-油分和水分-油分的极性差异。此外，稳定后，水中沥青结构中最强极性的沥青质并未直接接触水分，而是被胶质分子包裹，原因在于沥青质中的脂肪链造成沥青质外侧憎水亲油，饱和脂肪支链及其较大的分子尺寸、平面结构无法使支链完全埋入油分胶束，因而极性强且分子小的胶质覆盖于沥青质支链上并稳定胶团。沥青分子体系在水分作用下自发形成非极性油分胶束,极性胶质和沥青质分子起到类似“表面活性剂”的作用。

8.1.2　含水沥青-集料静态体系纳观黏附劣化

8.1.2.1　基于结合能的纳观黏附表征

纳观尺度域下沥青-集料黏结是通过沥青与矿物分子间的非键作用力形成的,微观沥青-集料体系的黏附失效需从外界吸收足够的能量克服沥青-集料分子间的相互作用。纳观尺度上,沥青-集料分子间非键作用势能称为两相材料纳观结合能,体系各组分分子化学特性及结构特征显著影响体系纳观结合能。当水分子侵入干燥沥青-集料体系后,破坏干燥沥青-集料体系纳观结构及分子交互环境,改变沥青-集料体系结合能,并削弱沥青-集料纳观黏附性。本研究借助干燥和含水沥青-集料体系结合能,描述水分对纳观黏附的影响,分析沥青-集料体系黏附纳观水损伤特性,为后续的水分作用下胶浆-集料微观界面黏附失效研究提供理论基础。

沥青-集料体系结合能等于体系中沥青和集料分子间的非键交互势能。沥青-集料体系分子间非键交互势能包含了沥青-沥青分子间非键势能、集料-集料分子间非键势能及沥青-集料分子间非键势能,因此,沥青-集料分子间非键势能 ΔE_{ij}^{non} 等于沥青-集料体系总非键势能与各单一组分体系非键势能之差,表达为:

$$\Delta E_{ij}^{non} = E_{Total}^{non} - E_{ii}^{non} - E_{jj}^{non} \tag{8-2}$$

式中:ΔE_{ij}^{non}——两相分子结合能(kcal/mol);

E_{Total}^{non}——两相体系总分子间非键势能(kcal/mol);

E_{ii}^{non}——第 i 相体系分子间非键势能(kcal/mol);

E_{jj}^{non}——第 j 相体系分子间非键势能(kcal/mol)。

分子间非键势能主要由分子间电子云随机偶极矩产生的范德华作用力、正负电荷或偶极矩作用产生的静电库伦力组成,因而,两相结合能可表达为范德华作用和静电作用之和。

$$\Delta E_{ij}^{non} = \Delta E^{VdW} + \Delta E^{Coulomb} \tag{8-3}$$

式中:ΔE^{VdW}——两相分子结合能范德华项(kcal/mol);

$\Delta E^{Coulomb}$——两相分子结合能静电作用项(kcal/mol)。

8.1.2.2　黏附结合能水损伤

干燥和含水条件下沥青-石英、沥青-方解石体系中沥青-集料分子结合能及分项见图 8-4,可见干燥和含水条件下沥青和集料分子结合能均为负值,说明沥青与不同矿物间表现为相互吸引作用,负值的结合能绝对值越大说明两相分子相互作用越强。干燥和含水条件下沥青-集料体系总结合能均主要由范德华项组成,说明沥青极性官能团与集料分子间的色散力和诱导力是产生沥青-集料纳观黏附的主要原因。对比干燥和含水沥青-集料体系结合能变化,发现水分侵入后沥青-集料结合能均出现显著减小,说明水分的存在显著降低了沥青-集料间纳观黏附能力。

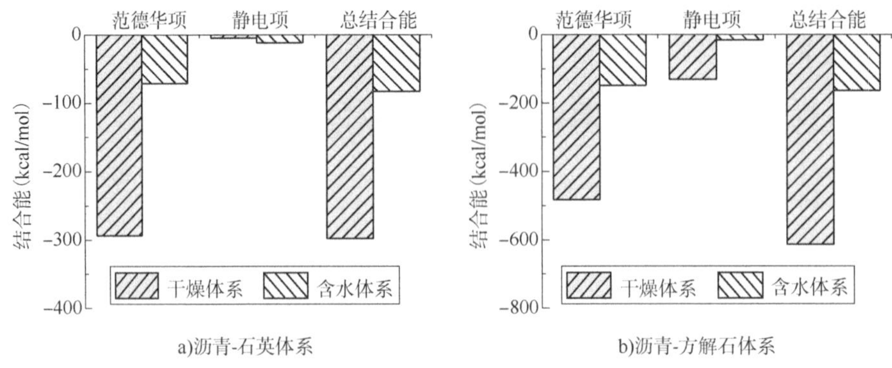

a)沥青-石英体系　　b)沥青-方解石体系

图 8-4　干燥和含水沥青-集料体系结合能

对比石英和方解石表面分子结合能变化,发现干燥和含水条件下沥青-集料体系总结合能依赖于集料矿物。干燥沥青-石英分子结合能绝对值明显小于沥青-方解石体系,说明沥青-方解石间纳观黏附性显著优于沥青-石英。同时,含水沥青-石英分子结合能绝对值小于沥青-方解石体系,说明沥青-方解石体系具有较好的水稳定性。水分作用破坏了干燥沥青-集料体系纳观结构,显著降低了沥青-集料间黏附能力。

8.1.2.3　沥青-集料剪切体系纳观结构演化及水损伤

在水分-荷载共同作用下,含水沥青-集料分子体系纳观结构及力学特性改变,纳观力学特性水损伤积累导致微观界面甚至宏观流变性质的衰变。建立集料-沥青-集料干燥层状体系、集料-水-沥青-水-集料含水层状体系,采用前述干燥沥青集料体系模拟过程,对干燥及含水层状分子体系进行能量最小化,而后固定底部集料分子层,以 1fs 为时间步对顶部分子层施加 0.2Å/ps 的单向剪切位移,计算每个时间步完成剪切位移后的平衡分子体系能量,获取各时间步纳观剪切作用下平衡体系分子纳观结构演化和剪切应力,分析含水沥青-集料体系纳观结构和力学特性。

1)含水沥青-石英剪切体系纳观结构

纳观剪切平衡前、后干燥沥青-石英体系见图 8-5,发现剪切平衡后沥青质多元芳香环倾斜接触石英基板,部分胶质分子平行铺展于石英基板表面,轻组分油分分子包裹极性沥青质和胶质并向外侧伸展。纳观剪切下,中部沥青仍保持胶质包裹强极性沥青质聚集体的结构特征,石英基板表面上强极性沥青分子保持与基板的接触且产生滑移。

纳观剪切平衡前、后含水沥青-石英体系见图 8-6,发现当水分子侵入沥青-石英分子体系时,剪切平衡后的水分子在石英表面形成团状聚集体,团状水分聚集体占据沥青与石英作用面积,被水分隔离的沥青质与石英表面相距较远,难以产生强相互作用。此外,中部沥青分子中的强极性沥青质仍处于聚集状态;部分胶质包裹沥青质校核,其他则与水分表面直接接触;油分分布于极性胶核外围。整体来看,水分子与沥青中的极性分子产生竞争吸附,使得极性沥青质、胶质分子同基板的接触面积减小,甚至部分分子脱离基板,削弱沥青分子与石英表面的交互作用。

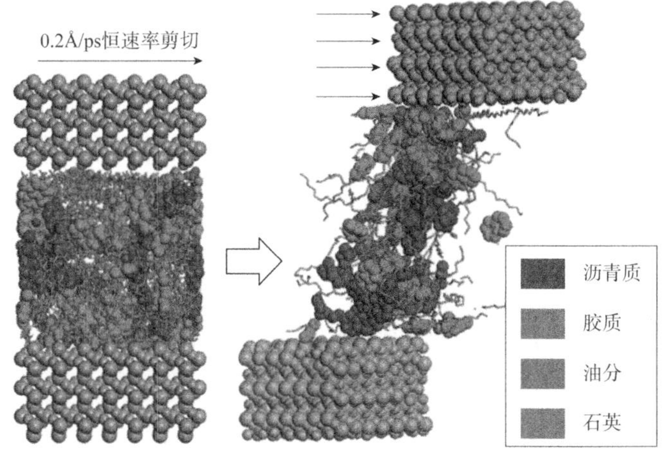

图 8-5　剪切 150ps 时干燥沥青-石英剪切体系(附彩图)

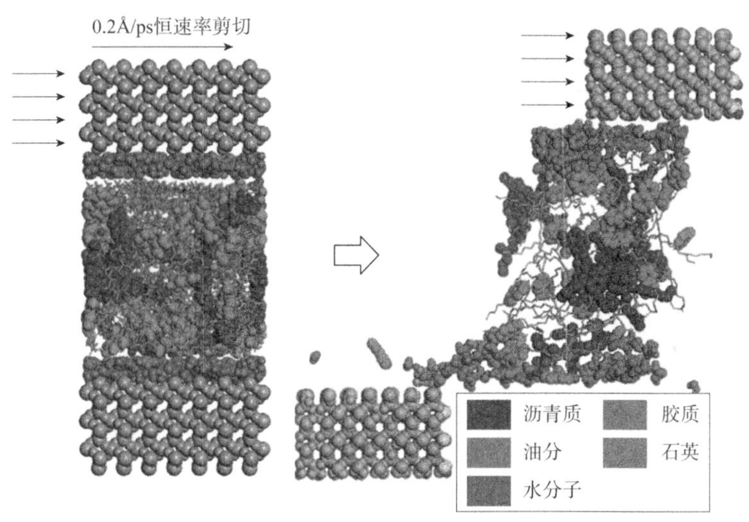

图 8-6　剪切 150ps 时含水沥青-石英剪切体系(附彩图)

2)含水沥青-方解石剪切体系纳观结构

纳观剪切平衡前、后干燥沥青-方解石体系见图 8-7,可见剪切平衡后部分强极性沥青质和胶质分子平铺于方解石基板表面,而中部沥青质分子自聚集并形成胶核,胶质分子围绕沥青质聚集体,油分分子富集于胶团间隙。由于大量胶质分子吸附于方解石基板表面,使得中部缺少充足胶质完全包裹沥青质聚集体。因此,剪切作用下方解石基板间沥青平移模式表现为:沥青分子与方解石的强作用拉扯中部胶团,使得中部胶团中的极性分子和方解石表面吸附分子产生周期性的撕裂和吸引,极性胶团间富集的油分脂肪长链产生周期性的伸缩。

纳观剪切平衡前、后含水沥青-方解石体系见图 8-8。可见剪切平衡后,水分侵入沥青-方解石体系后在方解石表面形成连续水分子薄膜,隔离了方解石表面被吸附的沥青分子。由于水分子薄膜厚度较小,强极性沥青质和胶质在水分子薄膜间隔下仍与方解石基板产生交互作用,部分沥青质与胶质分子仍平行于基板排布。但相比于干燥沥青-方解石体系,极性分子与方解石基板的交互作用显著削弱，使得中部沥青质分子紧密聚集且外侧被胶质分子裹覆，油分分子分散在胶团外侧，形成较为完整的沥青纳观结构。整体来看，含水沥青-方解石体系中，部分强极性分子相隔水膜与基板产生弱交互作用，而中部沥青胶团保持稳定纳观结构，剪切滑移过程具体表现为方解石表面的水膜与油分长链产生相互摩擦，方解石、水分子与部分极性沥青分子产生周期性的吸引。

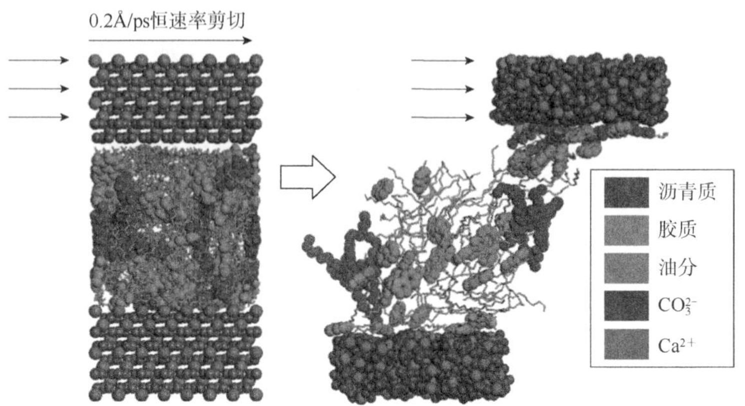

图 8-7　剪切 150ps 时干燥沥青-方解石剪切体系(附彩图)

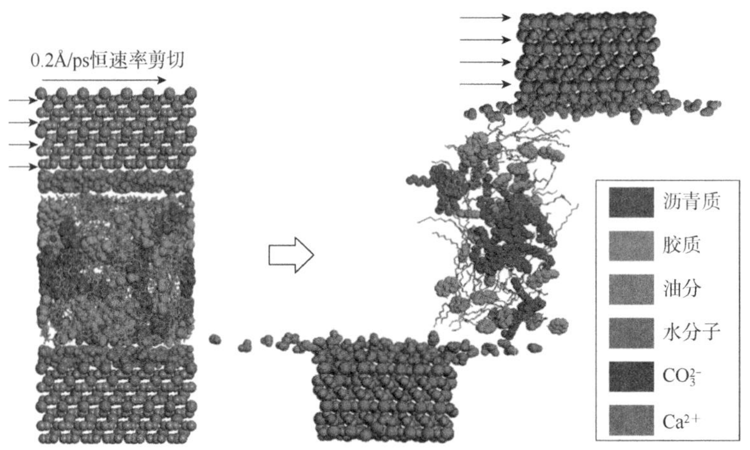

图 8-8　剪切 150ps 时含水沥青-方解石剪切体系(附彩图)

8.1.3　含水沥青-集料剪切体系纳观力学特性

8.1.3.1　含水沥青-石英剪切体系纳观力学行为

纳观剪切下干燥沥青-石英体系所受剪应力见图 8-9a)，沥青分子各方向所受的剪切应力随时间呈现单频简谐波变化形式。在恒定剪切速率作用下，沥青分子受到矿物基板牵引，应力逐渐增大；达到峰值后，体系中的沥青分子分布平衡，使应力逐渐减弱，周期性的矿物牵引作用及沥青分子重分布导致了简谐波形式的剪切应力。结合图 8-5 所示的干燥沥青-石英体系结构演化，可知剪切过程中黏结于石英表面的极性分子被拉扯，远离吸附活性点位，沥青与石英间交互作用减弱引起基板所受应力减小；沥青质逐渐靠近邻近吸附点位时，沥青与基板间交互作用加强，引起基板应力增大。极性分子与基板吸附点位的周期性脱离和重吸附，导致了干燥沥青-石英体系剪切过程中基板的单频简谐波型应力。如图 8-9b）所示，含水沥青-石英体系所受应力围绕零点上下波动，相比于干燥沥青-石英体系，应力幅值大幅衰减。结合图 8-6 所示的含水沥青-石英体系结构演化，水分聚集体占据了沥青-集料黏附面积，显著削弱了极性组分与集料间的相互作用，体积较小的水分子移动能力较强，因此较小的应力幅值主要来自剪切过程中水分子间的摩擦。

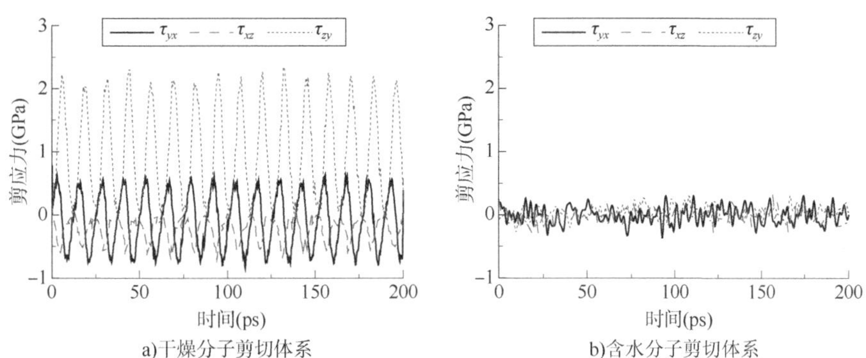

a)干燥分子剪切体系　b)含水分子剪切体系

图 8-9　干燥、含水石英-沥青-石英剪切体系中沥青分子剪切应力

8.1.3.2　含水沥青-方解石剪切体系纳观力学行为

纳观剪切作用下，干燥和含水沥青-方解石体系所受应力见图 8-10，可见纳观剪切作用下干燥沥青-方解石体系所受应力变化呈复合简谐波形式，特别是 x 方向的剪切应力由一个大幅值的波和多个小幅值的波叠加而成。结合图 8-7 所示的纳观剪切作用下的干燥沥青-方解石体系纳观结构，剪切过程中黏结良好的沥青质、胶质分子同基板保持良好黏结，被吸附的沥青质分子与沥青胶体中的沥青质分子产生强相互作用，二者分离，使基板所受应力出现大幅度的降低；而后，沥青中的长链油分分子与被吸附的沥青质间产生较弱的摩擦滑移，造成小幅度的应力波动。剪切过程中，被吸附沥青质与未吸附分子间的摩擦滑移导致了干燥沥青-方解石体系的复合简谐波型应力。

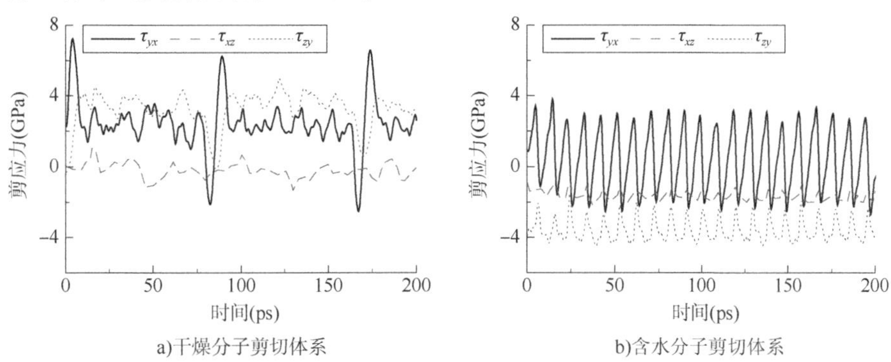

a)干燥分子剪切体系　b)含水分子剪切体系

图 8-10　干燥、含水方解石-沥青-方解石剪切体系中沥青分子剪应力

当水分侵入沥青-方解石体系后,含水沥青-方解石体系所受应力幅值衰减,且应力变化形式发生改变,为周期性单频简谐变化应力,见图 8-10b)。结合图 8-8 所示的纳观剪切作用下的含水沥青-方解石体系纳观结构,方解石表面形成的连续水分子膜完全代替了方解石表面的被吸附沥青分子,使得沥青分子与方解石交互作用显著减弱。但部分强极性沥青质和胶质在水分子薄膜间隔下仍与方解石基板产生交互作用,纳观剪切作用下极性沥青分子周期性接近和远离方解石吸附活性点位,导致体系受到单频简谐波型应力。

8.1.3.3 含水沥青-石英/方解石剪切体系纳观结构和受力对比

由于沥青与不同矿物间产生不同的分子间交互作用,使得纳观剪切作用下沥青-石英、沥青-方解石体系纳观结构水损伤和力学特性存在显著差异。对于沥青-石英体系,水分和纳观剪切共同作用下,原有吸附于石英表面的强极性分子被水分子聚集体置换,沥青难以与石英产生相互作用,体系分子对剪切变形的抵抗能力主要由水分子与石英的交互作用提供,由于水分子尺寸较小,具有良好的移动性和自扩散性,难以产生较强的分子间摩阻力和黏滞力,因此导致体系所受应力显著衰减。而对于沥青-方解石体系,方解石中富含的离子型矿物 $CaCO_3$能够与水分产生较强相互作用,使得水分子在方解石表面以薄水分子膜形式存在,沥青中的强极性分子仍能够与方解石产生交互作用,使得部分沥青质和胶质分子倾斜平铺于水膜表面。纳观剪切过程中,基板、水分子和沥青极性分子共同作用,沥青极性分子对基板表面的活性吸附、沥青极性分子与水分子的交互、水分子膜与基板的吸附及水分子间的摩擦阻力共同提供了含水沥青-方解石体系的抗剪切变形能力。另外,纳观剪切作用下含水沥青-石英体系中部的沥青难以维持稳定的纳观结构,而含水沥青-方解石体系中部的沥青保持了纳观胶体结构,说明方解石表面沥青具有较好的纳观水稳定性。

从沥青-水分-矿物分子间交互作用综合分析得出,相比于富含石英的花岗岩,富含方解石的石灰岩表面能够与沥青产生较强的黏附作用,水分侵蚀作用下沥青-石灰岩体系仍具有更强的抗变形能力,且能够保持较好的沥青结构。对比石英与方解石的化学成分,方解石中的高活性金属钙离子为组分分子交互、抵抗纳观水损伤发挥了重要作用。从化学成分交互角度来看,适当提高集料表面化学活性能够提高混合料微观界面黏附性和水稳定性。

8.1.3.4 含水沥青剪切体系纳观结构演化

剪切平衡前、后,干燥沥青体系分子纳观结构分别见图 8-11a) 和 b),可见干燥沥青初始体系形成以沥青质为核心、外裹胶质油分的胶团结构,各层沥青分子未形成相互聚集现象。而剪切平衡后,不同层间沥青质相互聚集,形成更大的极性分子胶团。剪切作用下,顶部胶团大致整体平移,中部沥青质分子倾斜排列,仍保持完整胶核结构,胶质紧密包裹沥青质胶核,外侧的油分分子分布于各沥青质胶核间隙,处于被拉扯伸展的状态,说明纳观剪切作用下沥青分子的平移主要表现为油分分子的延展和滑移,强极性分子胶核仍保持完整。

剪切前、后,含水沥青体系分子纳观结构分别见图 8-11c) 和 d),含水沥青体系初始结构以强极性沥青质聚集体为胶核,外侧包围极性胶质和油分分子,大量水分子分布于沥青分子胶团外侧。剪切平衡后的含水沥青体系纳观结构变异,水分子相互聚集,分割沥青分子胶团,被分割的顶部和底部沥青分子胶团结构仍保持以强极性胶核包裹油分的结构特征。部分强极性沥青质、胶质同水分大面积接触,中部沥青胶团被剪切荷载拉扯,典型沥青胶团结构被破坏,沥青质和胶质均暴露于水分子表面,说明纳观剪切过程中含水沥青体系纳观胶团结构破坏,强极性组分与水分子间产生交互作用。因此,纳观剪切作用下含水沥青体系移动模式表现为:沥青胶团拉扯撕裂、沥青质和胶质分子滑移以及强极性分子同水分子的摩擦,引起相邻胶团外围伸展的强极性分子周期性搭接和分离,导致胶团间相互作用的周期性涨落。整体来看,水分子破坏了沥青纳观结构,改变了沥青组分间交互作用的模式,削弱了沥青组分分布的均匀性和结构稳定性。

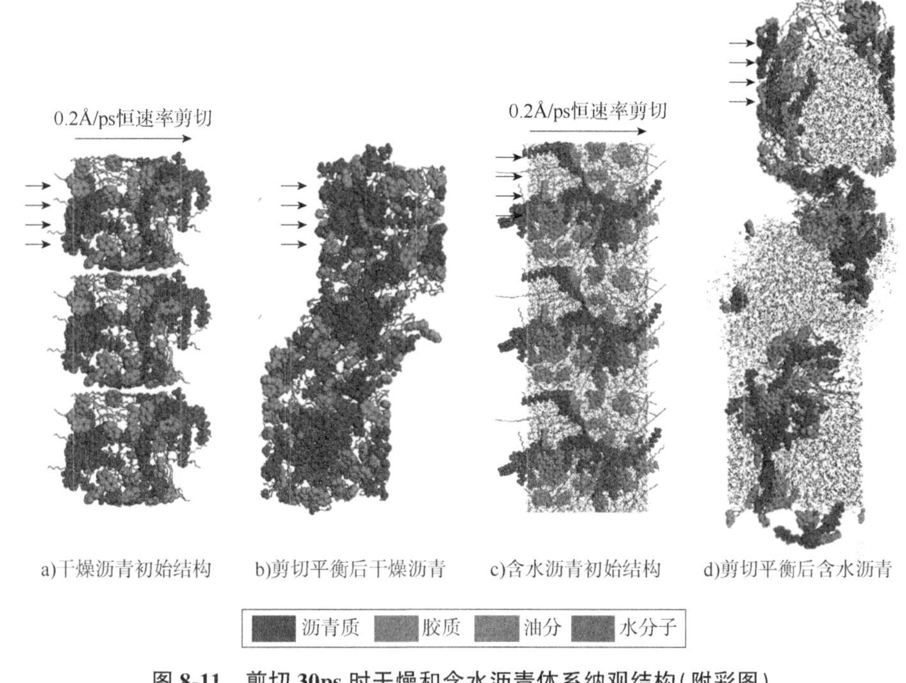

图 8-11　剪切 30ps 时干燥和含水沥青体系纳观结构(附彩图)

8.1.3.5　含水沥青剪切体系纳观力学行为

纳观剪切作用下,干燥和含水沥青体系受到的应力见图 8-12,可见干燥沥青体系分子在三个方向所受应力在零点上下微幅波动,说明纳观剪切过程中沥青分子仅需要克服较小的应力实现平移。结合图 8-11 所示的纳观剪切作用下干燥沥青结构变化,说明沥青胶团外油分分子的伸展和滑移所引起的分子间摩擦阻力较小,易发生以沥青胶团为整体的平移。而含水沥青体系在三个方向所受应力随时间波动增大且显著大于干燥沥青体系,说明剪切过程中含水沥青分子平移所引起的分子间摩擦阻力较大。从分子间交互作用分析,纳观剪切作用下含水沥青分子间产生较强的非键交互,应力的波动增大说明了分子间强交互作用波动加强。结合图 8-11 所示的纳观剪切作用下含水沥青结构变化,可发现沥青胶体结构拉扯和破坏,引起含水沥青应力的增大;强极性沥青质和胶质间的分离和拉扯,导致应力产生低频、大幅度的波动;极性沥青分子与水分子间的滑移和摩擦,导致应力产生高频、小幅度的波动。整体来看,水分子破坏了沥青原有的纳观结构,引起强极性分子间及与水分子间的拉扯和滑移,分子间强相互作用使得含水沥青对分子平移的抵抗能力增强。

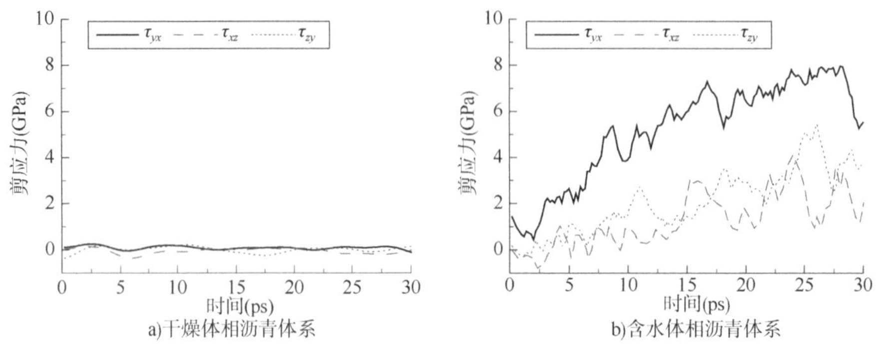

图 8-12　干燥、含水体相沥青剪切体系所受剪应力

8.1.4　沥青-集料体系纳观水损伤机理

为揭示沥青-集料体系纳观水损伤机制,借助红外光谱方法探究水分侵蚀下沥青-集料界面过渡区化学组分变化。为验证沥青和沥青-集料含水纳观结构变异,采用原子力显微镜研究水分侵蚀作用下沥青-集料界面过渡区微观形貌演化。结合室内微观观测结果和纳观分子动力学模拟,提出沥青-水分-集料分子间交互作用机理。

8.1.4.1　水损伤沥青化学组分变化

为揭示沥青-集料界面过渡区的水分侵蚀形貌形成的化学本质机理,本节探究水分侵蚀界面过渡区沥青的化学官能团组成变化。采用 Nicolet 傅里叶变换红外光谱仪,测试了干燥及持续浸水 462h 后的界面过渡区沥青官能团组成。选用的红外光波数范围为 4000~400cm^{-1},测定不同波数红外光束在微量试样中的透过率。待测试样需在干燥器中干燥不少于 12h,以排除试样表面吸附水膜对红外光谱试验结果的影响。由于试样中不同官能团振动对特定波长红外线的吸收程度不同,通过测定的红外透过率光谱可分析试样中各官能团的相对含量。

水分侵蚀前后的沥青-集料界面过渡区红外光谱见图 8-13,未出现显著的新官能团吸收峰,说明水分对沥青的侵蚀作用不会产生新物质,而特征官能团吸收峰的变化主要出现在高波数和低波数红外区,因此图 8-13 着重展示了两种沥青显著变化的红外吸收峰。

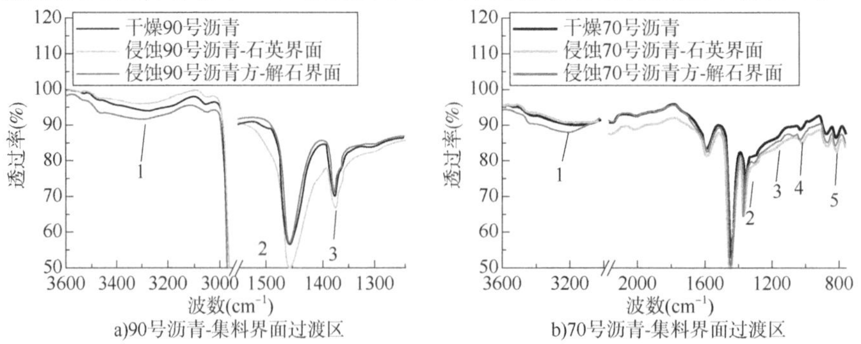

图 8-13　持续浸水 462h 的水分侵蚀界面过渡区红外光谱

水分侵蚀前后，沥青-集料界面过渡区化学组成变化主要体现在：

1）官能团变化依赖于沥青和集料

对比不同基板上不同沥青水分侵蚀前后的红外光谱，发现红外吸收峰值的变化同沥青、集料类型均有关。不同沥青由于内部分子、组分组成存在差异，必然会使得沥青内分子官能团浓度存在差别。对于不同基板上沥青浸水前后的红外吸收峰，在红外光谱高波数段范围内，方解石基板上浸水后的两种沥青吸收峰值比石英上的沥青更加显著，如图 8-13a）的峰 1 及图 8-13b）的峰 1；在红外光谱低波数段范围内，石英基板上的浸水沥青吸收峰比方解石更加明显，如图 8-13a）的峰 2、峰 3 及图 8-13b）的峰 2～5。

2）水分扩散进入界面过渡区

在红外光谱高波数段，90 号沥青和 70 号沥青吸收峰 1（3320cm^{-1}）为氢键相互作用的 O–H 键[4]，可看到方解石上 O–H 官能团含量在浸水后的沥青中增加。由于沥青中的氧元素含量较少，沥青质中氧原子与周边氢原子形成氢键相互作用的可能性不高。水分与沥青组分作用发生化学反应而生成新的含氧沥青分子的可能性不大，这是因为沥青分子的化学活性较低，需很高的活化能和外界能量输入才可能与水分子发生化学反应，常温常压的中性水侵蚀试验难以提供该化学反应所需能量。因此，O–H 最可能的来源为水分子间的氢键作用，说明经过表面吸附水分干燥后，水分侵蚀的沥青-方解石界面过渡区仍存在扩散进入的水分子，暗示微量水分子会残留于沥青-方解石界面过渡区。

3）极性组分向表面迁移

在红外光谱低波数段，90 号沥青吸收峰 2（1465cm^{-1}）和峰 3（1375cm^{-1}）为亚甲基的非对称键角振动，水分侵蚀后沥青-石英界面过渡区亚甲基非对称键角振动轻微增强。70 号沥青显著增高的吸收峰包括峰 2 的面内振动 O–H（1336cm^{-1}）、峰 3 的 C–N 键长伸缩（1195cm^{-1}）、峰 4 的 C–O–C 对称键长振动（1065cm^{-1}）和峰 5 的环氧基（950～810cm^{-1}）。杂原子 O 和 C 主要存在于沥青中沥青质和部分强极性胶质分子中，表明水分侵蚀后沥青-集料界面过渡区强极性沥青质和胶质含量轻微增加，说明水分作用下界面过渡区沥青组分发生迁移。Gong[5] 和 Hung[6] 等人采用 AFM 和 FTIR 测试不同水分作用后沥青表面形貌及官能团变化，均发现水分作用导致沥青表面强极性组分含量增加，微量水分扩散侵入沥青内部，证实水分对沥青表面化学组成的影响是物理过程。

8.1.4.2　水损伤沥青形貌演化

1）沥青-集料界面过渡区制样及形貌观测

水分长期作用引起沥青表面组分迁移，破坏沥青及沥青-集料体系干燥纳观结构，引起沥青-集料界面过渡区表面微观形貌发生改变。为验证前述分子动力学研究得到的纳观结构演化，测试水分侵蚀作用下沥青-集料界面过渡区形貌演化。选用 70 号、90 号基质沥青、光滑石英和方解石基板，以 155℃温度预热沥青和基板，将少量热沥青滴至 60°倾斜的基板上，在室温下保持基板倾斜并冷却，倾斜基板上端形成楔形沥青薄膜，以如图 8-14 所示的沥青与集料的楔形边界代表沥青-集料界面过渡区，观测不同时间避光浸水条件下微观界面形貌演化。目前尚不存在界面过渡区的严格定义，一般认为沥青-集料界面附近受到界面显著影响的区域为界面过渡区[7]。同时,设置在空气中避光放置相同时间的 90 号沥青-集料界面作为对照组,用以检验空气对微观界面结构演化的影响。此外,考虑到自然环境中干湿循环作用,对 70 号沥青-集料界面施加相同累积浸水时间的干湿循环作用,并观测其微观形貌演化,具体试验设计见表 8-1。

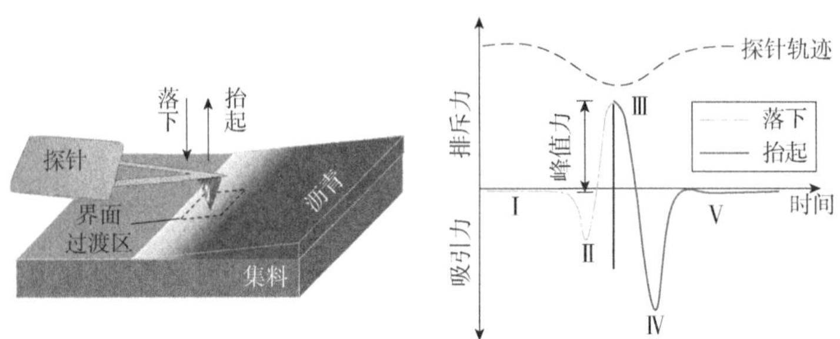

图 8-14 AFM 基本原理及观测区域示意图(附彩图)

沥青-集料界面过渡区水分侵蚀试验 表 8-1

沥青	基板	水分侵蚀处理
空气中界面过渡区对照组		
90 号基质沥青	石英	室温(20℃),避光,空气中放置 160h 及 462h
	方解石	
持续浸水界面过渡区侵蚀		
90 号基质沥青	石英	室温(20℃),避光,持续浸水 0h、160h 及 462h
	方解石	
70 号基质沥青	石英	室温(20℃),避光,持续浸水 0h、160h 及 462h
	方解石	
干湿循环界面过渡区侵蚀		
70 号基质沥青	石英	室温(20℃),避光,浸水 24h+干燥 12h,试样累计浸水 160h
	方解石	

注:干湿循环界面过渡区侵蚀试验包含 6 次干湿循环及 16h 浸水。

原子力显微镜是一种通过原子探针敲击待测试样表面,得到探针反馈信号,据此计算试样表面轮廓及纳观力学特性的方法。AFM 可测定每次敲击过程中原子探针与试样表面分子间的相互作用力曲线,计算试样表面的力学性质及试样表面轮廓。选用 Bruker Dimension FastScan AFM 及氮化硅原子探针观测界面过渡区形貌演化,探针的弹性系数为 0.4N/m,共振频率为 70kHz。

为避免试样表面水分对 AFM 形貌观测的干扰,经过一定时间水分作用后,将试样置于密闭干燥器中 12h,充分干燥试样表面液态水分,而后在室温下观测不同时间水分作用后沥青-集料界面过渡区侵蚀形貌。为全面观测水分侵蚀前后界面过渡区表面形貌特征,采用光学显微镜在毫米观测范围内获取沥青-集料边界微米级表面侵蚀形貌,而后采用 AFM 在微米观测范围获取界面过渡区沥青纳米级表面侵蚀形貌。因此,在光学显微镜下探测沥青-集料边界,得到沥青-集料边界微米级侵蚀形貌的光学放大图,而后在紧邻沥青-集料边界的界面过渡区内选取 10μm×10μm 平坦区域。如图 8-14 所示,以轻敲模式获取沥青表面纳米级侵蚀形貌及相图,扫描过程中实时监测扫描区域的探针反馈误差图,保证 AFM 侵蚀形貌的准确性。

AFM 形貌图描述的是试样表面轮廓的高低起伏,而相图表征了探针敲击过程中激励信号与反馈信号间的相位差。试样表面成分差异会引起与探针交互作用的不同,影响探针的反馈变形信号。当探针受到试样强相互作用时会产生较大相位角,根据相位角能够分辨试样表面不同相分布特征。采用 NanoScope Analysis 软件对试验测得的表面原始形貌图、相图进行基准面校准,并统一不同水分侵蚀界面过渡区形貌图的高度变化比例尺。

2)90 号基质沥青-石英界面过渡区水损伤形貌

不同浸水时间的 90 号基质沥青-石英界面过渡区的微观放大图见图 8-15,左侧黑色部分为 90 号基质沥青,明亮处为石英基板,右侧黑色阴影为 AFM 探针悬臂阴影。测试结果表明,干燥的 90 号基质沥青表面平整光滑,在石英表面形成平整边界,从边界向体相,沥青薄膜厚度渐渐增大。当界面过渡区经历持续 160h 的浸水后,干燥时平整的沥青-集料边界转变为弯曲、不规则的边界,且从边界向体相方向,沥青薄膜在边界处迅速增厚,并在很短水平距离内达到稳定。在相同放大比例下对比浸水前后沥青厚度变化,说明浸水后沥青厚度增加,在石英基板上的接触角增大。从浸水后边界沥青出现的尖角薄膜,可推测边界处沥青在水分作用下向体相收缩而引起接触角增大。

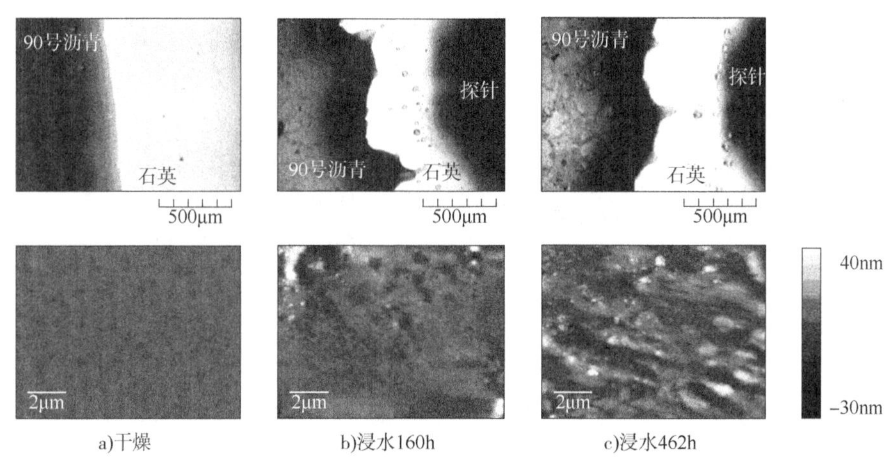

图 8-15 不同浸水时间的 90 号沥青-石英界面过渡区光学放大及 AFM 形貌图

另外,干燥沥青的光滑表面经过水分侵蚀后转变为不同尺度的微型坑槽,散布于粗糙表面。当持续浸水时间到达 462h 时,沥青表面出现大量不同尺度的块状凸起,分散在粗糙表面,但凸起表面的沥青较为光滑。沥青-石英边界处,沥青接触角增大,边界形貌与浸水 160h 边界过渡区较为相似。分析 90 号沥青-石英边界微观形貌演化,水分使边界处的沥青向体相收缩,使得沥青在基板上的接触角增大,但不会随浸水时间而持续收缩;水分会持续侵蚀 90 号沥青表面形貌,将其表面从光滑侵蚀至粗糙、坑洼,出现更大尺度的块状凸起等。

不同浸水时间的90号沥青-石英界面过渡区AFM形貌图见图8-15。在相同比例尺下，干燥的90号沥青相对平整光滑的表面经过160h持续浸水后出现明显不同尺度的坑槽，伴随在坑槽附近出现不规则形状的尖峰，大量散斑或带状不明显凸起分散在连续相表面。浸水462h的界面过渡区表面形貌呈现大量条带状凸起、凹陷及周边圆斑状凸起相，凸起与坑槽的数量、平面与竖向尺寸明显大于浸水160h的界面过渡区表面，说明水分的持续侵蚀作用持续破坏沥青表面形貌，使沥青表面纳观结构持续变化。

3）90号基质沥青-方解石界面过渡区水损伤形貌

不同浸水时间的90号基质沥青-方解石界面过渡区的微观放大图见图8-16，可看到干燥沥青-方解石边界光滑平整，形成厚度缓慢增加的边界沥青薄膜，但浸水160h后的90号基质沥青-方解石边界蜿蜒曲折，边界沥青向体相收缩，方解石表面黏附沥青的接触角增大。沥青表面变得粗糙，布满大量微坑槽，且出现不同尺寸的凸起分散相。当界面过渡区经历462h持续水分侵蚀后，表面凸起结构消失，整体较为平整，但平整表面布满更大尺寸的坑槽，极为粗糙，同时边界析出相出现横向裂纹甚至断裂现象。相比于石英基板上的90号基质沥青，90号沥青-方解石界面过渡区也表现出边界线曲折且接触角增大，沥青表面出现侵蚀坑槽及其他结构。

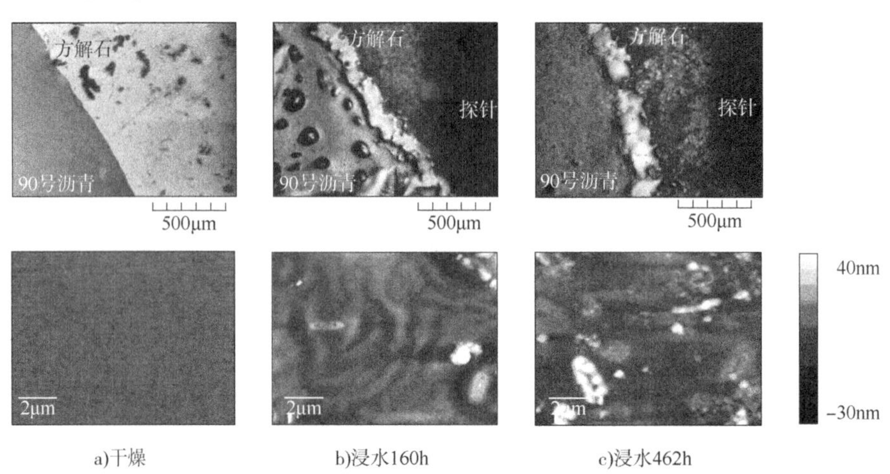

图8-16　不同浸水时间的90号沥青-方解石界面过渡区光学放大和AFM形貌图

不同浸水时间的90号基质沥青-方解石界面过渡区AFM形貌见图8-16，可看出方解石上干燥光滑的沥青表面在160h水分侵蚀作用下出现连续波状起伏表面，且伴有最大高度可达80nm的尖峰和最大深度达40nm的坑槽。当水分侵蚀时间增至462h时，尖峰水平尺寸增大且伴随产生大量小型尖峰分散结构，在尖峰周边出现一些高出连续相约10nm的椭圆斑状凸起。对比不同浸水时间后的表面形貌，水分侵蚀作用使沥青表面出现尖峰和坑槽分散相结构，且这些分散相尺寸增大、数量增多并伴生更加复杂的表面结构。

4）90号沥青-集料界面过渡区空气对照组

为证明沥青-集料界面过渡区表面侵蚀主要由水分侵蚀引起，而非空气氧化作用，将对照组的90号沥青-石英和沥青-方解石分别避光置于相同温度的空气中160h和462h后，其界面过渡区微观放大图见图 8-17，可见在空气中放置 160h 和 462h 的沥青-集料边界与干燥沥青-集料边界[图 8-15a)、图 8-16a)]具有相似的光滑平整边界，沥青表面未出现任何明显侵蚀形貌特征。随在空气中放置时间增加，沥青表面形貌未出现显著变化，说明如图 8-15 和图 8-16 所示形貌主要由水分侵蚀作用引起。

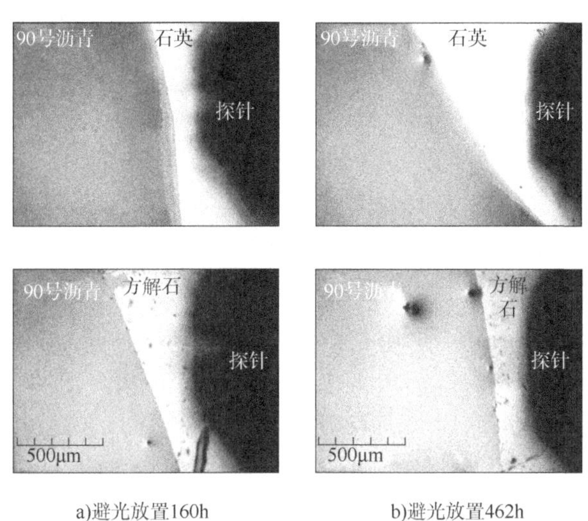

图 8-17　90 号沥青-集料界面过渡区空气放置对照组

5)70 号基质沥青-石英界面过渡区水损伤形貌

对于低标号 70 号基质沥青而言，高刚度和黏度的技术要求使其组分组成中包含更多沥青质和胶质等大分子组分。在水分侵蚀作用下，70 号基质沥青-石英界面过渡区光学放大及 AFM 形貌图见图 8-18。光学放大图中平整光滑的沥青-石英边界在 160h 水分侵蚀后变得曲折且向体相收缩，使得沥青在石英基板上的接触角增大，界面过渡区沥青表面散布大量微坑槽。随着持续浸水时间达到 462h，沥青沿边界出现曲折、凹陷的沟壑，且沥青表面出现更多更大尺寸的坑槽结构。

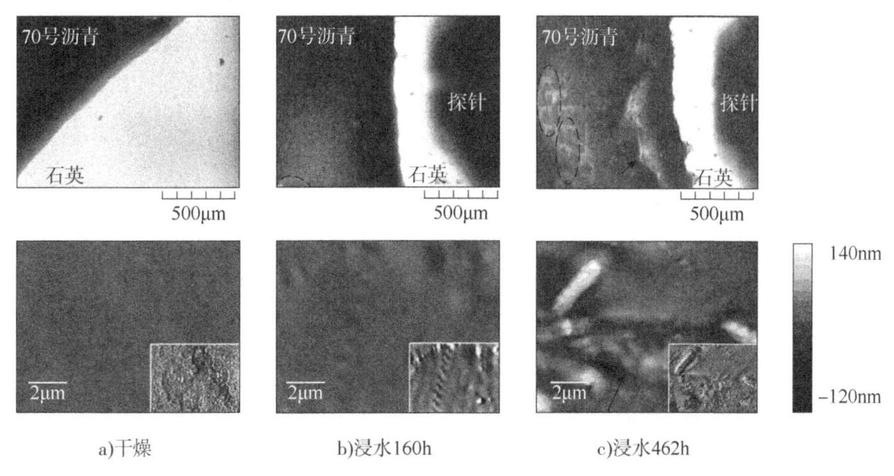

图 8-18　不同浸水时间的 70 号沥青-石英界面过渡区光学放大和 AFM 形貌及相图

AFM 形貌图显示,160h 浸水后的沥青表面已出现少量深度约 35μm 的微坑槽,在经历 462h 的持续浸水后,微坑槽平面尺寸及竖向深度迅速增加,与邻近坑槽联合形成不规则凹陷,出现大量棒状或椭球状凸起,表面形貌特征更为复杂。另外,从右下角的相图可看出,微观凸起结构具有更大的相位角,是 AFM 探针敲击过程中沥青分子受到分子间作用力的结果,说明凸起结构处的沥青分子与 AFM 探针产生更强的交互作用,强极性分子向突起结构迁移。

6)70 号基质沥青-方解石界面过渡区水损伤形貌

不同浸水时间的 70 号沥青-方解石界面过渡区光学放大和 AFM 形貌图见图 8-19,可看到平整、光滑的干燥 70 号沥青-方解石边界。与石英基板上沥青界面过渡区不同的是,160h 水分侵蚀后的边界更为弯折和粗糙,沥青上出现数条弯曲的沟壑且沥青表面散布大量微坑槽;462h 持续浸水后的过渡区沥青上沟壑展平且数量减少,但沟壑明显加深。通过观察界面过渡区沥青表面 AFM 形貌图后可以发现,浸水 160h 后的沥青表面出现很多不同尺寸、高 10~20nm 的油斑状凸起,而大尺度油斑状凸起在水分侵蚀 462h 后消失,出现高度达 160nm 的尖峰和大量棒状凸起结构,凸起周围散布大量小型斑状凸起。另外,AFM 相图显示斑状和棒状凸起结构的相位角显著大于连续相,说明凸起结构表面分子与探针产生强相互作用,凸起中存在沥青中强极性分子的聚集现象。

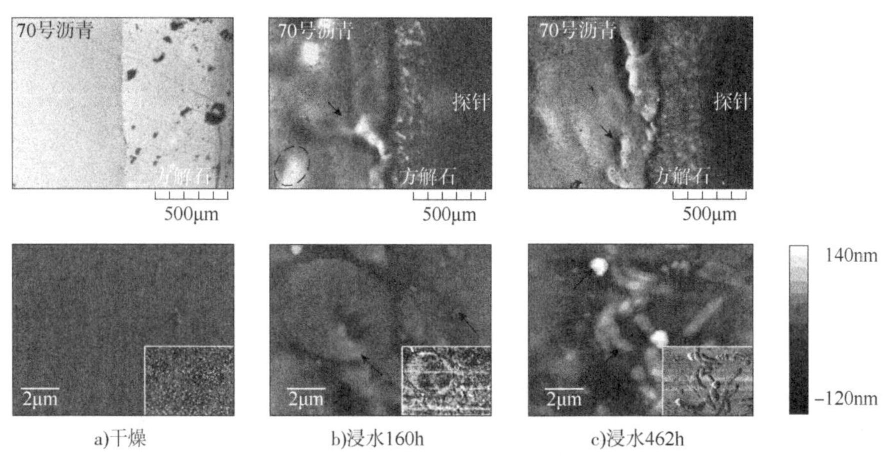

图 8-19 不同浸水时间的 70 号沥青-方解石界面过渡区光学放大和 AFM 形貌及相图

7)干湿循环下 70 号基质沥青-集料界面过渡区水损伤形貌

实际服役自然环境多以干湿循环的方式对沥青路面产生水分侵蚀作用。因此,以 24h 浸水和 12h 干燥作为一次干湿循环,作用于 70 号基质沥青-石英和沥青-方解石界面过渡区试样。经过 6 次干湿循环和额外 16h 浸水,累计浸水时间为 160h,干燥表面液态水后进行形貌观测。与持续浸水 160h 的 70 号基质沥青-石英和沥青-方解石界面过渡区侵蚀形貌对比,相等累计浸水时间的干湿循环作用下,界面过渡区试样表面微观状态及 AFM 形貌见图 8-20,可见沥青与石英和方解石边界向内部收缩,出现弯曲、粗糙的交界线,且界面过渡区散布大量不同尺寸的微坑槽,沥青表面出现数条山脊状凸起。从 AFM

形貌图和三维轮廓图可看到，界面过渡区粗糙表面出现许多尖峰和伴随的坑槽。与持续浸水界面过渡区 AFM 形貌图不同的是，连续相表面出现起伏的波纹状或叶脉状凸起结构，说明浸水产生的凸起结构在干燥后恢复，说明水分对界面过渡区的侵蚀作用是一种可逆的物理过程。

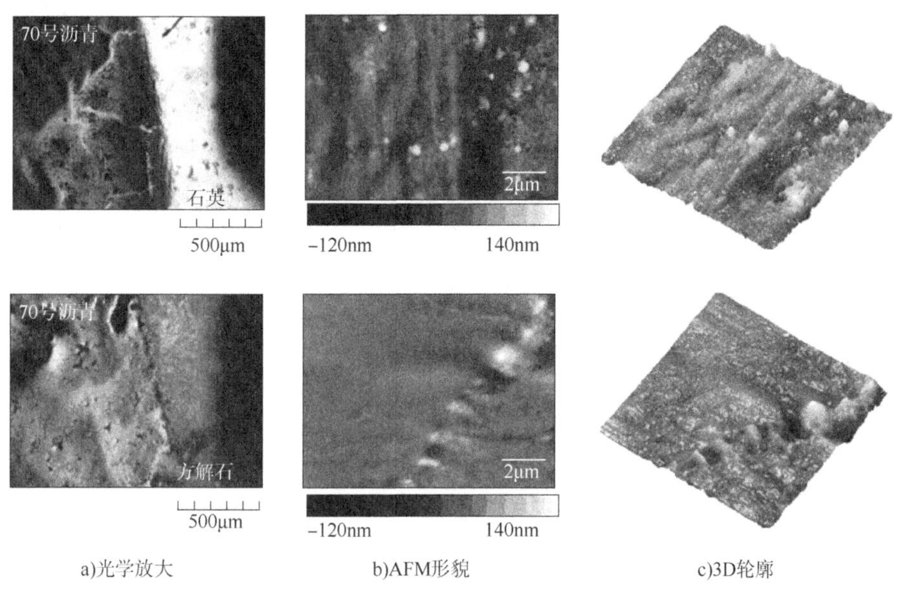

图 8-20　累计浸水 160h 的干湿循环后的 70 号沥青-集料界面过渡区形貌

8.1.4.3　含水纳观结构演化机理

沥青-水-集料分子间非键作用力破坏了沥青-集料体系纳观胶体结构，形成新的含水纳观结构，导致沥青表面形貌侵蚀及力学性质劣化。含水沥青-集料体系组分分子间交互作用模式削弱了干燥沥青-集料黏附能力，造成沥青-集料微观界面局部黏附衰减甚至缺陷。图 8-21总结了沥青-集料体系纳观水损伤产生的主要方式。

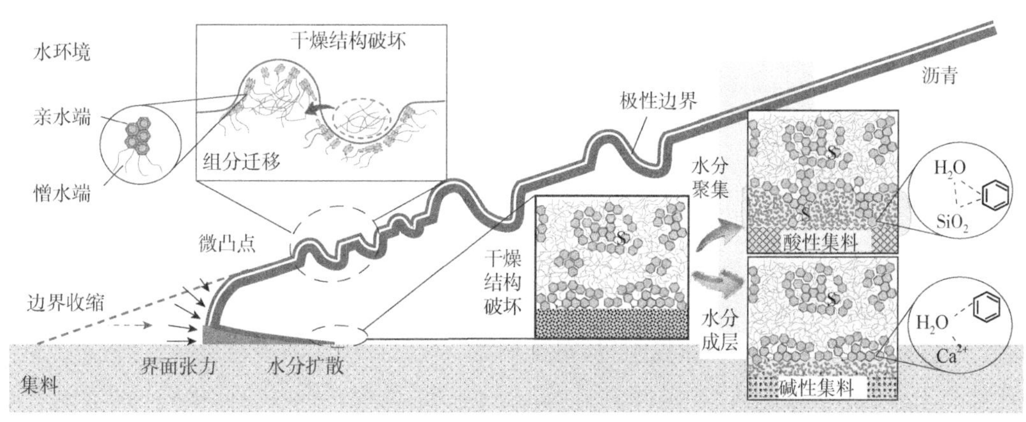

图 8-21　纳观沥青-集料体系水损伤机制(附彩图)

1）沥青胶体结构变异

水分子与不同极性的沥青组分分子相互作用形成沥青表面张力梯度。在长期的表面张力梯度作用下，干燥沥青纳观结构破坏。如图8-3所示，水分子吸引强极性沥青质和胶质分子，使得弱极性油分聚集成胶核。沥青质和胶质分子处于油分胶核和水分中间，沥青质和胶质分子中的短支链与油分胶团交联，多元芳香环与水分子直接接触，作为“类表面活性剂”连接弱极性油分胶核与强极性水分，演化形成由胶质和沥青质强极性分子包裹的弱极性油分的含水纳观结构。水分长期作用破坏了原有的油分包裹强极性胶核的干燥沥青纳观结构，难以维持如图2-23所示的干燥沥青组分分子均匀分布状态。结合前述水分侵蚀前后红外光谱及界面过渡区表面相图结果，验证了水分侵蚀作用会引起沥青强极性组分的物理迁移，使得沥青表面形成以微观凸点和凹槽为特征的水分侵蚀形貌。沥青不同组分间的极性差异和极性过渡成为影响沥青水敏感性的重要因素。

2）沥青-集料纳观脱粘

水分侵入沥青-集料体系后，产生如图8-1和图8-2所示的新的沥青-水分-集料分子交互作用模式，改变沥青与集料分子间的取向力、诱导力、色散力和静电相互作用，破坏干燥沥青-集料纳观黏附结构，导致了如图8-4所示的沥青-集料分子间结合能的降低。依赖于集料中活性矿物成分，含水沥青-集料体系会形成酸性集料水分聚集型纳观结构和碱性集料水分平铺型纳观结构。在以如图8-1所示的以石英为代表的含水沥青-酸性集料纳观结构中，石英表面水分子聚集成团，形成沥青强极性分子-水分子-石英“三边”交互模式，显著削弱了沥青与石英间黏附交互；在以如图8-2所示的以方解石为代表的含水沥青-碱性集料纳观结构中，方解石表面水分平铺成水分子-钙离子扩散薄层，沥青强极性分子、水分子和钙离子形成层状交互模式，沥青分子与方解石表面的黏附交互衰减，但仍保持一定交互作用，方解石中的活性金属离子一定程度上改善了沥青-集料体系纳观水敏感性。

3）憎水组分向体相迁移

沥青中含有的大量弱极性饱和脂肪烃及环烷烃组分具有较强的憎水特性，水分长期作用下沥青-集料边界憎水组分向体相迁移，导致水中的沥青-集料接触角增大。从杨氏接触角方程[8]可知，水中沥青与集料间的黏附功减小，沥青弱极性组分分子比例及憎水程度显著影响沥青-集料接触角变化。

基于纳观水损伤机理分析改善沥青混合料的抗水损伤能力。从纳观水损伤机制1）出发，可通过优化沥青胶体结构来减小水中沥青表面张力梯度，调整沥青组分组成比例使各组分分子间的极性平滑过渡，减弱沥青组分迁移行为。这需要建立以分子极性差异为依据的沥青组分划分方法，通过优化沥青分子组成比例调节沥青组分极性过渡。采用该措施改善沥青水敏感性的成本高且操作难度大，但对于按性能研发或优化沥青材料、沥青材料改性具有重要意义。基于纳观水损伤机制2），可通过选用高活性集料或者提高集料表面阳离子浓度的方式，增强集料与沥青间的交互作用，使得水分侵入界面后以水分薄膜状态存在于界面，缓解水分对沥青-集料交互作用的削弱甚至增强沥青-集料交互作用。该方法是目前成本较低且短期内易见成效的措施,但集料表面的改性效果一定程度上仍受到沥青化学组成和纳观结构的影响。基于纳观水损伤机制 3),可选用配伍性良好的沥青和集料材料,通过减小干燥条件下沥青-集料接触角,提高沥青与集料间的黏附性,并通过优化沥青组分组成,在一定程度上减小强憎水性的单一沥青组分的比例。

8.2　沥青胶浆水损伤行为

8.2.1　水分作用下界面流变性质劣化

基于集料基板间不同厚度沥青/胶浆动态剪切模量,采用第 4 章提出的微观界面影响下的沥青/胶浆流变模型,分离界面沥青/胶浆模量和体相沥青/胶浆模量。通过不同方式的水损伤作用,研究微观界面水损伤和体相胶浆水损伤行为规律,并结合纳观尺度下沥青-集料分子体系力学行为及结构特征,揭示微观界面及体相流变水损伤机制。

8.2.1.1　不同类型及粗糙度集料的影响

集料表面矿物组成和纹理构造会改变微观沥青/胶浆界面交互与黏附,并影响界面沥青/胶浆模量。不同类型集料基板上的界面胶浆模量见图 8-22a),可看出石灰岩上的界面胶浆模量略大于玄武岩及花岗岩上的界面胶浆模量,玄武岩与花岗岩表面上的界面胶浆模量较为相近,主要归因于沥青强极性分子-$CaCO_3$交互作用下芳香环官能团分子平铺形成沥青-方解石体系稳定层状纳观结构,产生很强的界面黏附作用。玄武岩和花岗岩中富含的硅、氧元素与强极性芳香环作用,形成集料表面沥青强极性分子聚集纳观结构,产生界面黏附作用。

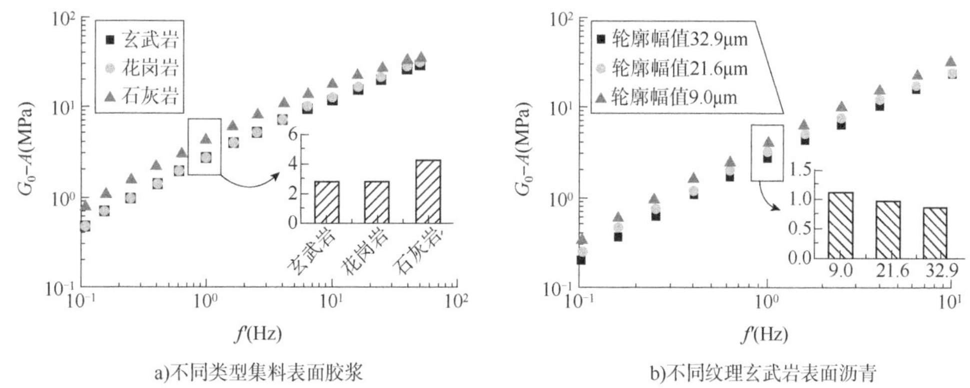

a)不同类型集料表面胶浆　　b)不同纹理玄武岩表面沥青

图 8-22　不同基板性质对界面模量的影响

不同表面纹理玄武岩基板上的界面沥青模量见图 8-22b),可看出在沥青-集料微观界面的影响下,随着基板表面轮廓幅值增加,界面沥青模量逐渐减小。基板表面较大的表面轮廓幅值具有更复杂的表面物理构造,引入更多微孔隙、微裂隙和微坑槽等表面微观缺陷。在界面黏结过程中,集料基板表面微观缺陷中含有的微气泡阻碍了沥青与集料表面的润湿黏附,沥青强极性分子难以与矿物活性物质产生分子交互,诱发形成的沥青-集料微观界面存在更多微观黏附缺陷,一定程度上削弱了微观界面胶浆的抵抗变形能力。

8.2.1.2 潮湿集料表面的影响

水分作用下微观界面流变性质的劣化是由于水分侵入沥青/胶浆-集料微观界面后,改变了微观界面沥青/胶浆的流变性质。现有研究将沥青或胶浆试样黏结于干燥基板上,将黏结良好的集料-沥青-集料"三明治"试样整体浸入水中,使水分长期扩散、侵入界面,产生微观界面水损伤。由于微观界面中的不均匀水分浓度分布场依赖于水分扩散系数和浸水时间,使得圆饼层状试件边缘水分浓度高于试件中心,无法产生均匀分布的水分子薄膜,难以准确量化水分作用下微观界面流变劣化与微观界面水膜厚度的关系。因此,本研究在沥青/胶浆黏结前采用微量移液器向集料基板表面引入微量水分,并依靠集料亲水特性和表面水分毛细润湿产生均匀的水分子薄膜,将沥青/胶浆试样置于潮湿集料表面。按照与前述干燥试样相同的测试方法,在高温(80℃)下使沥青与潮湿基板间产生黏结,测试潮湿集料表面上不同厚度胶浆试样的流变性质。该方法中,潮湿集料表面上能够形成厚度均匀的水膜,便于建立界面胶浆流变劣化与界面水膜厚度间的关系;同时,干燥、潮湿集料基板同胶浆试样的黏结过程是在相同环境条件完成的,胶浆与潮湿基板微观界面出现的黏附缺陷正是水分作用下产生的微观界面损伤,导致界面胶浆流变性质劣化,因此该方法能够准确控制水分对微观界面产生的损伤。

采用 24 目金刚砂抛光得到表面轮廓幅值为 32.9μm 的粗糙玄武岩基板,利用微量移液器在粗糙基板表面铺展 5μL 去离子蒸馏水,基于基板粗糙表面积计算得到基板表面水膜厚度为 99.5μm,明显大于基板粗糙表面轮廓幅值(32.9μm),使得测定不同厚度胶浆流变性质时多余水分挤出微观界面,但微观界面仍保留了最大厚度的水分薄膜。此时,测得的干燥和潮湿基板上不同厚度水膜的集料表面变膜厚 70 号沥青模量见图 8-23,可看出潮湿基板上整体沥青试样表观模量仍呈现较小厚度时增加、较大厚度时逐渐趋稳的规律。干燥和潮湿集料表面不同厚度水膜的集料表面变膜厚 70 号沥青试样整体表观模量变化相近,说明微观界面存在的水分薄膜不会显著改变整体沥青的表观模量,这与 Bahia 等人的测试结果是一致的,其结果表明短期浸水沥青薄膜试样线黏弹范围内复数模量同干燥沥青相近。

基于建立的微观界面影响下的胶浆流变模型,可得到干燥和潮湿玄武岩基板上的界面沥青模量。以 20℃不同荷载频率下的界面沥青模量为例,从图 8-24 中可看出干燥和潮湿玄武岩集料表面界面沥青模量曲线相近。对比温度 20℃、荷载频率 1Hz 情况的界面沥青模量可看出,干燥和潮湿基板上的界面沥青模量差异不显著,说明线黏弹范围内小应变幅值作用下,水分隔离作用未显著影响界面沥青的变形抵抗能力,这与微观界面沥青-集料分子交互及微观界面结构特征紧密相关。下文基于纳观分子体系结构及微观界面行为深入讨论微观界面水损伤机制。

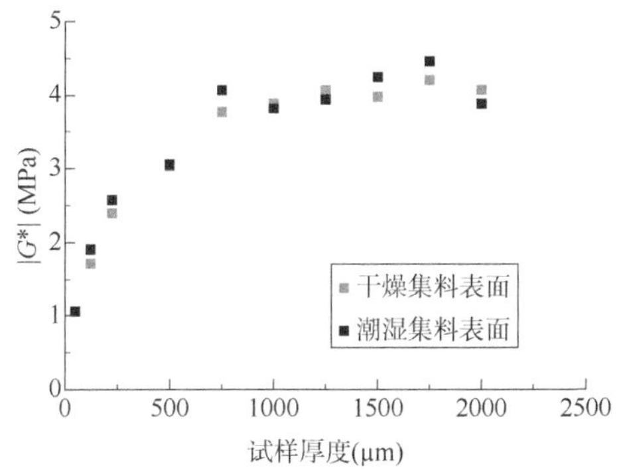

图 8-23　不同厚度水膜的集料表面变膜厚 70 号沥青模量

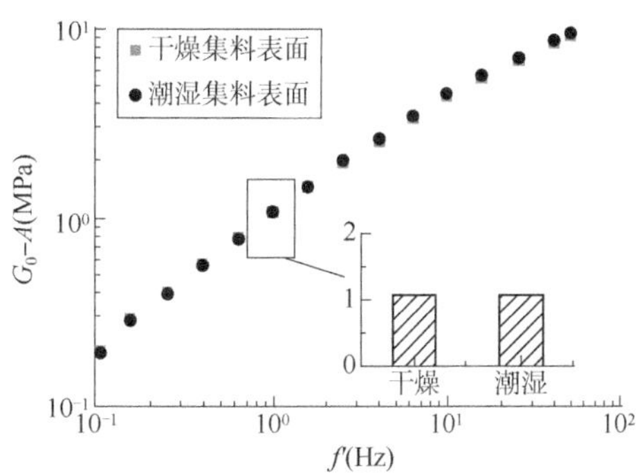

图 8-24　玄武岩基板上不同水膜厚度情况下的界面胶浆模量

8.2.1.3　水分作用下的界面沥青微观结构演化

沥青中极性分子与集料活性矿物间的分子交互形成胶浆-集料微观界面结构;水分侵蚀作用下,微观界面结构演化变异,导致了微观黏结界面的水损伤现象。微观界面中水分侵入及水分作用下界面分子行为的共同作用,导致微观界面结构产生变异。如图 8-25 所示,微观界面结构演化大致总结为:

第Ⅰ阶段:干燥微观界面结构中,沥青-集料分子发生纳观交互作用,使得强极性沥青分子聚集吸附于活性矿物表面,界面过渡区形成强极性定向排列分子层。同时,由于集料表面复杂纹理不可避免地引入微观界面黏附缺陷,界面缺陷中的微气泡阻隔沥青与集料间的相互作用,削弱强极性分子定向排列。远离微观界面处的体相沥青中,沥青分子形成以强极性分子聚集体为核心、弱极性分子包裹外侧的稳定纳观胶体结构。黏附界面处的沥青和集料分子间交互形成微观界面黏附作用,在水平小幅振荡荷载作用下,黏附界面处的定向分子层共同抵抗水平变形。

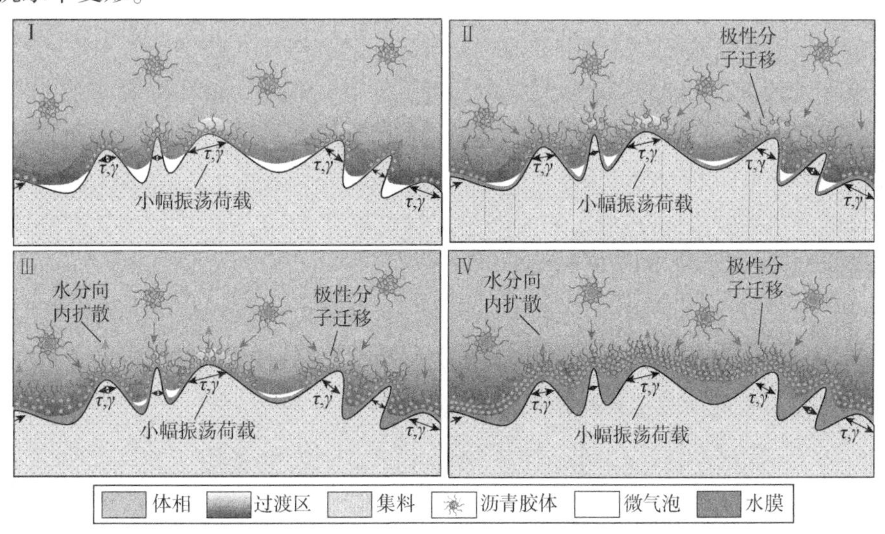

图 8-25　水损伤界面微观结构演化示意图(附彩图)

第Ⅱ阶段:当微量水分侵入微观界面后,水分与集料间的亲和性使得水分会优先润湿集料表面,形成水分子吸附薄膜,水分子的强极性会破坏界面附近纳观胶体结构,产生强极性沥青分子迁移现象,形成界面过渡区内多层定向排列分子层。微量水分无法填充干燥条件下存在的微气泡黏附缺陷,微缺陷处不会形成强极性定向排列分子层。纳观尺度含水沥青-集料体系分子间结合能降低,导致了微观尺度界面黏附作用的显著衰减。但水平小幅振荡荷载作用下,集料表面的凸起阻碍定向分子层水平滑移,不会显著影响界面沥青抗水平变形能力。

第Ⅲ阶段:当侵入微观界面的水分增多后,水分会填充部分低洼界面的黏附缺陷,位置较高的黏附缺陷仅被部分填充,仍存在微气泡,使得集料表面轮廓尖峰处水膜厚度仍保持吸附水膜厚度。水分子作用下,沥青强极性分子持续向界面过渡区迁移,被水分填充的微观界面缺陷处会吸引极性沥青分子,极性沥青分子形成定向排列分子层,而部分水分填充的微气泡处不存在定向分子层。同时,在浓度梯度作用下,微观界面处的水分子逐渐向体相扩散,使得界面附近形成以水分子聚集体为核心、极性沥青分子基团向内排列的"油包水"胶体结构。此外,沥青与集料黏附界面面积与第Ⅱ阶段相同,微观界面仍保持与第Ⅱ阶段相似的沥青-水-集料黏附行为。

第Ⅳ阶段:当侵入微观界面的水分继续增多,水分不仅形成微观界面水分薄膜,完全填充微观黏附缺陷形成的微气泡,而且过多水分将隔离界面沥青,造成微观沥青-集料黏附面积减小,因此导致胶浆-集料微观界面黏附特性衰减。此外,水分薄膜与沥青充分接触,使得强极性沥青分子持续向界面迁移,形成稳定的强极性多层定向排列分子层。同时,微观界面中的水分子持续向体相扩散,微观界面附近以水分子聚集体为核心的"油包水"胶体结构逐渐增多。

8.2.2 水分作用下体相流变性质劣化

水分侵入沥青/胶浆-集料微观界面后聚集形成微观水分薄膜,由于体相胶浆几乎不含孔隙的致密结构,短时间内大量水分难以直接扩散进入胶浆内部,但在微观界面水分薄膜长期作用下,接触水分的体相胶浆会产生界面张力梯度。根据第 2 章对沥青体系纳观结构水损伤行为的研究可知,水分长期作用会导致沥青分子组分迁移并破坏沥青纳观结构,从而造成体相胶浆局部流变性质劣化。因此,采用长期浸泡方式产生体系胶浆水损伤,将圆饼状胶浆试件避光置于室温蒸馏水中,浸水不同时长后,取出试件,置于干燥器中 12h,充分干燥试样表面水分。按照第 4 章考虑微观界面影响的胶浆流变行为测试方法,在 80℃ 温度下,使基板同表面干燥的浸水后胶浆试件黏结,而后降温至试验温度,测试浸水后胶浆流变性质,能够有效保证试验过程中基板同表面干燥的浸水试件间保持良好黏结。基于测得的不同厚度浸水后胶浆的流变性质,结合前面已建立的微观界面影响下的胶浆流变模型,研究不同时长水分作用下的体相胶浆模量演化规律,并采用胶浆微观力学理论探究体相胶浆微观水损伤产生机理。

8.2.2.1 浸水不同时长后体相胶浆流变性质劣化

以 AC-13 沥青混合料对应的胶浆(粉胶比 1.36)为例,制备用于剪切流变试验的直径 8mm 圆饼状胶浆试件,将试件置于硅胶板上,常温下避光、浸水,而后测定浸水不同时长后胶浆的流变性质。从图 8-26a)可看出,随着胶浆浸水时长的增加,体相胶浆复数模量主曲线逐渐上移,说明长期浸水后胶浆模量增大。不同频率下的体相胶浆模量随浸水时长的变化见图 8-26b),体相胶浆模量随着浸水时长的增加而明显增大,且不同频率荷载作用下的模量-浸水时间曲线形式相似,说明长期浸水作用不改变胶浆模量的荷载频率依赖性。

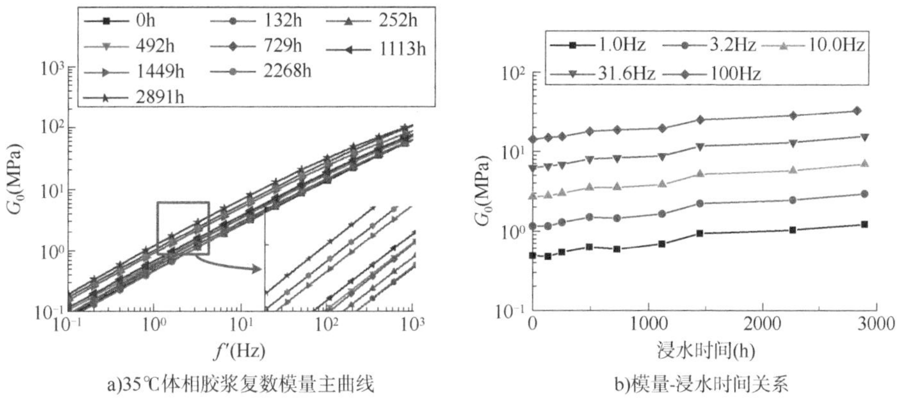

a)35℃体相胶浆复数模量主曲线 b)模量-浸水时间关系

图 8-26 不同矿粉浓度体相胶浆模量

浸水不同时长后胶浆相位角演化见图 8-27。频域下浸水不同时长后胶浆的相位角主曲线显示,长期浸水作用使得相位角主曲线下移,说明长期浸水减小了胶浆相位角。荷载低频段不同浸水时长的相位角主曲线间距比荷载高频段小,说明浸水时间对相位角的影响在荷载低频段略弱于荷载高频段,即高频荷载作用强化了浸水作用对相位角的降低影响。图 8-27b)为不同频率荷载作用下的相位角-浸水时间曲线,可看出长期浸水作用在初期显著减小了胶浆相位角而后相位角趋稳,100Hz 荷载作用下的相位角初期衰减速率略快于 1Hz 荷载作用下的相位角衰减,更清楚地说明了高频荷载对浸水不同时长后相位角减小的强化作用。

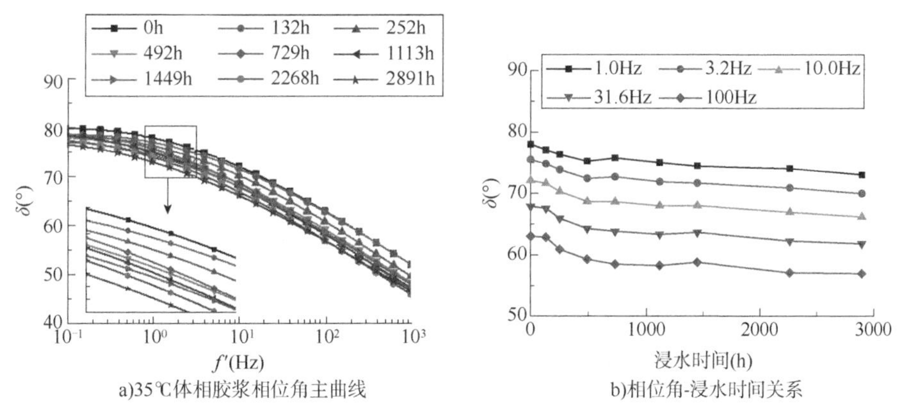

a)35℃体相胶浆相位角主曲线 b)相位角-浸水时间关系

图 8-27 不同矿粉浓度胶浆相位角

8.2.2.2 基于微观力学的体相胶浆水损伤机理

从胶浆微观结构分析,胶浆是一种以沥青为基体的矿粉颗粒悬浊分散系,体相胶浆流变特性不仅依赖于沥青性质,而且受到沥青-矿粉颗粒交互作用的显著影响。基于微观颗粒复合材料夹杂原理,胶浆微观力学理论通过建立胶浆力学性质与矿粉体系浓度的关系,能够定量表征体相胶浆微观结构作用。借助胶浆微观力学模型分析浸水不同时长后沥青-矿粉颗粒交互作用的演化,探究体相胶浆流变水损伤微观机理。常见的胶浆微观力学模型包括稀溶液模型(Dilute Model,DM)、Mori-Tanaka 模型(Mori-Tanaka Model,MTM)、自洽模型(Self-Consistent Model,SCM)和广义自洽模型(Generalized Self-Consistent Model,GSCM)[9]。

四种微观力学模型基本思想来源于 Eshelby 提出的含颗粒夹杂均相体本构模型[10-11],认为胶浆整体平均应力或应变由沥青和矿粉按体积分数累加组成,引入不同的假设条件建立胶浆整体总应力-总应变关系。DM 模型假设胶浆中的矿粉颗粒间无相互作用,即胶浆矿粉浓度较低,形成少量矿粉颗粒悬浮于沥青基体中的"稀溶液"体系,直接应用夹杂颗粒应变解析解求解胶浆整体总应力。MTM 模型通过复杂的场变量运算[12]并采用沥青基体平均应变作为基体整体各处应变[13],得到体相胶浆模量与沥青、矿粉模量的关系。SCM 模型假设胶浆中的矿粉颗粒为无限小的孤立体积单元,忽略矿粉颗粒体积并以胶浆为基体,将假想的胶浆基体性质代入颗粒夹杂理论中,得到胶浆模量与组分模量间的隐式关系[14]。GSCM 模型[15]假设胶浆为一种由矿粉核心、基体中间球壳和外层无限厚球壳组成的同心球壳体系,采用类似于夹杂理论的方法求解胶浆模量同沥青、矿粉模量的关系。

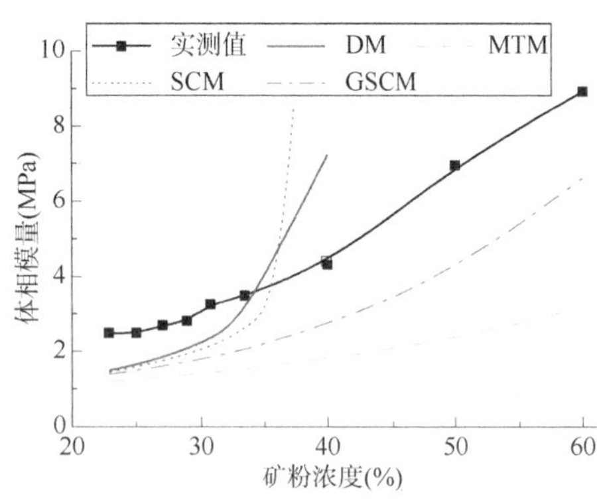

图 8-28　35℃、10Hz 条件下含不同浓度矿粉的胶浆体相模量及微观力学模型预测

首先验证四种微观力学模型对描述体相胶浆模量的适用性。选取 35℃、10Hz 条件下含不同浓度矿粉的体相胶浆模量进行分析,胶浆微观力学模型预测的体相胶浆模量见图 8-28,可看出四种微观力学模型均无法准确预测含不同浓度矿粉胶浆的体相模量,且不同微观力学模型的预测曲线形式明显不同。在矿粉浓度较低时,四种微观力学模型的模量预测值较为相近,但均低于实测体相胶浆模量;随着矿粉浓度的增加,DM 和 SCM 模型的模量预测值迅速增大,在浓度约大于 35%后迅速偏离并高于模量实测值;高矿粉浓度下的 MTM 模型的预测值增长较为缓慢,逐渐偏离并低于体相胶浆模量实测值;尽管 GSCM 模型的模量预测曲线低于胶浆模量实测曲线,但相比于其他 3 种微观力学模型的预测曲线,其曲线走向几乎平行于模量实测曲线。胶浆模量实测结果说明 GSCM 模型的预测效果比其他微观力学模型更好。

GSCM 模型的模量预测值与胶浆模量实测值间存在差异,主要是因为该模型未考虑胶浆中的沥青-矿粉交互作用。Buttlar 等人[15]认为由于矿粉颗粒表面复杂的轮廓及沥青-矿物交互作用,使得矿粉颗粒表面发生沥青的毛细吸收或物理吸附,矿粉颗粒表面形成一定厚度的模量大于体相沥青的结构沥青层。值得注意的是,胶浆中矿粉颗粒表面的结构沥青层不同于混合料中集料表面的界面过渡区胶浆,这是因为矿粉和集料的矿物组成及材料制备工艺差异导致二者微观结构存在显著差异。下文对微观界面、体相胶浆流变水损伤机制进行深入讨论。

由于矿粉表面结构沥青层的存在,矿粉颗粒等效半径增大,引起胶浆中矿粉等效浓度增加。Buttlar 等[15]人提出采用 GSCM 模型反算得到的胶浆等效矿粉浓度,并基于等效矿粉浓度

与实际矿粉浓度的差异,计算体相胶浆中矿粉颗粒表面表观结构沥青层厚度,计算公式为:

$$t_{ra}=\frac{\varphi_e-\varphi}{\varphi\rho_f s_g} \tag{8-4}$$

式中:t_{ra}——表观结构沥青层厚度(μm);

φ_e——等效矿粉浓度(%);

φ——实际矿粉浓度(%);

ρ_f——矿粉密度(g/cm^3);

s_g——矿粉比表面积(m^2/g)。

基于胶浆微观力学理论,浸水不同时长后体相胶浆模量的增大、相位角的减小,同水分作用后沥青、矿粉的力学性质及二者的交互作用有关。去离子蒸馏水很难改变化学活性稳定的矿粉颗粒的力学性质,因此着重分析浸水不同时长后沥青流变性质及等效矿粉浓度。浸水后,体相沥青模量主曲线见图 8-29a),可见随着浸水时长增加,体相沥青模量主曲线上移。且如图 8-29b)所示,不同频率下,体相沥青模量逐渐增大。体相沥青模量主曲线和模量-浸水时间曲线具有相似形状,说明不同频率下水分引起的体相沥青模量增长相近,即浸水作用对沥青模量的影响不显著依赖于荷载频率。

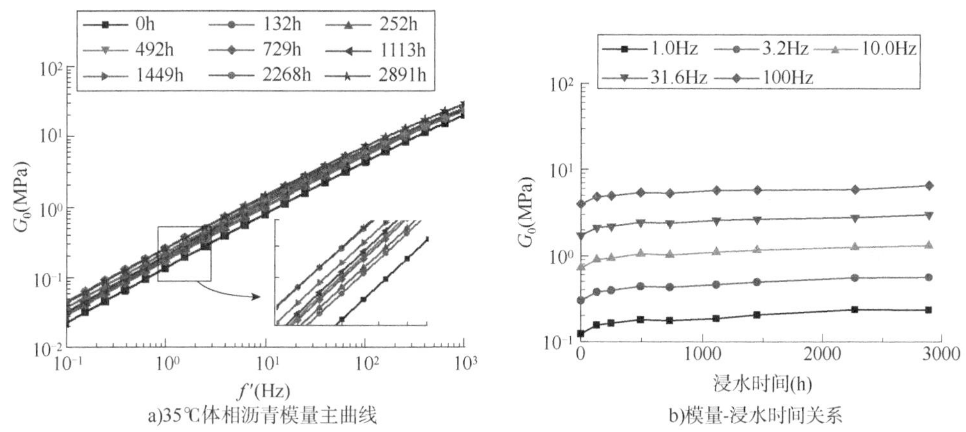

a)35℃体相沥青模量主曲线　b)模量-浸水时间关系

图 8-29　不同浸水时间体相沥青模量

浸水不同时长后,体相沥青相位角主曲线见图 8-30,可见浸水不同时长后沥青相位角主曲线下移。如图 8-30b)所示,不同频率下,沥青相位角均随着浸水时长增加而减小,说明浸水作用对沥青相位角的影响类似于胶浆。考虑矿粉颗粒的弹性力学行为,长期浸水作用引起的体相胶浆相位角减小主要由浸水后沥青相位角减小造成。

根据测试结果分析整体趋势,浸水后体相沥青模量增大,导致了胶浆模量的增大。对测试结果进行数值分析,发现浸水不同时长后体相沥青模量的增长量与体相胶浆模量的增长量仍存在一定差异。对如图 8-31 所示 10Hz 频率荷载作用下不同浸水时长的沥青及胶浆进行体相模量分析,可见沥青体相模量与浸水时长的关系可采用三参数对数函数拟合,拟合决定系数 R^2 达 0.97。图中,G_B 为不同浸水时长的沥青体相模量,G_{B0} 为干燥沥青体相模量,G_m 为胶浆体相模量(MPa),G_{m0} 为干燥胶浆体相模量(MPa),t_W 为浸水时间(h)。

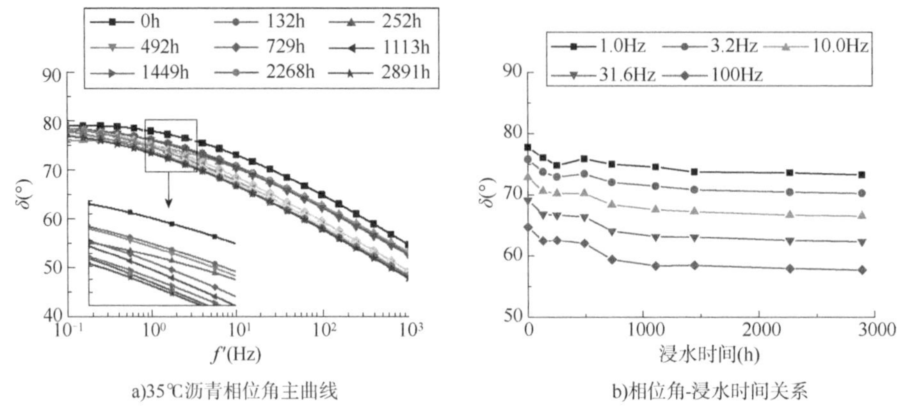

a)35℃沥青相位角主曲线　　b)相位角-浸水时间关系

图 8-30　不同浸水时间的沥青的相位角

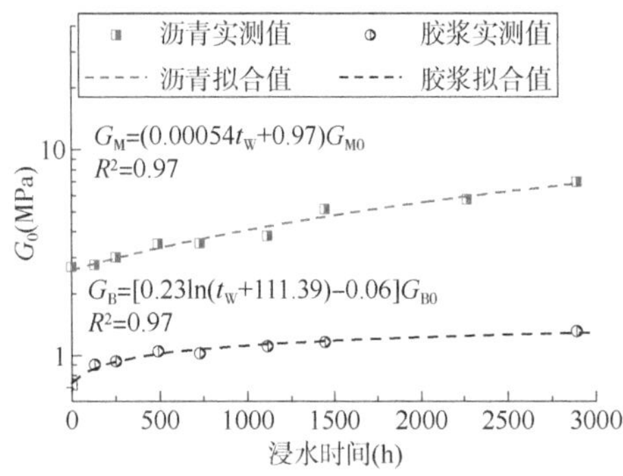

图 8-31　10Hz 荷载作用下不同浸水时长的沥青及胶浆体相模量

浸水初期,沥青体相模量随浸水时间增长较快;浸水后期,模量增长逐渐趋缓。浸水后胶浆体相模量近似满足线性增长关系;随着浸水时间的延长,胶浆体相模量与沥青体相模量的差异逐渐加大。结合胶浆微观力学模型,浸水后体相胶浆模量的增长趋势与浸水后沥青模量增长趋势不同,说明浸水作用会影响等效矿粉浓度。

采用 GSCM 模型和式(8-4)可得到不同浸水时长胶浆的等效矿粉浓度、矿粉颗粒表面结构沥青厚度。不同浸水时长胶浆的等效矿粉浓度、表观结构沥青厚度见图 8-32,可看出浸水后胶浆等效矿粉浓度及表观结构沥青厚度显著减小;但随着浸水时间的延长,胶浆等效矿粉浓度和表观吸附沥青膜厚逐渐增大。浸水初期表观吸附沥青膜厚的突然减小可能是由于浸水初期沥青模量的突然增大,导致浸水初期沥青与胶浆的模量差异突然减小,使得等效矿粉浓度与实际矿粉浓度差异减小。水分作用下,沥青模量增大、等效矿粉浓度增加均同胶浆体系微观结构、纳观水分-沥青-矿粉体系分子交互作用和分子行为紧密相关。

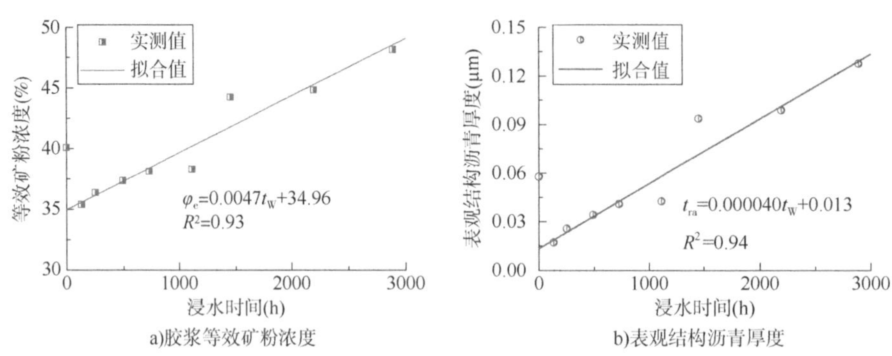

a)胶浆等效矿粉浓度　　b)表观结构沥青厚度

图 8-32　不同浸水时长的胶浆中沥青-矿粉交互作用

8.2.2.3　水分作用下的体相胶浆微观结构演化

微观界面水膜中,水分子逐渐向体相扩散,水分子、沥青组分及矿粉矿物分子交互作用,破坏干燥条件下原有沥青胶体结构及沥青-矿粉交互作用,形成含水胶浆微观结构并改变体相胶浆力学性质。如图 8-33 所示,含水体相胶浆微观结构演化大致总结为:

第Ⅰ阶段:干燥体相胶浆中不同极性沥青组分分子组成强极性核心的胶体结构均匀分散,靠近矿粉颗粒的强极性沥青分子与矿物交互作用,吸附于矿粉表面形成定向排列分子层(即结构沥青层),等效增大了矿粉颗粒半径。

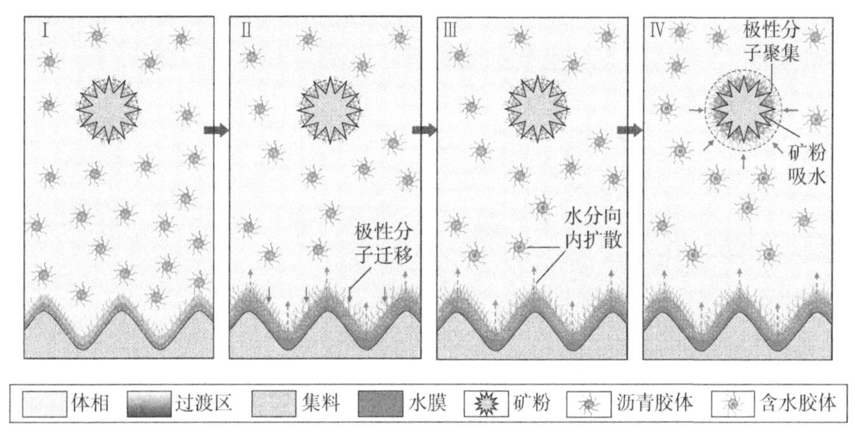

图 8-33　水损伤体相胶浆微观结构演化示意图(附彩图)

第Ⅱ阶段:当微观界面存在水分子薄膜时,长期作用下沥青强极性分子向水膜表面迁移,水分与强极性沥青分子作用,破坏干燥条件下沥青胶体结构,并开始向体相胶浆内部扩散。

第Ⅲ阶段:微观界面附近形成以水分子聚集体为核心的"油包水"胶体结构,水分浓度梯度作用下"油包水"胶体结构逐渐向体相胶浆迁移,同时微观界面处持续产生"油包水"胶体结构。

第Ⅳ阶段:体相胶浆中"油包水"胶体结构遇到矿粉颗粒,在矿粉中的活性矿物的吸引下,"油包水"胶体结构裂解产生水分聚集体和强极性沥青分子,矿物的亲水性使得水分聚集体向矿粉颗粒表面迁移,形成表面吸附水分薄膜。游离的强极性沥青分子的极性基团向矿粉颗粒表面聚集,增大了矿粉颗粒表面的结构沥青厚度,使得矿粉颗粒等效半径增大。

8.3　水分-荷载耦合下沥青混合料细观力学行为

8.3.1　长期水分扩散作用下混合料细观力学行为

水分与混合料组分材料长期作用产生了胶浆-集料微观界面、体相砂浆力学性质劣化及黏附特性衰减,导致混合料细观力学行为变异,产生细观裂纹。本节将水分作用下的界面和体相材料性质劣化引入混合料细观力学模型，分析不同程度水损伤混合料的细观力学行为。

8.3.1.1 水损伤混合料细观力学模型

考虑微观胶浆-集料界面对细观力学行为的影响，将沥青混合料划分为粗集料颗粒、界面过渡区砂浆、体相砂浆及大孔隙。第 4 章对胶浆-集料微观界面力学行为开展研究，发现集料表面一定范围内材料性质受到微观界面的显著影响，并基于流变学定义了界面过渡区为集料表面上材料模量与体相材料模量差值超过体相材料模量 5%的区域。采用数字图像处理技术，在粗集料表面增加 200μm 等厚度薄层作为界面过渡区，除界面过渡区外的砂浆区域为体相砂浆区，二维力学几何模型见图 8-34。

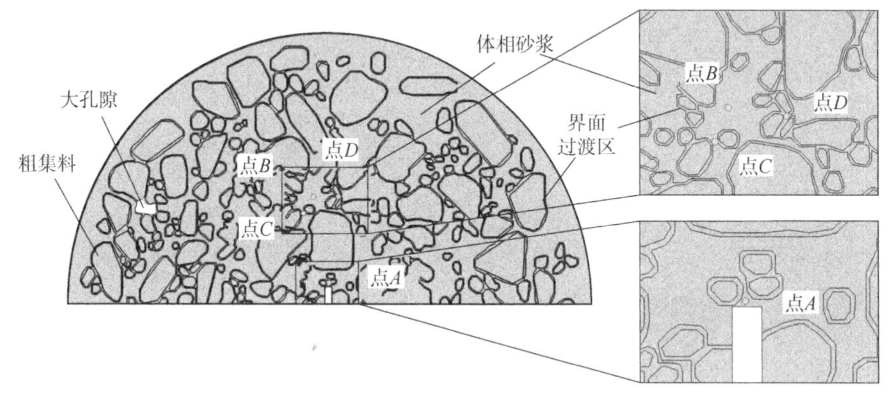

图 8-34 沥青混合料力学几何模型及响应分析点

为模拟水损伤混合料细观力学响应规律，对建立的混合料细观几何模型做如下基本力学假设：

①沥青混合料中的粗集料、界面过渡区砂浆、体相砂浆和大孔隙单一组分为连续均匀介质，且具有各向同性的力学性质。

②集料颗粒视为线弹性材料，不考虑水分对集料的短期影响，其杨氏模量及泊松比保持不变。

③界面过渡区砂浆和体相砂浆被视为具有不同参数的线黏弹材料，材料模量依赖于水损伤程度，但泊松比保持恒定。

④混合料水分浓度场不影响各组分材料力学行为，即忽略水分膨胀作用。

⑤混合料各组分材料均满足小变形假设，其应变采用变形梯度进行描述。

⑥外荷载采用恒定小速率位移加载，混合料整体力学响应处于准静态。

⑦不考虑混合料体力及其他环境条件引起的残余应力。

基于如上基本假设，建立水损伤混合料细观力学响应模型。粗集料颗粒弹性模量为 73GPa，泊松比为 0.25[16]。体相砂浆和界面区胶浆泊松比为 0.4[17]。水分长期作用下劣化的界面过渡区砂浆和体相砂浆模量在下文进行详细论述。将大孔隙视为连通开口孔隙。在准静态加载条件下不考虑大孔隙中空气的力学行为。

混合料细观力学模型初始条件为各处位移和速度为 0,其边界条件与下文宏观半圆弯曲开裂试验中的边界条件保持一致,即模型顶部中心以 1mm/min 恒定速率进行加载,底部设置间距为 120mm 的对称支点,其中一支点为铰接,另一支点仅限制竖向位移。

采用 Delaunay 三角剖分法划分模型网格,该方法具有网格划分唯一性、最优性、最规则和区域性等优势。该方法能够在最近三点形成互不相交三角网格,确保每个三角网格中的最小内角保持最大,局部增减顶点仅影响邻近三角形,且网格划分结果不依赖于网格划分起点。网格尺寸大小会影响模型计算精度,由于细观模量中包含大量不规则粗集料颗粒,不同程度细化粗集料轮廓尖点三角网格尺寸后,仍未得到稳定力学响应。为减小网格尺寸对混合料细观力学行为的影响,在计算能力有限的前提下,尽可能细化几何尖点三角网格,且各模型采用相同网格划分参数。网格划分后,最小单元尺寸为 0.003mm,模型最小几何边界长度为 0.0839mm,最小单元尺寸约为最小边界长度的 3.6%,认为模型网格划分精度能够满足细观水损伤研究需求。以 0.1s 为时间步分析混合料准静态力学响应,能够较准确模拟混合料的细观力学行为。

8.3.1.2　水分作用下材料性质劣化

1)水分浓度场与组分材料性质劣化的关联性

基于第 8.2 节关于胶浆-集料微观水损伤的研究,发现影响混合料细观力学响应的微观水损伤主要体现为水分作用下微观界面胶浆和体相胶浆模量的劣化。微观界面水损伤研究结果显示,水分润湿的微观界面胶浆模量与干燥界面胶浆模量相近,说明不同水分浓度的界面胶浆具有相近的动态模量。因此,沥青混合料细观力学模型中,界面过渡区内砂浆力学性质不显著依赖于混合料细观水分浓度场,存在水分时均可采用潮湿集料表面界面模量确定界面过渡区砂浆模量。

从长期水分作用下胶浆模量测试结果发现,体相胶浆模量缓慢持续增长。完全浸泡于蒸馏水中 132h 的体相胶浆模量涨幅不超过干燥体相胶浆模量的 5%,而浸泡 2889h 后体相胶浆模量涨幅达干燥体相胶浆模量的 157%,说明水分对体相胶浆模量的劣化过程是缓慢而长期持续的。因此,含水损伤混合料细观力学响应模拟忽略短期扩散过程体相胶浆模量的微小变化,仅考虑长期水分作用下体相胶浆模量劣化。

2)胶浆-砂浆模量关联性

为确定不同水损伤混合料细观模型中界面过渡区砂浆和体相砂浆的力学性质,基于第 8.2 节对不同水分作用下的微观界面胶浆和体相胶浆动态模量的测试,借助微观力学胶浆-砂浆模量尺度跨越方法[18],得到水分作用下的界面过渡区和体相砂浆模量。

Underwood 通过研究 AC 密级配类沥青混合料砂浆和胶浆细微观结构特征,发现 AC 类沥青混合料的悬浮密实结构使得砂浆中的细集料颗粒悬浮于胶浆基体中,胶浆中的矿粉颗粒悬浮于沥青基体中,证实了相同材料和级配组成的砂浆与胶浆具有结构自相似性。基于自相似理论和砂浆和胶浆模量性质,可采用微观力学理论描述力学行为,相同材料、级配组成的砂浆和胶浆模量满足如下关系[18]:

$$\log G'_{\mathrm{FAM}}=\alpha+\frac{\beta}{1+\mathrm{e}^{\chi+\delta\log G'_{\mathrm{M}}}} \tag{8-5}$$

式中：G'_{FAM}——砂浆剪切储存模量(Pa)；

G'_{M}——胶浆剪切储存模量(Pa)；

α,β,χ——模型拟合参数。

通过测试干燥条件下的体相砂浆模量，结合第4章的干燥体相胶浆模量测试结果，采用式(8-5)拟合干燥条件下砂浆模量与体相胶浆模量的关系。考虑到水分扩散作用不影响砂浆细观细集料空间分布，采用干燥条件下的胶浆-砂浆模量关系拟合参数及水分作用下的胶浆模量，得到水分作用下的体相砂浆模量和界面过渡区砂浆模量。借鉴龚湘兵[19]提出的流变仪砂浆模量测试方法，测试圆柱形砂浆试件线黏弹动态剪切复数模量。试件上、下端部采用厚度为4mm、外径为25mm的圆环进行固定，通过材料力学扭转验算发现，上、下端部固定圆环对砂浆试件中部剪应力的影响为0.002%，因而可近似认为流变仪实测扭矩与砂浆试件产生的扭矩相等，测得的试件整体动态模量为体相砂浆模量。

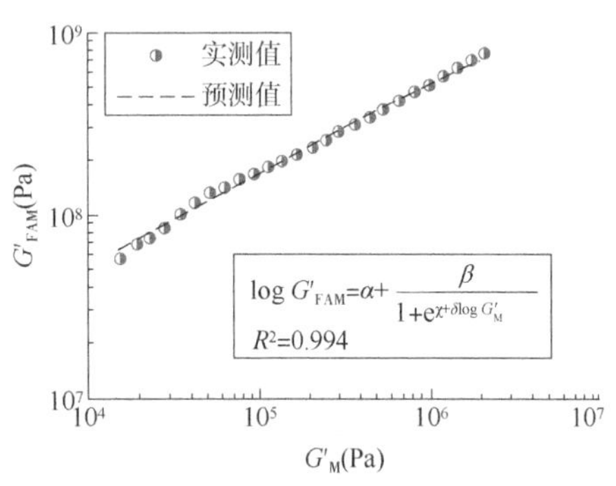

图8-35 胶浆-砂浆模量关系

采用式(8-5)拟合干燥砂浆与胶浆模量，结果见图8-35，说明该式能够较好拟合砂浆与胶浆间的模量关系，拟合决定系数为0.994。基于拟合参数与第3章所述水分作用下的体相和界面胶浆模量，得到水分作用下的体相和界面过渡区砂浆模量。

3)水损伤体相砂浆模量

将第4章浸水不同时长的体相胶浆模量测试结果代入式(8-5)，得到经过0h、132h、252h、492h、729h、1115h、1425h、2196h、2889h浸水作用后体相砂浆在不同频率下的储存模量，见图8-36a)。体相胶浆模量随着浸水时长的增加逐渐增大，从而增大浸水后的体相砂浆模量。采用松弛模量计算方法，得到浸水不同时长后的体相砂浆松弛模量。采用广义Maxwell模型拟合浸水不同时长的体相砂浆松弛模量，见图8-36b)，得到Prony级数参数并输入混合料细观力学模型。

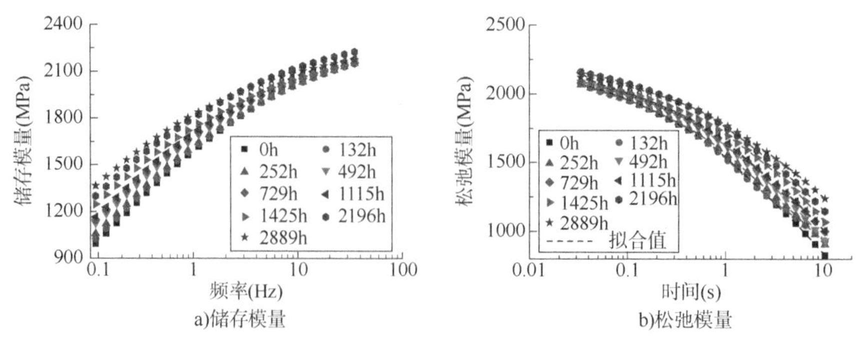

图8-36 不同时间浸水后体相砂浆模量

4)水损伤界面过渡区砂浆模量

为确定 200μm 界面过渡区内水损伤砂浆等效模量,需得到潮湿集料表面界面过渡区内胶浆等效模量。基于潮湿集料表面界面胶浆模量、体相胶浆模量和界面影响衰减参数,采用界面影响下的胶浆流变模型,得到潮湿集料表面 200μm 界面过渡区内胶浆等效模量。代入式(8-5)可确定潮湿集料表面界面过渡区砂浆模量,见图 8-37a),界面过渡区内砂浆松弛模量及广义 Maxwell 模型拟合曲线见图 8-37b),将模量拟合参数输入细观力学模型,研究含不同程度水损伤的体相砂浆和界面过渡区砂浆的混合料细观力学响应行为。

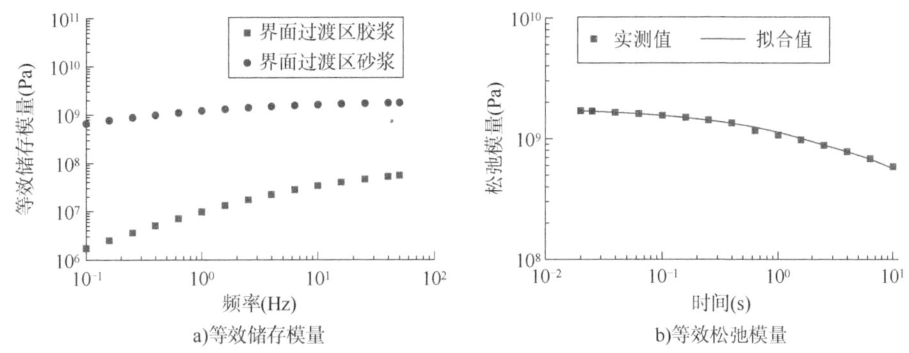

图 8-37　潮湿集料表面界面过渡区砂浆等效模量

8.3.1.3　水损伤混合料力学特性衰减规律

选取如图 8-34 所示的混合料半圆弯曲(Semicircle Bending,SCB)试件内预制切口附近及试件中心作为响应分析点,研究不同程度水损伤混合料中界面过渡区砂浆、体相砂浆应力应变变化。点 A 位于试件切口上部体相砂浆中,点 B 和点 C 分别处于试件中心远离集料颗粒的体相砂浆与集料颗粒间隙处的体相砂浆,点 D 位于试件中心集料表面界面过渡区砂浆。考虑到 SCB 试件受拉开裂并产生破坏,以加载 2s 时(即试件顶端施加 0.033mm 位移)各点水平应力、应变为例。不同浸水时长后,干燥混合料局部应力、应变的变化见图 8-38,可见各点应力、应变均在前期随浸水时间延长显著增大而在后期逐渐趋稳。不同点的响应演化存在一定差异,说明混合料细观结构与集料颗粒分布显著影响各点力学行为。分析水平应力变化,各点均表现出随浸水时长增加而逐渐增大的趋势,长时间浸水混合料点 A 处应力增长幅度最大可达 20%,说明长期浸水后混合料内体相砂浆和界面过渡区砂浆所受应力增大。此外,各点水平拉应变随浸水时长增加而轻微增大,水平应变增大幅值最大约为 5%。

尽管混合料细观颗粒分布影响不同位置砂浆应力和应变,但从选定研究来看,应力增长幅度最大可达 20%。若认为干燥和浸水不同时长后各点砂浆开裂强度相同,则长期水分作用会导致混合料发生局部开裂的可能性提高至少 20%;从细观力学响应角度分析,水损伤混合料界面过渡区和体相砂浆应力增长是引起细观局部水损伤重要原因之一。

水损伤混合料细观力学响应显著依赖于混合料细观结构。为研究水损伤对混合料细观应力场影响,对比干燥和浸水 2889h 后 SCB 混合料试件加载 2s 时应力等值线空间分布。从

图 8-39 可看出,三点加载模式下干燥和水损伤混合料中的高应力区均集中在顶部加载点附近、底部两支点附近及试件底部中心预制切口附近,加载点与两支点形成近似拱形受力状态,使得顶部加载点和底部支点沿试件边缘形成近似弧形的高应力区。对比干燥和水损伤混合料试件的应力分布差异发现,相同等值线比例尺下,图 8-39b)所示的水损伤试件局部应力等值线分布不同于图 8-39a)所示的干燥试件,表现为等值线密度差异、等值线包围区域尺寸差异及等值线形状差异。

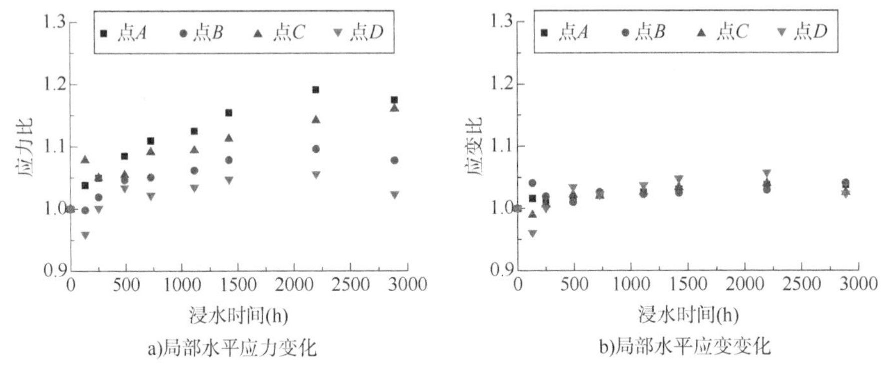

a)局部水平应力变化　b)局部水平应变变化

图 8-38　浸水不同时长后混合料局部响应变化

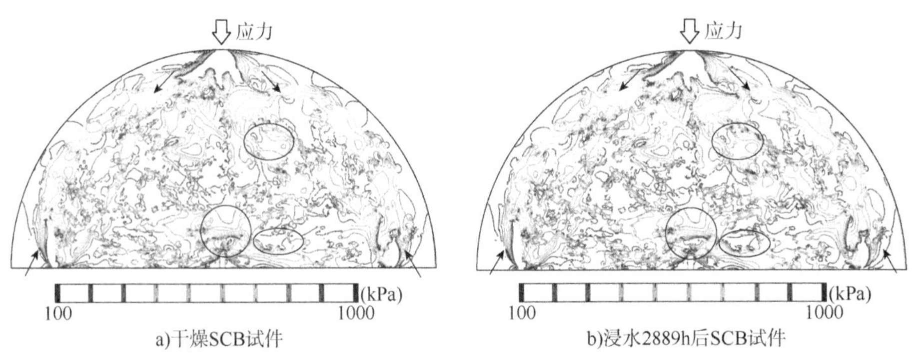

a)干燥SCB试件　b)浸水2889h后SCB试件

图 8-39　干燥和浸水 2889h 后混合料 von Mises 应力场分布(附彩图)

为直观显示干燥和水损伤混合料细观应力场分布差异,考虑到试件裂纹发生和扩展发生于底部预制切口附近,放大干燥和水损伤试件切口附近细观应力场,分析局部应力分布差异。图 8-40b)中,箭头 2 所指应力集中点等值线分布密度略大于图 8-40a)的干燥试件,说明水分作用下体相砂浆模量的增大导致混合料应力集中加剧。图 8-40b)中的箭头 1 和 3 所指高应力等值线围成区域面积大于图 8-40a)的干燥试件,水损伤试件更大区域受高应力作用,说明水分作用下体相砂浆模量的增大使得高应力区域面积增大。图 8-40b)中,箭头 4 所指等值线形状分布显著不同于图 8-40a)的干燥试件,浸水试件中箭头 4 所指等值线已连接相邻两处应力集中点,而干燥试件中箭头 4 所指等值线仅环绕尖端附近应力集中点,说明水分作用使得高应力等值线相连。结合前述特征点应力随浸水时间演化的规律可知,水分长期作用会加剧细观应力集中,并增大集料颗粒附近应力及其分布范围。

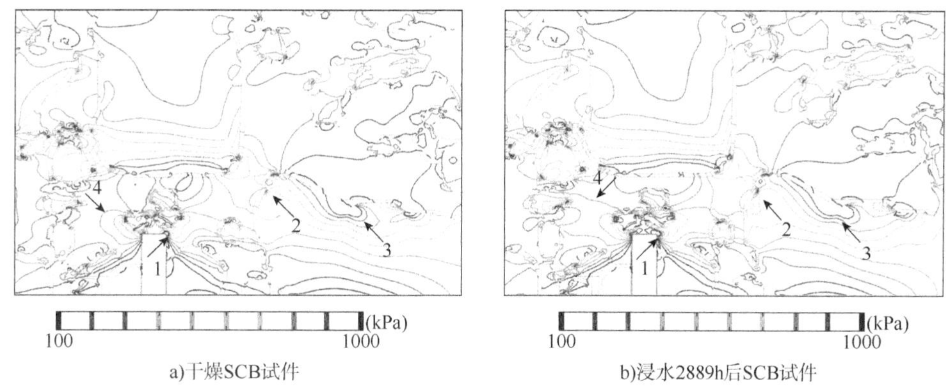

a)干燥SCB试件　　b)浸水2889h后SCB试件

图 8-40　干燥和浸水 2889h 后混合料切口处 von Mises 应力场(附彩图)

8.3.2　渗流作用下沥青混合料细观力学行为

沥青混合料作为道路的外部结构物,时刻受到外界环境的作用,特别是以各种形态存在的水的作用。在服役过程中,降雨、地表水以及大气水汽均会通过沥青混合料自身存在的空隙流入路面结构中,加之车辆荷载的联合作用,使材料性能有所降低,形成损伤乃至损害。基于前两章的研究成果,利用 Abaqus 软件进行有限元模拟,分析水分在沥青混合料中的分布、荷载作用下的力学响应和材料的局部损伤。首先通过控制边界条件,获取沥青混合料的三维水流场分布;其次依据已获得的水流场分布情况,考虑水分存在对沥青砂浆材料性能造成的衰减,输入新的材料参数,分析荷载作用下的力学响应;最后研究荷载作用下沥青砂浆材料的局部损伤。

8.3.2.1　沥青混合料三维细观水流场分析

沥青混合料属于典型的多孔介质,内部孔隙的存在为水分的流动提供了可能。为分析考虑细观结构的水分流动情况,提取各个区域的水流速度和材料饱和度,研究水分的存在对沥青混合料整体材料性能的影响。

1)非饱和渗流基本理论

渗透性是指水在浓度差下或受到压力时在多孔介质中移动的能力,是沥青混合料的一项重要性能,对沥青路面的水损伤有很大的影响。

渗流的基本定律为 Darcy 定律:

$$q = kA\frac{\Delta h}{l} \tag{8-6}$$

式中:q——渗流量(m^3);

k——渗透系数(m/s);

A——断面面积(m^2);

Δh——水头损失(m);

l——断面间距(m)。

Abaqus 采用的渗透定律是 Forchheimer 渗透定律,其渗透系数 $\bar{k}$ 的定义为:

$$\bar{k}=\frac{k_s}{1+\beta\sqrt{v_w \cdot v_w}}k \tag{8-7}$$

式中：k——饱和土的渗透系数(m/s)；

β——速度对渗透系数的影响系数；

v_w——流体的速度矢量(m/s)；

k_s——与饱和度相关的系数。

显然，当 $\beta=0$ 时 Forchheimer 渗透定律即简化为 Darcy 定律。

Abaqus 通过加入折减系数来表征孔隙饱和度对渗透系数的影响。默认 $k_s=S_r^3$，其中 S_r 为饱和度。当 S_r 等于 1 时表示完全饱和，即所有孔隙均被流体填充，渗透系数不变；当 $S_r<1$ 时，渗透系数需要折减，以此反映非饱和渗透与饱和渗透的区别。渗透系数除了受孔隙饱和度的影响外，还是孔隙比的函数。渗透系数随孔隙比的减小而下降。本研究在模拟过程中不考虑孔隙比的变化。

2)模拟条件选取

采用 AM-20、AC-20 和 ATB-25 级配的沥青混合料，建立考虑其细观结构的三维有限元模型。扫描所得的图像精度为 926×926，考虑工作站计算能力限制，将所有图像分辨率转换为 138×138，每 0.75mm 输出一张二维图像，建立的三维有限元模型直径为 90mm，高度为 15mm，网格数为 225540 个。

(1)设置材料参数

对集料、沥青砂浆及空隙(这里视作实体单元)分别按表 8-2 赋予材料参数。

材料参数　　表 8-2

参数名	集料	沥青砂浆	空隙
渗透系数(m/s)	—	1×10^{-7}	0.1
孔隙比	—	1	1

沥青砂浆的渗透系数通过参考文献确定。空隙的渗透系数设为 0.1m/s，使 $k_s \gg k/\gamma_w c$ (其中，γ_w 为比重)，即可视为完全透水。集料设为不透水材料。孔隙比在模拟过程中保持不变，均设为 1。由于涉及非饱和渗流，需要定义饱和度同渗透系数的关系。采用 Abaqus 进行分析时，需要定义与饱和度有关的渗透系数折减系数，或与饱和度有关的基质吸力。本研究采用定义基质吸力的方法，且默认吸湿曲线和脱水曲线相同。

(2)施加荷载及边界条件

为试件顶部设定 2×10^{-4}m/s 的流速边界条件，底部设为透水边界。这步操作在 CAE 界面无法完成，需要在 input 文件中设置，设置语句为：

```
*Sflow;
BOTTOMSURFACE,QD,ks
```

这样的关键词定义表示该面只允许水分流出，而不允许水分流入。其中，$k_s=0.1$，与空隙的渗透系数相同，保证 $k_s \gg k/\gamma_w c$。

为了模拟迭代方便,将沥青砂浆和空隙的初始孔隙比都设为 1,初始饱和度都设为 0.15,这样的初始条件设置对模拟结果没有影响。

不考虑试件的重力作用,并约束所有节点的位移自由度。

(3)设定分析步和输出变量

选择稳态分析类型,总时间步长设为 200,时间增量步采用自动搜索功能。选择 FLVEL(渗流速度)以及 SAT(饱和度)作为输出变量。

(4)划分网格

网格类型需选择 Pore Fluid/Stress,即 C3D8P。

3)流速及饱和度三维分布

对三种不同级配的沥青混合料,以 2×10^{-4}m/s 为起始标准,分别施加不同的顶面流速,以分析在不同情况下流速、饱和度的分布情况。提取模型中各个节点的流速、饱和度,对其进行数学统计。

从 AM-20 级配孔隙处水流速度的大小(图 8-41)来看,有接近一半的孔隙处渗流速度为 0m/s,且顶面流速增大以后仍不变,因为这些空隙都是闭口孔隙,渗流过程中水分无法流入。其余大部分孔隙的水流速度集中在 $10^{-1}\sim10^{-2}$m/s 和 $10^{-5}\sim10^{-7}$m/s。随顶面流速增大,孔隙处流速向 $10^{-1}\sim10^{-2}$m/s 处聚集,这与常规认识是相符的。

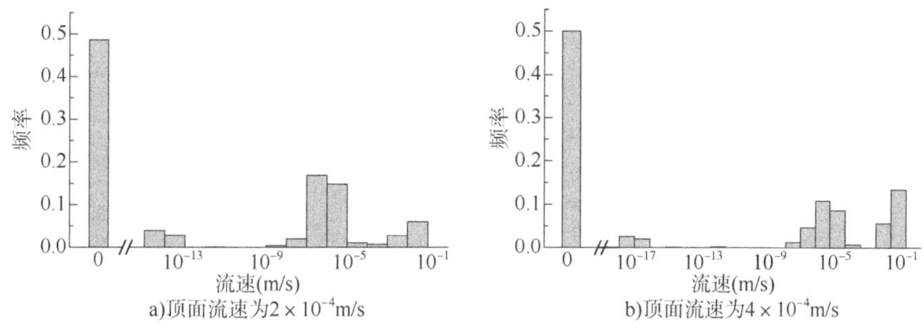

图 8-41 AM-20 级配孔隙处流速统计结果

对于 AC-20 级配孔隙处流速(图 8-42),其渗流速度为 0m/s 的节点出现频率为三分之一左右,说明其闭口孔隙比 AM-20 级配的混合料少。水流速度主要集中在 10^{-5}m/s 左右,且随着顶面流速的增大,孔隙处流速也增大。与 AM-20 级配不同,AC-20 级配沥青混合料的孔隙处几乎没有 10^{-1}m/s 左右的相对高速水流,可能是因为其连通孔隙相对较少或者路径比较曲折,水分不易高速通过。

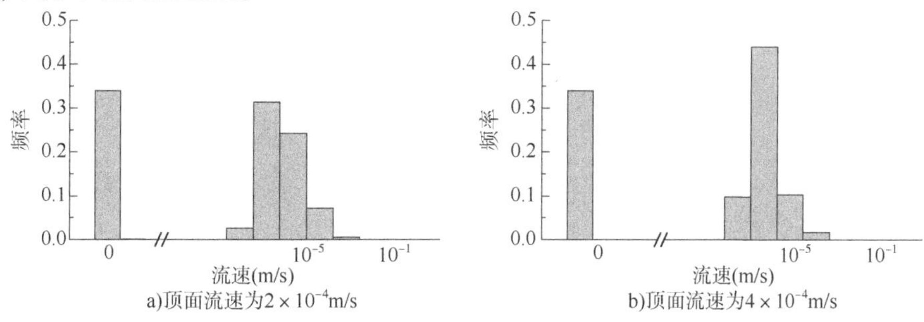

图 8-42 AC-20 级配孔隙处流速统计结果

图 8-43 是 ATB-25 级配空隙处流速统计结果,其闭口孔隙占比为 20%左右。渗流速度的分布规律和 AM-20 级配相似。不同的是,随着顶面流速的增大,渗流速度为 10^{-1}m/s 的节点减少,流速为 10^{-3}m/s 的节点大量增多,是因为其他孔隙提供了更多的水流路径,分担了流动压力。

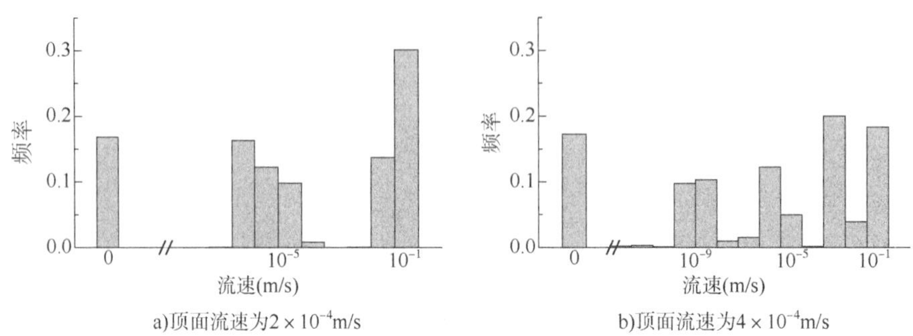

图 8-43 ATB-25 级配空隙处流速统计结果

图 8-44 展示了当试件顶面流速为 2×10^{-4}m/s 时,三种级配沥青混合料孔隙位置处的饱和度统计结果。

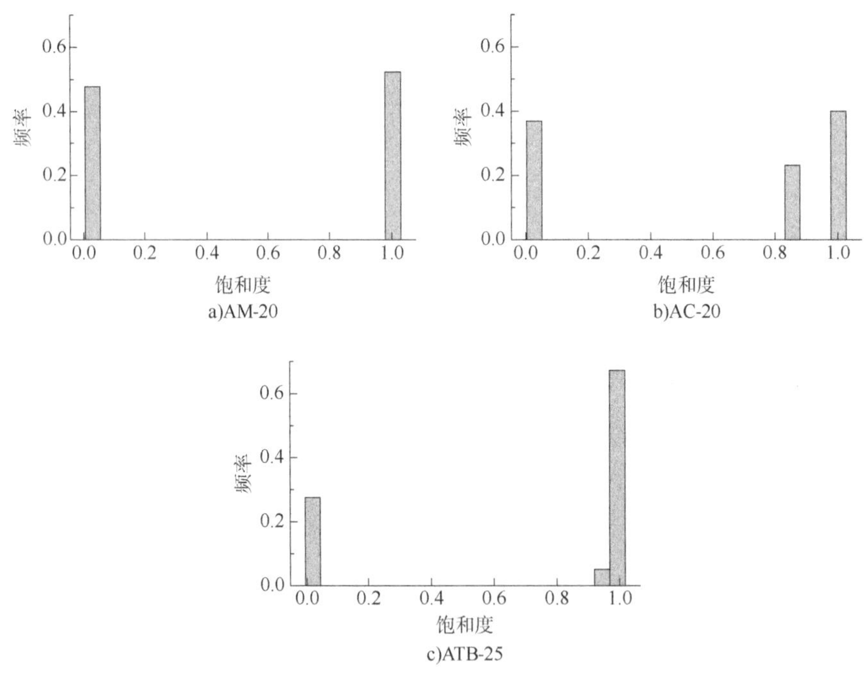

图 8-44 沥青混合料孔隙处饱和度统计结果

孔隙处的饱和度呈现出两极分化的态势,要么接近于 0,要么接近于 1。饱和度接近于 0 的孔隙应该属于闭口孔隙,在三种级配中分别占 50%、40%和 30%左右,这样的数据和上文中孔隙处流速的数据是一致的,恰好验证了闭口孔隙的结论。缺少"半饱和"孔隙的原因可能是三种级配的沥青混合料都属于密集配或半开级配,整体而言孔隙率不高且连通孔隙很少，导致水分要么无法进入闭口孔隙，要么进入少量曲折的连通孔隙，达到饱和以后保持稳态进出。当增大试件顶面流速时，孔隙处饱和度大小的分布没有明显变化。

4）沥青砂浆处饱和度分布

为了分析水分的存在对沥青砂浆材料性能的影响，同第 3 章中的频率扫描试验、切口小梁三点弯曲试验建立联系，统计砂浆处饱和度大小的分布规律。从图 8-45 中可以看出，当试件顶面流速为 2×10^{-4}m/s 时，AM-20 级配沥青砂浆处的饱和度大小分布相对比较均匀，低饱和度沥青砂浆占比达到将近一半，这是因为在流量较小时，水分在孔隙处流动，造成沥青砂浆内部含水较少。当顶面流速增大到 4×10^{-4}m/s 时，沥青砂浆处的饱和度整体提高到接近完全饱和的状态。

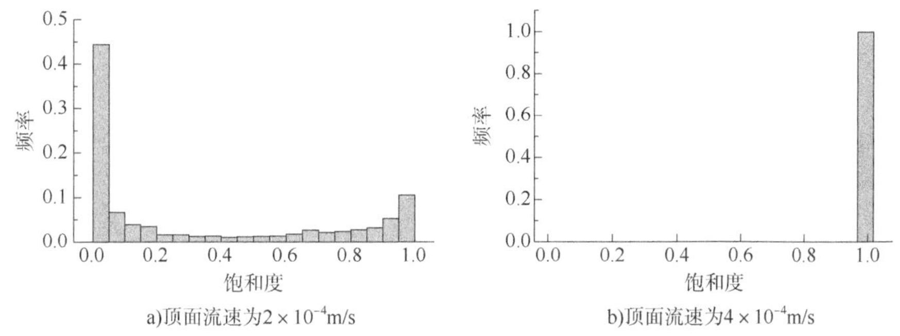

a)顶面流速为2×10^{-4}m/s　　b)顶面流速为4×10^{-4}m/s

图 8-45　AM-20 级配沥青砂浆处饱和度统计结果

对 AC-20 沥青混合料而言，沥青砂浆处的饱和度分布规律同 AM-20 类似（图 8-46）。但当顶面流速为 2×10^{-4} m/s 时，饱和度分布更均匀，更多的沥青砂浆处于半饱和状态，这与 AC-20 级配的沥青混合料相对沥青砂浆含量更大有关。

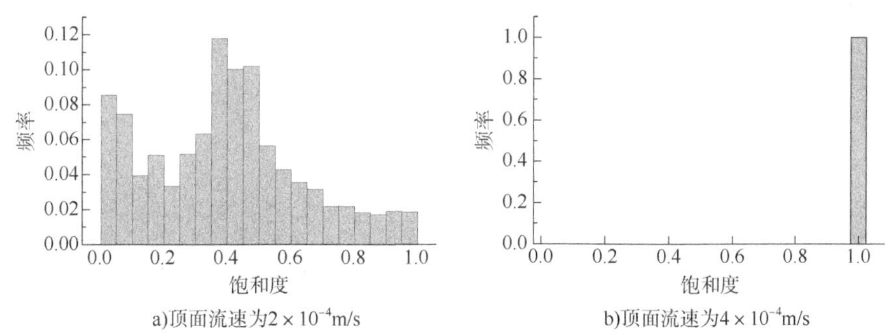

a)顶面流速为2×10^{-4}m/s　　b)顶面流速为4×10^{-4}m/s

图 8-46　AC-20 级配沥青砂浆处饱和度统计结果

图 8-47 显示，ATB-25 级配的沥青混合料与其他级配的沥青混合料不同之处在于：当顶面流速为 2×10^{-4}m/s 时，沥青砂浆的饱和度都极小。考虑之前分析该级配的闭合孔隙是相对最少的，连通孔隙相对较多，在低流量时水分更多地从连通孔隙中流过。

5）典型截面水流场分布

为了对模拟结果进行更详尽的分析，截取模型的典型截面分别进行渗流速度和饱和度的分析（图 8-48）。这里顶面流速均为 2×10^{-4}m/s。

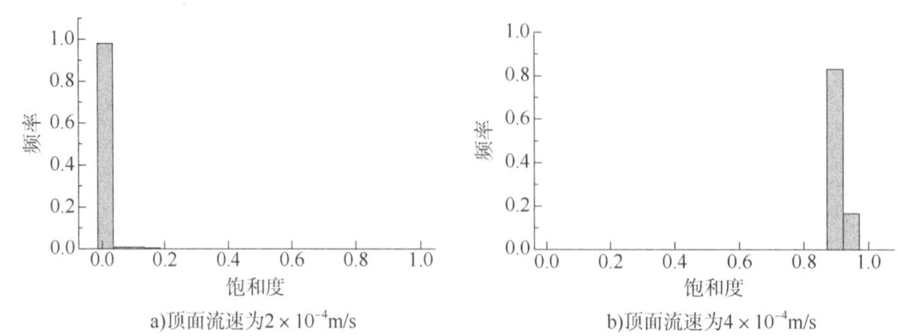

图 8-47 ATB-25 级配沥青砂浆处饱和度统计结果

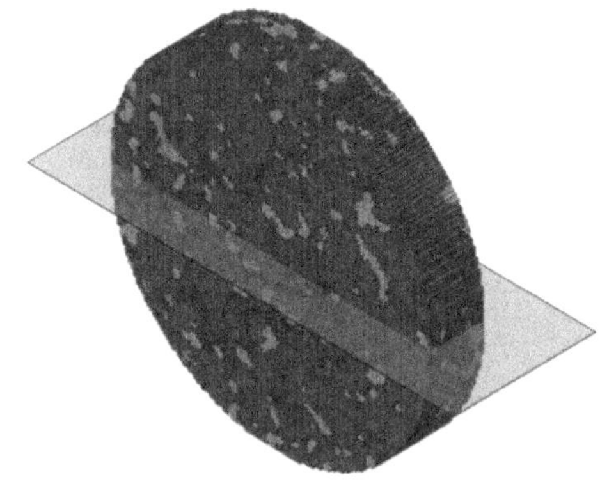

图 8-48 模型截面示例(附彩图)

图 8-49 显示了三种级配沥青混合料中该截面的材料分布。图中,绿色部分为集料,红色部分为沥青砂浆,白色部分为孔隙。较明显的区别是:AM-20 级配沥青混合料的截面上孔隙较多但分布较为分散;AC-20 和 ATB-25 除部分区域有较大孔隙外,其他区域几乎没有孔隙。

AM-20 级配沥青混合料截面渗流速度云图见图 8-50,黑色部分为集料或渗流速度接近于 0m/s 的沥青砂浆或孔隙。与材料分布图对比,可以较好地分析渗流速度的分布规律。

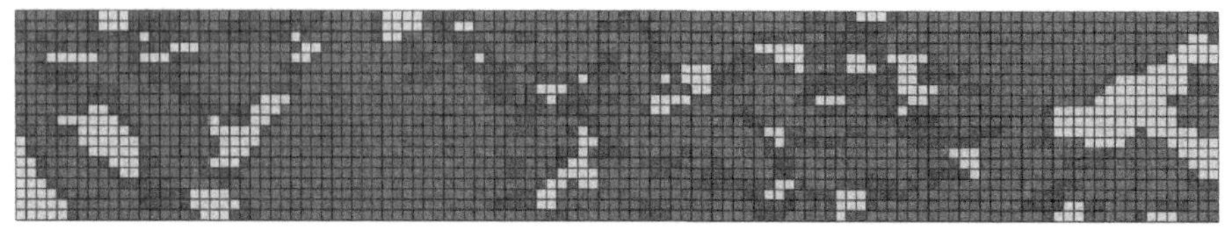

a)AM-20

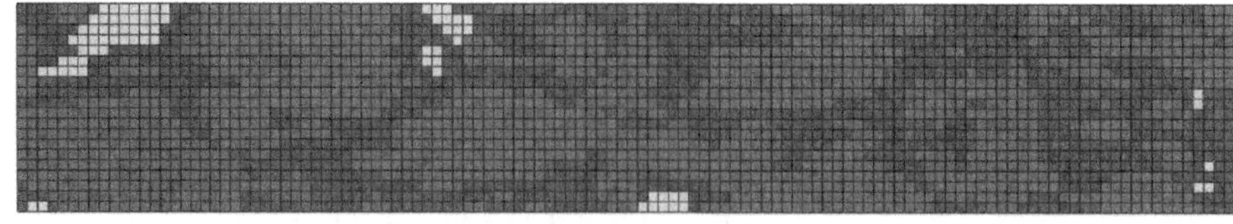

b)AC-20

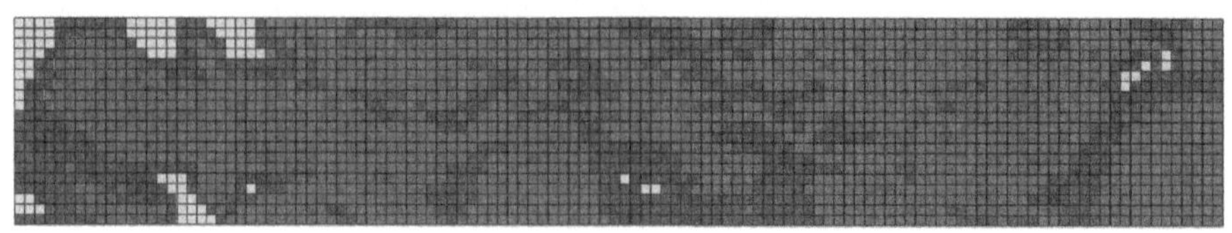

c)ATB-25

图 8-49 三种级配沥青混合料截面材料分布(附彩图)

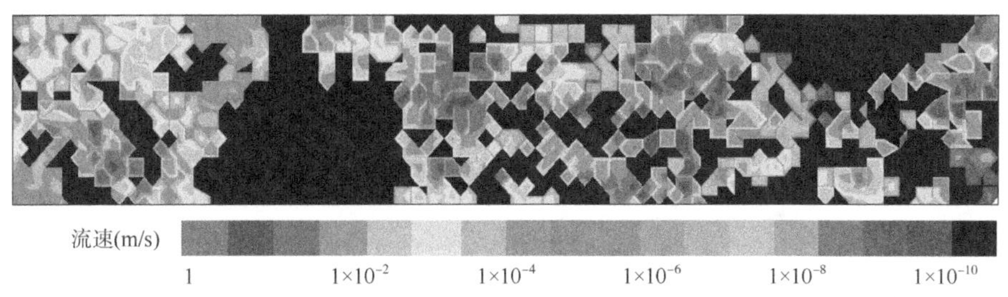

图 8-50　AM-20 级配沥青混合料截面渗流速度云图(附彩图)

整体而言,渗流速度为 10^{-3}m/s 左右,且孔隙处的渗流速度远远大于沥青砂浆处的渗流速度。另外,大孔隙处的渗流速度较大,小孔隙处的渗流速度较小。沥青砂浆中的渗流速度分布则比较均匀,与预想的结果一致。

从图 8-51 和图 8-52 可以看出,由于沥青混合料孔隙率不同以及选取的截面的原因,AC-20 和 ATB-25 沥青混合料截面处孔隙明显偏少,导致其流速偏小,大致处于 10^{-5} ~ 10^{-7}m/s范围;但在大孔隙处,流速增大明显。另外,相同的规律是云图底部渗流速度相对较大,这主要是因为模型的底部被设为透水边界,使得水分流动到该位置时较为自由,可以顺利流出。

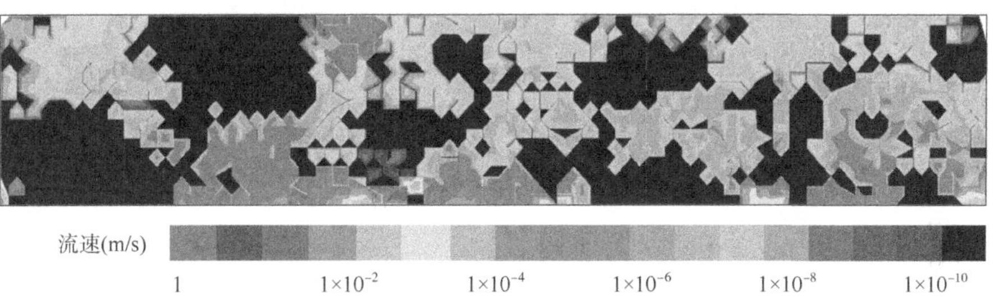

图 8-51　AC-20 级配沥青混合料截面渗流速度云图(附彩图)

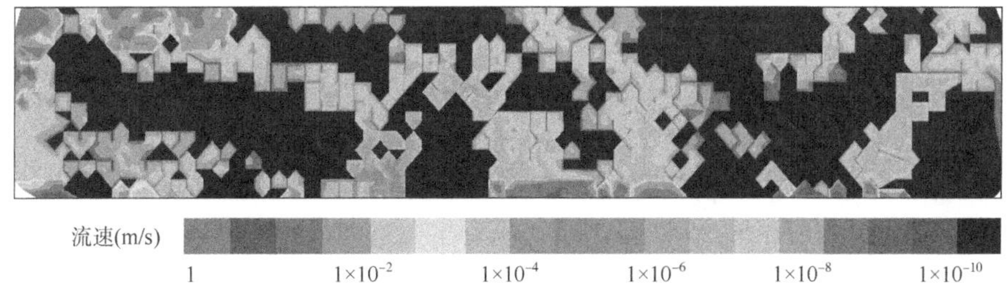

图 8-52　ATB-25 级配沥青混合料截面渗流速度云图(附彩图)

AM-20 和 AC-20 级配沥青混合料截面饱和度分布分别见图 8-53、图 8-54。饱和度整体较大,在 0.1 ~ 1 范围。大型孔隙位置的饱和度有所降低,为 0.01 左右。饱和度分布较为均匀。

与上面两种级配不同的是,ATB-25 级配的沥青混合料截面饱和度整体偏小,为 0.01 左右,见图 8-55。

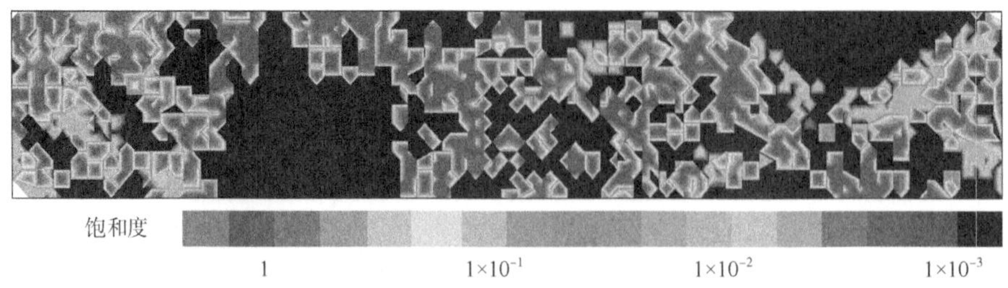

图 8-53　AM-20 级配沥青混合料截面饱和度云图(附彩图)

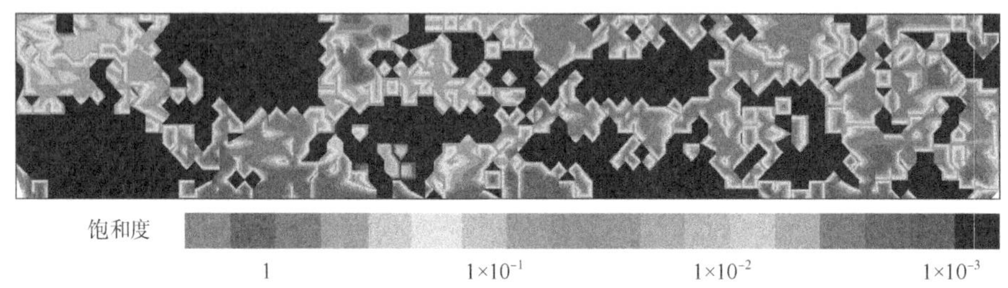

图 8-54　AC-20 级配沥青混合料截面饱和度云图(附彩图)

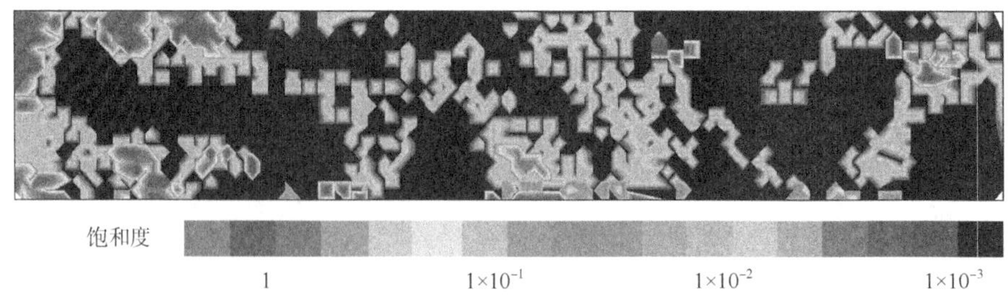

图 8-55　ATB-25 级配沥青混合料截面饱和度云图(附彩图)

另外,大孔隙位置的饱和度较大,达到 0.1 左右,与上面的结论是相反的。且大孔隙处的饱和度与周围过渡不均匀,这可能是因为选取的截面正好有较大的闭口孔隙,水分进入较困难,流出也较困难,这就造成了水分在孔隙内接近饱和,周围沥青砂浆却受影响较小的现象。

8.3.2.2　考虑水流场影响的沥青混合料力学响应

由于水分的存在造成沥青砂浆不同程度饱水,材料性能发生改变,在荷载作用下的力学响应也有变化。本小节根据沥青混合料水流场模拟的结果,研究在均布静态荷载下结构的力学响应规律。

1)模拟条件选取

基于沥青混合料细观三维水流场的研究成果,建立考虑水流场影响的新的三维有限元模型,主要是删去了空隙的实体结构,并且考虑水分作用,对沥青砂浆重新赋予材料参数。选取顶部流速为 0.72m/h 的 AM-20 级配和 AC-20 级配的沥青混合料,以及顶部流速为 1.44m/h 的 ATB-25 级配的沥青混合料。需要说明的是,由于模型网格过于复杂,计算比较难收敛，为了简化计算，只考虑了静态荷载的作用。

(1)设置材料参数

按表 8-3 分别对集料和沥青砂浆赋予材料参数。

材料参数　　表 8-3

参　数	集　料	沥青砂浆
密度(g/cm^3)	2.7	2.1
模量(MPa)	50000	—

将第 3 章中各个级配、不同饱水度沥青砂浆的模量数据的 Prony 级数形式输入 Abaqus 软件中。

(2)施加荷载及边界条件

试件顶部施加 0.7MPa 的均布静态荷载，约束试件底部的竖向位移，并考虑试件的自重。

(3)设定分析步和输出变量

选择应力、应变、位移作为输出变量。

(4)划分网格

网格类型选择 3D Stress，即 C3D8R。

2)典型截面力学响应分析

为研究水流场的存在对沥青混合料整体材料性能的影响，选取试件顶面为典型截面，分析在不同水环境中的沥青混合料在均布静态荷载作用下力学响应的变化。图 8-56 展示了截面的材料分布。

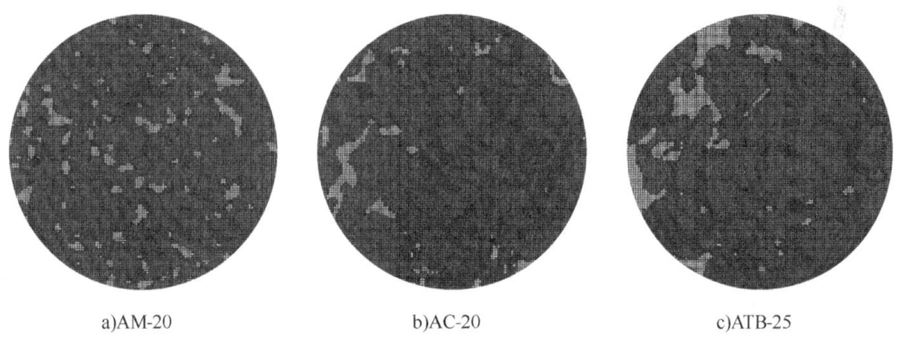

a)AM-20　　b)AC-20　　c)ATB-25

图 8-56　三种级配沥青混合料截面材料分布(附彩图)

3)不同级配沥青混合料力学响应分析

图 8-57 为无水条件下三种级配沥青混合料选取截面的竖向应力云图，图中黑色区域为空隙所在位置。应力大小基本都处于 0.5MPa 左右，集料所在位置的竖向应力明显大于沥青砂浆所在位置的竖向应力。AM-20 级配沥青混合料截面竖向应力分布比较均匀，集料位置大致为 0.55MPa，沥青砂浆位置大致为 0.4MPa；而 AC-20 和 ATB-25 级配的沥青混合料在集料位置有较为明显的应力集中现象，集料处的应力最大达到 0.7MPa 左右，这可能是因为所选取截面的材料分布不均匀，AC-20 级配截面沥青砂浆散乱分布在右下半侧，ATB-25 级配

截面存在大块的沥青砂浆及空隙集聚。另外，由于模型计算收敛性的问题，AM-20 级配沥青混合料施加荷载的时间最短，这也可能是应力集中的原因。

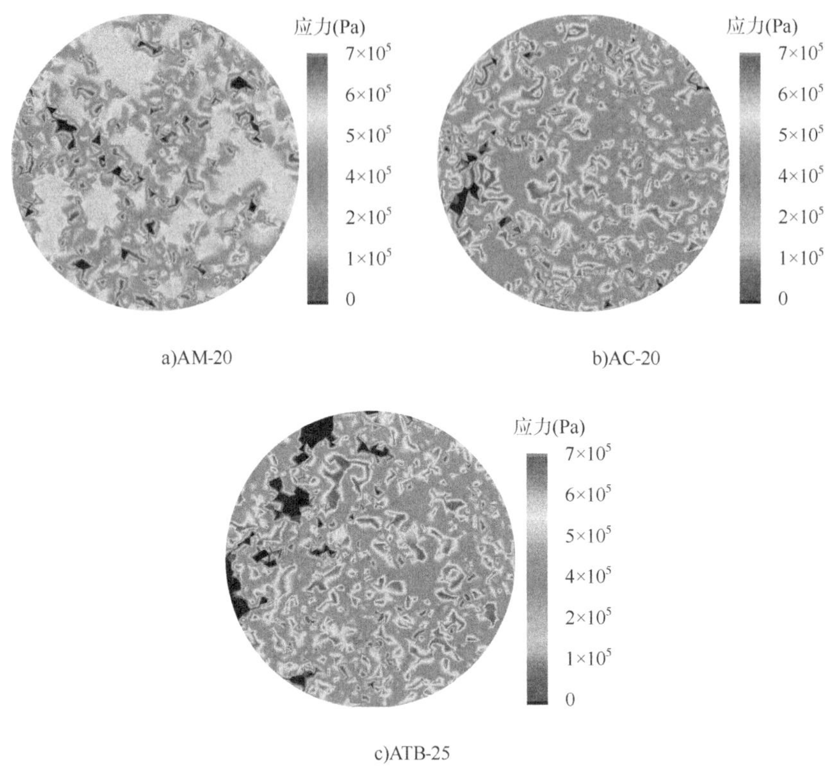

a)AM-20　b)AC-20

c)ATB-25

图 8-57　三种级配沥青混合料截面竖向应力云图(附彩图)

4)不同水环境沥青混合料力学响应分析

完全干燥和沥青砂浆部分饱水的 AM-20 级配沥青混合料截面竖向应力云图见图 8-58，由于沥青砂浆不同程度饱水，导致其模量有所降低，部分集料处竖向应力略有增大，可见集料承担了更多的荷载。但是这种变化并不明显，一是因为荷载时间偏短；二是水分的存在对沥青砂浆的模量虽然有一定程度的衰减作用，但衰减程度不大，短时间内无法造成显著的改变。

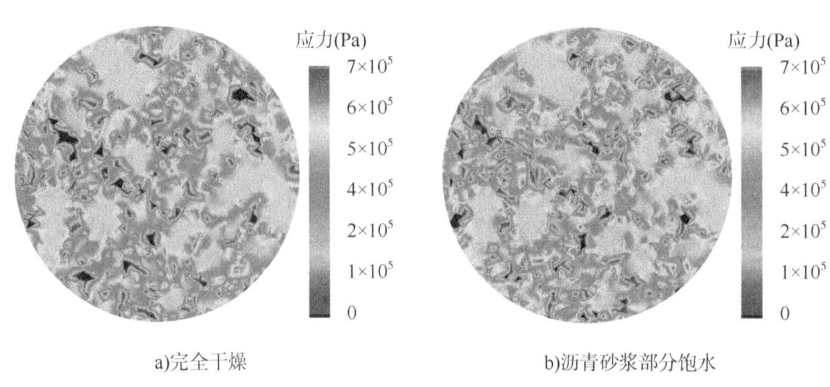

a)完全干燥　b)沥青砂浆部分饱水

图 8-58　AM-20 级配沥青混合料截面竖向应力云图(附彩图)

部分饱水后，AC-20 和 ATB-25 级配的沥青混合料截面竖向应力的规律（图 8-59、图 8-60）与其完全干燥时一致。相对而言，ATB-25 级配的沥青混合料截面竖向应力的改变更明显，云图中出现了大块的高应力区域，集料代替模量降低的沥青砂浆承担了部分荷载作用。

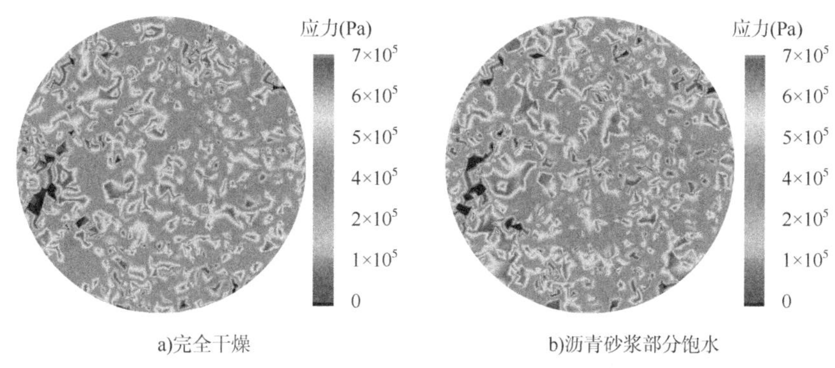

a)完全干燥　　b)沥青砂浆部分饱水

图 8-59　AC-20 级配沥青混合料截面竖向应力云图（附彩图）

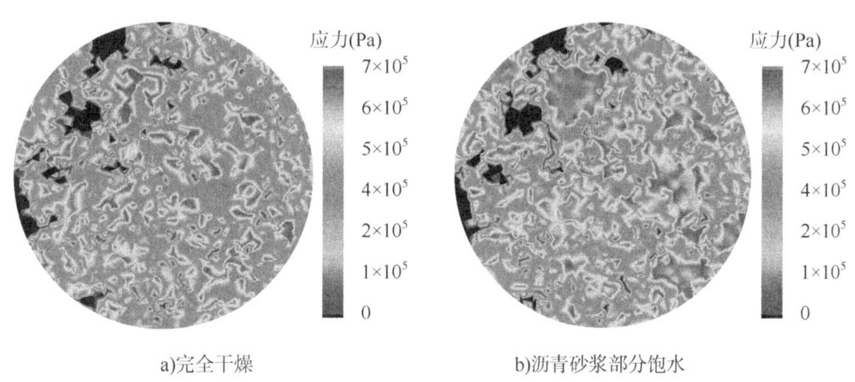

a)完全干燥　　b)沥青砂浆部分饱水

图 8-60　ATB-25 级配沥青混合料截面竖向应力云图（附彩图）

在沥青混合料中，集料是承担荷载的主要组分。水分的存在造成沥青砂浆模量降低，对混合料整体而言虽有影响，但影响不大，短时间内无法形成局部破坏，更不会使整体失去强度。但是，如果这种降低是长期的，加之荷载的反复作用，定会在混合料内部形成局部损伤甚至局部破坏，大大影响承载能力，降低路用性能。

8.3.2.3　考虑水流场影响的沥青混合料损伤特性

在外加荷载下，水分作用前后的沥青混合料力学响稍有差异。随着荷载的继续施加，沥青混合料内部将出现局部损伤乃至失效。本小节根据水流场分布研究成果，运用扩展有限元法（XFEM）进行材料损伤的研究。

1）扩展有限元法原理

扩展有限元法是一种求解不连续问题的数值方法，对于模拟界面、裂纹生长以及复杂流体等不连续问题有较突出的优势。

常规有限元法中的位移模式表示为：

$$\mu(x)=\sum_{i=1}^{n}N_i\mu_i \tag{8-8}$$

式中：N_i——节点 i 的插值形函数；

μ_i——节点 i 的位移向量。

但这样的模型只适用于连续介质。处理类似裂纹的不连续问题时，往往需要将裂纹的面单独设置为单元的边，将裂纹的尖端单独设置为单元的节点，这会导致裂纹附近区域的网格密度过大。另外，为了模拟裂纹的生长，还需要重新划分网格，这使得用常规有限元法模拟时网格复杂，计算量巨大，效率低下。

为了解决上述问题，Belytschko 等人基于插值函数分解思想，提出了适合描述包含裂纹面的近似位移插值函数。

$$\mu(x)=\sum_{i\in N}N_i\mu_i+\sum_{j\in N^{\mathrm{disc}}}N_jH(x)\alpha_j+\sum_{k\in N^{\mathrm{asy}}}N_k\phi(x)b_k^{\alpha} \tag{8-9}$$

式中：N——所有常规单元节点的集合；

N_i——第 i 个常规单元节点；

μ_i——常规单元节点；

N^{disc}——完全被裂纹贯穿单元节点的集合；

N_j——第 j 个完全被裂纹贯穿的单元节点；

$H(x)$——跳跃函数，在裂纹面上侧取+1，下侧取-1，以此反映不连续的裂纹面的位移；

α_j——贯穿单元节点；

N^{asy}——含有裂尖单元节点的集合；

N_k——第 k 个含有裂尖的单元节点；

b_k^{α}——裂尖单元节点；

$\phi(x)$——裂尖渐进位移场附加函数，反映裂尖的应力奇异性，计算式为：

$$\phi(x)=\left[\sqrt{r}\sin\frac{\theta}{2},\sqrt{r}\cos\frac{\theta}{2},\sqrt{r}\sin\frac{\theta}{2}\cos\theta,\sqrt{r}\cos\frac{\theta}{2}\sin\theta\right] \tag{8-10}$$

式中：r、θ——以裂纹尖端为坐标原点的极坐标系参数。

以此便可代入虚功方程，按常规有限元的方法进行求解。

扩展有限元方法与常规有限元法的根本区别在于其所使用的网格同所分析结构内部的物理界面无关，从而能够解决在裂纹尖端等应力应变突变位置难以划分网格的问题。

2）模拟条件选取

采用同样的荷载及边界条件，添加 XFEM 所需的材料参数，指定裂缝发生区域。XFEM 模型采用能量准则，所需的材料参数已在第 3 章的切口小梁三点弯曲试验中获得。需要说明的是，为了消除试件保存时间及保存方式对结果的影响，仅采用 0%饱水和 100%饱水的试验结果，利用线性插值的方法获得 31%饱水和 66%饱水的最终数据。在 interaction 模块中指定裂纹发展的区域，这里将所有的沥青砂浆设定为可能发生裂纹的位置，不必预定初始裂纹。输出变量选择 PHILSM 和 STATUSXFEM，前者表示裂纹扩展宽度，后者表示单元损伤情况。若不选择将无法看到裂缝。

3)模拟结果分析

(1)裂纹分布

从裂纹条数(图 8-61)来看,AM-20 和 ATB-25 级配都产生 1 条裂纹,AC-20 级配产生 3 条裂纹。从分布来看,裂纹主要分布在孔隙边缘或沥青砂浆集中区域,其中:AM-20 级配裂纹周围存在骨架支撑,有较好的保护;AC-20 级配裂纹存在于沥青砂浆集中区,没有良好的保护,且有 1 条裂纹处于模型边界区,为不利位置;ATB-25 级配裂纹处于沥青砂浆集中区,且周围有孔隙存在。

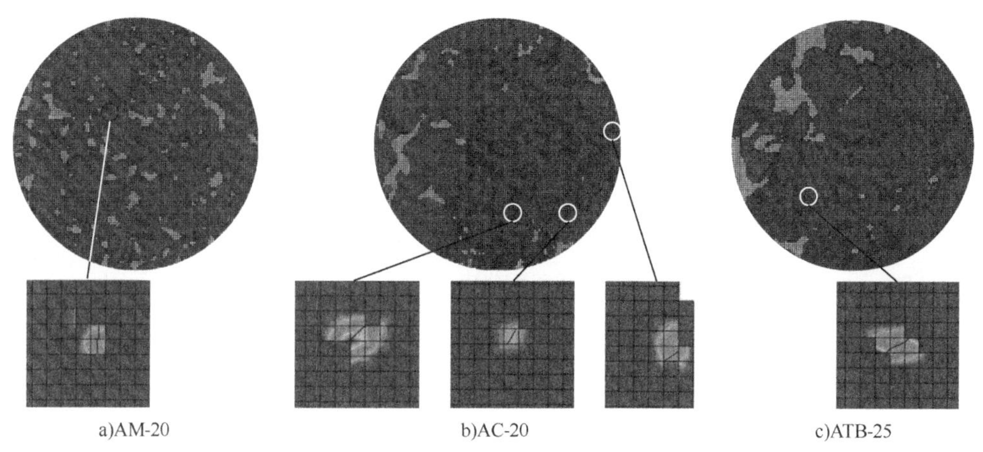

图 8-61　三种级配沥青混合料裂纹分布(附彩图)

(2)单元损伤程度

Abaqus 中用于表征单元损伤程度的输出变量是 STATUSXFEM,其值在 0~1 的范围内,越接近于 1 表示损伤程度越大,当等于 1 时表示单元已经失效。

按式(8-11)计算模型的整体损伤度,结果见表 8-4。

$$\text{模型损伤度}=\frac{\sum \text{单元损伤度}}{\text{单元数}} \tag{8-11}$$

模 型 损 伤 度　　表 8-4

模型损伤度	AM-20	AC-20	ATB-25
无水状态	1.71×10^{-5}	3.15×10^{-5}	1.90×10^{-5}
有水状态	6.40×10^{-5}	4.56×10^{-5}	1.90×10^{-5}

因为水分存在造成沥青砂浆材料性能的降低,有水状态下的沥青混合料经荷载作用后整体损伤度要高于无水状态。其中,AM-20 级配受影响最大,有水状态的模型整体损伤度是无水状态下的接近 4 倍,这是因为在水环境作用下该级配的沥青砂浆饱水程度高,性能衰减多。ATB-25 级配的沥青混合料模型整体损伤度没有变化,原因是其沥青砂浆饱水程度低,

材料性能受水的影响较小,另外模拟荷载时间不足也会导致整体损伤度不足以显示差异。对沥青砂浆产生裂纹的位置进行损伤度频率统计,分析不同级配以及不同水环境下沥青砂浆裂纹处的损伤情况,见图8-62。

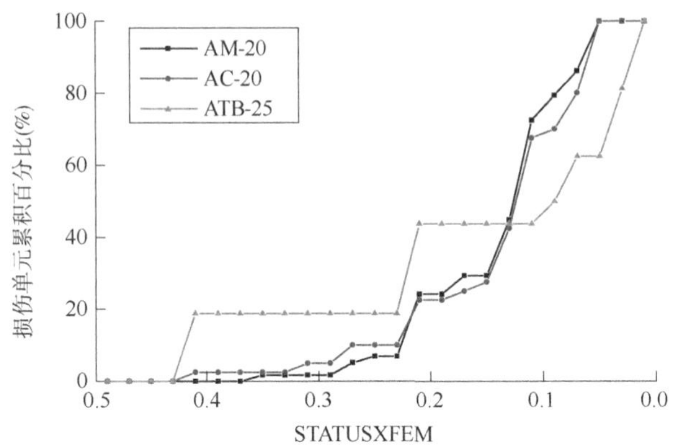

图8-62　三种级配沥青混合料无水状态下裂纹处损伤度累积百分比

通过曲线对比可知,三种级配沥青混合料模型的单元最大损伤度基本都在同一水平上,其中ATB-25级配的高损伤度(0.3以上)裂纹单元占比要比其他两种级配大很多,说明其局部损伤程度更为严重。AC-20和AM-20级配损伤度分布相差不大,AM-20级配沥青混合料模型的局部损伤相对更为缓和。图8-63对比分析水分作用对局部损伤程度的影响。AM-20级配在水分的作用下,高损伤度的裂纹单元占比增大,局部损伤加重。而AC-20级配却显示出相反的规律,这是因为在水分作用后额外产生了更多低损伤度的裂纹单元,使得高损伤度裂纹单元占比减小,实际模型整体损伤程度还是增大的,可以从表8-4中得到验证。

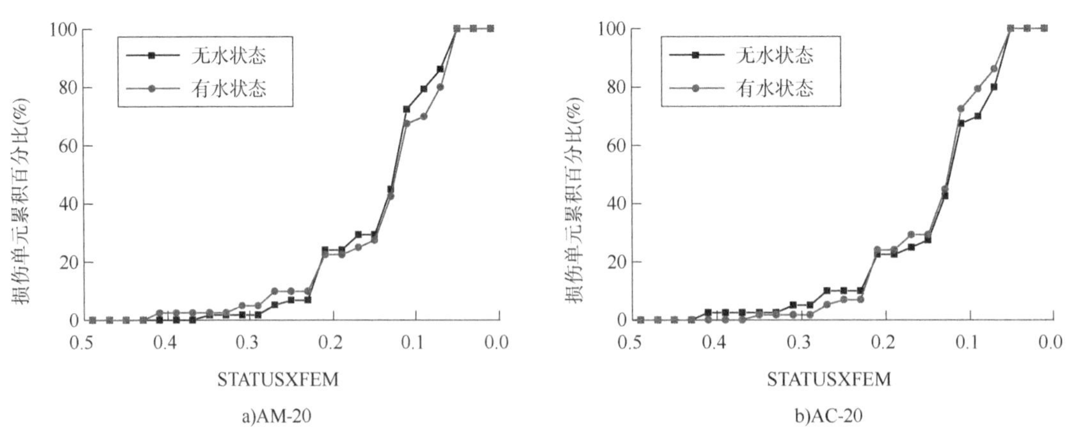

图8-63　不同水环境下裂纹处损伤度累积百分比

8.4　沥青混合料水损伤的防治措施

沥青路面水分扩散损伤的发生原因可归结为：水分扩散侵入沥青路面内部后，水分与沥青、集料分子长期作用引起沥青及沥青-集料体系纳观结构变异，造成微观界面及体相胶浆力学性质劣化，改变混合料细观力学行为，最终导致混合料宏观力学性能衰减。基于沥青混合料多尺度水分扩散损伤机制，从纳观材料组成及胶体结构改良、微观特性评价与材料选择、细观混合料结构优化方面，提出多尺度混合料水稳定性改善措施，增强混合料抗水损伤能力并提高材料耐久性。

8.4.1　纳观尺度材料化学组成及胶体结构优化

1）优化沥青化学组成，增强含水体系中沥青与集料分子间交互作用

基于沥青-集料体系分子交互及纳观结构分析，沥青-集料分子交互势能主要来自沥青中强极性芳香环与矿物分子间的范德华力和静电势能。分子尺寸较小的强极性分子或柔顺性较强的多环芳香烃能够灵活调整分子空间位置，以平行排列方式与集料表面产生强相互作用。因此，在保证沥青其他性质良好的前提下，适量增加强极性短链连接的多环沥青质分子及含少量短支链的多环胶质分子，增大强极性多环芳香分子与矿物间非键势能。即使水分侵入沥青-集料分子体系间隙，沥青与集料间强相互作用会阻碍水分子聚集成团，此时沥青与矿物分子仍能产生较强作用并维持界面黏结。根据沥青-集料体系纳观结构与分子分布特征，优化加入的强极性分子构型及增加量，提高沥青与矿物交互能力的同时，需防止在矿物表面产生大量芳香环分子平行排列聚集现象，避免产生沥青组分分离及严重局部结晶现象。

2）优化沥青胶体结构，降低沥青纳观结构对水分子的敏感性

基于含水沥青体系纳观结构演化，水分子扩散进入沥青分子体系后，水分子间的强氢键作用不可避免地形成水分子聚集体。同时，水分子与强极性分子间的强相互作用会吸引沥青质和胶质形成“油包水”胶体结构，重组的含水结构导致沥青性质发生改变。因此，可通过优化设计沥青各组分分子构型，形成稳定的干燥沥青胶体结构，增强干燥沥青胶体结构中各组分分子相互作用，减弱微小水分聚集体对强极性分子的吸引作用，改善水分子侵入后胶体结构的变异，降低沥青胶体结构的水敏感性并削弱沥青性质劣化。

3）改善集料表面化学特性，增强表面矿物活性并增大活性点位密度

基于纳观含水沥青-集料体系结构特征及分子交互行为，含水沥青-集料体系中的高活性金属离子会扩散、渗入沥青分子及界面水膜内部，活性离子与沥青强极性分子间的强相互作用能够提高沥青-集料间非键势能。因此，通过测试分析集料表面矿物组成，考虑金属离子的电荷及扩散性，选择富含高活性金属离子的集料类型；通过测试集料表面电位活

性,选择表面活性较强的集料类型;采用物理化学方式活化集料表面,增加活性点位并增强集料表面活性,增强矿物金属离子扩散及矿物-沥青交互;采用合适的表面活性剂,物理或化学耦合桥接有机沥青与无机集料基板,增强微观界面存水条件下集料与沥青间的黏结作用。

8.4.2 提高微观界面水稳定性

1)提高微观界面黏附强度,降低黏附水敏感性

采用集料基板间沥青薄膜黏附失效试验,测试不同沥青-集料组合界面黏附强度,综合界面黏附失效强度、损伤因子增长速率及黏附失效总断裂能等指标,选择具有较强界面黏附强度的沥青-集料组合。此外,采用不同水分作用方式引入微观界面水膜,测试含水膜微观界面黏附性质衰减,提出微观界面黏附水敏感性评价指标,选择微观界面黏附特性水稳定性良好的沥青-集料组合。

2)测试微观界面流变特性,选择水稳定性良好的组分材料

基于建立的微观界面影响下的胶浆流变模型,测试不同集料表面界面沥青流变性质,优选具有较大界面模量且界面过渡区范围较小的沥青-集料组合;将不同水分作用引入微观界面水膜,测定干燥和潮湿集料上的界面沥青流变性质劣化,提出界面流变水敏感性指标,选择具有良好微观界面水稳定性的材料组合;通过高温或盐溶液等方式加速水分对沥青的侵蚀作用,测试不同水分作用下的体相沥青模量及相位角演化,选用力学性质稳定性较好的沥青材料。

8.4.3 优化沥青混合料细观结构

沥青混合料细观集料分布、孔隙结构显著影响混合料局部应力分布与细观水分扩散行为。通过调整混合料级配组成、体积参数,优化混合料细观集料空间分布特征,缓解集料颗粒边缘应力集中,降低荷载作用下混合料局部开裂风险;通过混合料材料组成设计,减少混合料微细观孔隙率,阻隔混合料中水分扩散通道。

综合上述分析,由于沥青路面水分扩散损伤行为受到纳、微、细、宏观尺度下水分与材料间相互作用及性能劣化的影响,沥青路面水分扩散损伤改善需结合纳观化学组分调节、微观界面黏附改善、细观混合料结构优化及宏观路面结构设计等不同尺度下的多种措施并共同实施,以提高沥青路面结构整体水稳定性和耐久性。

参考文献

[1] 刘志杨.沥青混合料水分扩散行为及多尺度损伤特性[D].哈尔滨:哈尔滨工业大学,2020.

[2] ACEVEDO S,GUTIERREZ X,RIVAS H.Bitumen-in-water emulsions stabilized with natural surfactants[J].Journal of Colloid and Interface Science,2001,242(1):230-238.

[3] LANGEVIN D,POTEAU S,HENAUT I,et al.Crude oil emulsion properties and their application to heavy oil transportation[J].Oil and Gas Science and Technology,2004,59(5):511-521.

[4] LI N,SHI L,GONG X,et al.Synthesis of a novel cationic asphalt emulsifier and its investigation by online FTIR spectrophotometry[J].Research on Chemical Intermediates,2015,41(4):1935-1950.

[5] GONG M,YAO Z,XIONG Z,et al.Investigation on the influences of moisture on asphalts' micro properties by using atomic force microscopy and Fourier transform infrared spectroscopy[J].Construction and Building Materials,2018,183:171-79.

[6] HUNG A,GOODWIN A,FINI E.Effects of water exposure on bitumen surface microstructure[J].Construction and Building Materials,2017,135:682-688.

[7] FISCHER H,DILLINGH E,HERMSE C.On the interfacial interaction between bituminous binders and mineral surfaces as present in asphalt mixtures[J].Applied Surface Science,2013,265:495-499.

[8] KOC M, BULUT R. Assessment of a sessile drop device and a new testing approach measuring contact angles on aggregates and asphalt binders[J].Journal of Materials in Civil Engineering,2014,26(March):391-398.

[9] YIN H,BUTTLAR W,PAULINO G,et al.Assessment of existing micro-mechanical models for asphalt mastics considering viscoelastic effects[J].Road Materials and Pavement Design,2008,9(1):31-57.

[10] ESHELBY J.The determination of the elastic field of an ellipsoidal inclusion,and related problems[J].Proceedings of the Royal Society of London,1957:376-396.

[11] ESHELBY J,PEIERLS R.The elastic field outside an ellipsoidal inclusion[J].Proceedings of the Royal Society of London,1959,252(1271):561-569.

[12] MORI T,TANAKA K.Average stress in matrix and average elastic energy of materials with misfitting inclusions[J].Acta Metallurgica,1973,21(5):571-574.

[13] YIN H,SUN L.Elastic modelling of periodic composites with particle interactions[J].Philosophical Magazine Letters,2005,85(4):163-173.

[14] HILL R.A self-consistent mechanics of composite materials[J].Journal of the Mechanics and Physics of Solids,1965,13(4):213-222.

[15] BUTTLAR W,BOZKURT D,AL-KHATEEB G,et al.Understanding asphalt mastic behavior through micromechanics[J].Transportation Research Record:Journal of the Transportation Research Board,1999,1681(99):157-169.

[16] SCHULTZ R.Brittle Strength of basaltic rock masses with applications to venus[J].Journal of Geophysical Research,1993,98(E6):10883-10895.

[17] UNDERWOOD B,KIM Y.A four phase micro-mechanical model for asphalt mastic modulus

[J].Mechanics of Materials,2014,75:13-33.

[18] UNDERWOOD B, KIM Y. Microstructural association model for upscaling prediction of asphalt concrete dynamic modulus[J].Journal of Materials in Civil Engineering,2013,25(9):1153-1161.

[19] 龚湘兵.沥青路面材料多尺度域力学行为及统一模型[D].哈尔滨:哈尔滨工业大学,2017.

附录　部分彩图

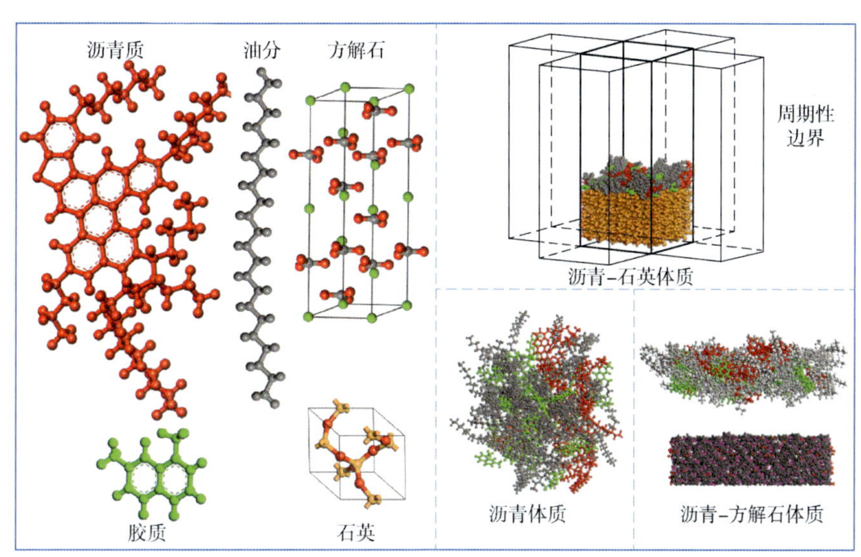

图 2-4　三组分沥青分子模型

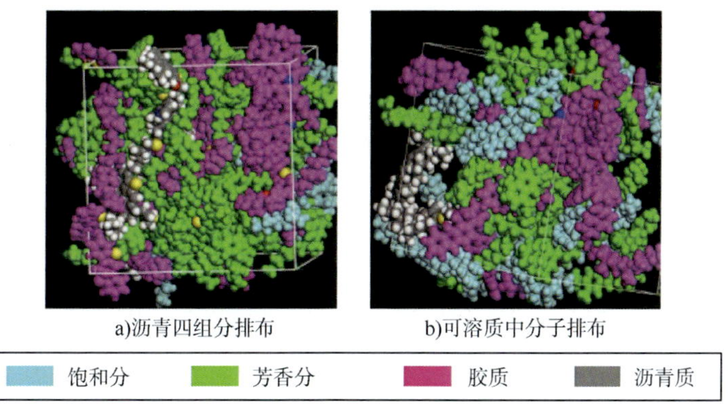

a)沥青四组分排布　b)可溶质中分子排布

图 2-10　沥青质与可溶质相互作用

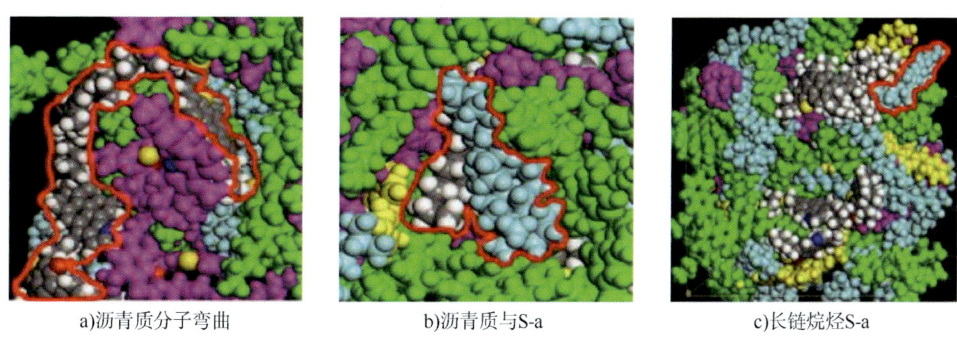

a)沥青质分子弯曲　b)沥青质与S-a　c)长链烷烃S-a

图　2-11

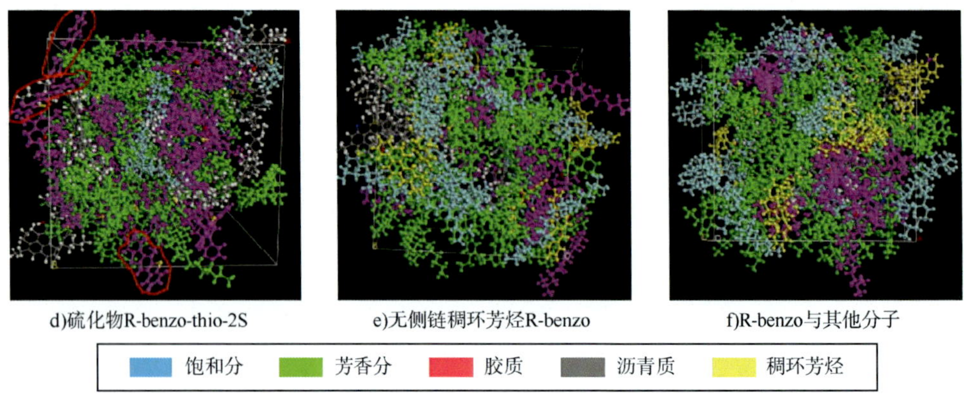

图 2-11 沥青中特殊组分行为

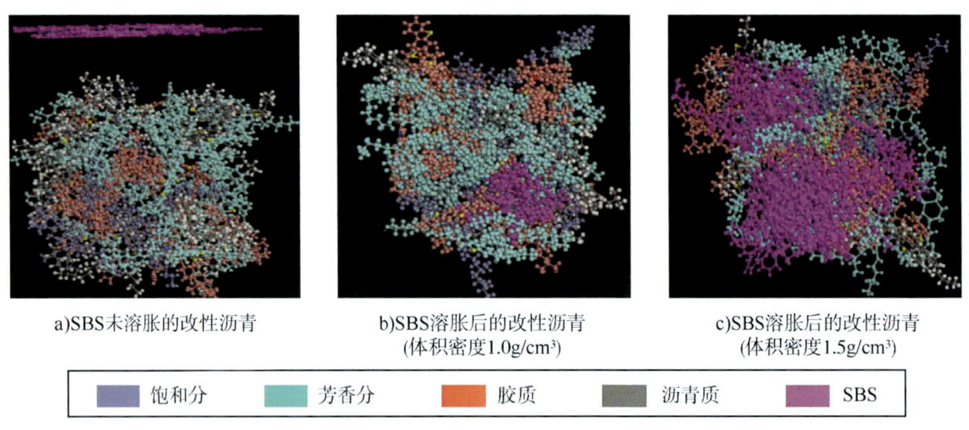

图 2-13 SBS 与沥青四组分相互作用

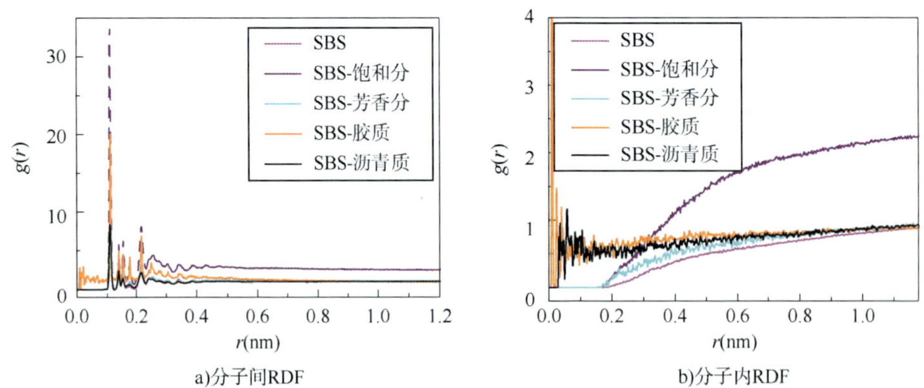

图 2-14 沥青不同组分单独与 SBS 混合的 RDF

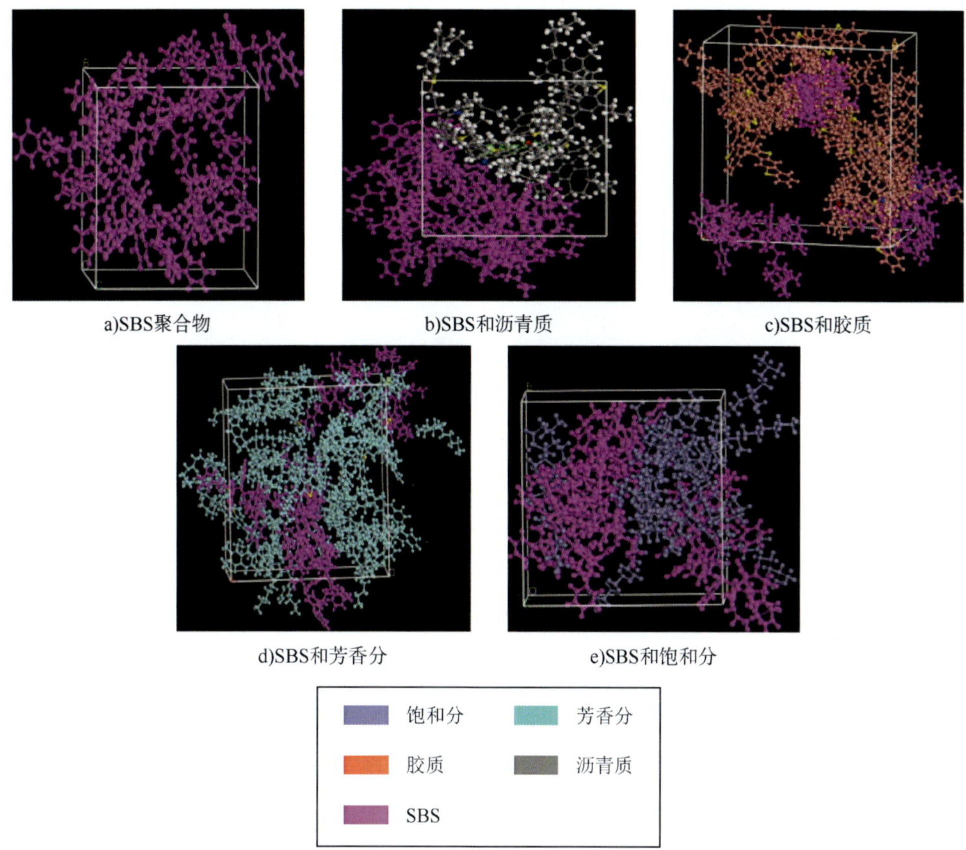

图 2-15　沥青组分单独与 SBS 混合的分子快照

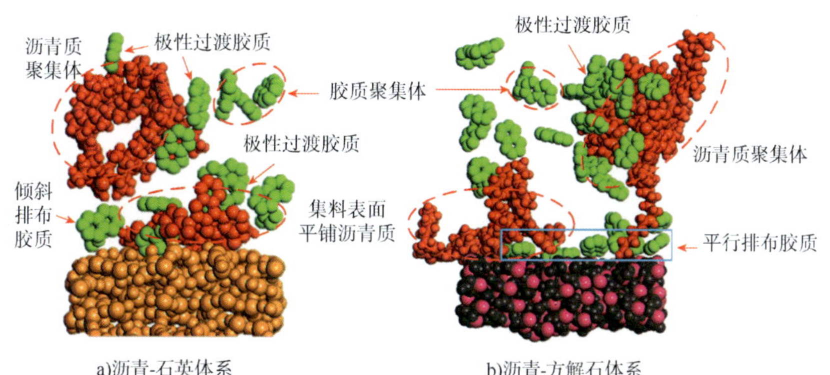

图 2-21　沥青-集料体系组分分子排布

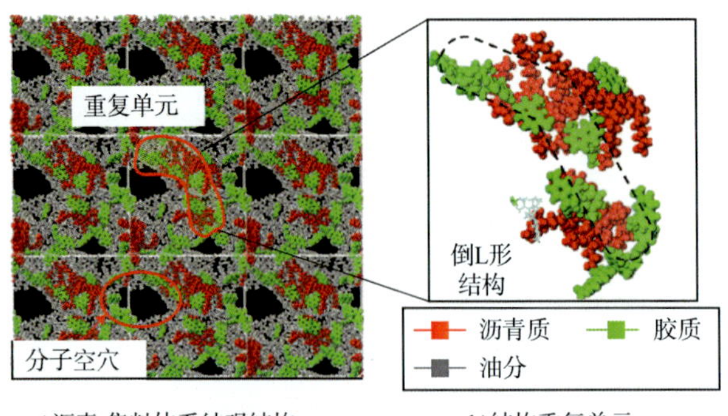

a)沥青-集料体系纳观结构　　b)结构重复单元

图 2-22　沥青-集料体系纳观结构

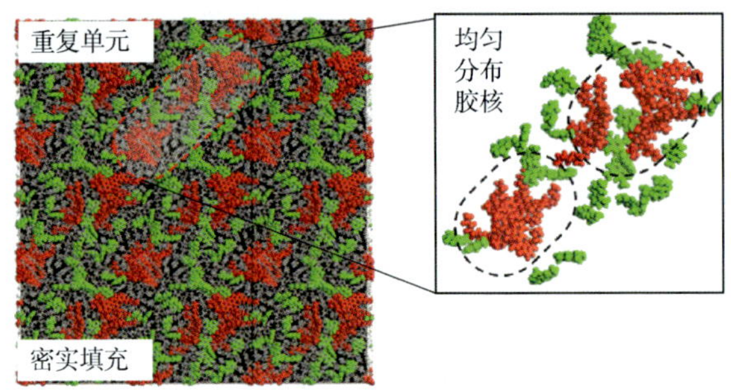

a)沥青结构　　b)结构重复单元

图 2-23　沥青纳观结构

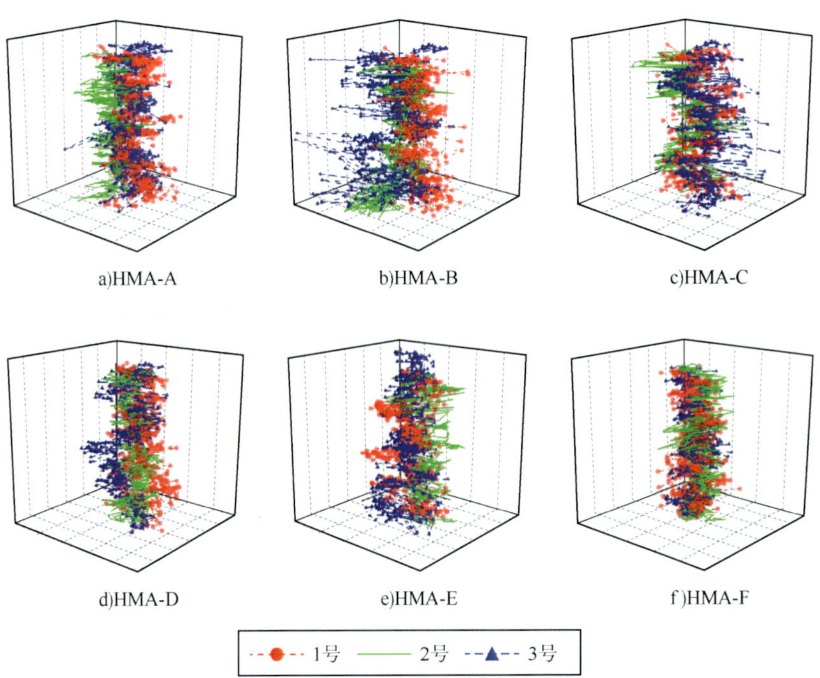

图 5-27　沥青混合料粗集料质心三维分布图

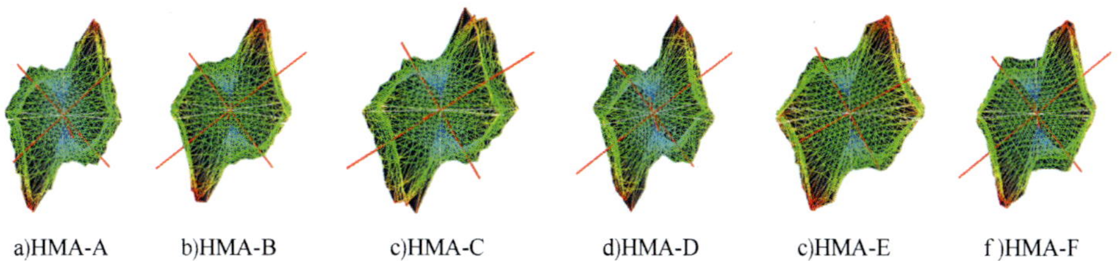

a)HMA-A　b)HMA-B　c)HMA-C　d)HMA-D　c)HMA-E　f)HMA-F

图 5-31　沥青混合料 SLD 特征长度玫瑰云图

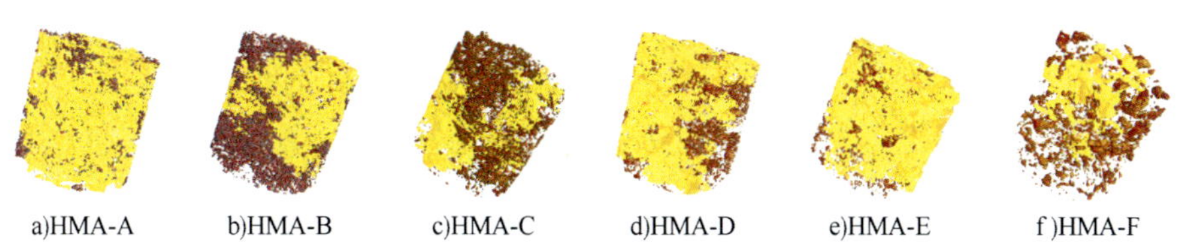

a)HMA-A　b)HMA-B　c)HMA-C　d)HMA-D　e)HMA-E　f)HMA-F

图 5-42　沥青混合料连通空隙 CT 渲染图

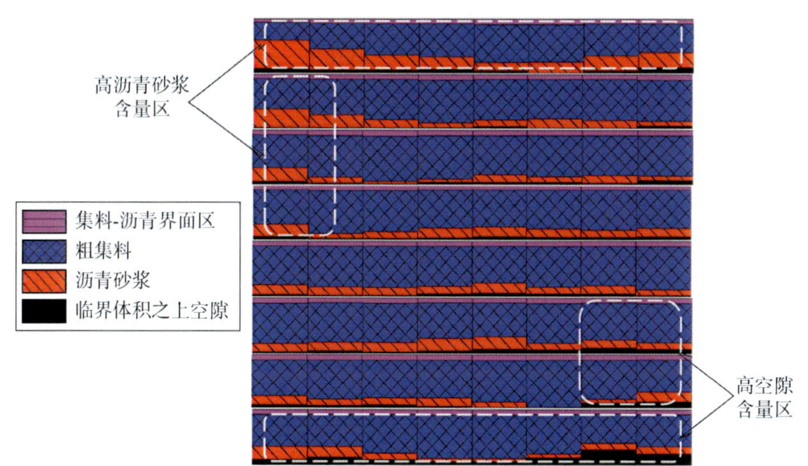

图 6-12　沥青混合料细观组分体积分数示意图(HMA-D)

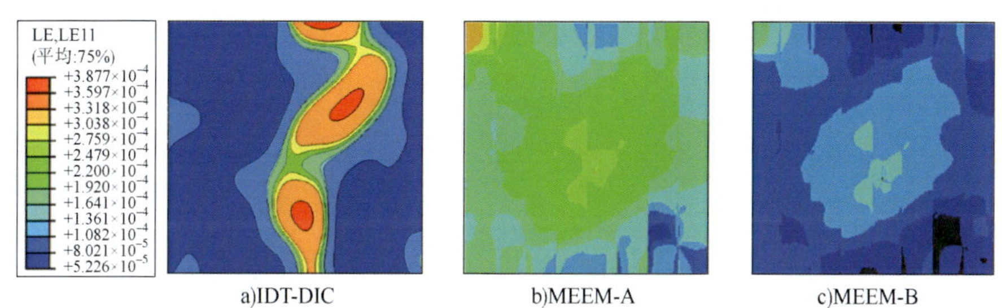

a)IDT-DIC　b)MEEM-A　c)MEEM-B

图 6-20　MEEM 模型有效性验证(水平应变)

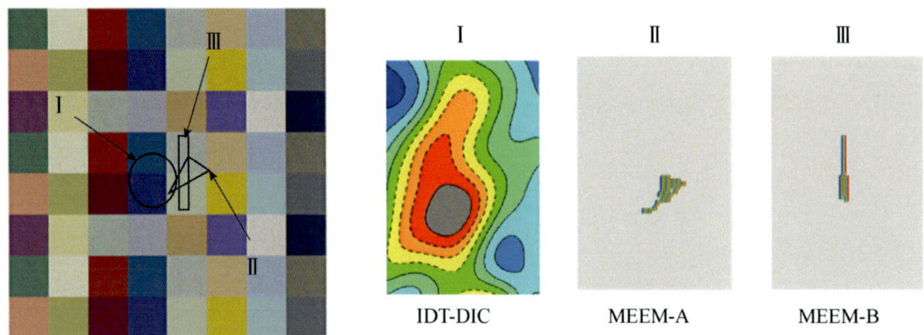

图 6-21　MEEM 模型有效性验证(裂缝,扩展阶段)

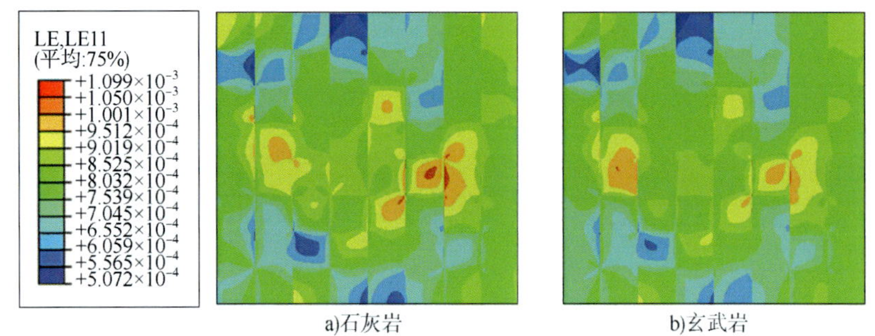

a)石灰岩　　b)玄武岩

图 6-22　集料类型对 MEEM 计算结果的影响(水平应变,t=2.7s)

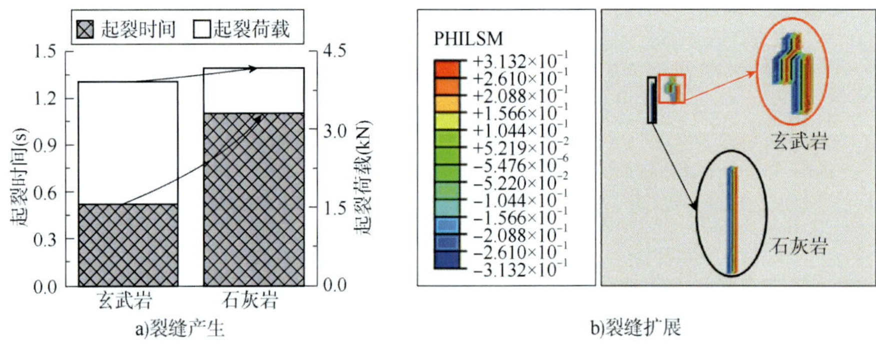

a)裂缝产生　　b)裂缝扩展

图 6-23　集料类型对 MEEM 计算结果的影响(裂缝,扩展阶段)

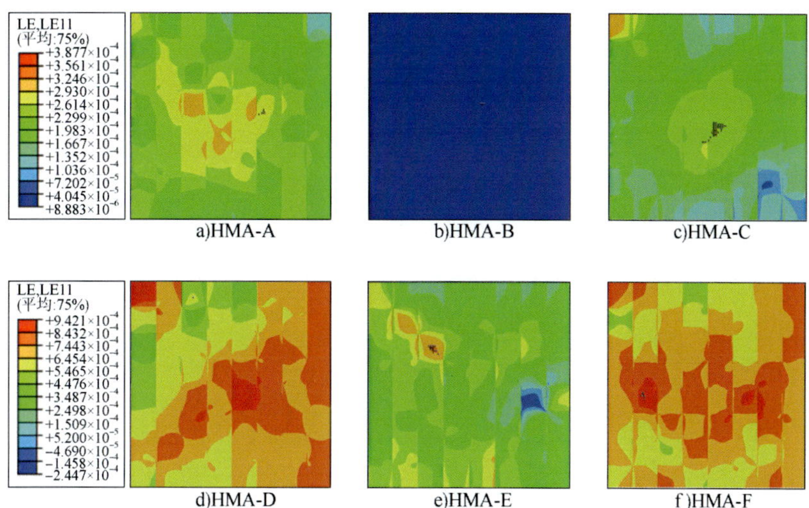

a)HMA-A　b)HMA-B　c)HMA-C

d)HMA-D　e)HMA-E　f)HMA-F

图 6-24　混合料级配对 MEEM 计算结果的影响(水平应变,起裂阶段)

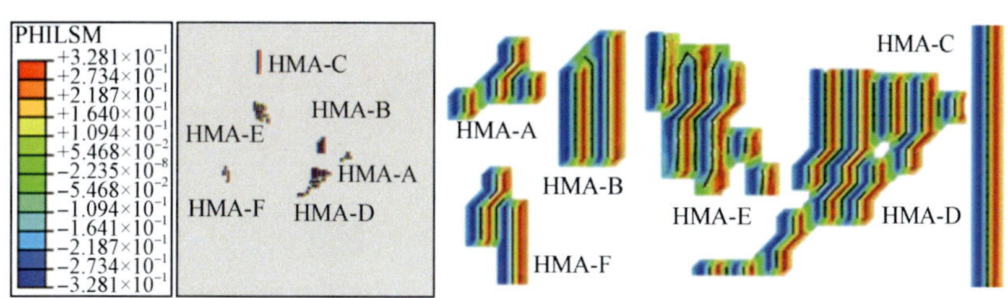

图 6-25　混合料级配对 MEEM 计算结果的影响(裂缝,扩展阶段)

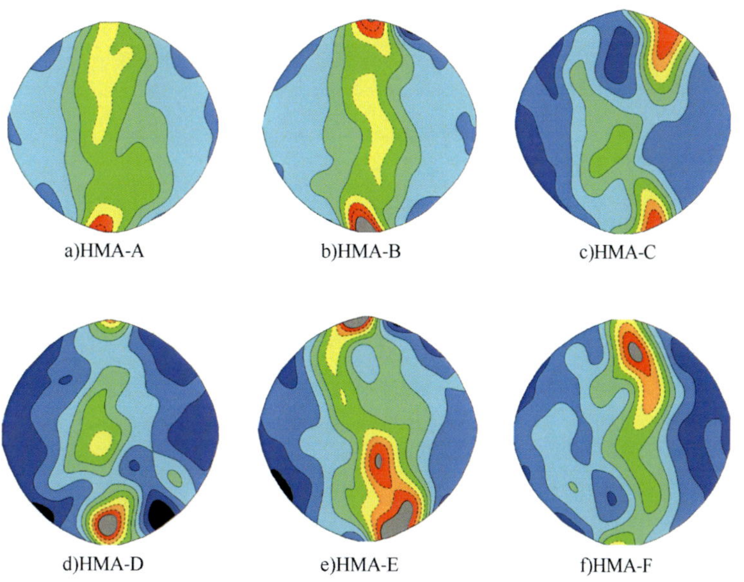

a)HMA-A　b)HMA-B　c)HMA-C

d)HMA-D　e)HMA-E　f)HMA-F

图 7-48　沥青混合料数字散斑水平应变云图

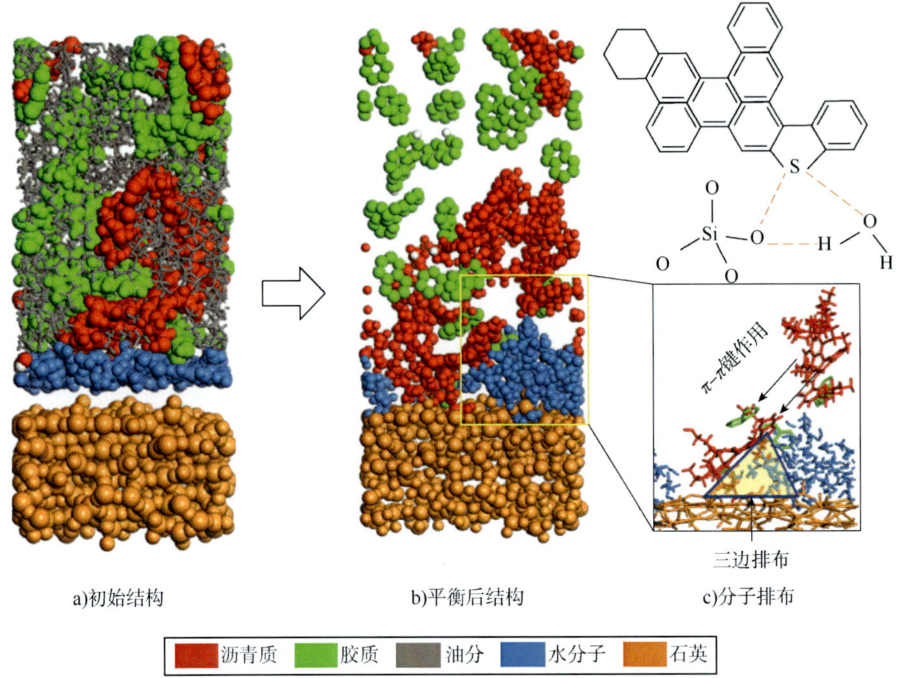

图 8-1　含水沥青-石英体系纳观结构演化及分子交互行为(隐藏油分)

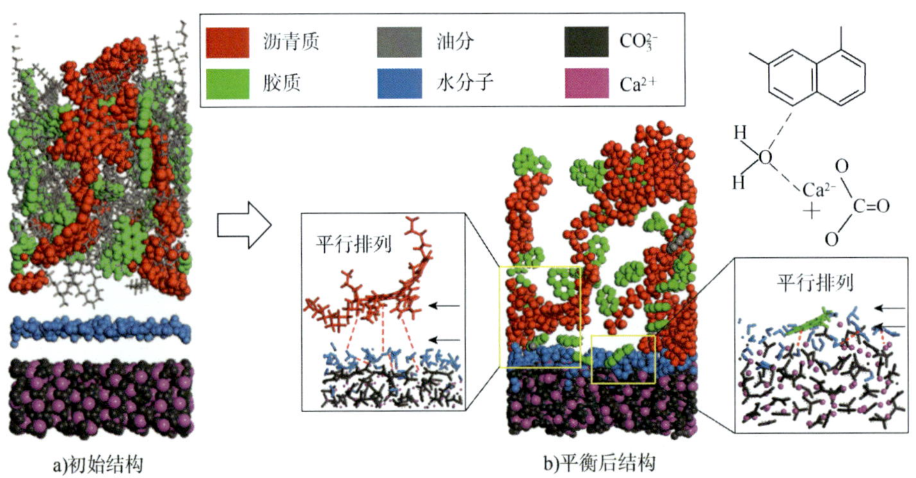

图 8-2　含水沥青-方解石体系纳观结构演化及分子交互行为(隐藏油分)

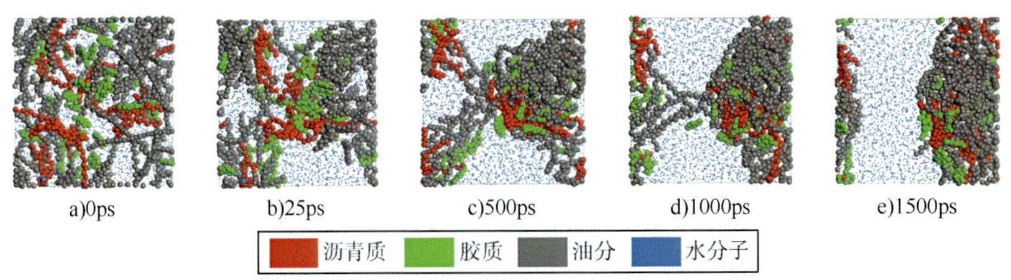

图 8-3　含水体相沥青纳观结构演化

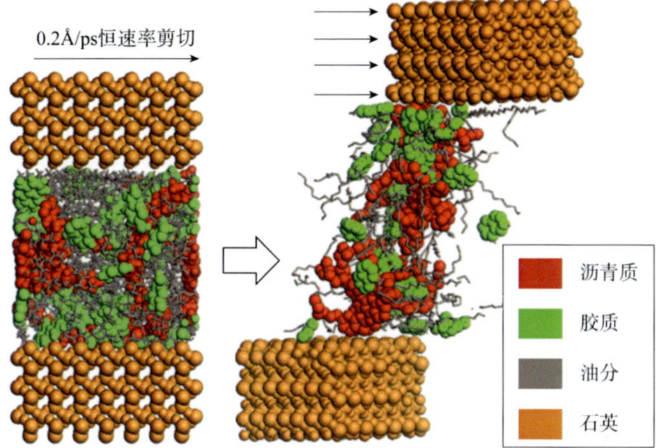

图 8-5　剪切 150ps 时干燥沥青-石英剪切体系

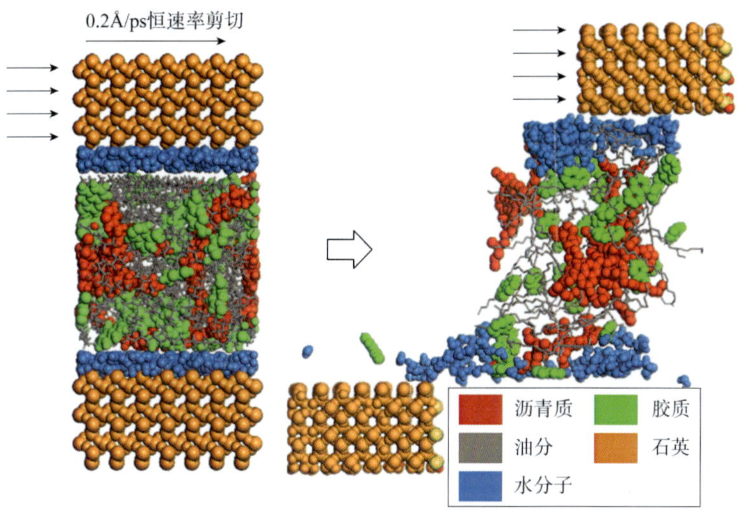

图 8-6　剪切 150ps 时含水沥青-石英剪切体系

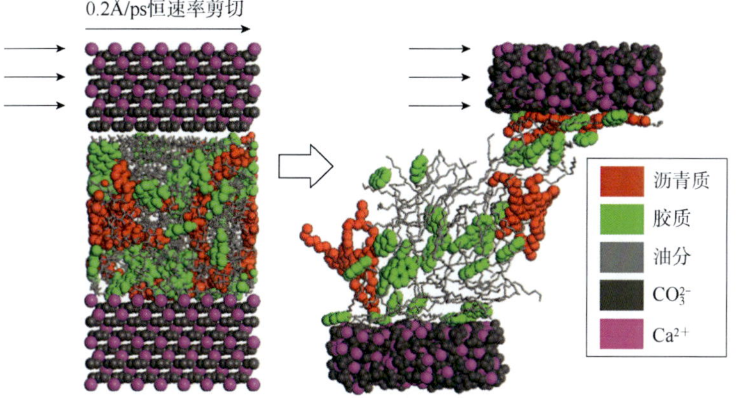

图 8-7　剪切 150ps 时干燥沥青-方解石剪切体系

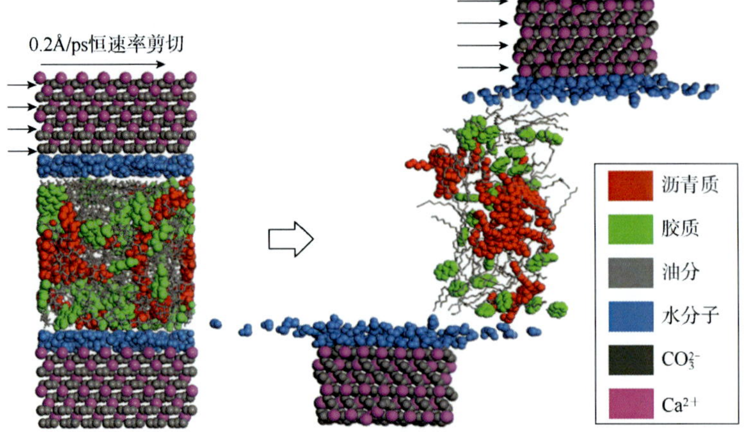

图 8-8 剪切 150ps 时含水沥青-方解石剪切体系

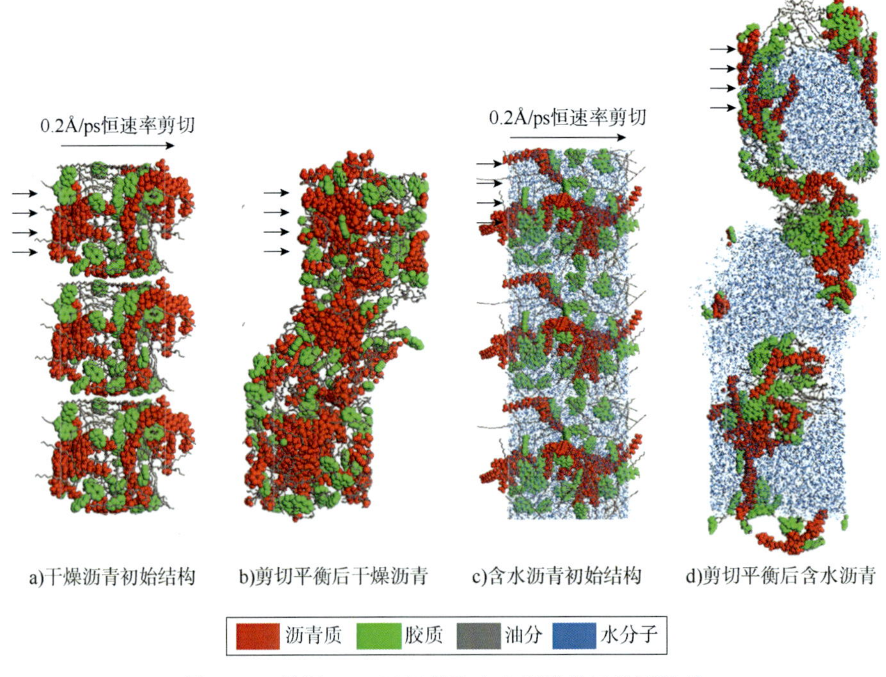

图 8-11 剪切 30ps 时干燥和含水沥青体系纳观结构

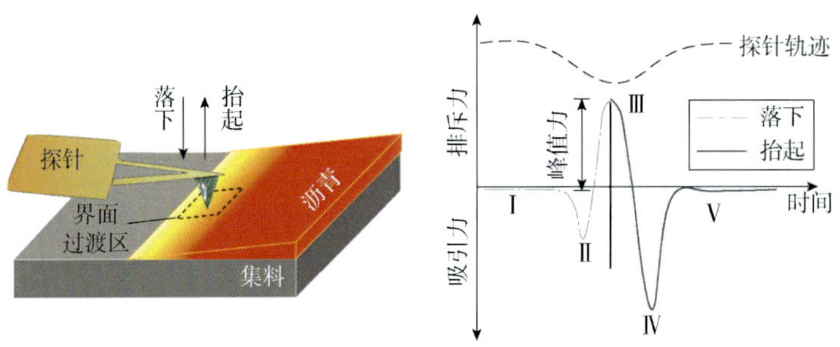

图 8-14 AFM 基本原理及观测区域示意图

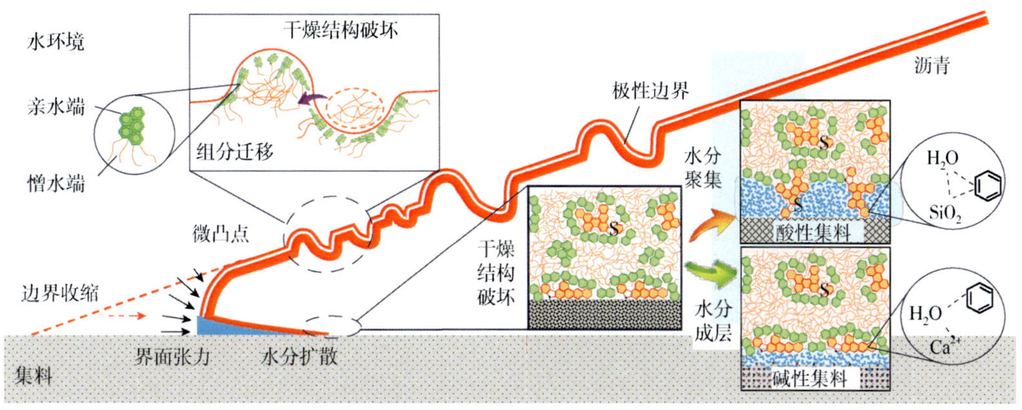

图 8-21　纳观沥青-集料体系水损伤机制

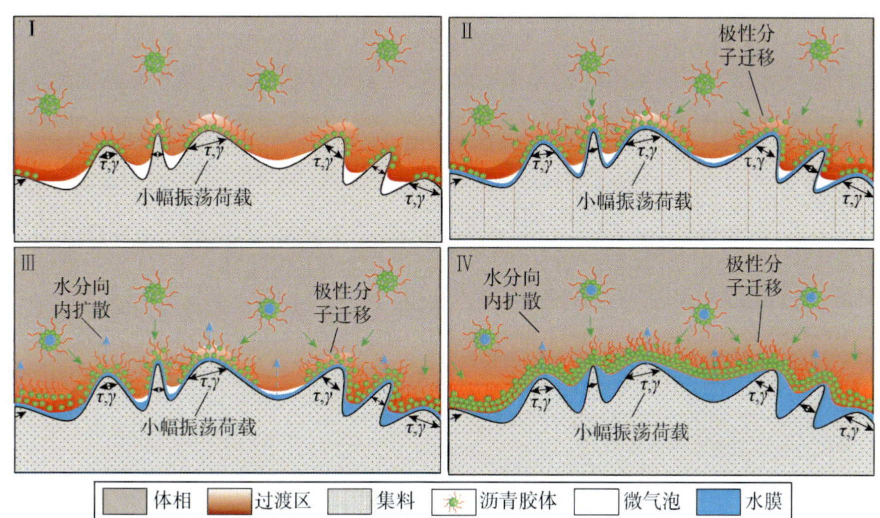

图 8-25　水损伤界面微观结构演化示意图

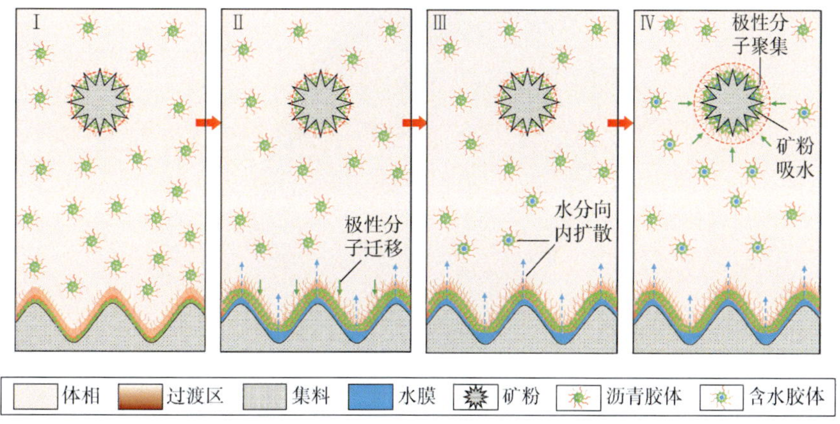

图 8-33　水损伤体相胶浆微观结构演化示意图

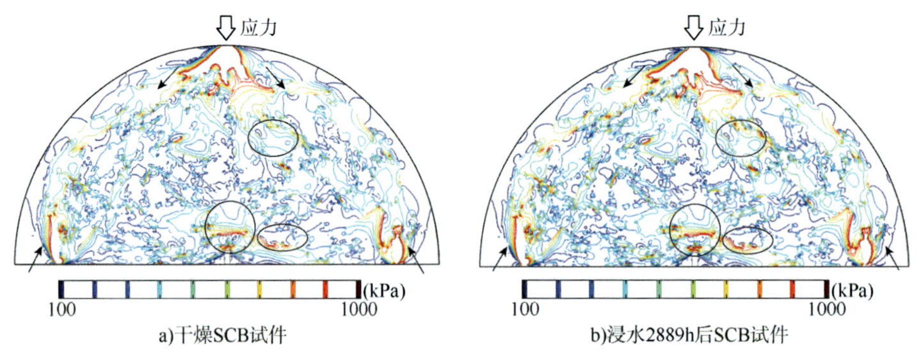

图 8-39　干燥和浸水 2889h 后混合料 von Mises 应力场分布

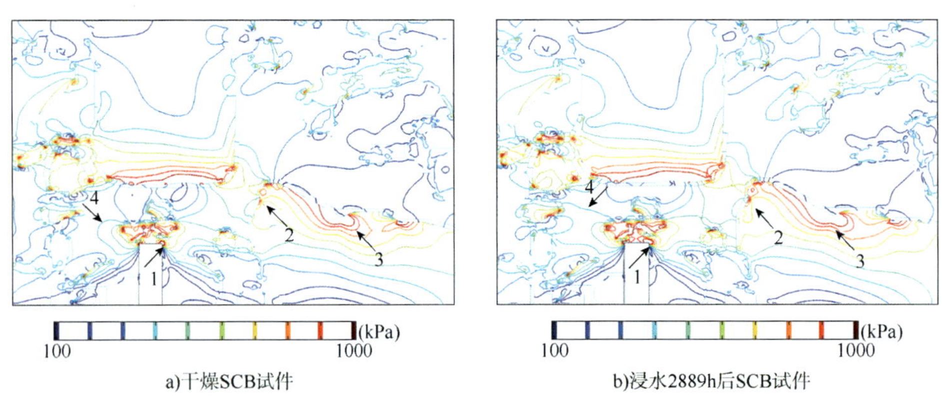

图 8-40　干燥和浸水 2889h 后混合料切口处 von Mises 应力场

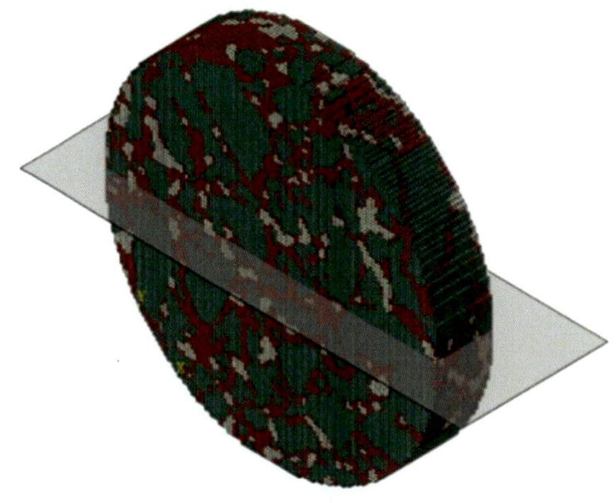

图 8-48　模型截面示例

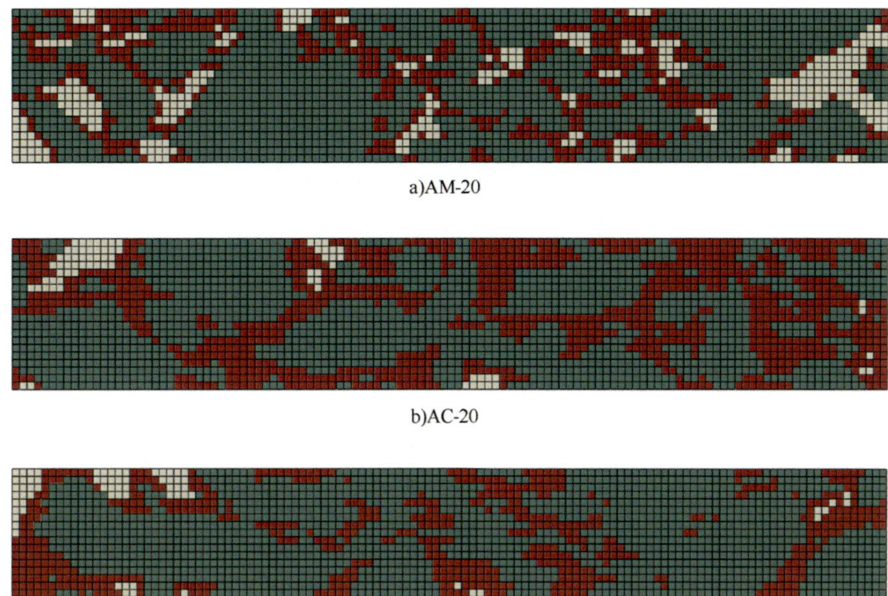

a)AM-20

b)AC-20

c)ATB-25

图 8-49 三种级配沥青混合料截面材料分布

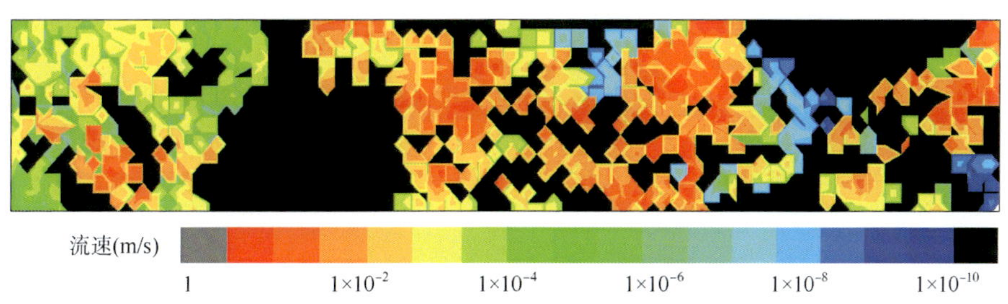

图 8-50 AM-20 级配沥青混合料截面渗流速度云图

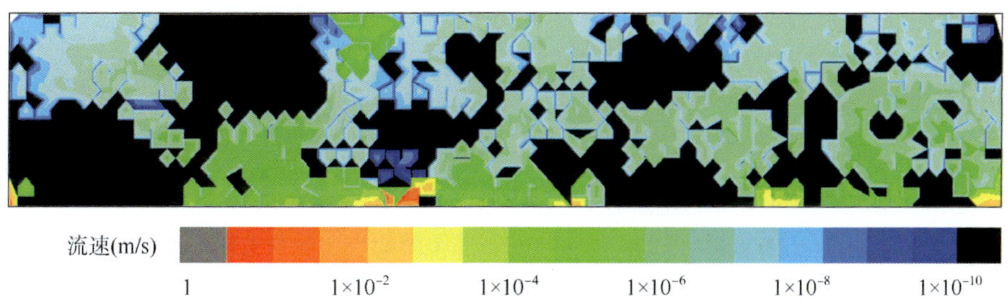

图 8-51 AC-20 级配沥青混合料截面渗流速度云图

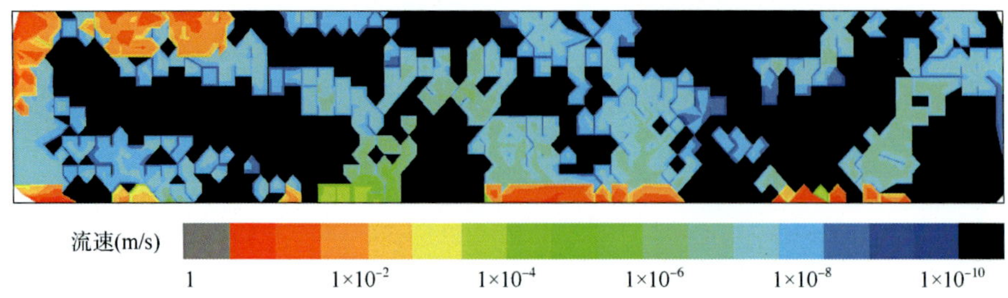

图 8-52　ATB-25 级配沥青混合料截面渗流速度云图

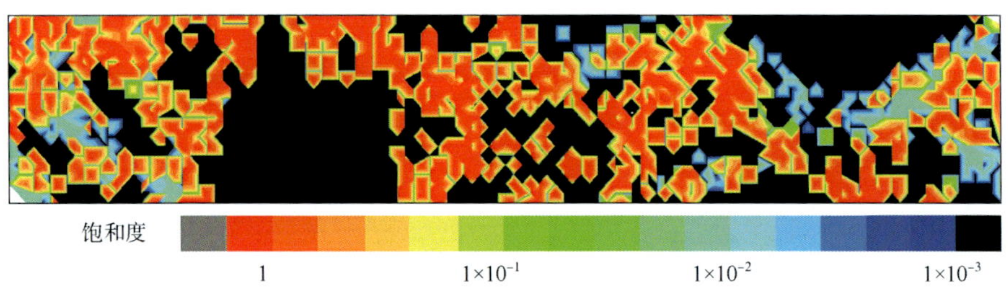

图 8-53　AM-20 级配沥青混合料截面饱和度云图

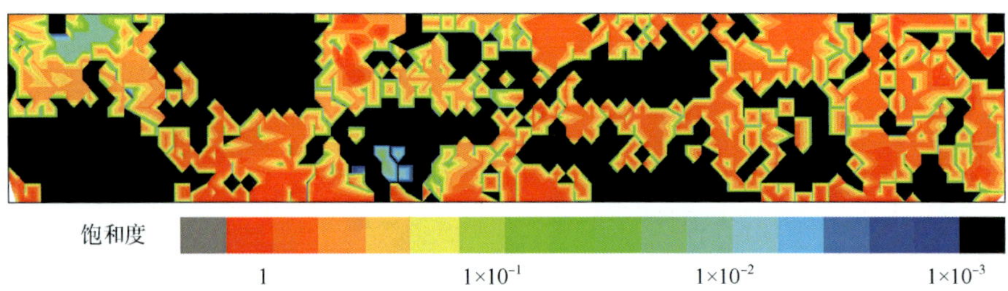

图 8-54　AC-20 级配沥青混合料截面饱和度云图

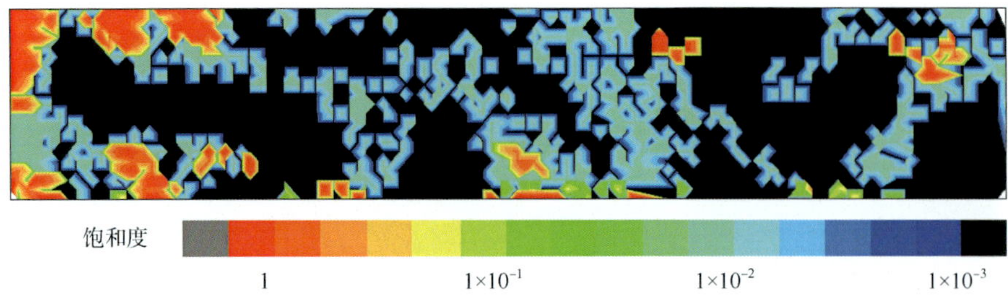

图 8-55　ATB-25 级配沥青混合料截面饱和度云图

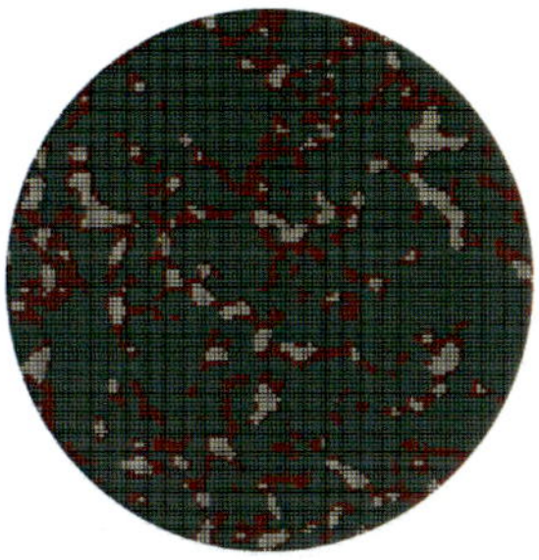

a)AM-20 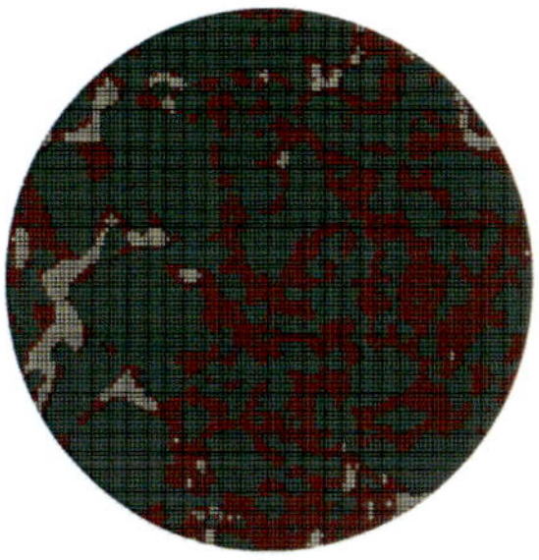　　b)AC-20 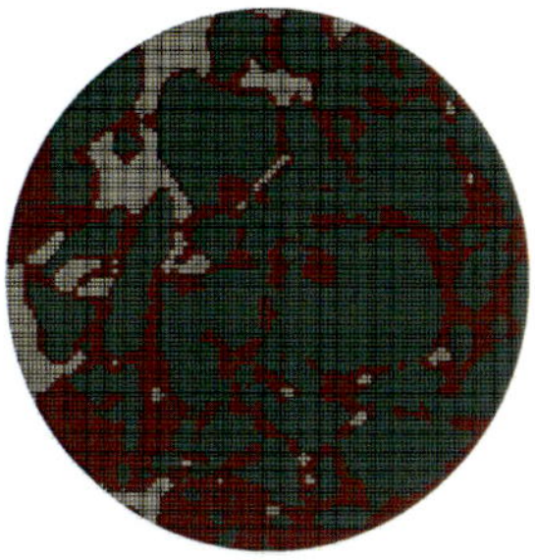　　c)ATB-25

图 8-56　三种级配沥青混合料截面材料分布

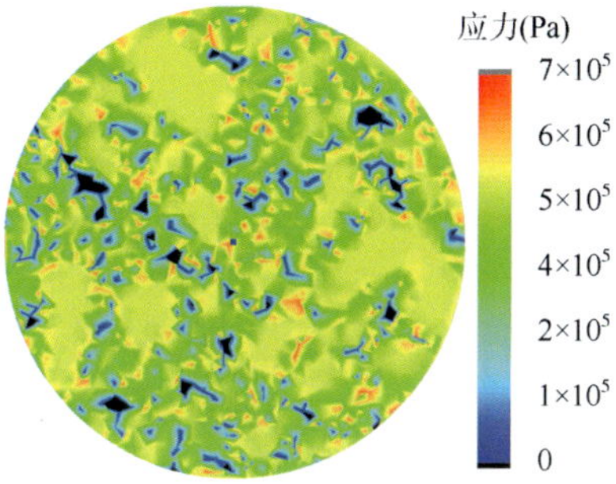

a)AM-20 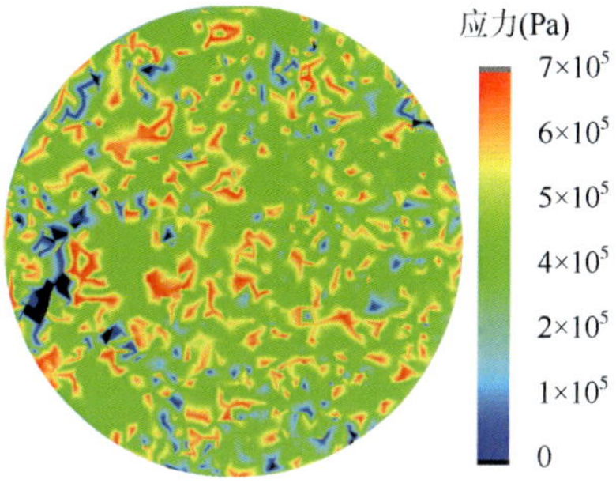　　b)AC-20

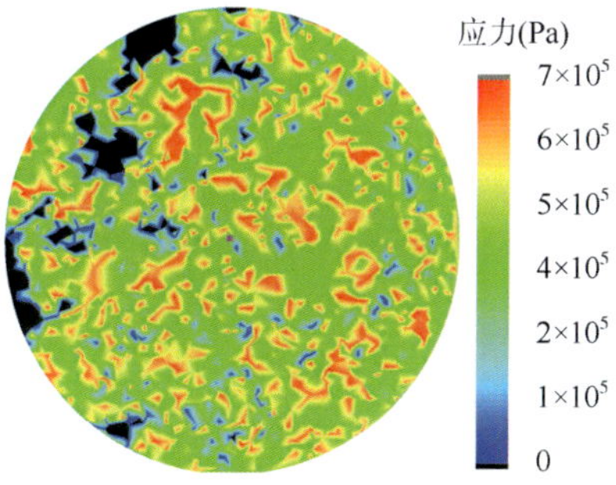

c)ATB-25

图 8-57　三种级配沥青混合料截面竖向应力云图

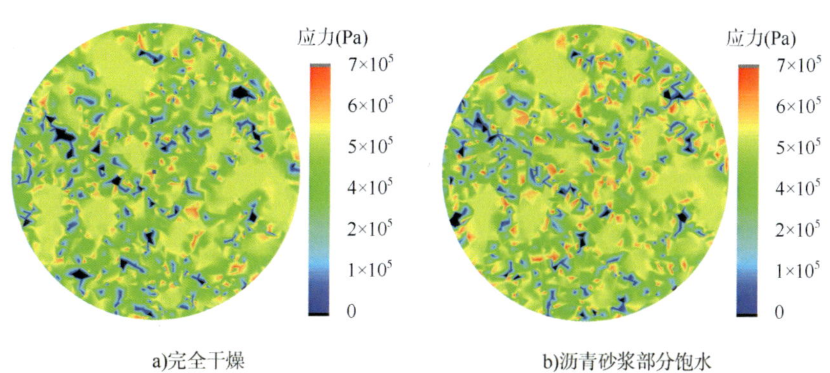

a)完全干燥　　b)沥青砂浆部分饱水

图 8-58　**AM-20** 级配沥青混合料截面竖向应力云图

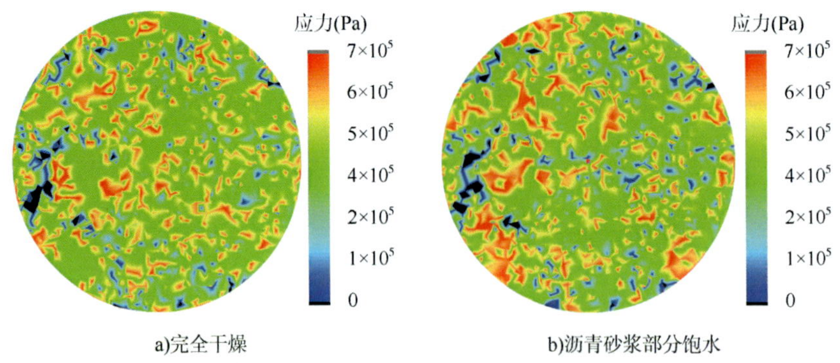

a)完全干燥　　b)沥青砂浆部分饱水

图 8-59　AC-20 级配沥青混合料截面竖向应力云图

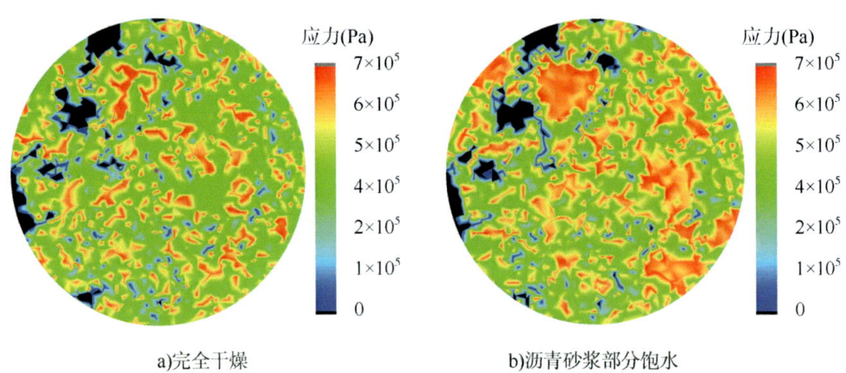

a)完全干燥　　b)沥青砂浆部分饱水

图 8-60　ATB-25 级配沥青混合料截面竖向应力云图

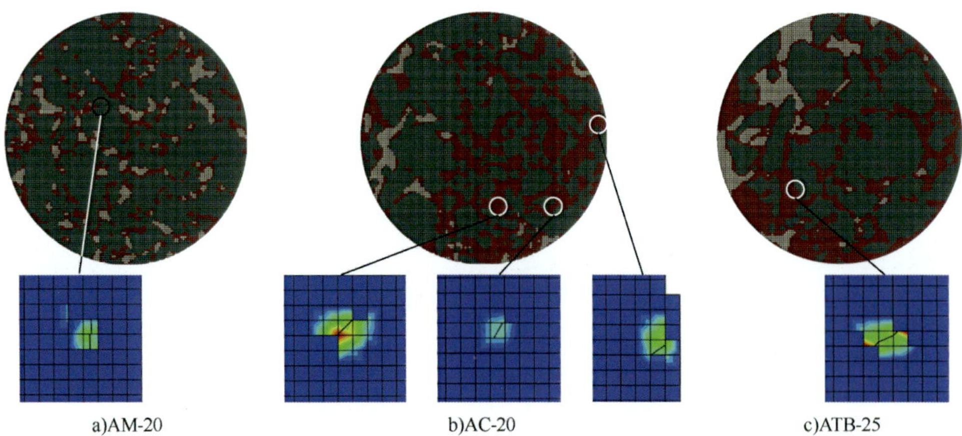

a)AM-20　　b)AC-20　　c)ATB-25

图 8-61　三种级配沥青混合料裂纹分布